Die *Deutschen Heldensagen* haben nichts zu tun mit jener romantischen Verfälschung der Überlieferung, wie sie der Dichter Friedrich Baron de la Motte-Fouqué praktizierte. Gerade von diesem verfälschenden Wust, der von König Friedrich Wilhelm IV. über Kaiser Wilhelm II. bis hin zum Nationalsozialismus so absonderliche Blüten trieb, will diese Ausgabe die Überlieferung befreien.

Die Handlungsführung ist übersichtlich herausgearbeitet und jeweils auf den Kern der Sage zugeschnitten. Auf diese Weise werden all die Sagen, die eine neuere germanistische Forschung zu den eigentlichen Heldensagen zählt, wiedererschlossen.

Inhalt: Dietrich von Bern; Die Nibelungen; Wieland der Schmied; Walther und Hildegunde; Ortnit und Wolfdietrich und Hilde und Kudrun – Nachwort; Anmerkungen; Literaturhinweise.

insel taschenbuch 345
Deutsche Heldensagen

DEUTSCHE HELDENSAGEN

Nacherzählt von
Gretel und Wolfgang Hecht
Insel Verlag

12. Auflage 2018

Erste Auflage 1980
insel taschenbuch 345
Insel Verlag Frankfurt am Main und Leipzig
© Insel Verlag Anton Kippenberg, Leipzig 1969
Alle Rechte vorbehalten, insbesondere das der Übersetzung,
des öffentlichen Vortrags sowie der Übertragung
durch Rundfunk und Fernsehen, auch einzelner Teile.
Kein Teil des Werkes darf in irgendeiner Form
(durch Fotografie, Mikrofilm oder andere Verfahren)
ohne schriftliche Genehmigung des Verlages
reproduziert oder unter Verwendung elektronischer Systeme
verarbeitet, vervielfältigt oder verbreitet werden.
Vertrieb durch den Suhrkamp Taschenbuch Verlag
Printed in Germany
Umschlag: hißmann, heilmann, hamburg
ISBN 978-3-458-32045-6

Dietrich von Bern

DIETRICHS JUGEND

ALS KÖNIG DIETWART DAS ENDE SEINES LEBENS HERAN-
nahen fühlte, teilte er das Reich der Amelungen unter
seine drei Söhne Ermanerich, Diether und Dietmar.
Ermanerich wurde König in Rom, Diether erhielt das
Land um die Stadt Breisach, Dietmar erbte das Lampartenland und hatte seinen Herrschersitz in der Burg
zu Bern.
Zwei Söhne hatte König Dietmar, die Dietrich und
Diether hießen. Dietrich tat sich schon als Knabe unter
seinen Altersgenossen hervor und niemand kam ihm
gleich an Größe, Mut und Kraft. Er war der ältere
von Dietmars Söhnen, und als er zu seinen ersten Heldentaten ausritt, war sein Bruder Diether noch ein
Kind.
Um diese Zeit wuchs dem Herzog von Garten ein Sohn
namens Hildebrand heran. Im ganzen Land war er berühmt für seine Kühnheit und seine Klugheit. Als Hildebrand dreißig Jahre alt geworden war, trat er vor seinen Vater und sprach:
»Ich will nicht zeitlebens untätig auf unserer Burg sitzen, sondern mich mit tapferen Helden im Kampfe
messen.«
Und als sein Vater fragte, wohin er reiten wolle, antwortete Hildebrand: »Nach Bern zu König Dietmar,
denn er ist der mächtigste König, und an seinem Hofe
leben die stärksten Recken.«
Der Herzog lobte den Entschluß seines Sohnes und rüstete ihn reich aus für die Fahrt. Dann nahm Hildebrand Abschied und ritt nach Bern. König Dietmar
empfing ihn mit großen Ehren, und bald setzte er ihn
zum Erzieher und Waffenmeister über seinen Sohn Dietrich, der damals gerade fünf Jahre alt war.

Viele Jahrzehnte blieb Hildebrand Dietrichs Waffenmeister, und niemals sah man eine treuere Freundschaft zwischen zwei Männern.

Eines Tages ritten Dietrich und Meister Hildebrand zur Hirschjagd. Gerade hatten sie ein schönes Tier aufgestöbert und wollten es verfolgen, als Dietrich plötzlich einen Zwerg im Dickicht sah. Blitzschnell riß er seinen Hengst herum, und ehe der Zwerg noch in seine Höhle schlüpfen konnte, hatte er ihn gepackt und aufs Pferd gehoben. Ein guter Fang war ihm gelungen, denn kein anderer als Alberich, der kunstfertigste Schmied aller Zwerge, zappelte in seinen Händen.

»O Herr«, jammerte der Zwerg, als Dietrich ihn festhielt, »laßt mich frei, und ich werde Euch den Weg zu größeren Reichtümern zeigen, als Ihr je gesehen habt. Nicht weit von hier haust der Riese Grim mit seiner Frau Hilde, die einen gewaltigen Schatz hüten. Wenn Ihr beide besiegt, gehört er Euch. Auch besitzen die Riesen das Schwert Nagelring. Nie hat ein Held ein besseres und schärferes Schwert geführt; ich selbst habe es geschmiedet. Zwar hat der Riese die Kraft von zwölf Männern, und seine Frau ist gewiß noch stärker, doch ich will Euch das Geheimnis verraten, wie Ihr die Riesen bezwingen könnt: Nur wer das Schwert Nagelring besitzt, kann sie töten. Das aber ist eine größere Tat und wird Euch mehr Ruhm bringen, als wenn Ihr mich kleinen Wicht erschlagt.«

Dietrich ließ sich von Alberichs Bitten jedoch nicht erweichen, sondern antwortete: »Niemals entkommst du mir, es sei denn, du schwörst zuvor, mir heute noch das Schwert Nagelring zu verschaffen und mir den Weg zu den Riesen und ihren Schätzen zu zeigen.«

Und erst als Alberich geschworen hatte, ließ Dietrich ihn los.

Am Abend rasteten Dietrich und Meister Hildebrand im Walde und warteten auf Alberich. Endlich kam er, brachte das Schwert und sagte zu Dietrich:
»Dort drüben ist die Höhle, in der die Schätze liegen, von denen ich sprach, und man wird Euch zu den größten Helden zählen, wenn Ihr sie in Euren Besitz bringt. Mich aber sollt Ihr niemals wiedersehen.«
Damit war der Zwerg spurlos verschwunden. Dietrich und Hildebrand zogen das Schwert Nagelring aus der Scheide und betrachteten es. Noch nie hatten sie eine schönere und schärfere Waffe gesehen. Dann banden sie die Helme fest, zückten die Schwerter und stiegen den Berg hinauf, bis sie die Höhle der Riesen erreichten. Mutig und ohne zu zögern trat Dietrich hinein; Hildebrand folgte dich hinter ihm.
Kaum bemerkte der Riese Grim die Eindringlinge, als er nach seinem Schwert Nagelring greifen wollte. Aber er konnte es nicht finden, Alberich hatte es gestohlen. Voller Wut riß er einen brennenden Baumstamm vom Herdfeuer und schlug damit auf Dietrich ein.
Im gleichen Augenblick packte die Riesin Hilde Meister Hildebrand und hielt ihn fest umklammert, daß er sein Schwert nicht führen konnte und zur Erde stürzte. So gewaltig stemmte sie sich gegen seine Brust, daß er beinahe die Besinnung verlor. Als Dietrich sah, daß sich sein Waffenmeister in höchster Gefahr befand, schlug er mit einem gewaltigen Schwertstreich dem Riesen den Kopf herunter. Dann sprang er Hildebrand bei, um ihn aus der Umklammerung zu befreien, und hieb die Riesin in zwei Stücke. Aber im Nu wuchsen die beiden Hälften wieder zusammen. Zum zweitenmal schlug Dietrich zu, und auch diesmal ging es nicht anders. Da rief Hildebrand:

»Tretet schnell zwischen die beiden Hälften, dann wird der Zauber der Riesin zerstört.«

Beim dritten Schwerthieb folgte Dietrich Hildebrands Rat, und nun erst gelang es ihm, die Riesin zu töten.

Darauf luden sie alles Gold und Silber, das in der Höhle angehäuft lag, auf ihre Pferde. Dietrich fand unter den Schätzen noch einen Helm, der war so kunstvoll geschmiedet, daß er jedem Schwerthieb standhielt. Die Riesen hatten den Helm zu ihrem kostbarsten Besitz gezählt und ihm sogar ihren Namen gegeben. Deshalb hieß der Helm Hildegrim. Von nun an trug ihn Dietrich in allen Kämpfen, die er noch zu bestehen hatte.

HEIME

HOCH IM NORDEN, NAHE DER BURG SEEGART, LAG TIEF IM Wald ein großes Gestüt, das der alte Studas verwaltete. Er war der beste Pferdezüchter weit und breit. Studas hatte einen Sohn, der genau wie sein Vater Studas hieß. Die Leute gingen ihm aus dem Wege, weil er streitsüchtig war und stets finster und grimmig dreinblickte. Deshalb nannte ihn auch niemand bei seinem rechten Namen, sondern man rief ihn Heime; denn so hieß ein giftiger Drache, der im Wald seine Höhle hatte und den jedermann fürchtete.

Heime war nicht sehr groß von Gestalt, aber so stark und kräftig, daß niemand ihm im Kampf widerstand. Das Leben eines Pferdezüchters behagte ihm nicht. Deshalb nahm er eines Tages sein Schwert Blutgang und den Hengst Rispe, den besten aus Studas' Zucht, trat vor seinen Vater und sagte, er wolle nun nicht mehr im Walde bleiben und ruhmlos als Pferdezüchter altern, sondern fortreiten und im Kampf mit berühmten Rekken Ansehen und Ehre gewinnen.

»Südwärts will ich reiten«, sprach er. »Jenseits des Gebirges lebt ein Königssohn namens Dietrich, von dessen Heldentaten man mir schon viel erzählt hat. Mit ihm will ich meine Kräfte messen.«

Wohl warnte Studas seinen Sohn, den Zweikampf mit Dietrich zu wagen und um des Ruhmes willen sein Leben aufs Spiel zu setzen, doch Heime war unbelehrbar. Er schwang sich auf sein Pferd und ritt davon.

Viele Wochen war er unterwegs, ehe er nach Bern kam. Vor der Königsburg stieg er vom Pferd, schritt in die Halle vor König Dietmars Hochsitz und grüßte den König. Dann wandte er sich an Dietrich und sprach:

»Viel habe ich von deinem Ruhm gehört, denn in allen Ländern preist man dich als den kühnsten der Helden. Deshalb komme ich von weither geritten. Ich will sehen, ob du wirklich so stark bist, wie man sagt, und fordere dich zum Zweikampf.«

Dietrich war wütend, als er die dreisten Worte des Fremdlings hörte. Noch nie hatte jemand gewagt, ihn zum Zweikampf herauszufordern. Schnell sprang er auf und verließ den Saal, um sich zu rüsten. Die Knappen brachten Brünne und Helm, Schild und Speer, sie holten sein Pferd und sattelten es, und Meister Hildebrand half Dietrich, die Rüstung anzulegen.

Draußen auf dem Kampfplatz vor der Stadt trafen die Helden aufeinander und begannen den Waffengang. Doch keiner konnte den anderen mit dem Speer vom Pferde stoßen, so heftig sie auch gegeneinander anrannten. Da sprangen sie ab und drangen mit den Schwertern aufeinander ein. Endlich führte Heime einen so gewaltigen Schlag auf Dietrichs Helm, daß ihm das Schwert entsprang. Nun war Heime waffenlos und mußte sich ergeben. Aber Dietrich schenkte ihm das Leben, denn nie tötete er einen wehrlosen Mann. Auch hatte er wohl bemerkt, daß Heime ein starker und kühner Held war. Deshalb nahm er ihn auf unter seine Schildgenossen, und beide bestanden noch viele Kämpfe miteinander.

WITEGE

IM FERNEN SEELAND LEBTE WIELAND DER SCHMIED. SEIN Sohn hieß Witege. Dieser zählte schon mit zwölf Jahren zu den stattlichsten Jünglingen des Landes, so groß und stark war er. Gern hätte Wieland seinen Sohn das Schmiedehandwerk gelehrt und ihn eingeweiht in alle Geheimnisse der Schmiedekunst, aber Witege zeigte danach kein Verlangen und schwang lieber das Schwert als den Schmiedehammer. Einmal fragte ihn Wieland:

»Was willst du lernen, wenn du kein Waffenschmied werden willst?«

»Ich brauche ein starkes und schnelles Pferd, ein scharfes Schwert und eine feste Rüstung. Dann will ich mit edlen Recken in den Kampf ziehen«, entgegnete Witege. Die Antwort gefiel Wieland, doch fragte er weiter:

»Und wohin willst du reiten?«

»Zu König Dietmar ins Lampartenland will ich reiten, und seinen Sohn Dietrich, der ebensoalt ist wie ich und schon die größten Heldentaten vollbracht hat, will ich zum Zweikampf fordern. Wenn ich siege, dann werde ich großen Ruhm gewinnen, und wenn ich unterliege, will ich ihm mein Schwert übergeben und sein Waffengefährte werden.«

Ungern hörte Wieland diese Worte. »Warum willst du dich in Gefahr begeben? Dietrich von Bern ist unbezwingbar. Ich mache dir einen anderen Vorschlag. Hier in der Nähe lebt ein Riese, der viel Schaden anrichtet. Wenn du den erschlägst, hast du eine große Heldentat vollbracht, und der Schwedenkönig wird dir sicher dafür seine Tochter und sein halbes Reich geben.«

»Nein«, antwortete Witege, »dieser Kampf mit dem Riesen, zu dem du mir rätst, bringt weder Ruhm noch Ehre. Ich bleibe bei dem, was ich mir vorgenommen habe, und reite über das Gebirge nach Bern.«

Als Wieland sah, daß er Witege nicht umstimmen konnte, rüstete er ihn aufs beste für die Fahrt. Die schönste Rüstung, die er jemals geschmiedet hatte, schenkte er dem Sohn, sie blitzte wie blankes Silber. Aus bestem Stahl gearbeitet war auch der Helm, dazu mit großen Nägeln beschlagen und mit einer giftspeienden Schlange geziert. Ebenso herrlich war der Schild anzuschauen, er war so groß und schwer, daß man ihn kaum mit einer Hand halten konnte, und in leuchtendem Rot waren Hammer und Zange darauf gemalt, als Zeichen, daß Witeges Vater ein Schmied war. Zuletzt gab Wieland seinem Sohn das Schwert und sprach:

»Dieses Schwert heißt Mimung. Ich selbst habe es vor langer Zeit geschmiedet und für dich aufbewahrt. Nimm es und führe es gut. Du wirst kein besseres Schwert auf deiner Fahrt finden, so weit du auch reitest.«

Schließlich führte Wieland noch den Hengst Schimming herbei, der aus Studas' Gestüt stammte, und voller Stolz sah er zu, als Witege sich, ohne den Steigbügel zu benutzen, in voller Rüstung in den Sattel schwang.

Nun suchte Witege seine Mutter auf, um ihr Lebewohl

zu sagen. Drei Mark Gold gab sie ihm, dann zog sie ihren goldenen Ring vom Finger, reichte ihn dem Sohn und küßte ihn noch einmal zum Abschied.

Auch Wieland fiel die Trennung von seinem Sohne schwer. Bis zur Straße gab er ihm das Geleit, wies ihm alle Wege und erteilte noch manchen nützlichen Ratschlag. Schließlich aber ritt Witege allein weiter, und Wieland kehrte in seine Schmiede zurück.

Weit war der Weg ins Lampartenland. Endlich aber sah Witege von fern das Gebirge, das Norden und Süden trennte, und wußte sich seinem Ziele nahe, als ein reißender Gebirgsfluß ihm den Weg versperrte. Zwar hatte ihm sein Vater beschrieben, wo er die Furt finden würde, um sicher hinüberzugelangen, aber sooft er auch am Ufer auf und ab ritt und den Fluß absuchte, er konnte die Furt nicht finden.

Schließlich sprang Witege vom Pferd, führte es in den Wald und band es an einem Baum fest. Dann legte er Waffen und Rüstung ab und versteckte sie sorgfältig unter Laub und Erde, damit niemand sie stehlen konnte. Nun watete er so tief in den Fluß hinein, daß ihm das Wasser bis zum Hals reichte. Während er noch die Furt suchte, hörte er plötzlich vom Ufer her Stimmen. Drei Männer ritten am Fluß entlang, und einer von ihnen rief seinen Gefährten zu:

»Seht, da schwimmt ein Zwerg im Fluß! Gewiß wird es Alberich sein, der unserem Herrn Dietrich schon einmal in die Hände fiel und ihm das Schwert Nagelring geben mußte. Wir wollen versuchen, ihn zu fangen, das gibt reiches Lösegeld.«

Witege hatte alles gehört und rief: »Ihr irrt euch, ich bin kein Zwerg, sondern ein Mensch wie ihr. Aber laßt mich erst an Land kommen, dann könnt ihr euch überzeugen, ob ich die Wahrheit sage.«

Das versprachen ihm die drei, und Witege schwamm schnell ans Ufer. Der älteste der drei Recken fragte ihn nach Namen, Stand und Herkunft, doch erst als Witege Kleider, Rüstung und Waffen angelegt und seinen Hengst Schimming bestiegen hatte, stand er Rede und Antwort:

»Dänemark ist mein Heimatland, mein Vater heißt Wieland der Schmied, meine Mutter ist die Tochter König Nidungs, und ich werde Witege genannt. Mein Weg führt mich nach Bern zu König Dietmar, denn ich will mit seinem Sohn Dietrich kämpfen und ihn entweder besiegen oder sein Schildgenosse werden.«

Die drei Reiter, die Witege getroffen hatte, waren Meister Hildebrand, Heime und Herzog Hornboge. Hildebrand erschrak, als er einen so großen und starken Mann vor sich stehen sah, gut gerüstet obendrein, der darauf brannte, mit seinem Herrn zu kämpfen, und er fürchtete für Dietrichs Leben. Deshalb ersann er eine List und sprach:

»Daß du mit Dietrich von Bern kämpfen willst, wird dir großen Ruhm bringen, denn der Übermütige meint, niemand könne ihm widerstehen. Laß mich deshalb, edler Witege, dein Schwurbruder sein, denn einen so tapferen Helden wie dich habe ich selten gefunden.«

Witege antwortete darauf: »Ihr scheint ein großer Held zu sein und stammt gewiß aus edlem Geschlecht. Warum sollten wir nicht Schwurbrüder werden. Doch nennt mir zuvor euren Namen.«

Da nannte Hildebrand sich Boltram, Sohn des Herzogs von Venedig, Heime nannte er Sistram, Heribrands Sohn, nur Hornboge nannte er bei seinem wahren Namen. Nun reichten sich Witege und Meister Hildebrand die Hand, und beide schworen, einander zu helfen, wo immer sie konnten.

Alle vier ritten nun gemeinsam zum Fluß, und der wegekundige Hildebrand zeigte die Furt. Sie überquerten sicher den Strom und zogen weiter, bis sie an einen Scheideweg kamen, wo Hildebrand sein Pferd anhielt und sich an Witege wandte:

»Zwei Wege führen von hier aus nach Bern. Der eine ist lang und unbequem, dafür aber gefahrlos und sicher; der andere ist viel kürzer und besser, nur führt er über eine Brücke mit einem starken Kastell, in dem zwölf Räuber hausen, die von jedem Brückenzoll fordern. Waffen und Pferde werden sie uns abnehmen, und wir können froh sein, wenn wir mit dem Leben davonkommen. Die Räuber sind so stark, daß es auch Dietrich nicht gelang, sie zu bezwingen. Deshalb rate ich, daß wir den längeren Weg wählen.«

»Nein«, entgegnete Witege, »wir wollen den kürzeren Weg nehmen, denn einem landfremden Mann werden die Räuber die Straße wohl freigeben.«

Also schlugen sie den kürzeren Weg ein, wie Witege geraten hatte, und ritten auf die Brücke zu. Kurz davor hielt Witege an und sagte:

»Wartet hier auf mich. Ich will allein vorausreiten und den Räubern gut zureden, daß sie uns ohne Zoll über die Brücke lassen.«

Die Räuber sahen den einzelnen Reiter auf die Brücke zukommen und freuten sich schon auf die gute Beute. Drei Männer schickten sie los, und Witege begrüßte sie freundlich, als sie herankamen.

»Deine Worte kannst du dir sparen«, antworteten die Räuber grob, »aber Waffen, Kleider, Pferd und Rüstung mußt du uns lassen, dazu Hand und Fuß, und du kannst von Glück reden, daß wir dir das Leben schenken.«

Doch Witege erwiderte: »Niemals gebe ich freiwillig

Pferd und Rüstung her, auch lasse ich mich nicht kampflos verstümmeln. Sagt das eurem Hauptmann.«

So kehrten die drei zum Kastell zurück und berichteten, daß der Fremde sich weigere, den Brückenzoll zu zahlen. Nun kamen alle zwölf Räuber zur Brücke und forderten erneut Witeges Habe als Zoll. Aber Witege ließ sich nicht einschüchtern.

»Ich habe euch schon einmal gesagt: ihr bekommt nichts von mir. Gebt die Straße frei!«

»Zieht blank!« schrie da der Hauptmann wütend. »Jetzt verliert er seine Waffen und sein Leben dazu.«

Und ehe man sich's versah, zogen alle zwölf die Schwerter und hieben auf Witege ein. Aber blitzschnell zückte Witege sein Schwert Mimung, und schon beim ersten Schlag sank einer der Räuber tödlich getroffen zur Erde. Und als der Räuberhauptmann von neuem auf Witege eindrang, mußte auch er sterben.

Hildebrand, Heime und Hornboge hatten das Schwertgeklirr aus der Ferne gehört, und Hildebrand sagte: »Witege steht im Kampf. Laßt uns hinreiten und ihm beistehen, denn er ist mein Schwurbruder.«

Heime antwortete: »Wir wollen erst einmal sehen, wie es um Witege steht. Ich schlage vor, daß wir ihm helfen, wenn er siegt, daß wir aber schnell davonreiten, wenn es ihm schlecht ergeht, denn wegen eines Fremdlings sollten wir uns nicht in Gefahr begeben.«

»Ehrlos würden wir handeln, wenn wir deinem Rat folgten«, versetzte Hildebrand, und Hornboge stimmte ihm zu.

Als sie jedoch zur Brücke kamen, hatte Witege bereits den Weg allein freigekämpft. Sieben Räuber lagen tot am Boden, die anderen waren entflohen.

Gemeinsam ritten die vier Recken zum Kastell, aßen

und tranken und legten sich schlafen. Hildebrand jedoch konnte keine Ruhe finden, denn er fürchtete, Dietrich von Bern werde einen so starken Helden wie Witege nicht gewachsen sein. So schlich er zu Witeges Lager und vertauschte Mimung mit seinem eigenen Schwert, nachdem er den Griff der Schwerter ausgewechselt hatte.

Am nächsten Morgen beratschlagten die Helden, was mit dem Kastell geschehen sollte. Da sprach Hildebrand:

»Es wird jetzt Zeit, daß wir dir sagen, wer wir wirklich sind. Nicht Boltram, sondern Hildebrand ist mein Name, und dieser heißt Heime. Wir beide sind Waffengefährten Dietrichs von Bern, gemeinsam mit Herzog Hornboge reiten wir nach Bern. Wir werden Dietrich von deiner Heldentat berichten. Gewiß wird er dich belohnen und zum Brückenvogt des Kastells einsetzen.«

Hornboge aber war anderer Meinung: »Witege allein hat die Räuber besiegt. Er soll daher selbst bestimmen, was mit dem Kastell geschehen soll.«

»Wenn ihr mir die Entscheidung überlaßt«, sprach Witege nach kurzem Bedenken, »dann will ich das Kastell zerstören, damit künftig jedermann auf dieser Straße ohne Gefahr und ohne Brückenzoll zu entrichten seines Weges ziehen kann.«

So geschah es. Witege warf einen Feuerbrand in das Kastell, und sie warteten, bis alles verbrannt und niedergebrochen war. Dann ritten sie weiter. Nur noch einmal mußten sie auf ihrem Weg nach Bern die Schwerter ziehen, als die geflüchteten fünf Räuber sie anfielen. Aber der Kampf war kurz, dann lagen alle fünf erschlagen. Witege jedoch bemerkte nicht, daß sein Schwert vertauscht war.

Dietrich von Bern saß gerade bei Tisch, als man ihm die Ankunft seiner Getreuen meldete. Er ging ihnen entgegen und begrüßte sie herzlich. Nur zu Witege sagte er kein Wort, denn er kannte ihn nicht. Da trat Witege vor Dietrich und sprach zu ihm:

»Überall erzählt man von deiner unüberwindlichen Stärke. Deshalb bin ich vom fernen Dänemark hierher nach Bern geritten, um dich zum Zweikampf zu fordern.«

Dietrich wurde bleich vor Zorn, als er Witege reden hörte: »Ich werde verbieten, daß jedermann es wagen darf, mich in meines Vaters Land zum Kampf zu fordern.«

Meister Hildebrand hörte die harten Worte Dietrichs mit Sorge, denn er kannte Witeges Stärke.

»Bedenkt, was Ihr sagt«, warnte er Dietrich, »Ihr wißt nicht, wer dieser Mann ist, und es steht noch nicht fest, wie euer Zweikampf ausgeht.«

Aber Hildebrands Worte reizten Dietrich nur noch mehr. »Deine Fürsprache wird dem Mann nichts helfen. Noch heute will ich ihn vor den Toren Berns hängen sehen.«

Und zornig rief er nach seinen Waffen.

Als Dietrich auf den Kampfplatz geritten kam, erwarteten ihn Witege und Meister Hildebrand schon. Prächtig war Dietrich gerüstet, Hildegrim, der Riesenhelm, blitzte hell in der Sonne, silbern glänzte die Brünne und blendete fast die Augen, und auf dem schweren Schild strahlte Dietrichs Wappentier, der drohend aufgerichtete goldene Löwe. Nicht weniger prächtig sah Witege aus, denn die Waffen, die sein Vater Wieland geschmiedet hatte, wären eines Königs würdig gewesen.

Nun legten die Kämpfer die Speere ein und rannten mit

Macht gegeneinander an, daß andere Männer gewiß vom Pferde gestürzt wären. Doch beide Helden waren gleich stark, und keiner konnte den anderen herabstoßen. Wohl blieb Witeges Speer in Dietrichs Schild stecken und zerbrach, aber als Dietrich erneut gegen ihn anstürmte, hieb Witege mit dem Schwert dessen Speer mittendurch. Nun sprangen beide vom Pferd und setzten den Kampf mit dem Schwert fort. Auch jetzt konnte keiner den anderen bezwingen. Schließlich traf Witege mit einem gewaltigen Hieb Dietrichs Helm, daß Dietrich wankte, Witeges Schwert aber zerbrach. Erschrocken rief er:

»Ein schlechtes Schwert hast du geschmiedet, Wieland. Schande bringst du über dich und mich.«

Schon packte Dietrich mit beiden Händen sein Schwert Nagelring, um Witege den Todesstoß zu versetzen.

»Haltet ein!« rief Meister Hildebrand und wollte die Recken trennen. Aber Dietrich entgegnete:

»Nein, er muß und wird sterben, wie ich es sagte. Ich will dem ein Ende setzen, daß jeder mich zum Zweikampf fordern kann. Und wenn du nicht aus dem Wege gehst, werde ich erst dich und dann ihn erschlagen.«

Als Hildebrand diese Worte hörte, merkte er, daß Dietrich nicht zu besänftigen war. Da zog er das Schwert Mimung aus der Scheide und gab es Witege.

»Heimlich vertauschte ich dein gutes Schwert, denn ich fürchtete Dietrichs Leben. Hier hast du es zurück.«

Wie froh war Witege, als er sein Schwert Mimung wieder in den Händen hielt. »Vergib die harten Worte, Wieland, mein Vater«, rief er.

Schlag auf Schlag führte er nun gegen Dietrich, und bei jedem Hieb Mimungs brach ein Stück aus Dietrichs Brünne, Helm oder Schild heraus. Dietrich konnte sich kaum noch wehren und blutete aus vielen Wunden. Da betrat König Dietmar das Kampffeld, trennte die Recken und wandte sich an Witege:

»Schone das Leben meines Sohnes, edler Witege, und ich will dich dafür reich belohnen.«

Aber Witege wollte davon nichts hören. »Euer Sohn soll das gleiche Ende finden, das er mir zugedacht hatte«, entgegnete er dem König und begann den Kampf von neuem. Erst als Hildebrand ihn um Schonung für Dietrich bat und an ihre Schwurbrüderschaft erinnerte, ließ er das Schwert sinken und reichte seinem Gegner die Hand. Witege wurde Dietrichs Schildgenosse und stand ihm noch in vielen Kämpfen bei.

DIETRICHS KAMPF MIT ECKE UND FASOLT

VIELE TAGE SASS DIETRICH UNMUTIG IN SEINER BURG Die Wunden, die Witege ihm geschlagen hatte, brannten ebenso schmerzlich wie die Schmach, daß er in dem Kampf unterlegen war. Kaum geheilt, ließ Dietrich sein schnelles Pferd Falke satteln und ritt allein, ohne Waffenmeister und Gefolgsleute, nach Norden. Nicht eher wollte er nach Bern zurückkehren, bis er in tapferen Kämpfen neuen Ruhm errungen hatte.

Zu dieser Zeit lebten auf der Burg Jochgrim in Tirol drei Königinnen, um die Fasolt, Ebenrot und Ecke, drei Brüder aus dem Geschlecht der Riesen, warben. Eines Tages saßen sie in der Halle und verkürzten sich die Zeit mit Erzählungen von Helden und Heldentaten. Mißmutig hörte Ecke, der jüngste, wie Fasolt und Ebenrot die Taten und den Ruhm Dietrichs von Bern priesen, und er fiel seinen Brüdern ins Wort:

»Warum erzählt ihr nur von Dietrich von Bern? Auch ich habe große Heldentaten vollbracht und schon mehr als hundert Recken im Kampf erschlagen, doch niemand berichtet davon.«

Bisher hatten die drei Königinnen still zugehört. Nun begann die schöne Frau Seeburg: »Noch nie sah ich den Berner, den alle als den kühnsten der Helden rühmen und preisen. Brächte ihn einer nach Jochgrim, er verdiene sich meinen größten Dank, und ich reichte ihm die Hand zum Ehebund.«

Da sprang Ecke auf und rief: »Euer Wunsch soll erfüllt werden, Königin! Ich werde Dietrich besiegen und nach Jochgrim bringen, oder Ihr sollt mich niemals wiedersehen.«

Die schöne Königin selbst rüstete Ecke mit Brünne, Helm und Schwert für die Fahrt aus. Ein Pferd brauchte er nicht, denn keines war stark genug, den Riesen zu tragen, und so stürmte er zu Fuß den Berg hinab durch den Wald.

Nach einigen Tagen erreichte er Bern und fragte nach Dietrich. Meister Hildebrand wies ihm den rechten Weg, und bald sah Ecke den wilden Gebirgswald vor sich, in dem er Dietrich zu finden hoffte. Tief war er schon in den Wald eingedrungen, als er plötzlich lautes Stöhnen hörte. Unter einer Linde, die allein auf einer Lichtung stand, lag ein aus tiefen Wunden blutender Recke. Rasch eilte Ecke zu ihm und fragte, wer ihn so übel zugerichtet habe.

»Das hat Dietrich von Bern getan. Wir waren vier Männer, die ihn zum Kampf herausforderten. Drei hat er erschlagen, mich allein ließ er am Leben, aber ich wollte, auch ich wäre tot.«

»Wenn du hier im Walde mit Dietrich gekämpft hast, kannst du mir gewiß sagen, wohin er geritten ist und woran ich ihn erkennen kann; denn noch nie habe ich ihn gesehen.«

»Leicht ist er zu erkennen an seinem hohen Wuchs, an seinem Helm Hildegrim, der so hell leuchtet, daß es die Augen blendet, und an dem goldenen Löwen auf seinem Schild. Doch höre auf meinen Rat, junger Recke, und fliehe den Berner.«

»Niemals werde ich das tun, denn um ihn zu besiegen, bin ich ausgezogen. Zuvor aber will ich deine Wunden verbinden.«

Das tat Ecke mit kundiger Hand, und dann machte er sich wieder auf die Suche nach Dietrich. Bald senkte sich tiefe Nacht auf Berge und Wälder, ohne daß Ecke den Berner finden konnte, und wenn nicht seine Rüstung so hell geglänzt hätte, er wäre leicht in einen Abgrund gestürzt. Mitternacht mochte herangekommen sein, als er in weiter Ferne etwas schimmern sah, als ob der Mond durch die Zweige schiene. Diesem Lichtschein ging Ecke nach, und bald traf er auf einen einsamen Reiter. Es war Dietrich von Bern.

Wohl hatte der Berner gemerkt, daß es plötzlich um ihn heller geworden war, doch glaubte er, der Helm Hildegrim strahle in dieser Nacht in doppeltem Glanz. Jetzt aber stand ein fremder, riesenhafter Jüngling vor ihm, und Dietrich sah nun, daß es dessen goldverzierte Rüstung war, die ebenso funkelte wie die seine.

»Halt an«, rief Ecke laut, »und sage mir, ob du Dietrich von Bern bist.«

»Der bin ich«, antwortete Dietrich.

»So steig vom Pferd und rüste dich zum Kampf«, versetzte Ecke, »drei edle Königinnen haben mich, Ecke aus dem Geschlecht der Riesen, nach dir ausgeschickt und mir den Kampf mit dir befohlen. Ruhm und reiche Beute winken dir, wenn du mich besiegst. An meiner

Brünne schmiedeten zwölf Zwerge ein ganzes Jahr; noch nie wurde sie von einem Schwert durchschlagen, so hart und fest sind ihre Ringe. Und sieh mein Schwert! Eckesachs heißt es. Der berühmte Zwergenmeister Alberich selbst hat es geschmiedet, und in neun Königreichen mußte er suchen, bis er das richtige Wasser fand, in dem er es härtete. Viele Recken haben es vor mir besessen und Heldentaten damit vollbracht. Ich selbst erschlug schon hundert Männer damit.«

Dietrich entgegnete lachend: »Welch ein Tor wäre ich, mit dir zu streiten, wenn deine Waffen und deine Rüstung jedem Schwertstreich trotzen.«

Da bereute Ecke seine Rede und antwortete: »Ich wollte dich nur gierig machen nach reicher Beute. Mein Schwert ist nicht besser als ein gewöhnliches Schwert. Viel schärfer schneidet dein Nagelring.«

»Welche wirren Reden führst du«, meinte Dietrich nun unwillig. »Zieh deines Weges und sage den Königinnen, die dich aussandten, ich wollte nicht mit dir kämpfen, denn du tatest mir nichts zuleide.«

»Nichts werde ich von dir sagen, als daß du ein Feigling bist und daß die Spielleute, die von deinen Heldentaten singen, Lügner sind.«

Da rief der friedfertige Dietrich voller Zorn: »Mäßige deine Rede und warte, bis der Tag anbricht, dann wollen wir kämpfen, und kein Feigling wird dir gegenüberstehen. Das aber sage ich dir: niemals vorher sah ich einen Recken, dem so sehr nach dem Tode gelüstet wie dir.«

»Warum bis zum Morgen warten?« erwiderte Ecke. »Gleich wollen wir den Kampf beginnen! Unsere Helme und Schilde glänzen so hell, daß sie uns den Kampfplatz erleuchten werden.«

Nun weigerte sich Dietrich nicht länger und sprang vom Pferd.

»Jetzt kannst du mir nicht mehr entrinnen, Dietrich von Bern«, rief Ecke kampflustig.

Und der Streit im dunklen, mitternächtlichen Walde begann, daß der Schwerterklang von den Bergen widerhallte. Wie helles Wetterleuchten, wie Blitze eines nahen Gewitters zuckte es jedesmal durch die nächtliche Schwärze, wenn Nagelring oder Eckesachs auf Helm oder Schild des Gegners niedersausten.

Viele Stunden schon währte der Kampf, als endlich der Morgen heraufdämmerte und das Krachen der Schwerter und Schilde den Gesang der Vögel übertönte. Beide Helden bluteten aus vielen Wunden, und das Gras färbte sich rot unter ihren Füßen. Nur einmal, als der Durst sie quälte, hielten sie im Kampf inne und erfrischten sich an einer nahen Quelle.

Schließlich führte Ecke einen so gewaltigen Schlag, daß er den Schild seines Gegners mittendurch spaltete und Dietrich hinter einem Baum Deckung suchen mußte. Doch unter einem noch gewaltigeren Schwertstreich des Berners brach Ecke in die Knie. Da sprang Dietrich hinter dem Baum hervor, warf den Riesen vollends zu Boden und rief dem unter ihm Keuchenden zu:

»Willst du das Leben behalten, so ergib dich. Laß mir dein Schwert und leiste den Treueeid. Tust du es nicht, so mußt du sterben.«

Niemals ergebe ich mich, und ehe ich mein Schwert Eckesachs verliere, will ich lieber das Leben verlieren, denn was ist ein Leben ohne Ehre und Waffenruhm.«

Von neuem wehrte sich Ecke verzweifelt, aber der übermäßigen Kraft seines Gegners war er nicht gewachsen. Unter Dietrichs Schwerhieben zersplitterte Eckes Helm, und wiederum rief Dietrich:

»Ergib dich, Ecke, und behalte das Leben.«

»Niemals«, keuchte dieser und versuchte erneut, auf

Dietrich loszugehen. Doch es half ihm nichts denn schon stieß Dietrich ihm die Klinge durch den Hals, daß das Blut hoch emporschoß. Ecke hatte den Todesstoß empfangen; er sank zurück und atmete nicht mehr.

Da nahm Dietrich den Helm ab, wischte sich Schweiß und Blut von der Stirn und klagte: »Ich warnte dich zuvor junger Held, aber die Königinnen hatten dich verblendet, so daß du in den Tod liefst. Ich habe keine Freude an diesem Sieg, mir ist, als hätte ich einen Mord begangen. Den Königinnen will ich deinen Kopf bringen. Dieser grausige Anblick wird sie strafen für ihre Eitelkeit.«

Das tat Dietrich. Er band das Haupt des Toten an den Sattel, dann nahm er Eckes Rüstung und Schwert, belud damit seinen Hengst Falke und ritt davon.

In der Mittagszeit fand er eine Hütte, in der eine Waldfrau lebte. Die verband ihm die brennenden Wunden mit heilkräftigen Kräutern, und in ihrer Hütte schlief Dietrich viele Stunden, bis er mit neuen Kräften erwachte und seine Wunden kaum noch spürte. Die Waldfrau wies ihm den Weg nach Jochgrim, und bald schon erblickte er auf hohem Fels die Königsburg, als plötzlich lautes Hundegebell erscholl und aus dem Gebüsch ihm ein Waldmädchen in atemloser Hast entgegenstürzte.

»Rettet mich, Herr, vor dem wilden Fasolt!«

Schon stand der riesenhafte Bruder Eckes von ihnen, rings um ihn her tobte eine Meute von Jagdhunden, und drohend schwang er seine Keule gegen Roß und Reiter. Voller Angst und Schrecken floh das Mädchen weiter, Fasolt aber, der seinen Weg durch Dietrich versperrt fand, schleuderte diesem die Keule entgegen, verfehlte nur um Haaresbreite sein Ziel, doch gleich darauf sank er, vom wuchtigen Schlag des Eckesachs getroffen, in die Knie. Da merkte der wilde Riese, daß er einem stärkeren Helden gegenüberstand als je zuvor. Er gelobte Treue und versprach, den Reiter zu Burg der Königinnen zu bringen. Als er unterwegs entdeckte, daß Dietrich von Bern sein Bezwinger gewesen war, rief er:

»Ach, Bruder Ecke, zu zogst aus, mit Dietrich von Bern zu kämpfen und Ruhm zu erwerben. Du fandest ihn nicht, mir aber ist er begegnet und hat mich zu Boden geworfen.«

»Wohl begegnete ich dem starken Ecke, und wir maßen unsere Kräfte. Ecke fand den Tod, seinen Kopf aber bringe ich den grausamen Königinnen, die den unbesonnenen Jüngling in den Tod trieben.«

Da ergrimmte Fasolt, denn er glaubte, der Berner habe Ecke aus dem Hinterhalt oder im Schlaf erschlagen. »Niemals wäre mein Bruder Ecke im ehrlichen Kampf unterlegen, er war stärker als alle anderen Helden«, dachte Fasolt, und er sann auf Dietrichs Verderben.

Vor der Burg Jochgrim standen zwei kunstvoll geschmiedete Recken aus Erz, die auf jeden, der zwischen ihnen hindurchschritt, ihre Keule niedersausen ließen. Arglistig wies Fasolt Dietrich von Bern gerade diesen Weg. Falke, der schnelle Hengst, sprang jedoch mit einem so gewaltigen Satz durch das Tor, daß die erzenen Keulen ins Leere trafen. Als Fasolt das sah, wollte er fliehen, doch Dietrich holte ihn ein und erschlug den heimtückischen Riesen.

Nun ritt Dietrich in die Burg, betrat hallenden Schrittes den Saal und warf der Königin Seeburg Eckes blutiges Haupt in den Schoß, daß die schöne Frau erbleichte und laut aufschrie.

»Ihr wünschtet mich zu sehen, Königin«, rief Dietrich, »da bin ich, und den jungen Helden, der um Euretwillen erschlagen wurde, bringe ich Euch zurück. Seht, was aus ihm wurde!«

Damit kehrte er den Frauen den Rücken, schwang sich auf sein Pferd und ritt zurück nach Bern.

Von nun an führte Dietich nur noch das Schwert Eckesachs. Den guten Nagelring schenkte er seinem Schildgenossen Heime, der darüber sehr stolz war.

DIETLEIB

IM FERNEN DÄNEMARK LEBTE HERZOG BITEROLF MIT seiner Frau, seinem Sohn Dietleib und seiner Tochter Künhild. Biterolf war ein berühmter Held und besaß Ansehen, Macht und Reichtum in Fülle, doch ein schwerer Kummer drückte ihn.

Statt mit seinen Altersgenossen im Kampfspiel die Kräfte zu messen oder mit dem Vater durch die Wälder zu reiten, spielte der junge Dietleib in der Küche und raufte mit den Küchenjungen. Nur wenn Gäste auf seines Vaters Burg kamen und der Lärm der Kampfspiele erscholl, schlich er sich heimlich in die Nähe des Kampfplatzes und beobachtete das Tun und Treiben der Recken. Wohl war Dietleib groß und stark genug, um Schwert und Speer zu führen, aber er saß lieber am Herd und guckte stundenlang in die Flammen; deshalb nannten ihn alle nur Dietleib Aschenpuster. Auch lief er stets ungekämmt herum und war so wasserscheu, daß er sich fast nie wusch oder badete. Seine Eltern liebten ihn deswegen wenig, und sie kümmerten sich schließlich kaum noch um ihn.

Die Jahre gingen darüber ins Land, und Dietleib wuchs heran. Da geschah es, daß Herzog Biterolf zu einem

Fest eingeladen wurde. Alle in der Burg rüsteten sich für die Fahrt, und so erfuhr auch Dietleib davon. Er wusch sich, ging in die Halle und sprach zu seinem Vater:

»Gib mir eine Rüstung, Waffen und ein Pferd, denn ich will mitreiten zum Fest.«

Aber Biterolf lachte nur: »Was willst du Schmutzfink bei einem Fest? Alle werden lachen über dich und über mich, und du wirst nur Schande über unsere Familie bringen. Scher dich in die Küche und brate Hühner und Gänse, denn mit Schwert und Speer umgehen kannst du ja nicht.«

Da borgte sich Dietleib bei einem Bauern ein altes verrostetes Schwert. Damit erschien er wieder vor dem Vater und sagte trotzig zu ihm: »Ich werde mitreiten zum Fest, ob du es erlaubst oder nicht.«

Herzog Biterolf entschloß sich nun schweren Herzens, Dietleib mit Pferd und Waffen auszurüsten. Und die Mutter begann zu weinen, als sie hörte, daß Dietleib Aschenpuster die Erlaubnis zum Mitkommen ertrotzt hatte.

Wie staunten aber die Eltern, als sie am Tage des Festes ihren Sohn in voller Rüstung zu Pferde erblickten. Kaum konnten sie glauben, daß dieser stattliche junge Recke ihr Sohn war, der sich sein Leben lang nur mit Küchenjungen gerauft hatte. Auch im Kampfspiel bestand Dietleib ehrenvoll neben seinen Altersgenossen, und Biterolf war darauf so stolz, daß er sich entschloß, mit Dietleib gemeinsam noch ein zweites Fest zu besuchen. Also reisten die Mutter und Biterolfs Mannen zur heimatlichen Burg zurück, Vater und Sohn aber ritten südwärts. Dabei mußten sie einen tiefen, dunklen Wald durchqueren, den man den Fasterwald nannte. Kein Reiter wagte sich allein in diesen Wald, denn zwölf

Räuber hausten darin, die jeden, der des Weges kam, ausraubten und töteten. Biterolf wußte um die Gefahr, und er sagte zu seinem Sohn:

»Es wäre mir lieber, ich hätte dich mit der Mutter heimreiten lassen, dann brauchte ich die Räuber nicht zu fürchten. Jetzt aber sorge ich mich um dein Leben.«

Dietleib jedoch antwortete: »Vor den Räubern habe ich keine Angst! Sie sollen nur kommen!«

Unverzagt drangen sie in das Dickicht ein und bahnten sich einen Pfad. Die Wegelagerer hatten Biterolf und Dietleib wohl gesehen und gehört. Sie schickten fünf ihrer Gesellen aus, um den beiden Pferde und Waffen abzunehmen und sie dann zu töten. Nicht schlechter aber als Biterolf schlug Dietleib auf die Gegner ein, so daß keiner am Leben blieb. Die anderen Räuber, die ihren Kumpanen beispringen wollten, erlitten das gleiche Schicksal. So befreiten Biterolf und Dietleib den Fasterwald von der schlimmen Räuberplage und hatten dadurch großen Ruhm erworben.

Nicht lange danach trat Dietleib vor seine Eltern und bat, ihn mit Pferd und Waffen auszurüsten, denn er wolle seinen Großvater im Sachsenlande besuchen. Gern erfüllten die Eltern diese Bitte, statteten ihren Sohn prächtig aus und nahmen herzlich von ihm Abschied, wobei sie ihm noch einen großen Beutel mit dreißig Mark Gold für die Wegzehrung mitgaben und Grüße für den Großvater auftrugen.

Oft begegneten Dietleib unterwegs fahrende Leute, auch edle, reich gerüstete Recken, und immer wieder erzählten sie ihm von Dietrich, dem Königssohn aus Bern, und seinen Heldentaten. Da erwachte in Dietleib der Wunsch, nach Bern zu reiten, und er dachte bei sich: »Erst muß ich Dietrich und seine Schildgenossen gesehen haben. Meinen Großvater werde ich dann auf dem Rückweg besuchen.«

Und Dietleib ritt südwärts. Wiederum traf er einen Reiter, der kam aus dem Lampartenland. Dietleib fragte ihn nach Dietrich und erfuhr, daß er ihn nicht in Bern antreffen würde.

»Ihr müßt wissen«, erzählte der Fremde, »Dietrichs Oheim, König Ermanerich in Rom, gibt ein großes Hoffest und hat auch Dietrich und seine Schildgenossen dazu eingeladen. Wenn Ihr ihn aber unterwegs noch einholen wollt, so kann ich Euch einen kurzen Weg zeigen.«

Da freute sich Dietleib über die gute Nachricht, dankte dem wegkundigen Fremden und ritt davon.

Nach wenigen Tagen erreichte er eine Burg, die dem Harlungenherzog Diether gehörte. Dietleib ritt in den Burghof und bat um Unterkunft für die Nacht. Als man ihn nach Namen und Herkunft, nach Woher und Wohin fragte, erzählte er, er käme aus Dänemark, sein Name sei Amelrich, Sotis Sohn, und er suche Dietrich von Bern.

»Dann hast du dein Ziel erreicht«, sprach einer der Helden, der kein anderer war als Witege, »Dietrich übernachtet hier bei seinem Oheim, dem Harlungenherzog Diether. Gleich wirst du ihn selbst sehen und viele seiner berühmten Recken dazu.«

In diesem Augenblick trat Dietrich in den Hof, Dietleib eilte zu ihm, grüßte ihn ehrerbietig und redete ihn an: »Edler Dietrich! Lange suchte ich nach Euch, und froh bin ich, daß ich Euch endlich gefunden habe. Erlaubt, daß ich Euch meine Dienste anbiete.«

Dietrich betrachtete den Jüngling von Kopf bis Fuß und fand ihn groß und stark und gut gerüstet. Deshalb antwortete er: »Es sei, ich nehme deine Dienste an. Du sollst unsere Waffen und Pferde pflegen.«

Schon am nächsten Morgen brachen sie nach Rom auf. Dietrich von Bern, seine Schildgenossen und Herzog Diether ritten an der Spitze, und unter den Mannen und Knappen, die Dietrich begleiteten, befand sich auch Dietleib.

Sie kamen in Rom an, als das Hoffest gerade begonnen hatte. Während Dietrich und seine Gefährten sich in der großen Königshalle mit König Ermanerich und allen Helden, die zum Fest gekommen waren, zur Tafel setzten, führte Dietleib die Pferde in den Stall und ging dann in die Herberge der Knappen.

Dietleib war zu stolz, um jeden Tag in die Königsburg zu gehen und Essen und Trinken für sich und die Pferde zu holen. So beschloß er, zunächst einmal die dreißig Mark Gold, die seine Eltern ihm für die Reise mitgegeben hatten, zu verbrauchen. Und er ging auf den Markt und kaufte Fleisch und Brot, Met und Wein und die teuersten Leckereien. Dann lud er alle Knappen und Reitersknechte, die in der Herberge wohnten, ein und bewirtete sie ebensogut wie König Ermanerich seine Gäste. Drei volle Tage lang aßen und tranken sie auf Dietleibs Kosten, dann aber war sein Beutel leer.

Doch Dietleib besann sich nicht lange, nahm Heimes Pferd Rispe und das Schwert Nagelring, das Dietrich Heime geschenkt hatte, ließ beides einem Kaufmann für zehn Mark Gold zum Pfand und tafelte wiederum königlich mit seinen Gästen. Am nächsten Tag brachte er Witeges Pferd Schimming und das Schwert Mimung zum Pfandleiher, bekam zwanzig Mark Gold dafür und konnte nun zwei Tage lang alle, die in der Herberge wohnten, bewirten, und schließlich versetzte er auch Dietrichs Hengst Falke und das Schwert Eckesachs; das Gold, das er dafür bekam, reichte drei Tage.

Als das Fest zu Ende war, rief Dietrich den jungen Dietleib zu sich, befahl ihm, Pferde und Waffen zu bringen, denn die Heimreise solle beginnen.

»Gewiß, Herr«, antwortete Dietleib, »nur werdet Ihr zuvor bezahlen müssen, was ich in der Herberge verzehrte, während Ihr bei dem Feste wart.«

»Gern will ich das«, sagte Dietrich. »Wieviel hast du verbraucht?«

»Oh, nicht viel«, entgegnete Dietleib. »Drei Tage reichte mein eigenes Geld. Es waren dreißig Mark Gold, doch die müßt Ihr mir nicht wiedergeben. Außerdem verbrauchte ich noch sechzig Mark; die werdet Ihr allerdings zahlen müssen, denn dafür habe ich Eure, Heimes und Witeges Waffen und Pferde verpfändet.«

Dietrich verschlug es die Sprache, als er hörte, wieviel Gold Dietleib während der sieben Tage des Festes verbraucht hatte.

»Komm mit mir«, sagte er nur.

Dietleib folgte ihm, und bald standen beide vor König Ermanerich.

»Oheim«, begann Dietrich, »wollt Ihr für meine Leute und für meine Pferde bezahlen, was sie in der Zeit des Festes verzehrt haben?«

»Sehr gern«, sagte Ermanerich, »rufe nur meinen Schatzmeister Sibich, er wird es euch geben. Wieviel ist es denn?«

»Das fragt ihn«, erwiderte Dietrich und schob Dietleib nach vorn, der keck zur Antwort gab:

»Es ist nicht der Rede wert. Dreißig Mark Gold zahlte ich aus eigener Tasche, die will ich aber nicht zurückhaben. Ihr müßt nur die sechzig Mark bezahlen, für die ich Pferde und Waffen meines Herrn und zweier seiner Schildgenossen zum Pfand setzte.«

Da sprang Ermanerich auf: »Wie kannst du es wagen, so

viel Gold in wenigen Tagen zu verprassen! Hat doch mein eigenes Fest nicht mehr gekostet!«

Und Walther von Wasgenstein, der dabeistand und das Gespräch mit angehört hatte, rief: »Ich glaube, du kannst nichts als prassen und prahlen! Verstehst du das Speerwerfen und Steinstoßen ebensogut?«

»Darin nehme ich es mit jedem auf«, entgegnete Dietleib.

»Gut«, versetzte Walther, »dann wollen wir unsere Kräfte messen. Unterliegst du, so sollst du mit Schimpf und Schande deinen Kopf verlieren zur Strafe für deine Prahlerei. Und wenn ich unterliege, so soll mein Kopf dir verfallen sein.«

Dietleib war mit der Bedingung einverstanden, und die beiden gingen hinaus auf den Hof. Ein riesiger Stein lag dort. Walther hob ihn mit einer Hand hoch und stieß ihn nicht weniger als zehn Fuß weit, Dietleib aber warf ihn sogar elf Fuß, beim zweitenmal erreichte Walther dreizehn, doch Dietleib fünfzehn Fuß. Wütend mußte Walther eingestehen, daß er den ersten Wettstreit verloren hatte.

Er rief nach König Etzels Bannerstange – auch Etzel war zu Ermanerichs Fest gekommen –, die größer und schwerer war als jeder Speer. Mit so mächtigem Schwung warf Walther die Stange, daß sie durch die ganze Königshalle flog und erst am anderen Ende des Saales niederfiel. Dann ergriff Dietleib die Stange, wog sie noch einmal in der Hand und warf sie mit ebensolcher Kraft wie Walther durch die ganze Halle. Dann lief er pfeilschnell hinterher und fing die Stange im Flug auf. Einen solchen Wurf hatte noch niemand vorher gesehen, und König Ermanerich sagte zu Dietleib:

»Du hast den Wettkampf gewonnen. Wieviel Gold verlangst du, damit ich Walthers Kopf einlösen kann?«

»Was soll ich mit Walthers Kopf?« antwortete ihm Dietleib. »Bezahlt mir nur die sechzig Mark Gold, damit ich die Pferde und Waffen meines Herrn und seiner beiden Schildgenossen auslösen kann.«

Ermanerich erwiderte: »Deine Entscheidung nehme ich gern an.«

Und er ließ Dietleib so viel Gold auszahlen, wie er verlangt hatte, dazu gab er ihm auch noch die dreißig Mark Gold, die er aus eigener Tasche bezahlt hatte.

Im Wettkampf mit Walther von Wasgenstein hatte sich Dietleib großen Ruhm erworben. Nun verschwieg er auch seinen rechten Namen nicht länger. Dietrich nahm ihn auf unter seine Schwurbrüder und gab ihm das Land Steiermark zum Lehen. Seither hieß er überall Dietleib von Steiermark.

Am nächsten Tage ritten sie heimwärts. In Bern erwartete sie eine böse Nachricht. Dietrichs Vater, König Dietmar, war schwer erkrankt. Alle Kunst der Ärzte konnte ihm nicht mehr helfen, und bald darauf starb er. Nun erbte Dietrich das Lampartenland und wurde König zu Bern.

DIETRICH UND DER ZWERGENKÖNIG LAURIN

DIE JAHRE VERGINGEN. KÖNIG DIETRICH HERRSCHTE gerecht und milde über sein Reich und wurde von allem Volke geliebt. Sein Ruhm verbreitete sich über die Länder, und jedermann pries die Heldentaten des Königs.

Auch Witege, König Dietrichs Waffengefährte, dachte so und sprach zu Meister Hildebrand: »Ich kenne keinen berühmteren Recken als König Dietrich von Bern.

Niemand hat so viele kühne Taten vollbracht wie er.«
Meister Hildebrand jedoch entgegnete bedächtig: »Und
doch weiß Dietrich nicht, daß es noch gefährlichere
Kämpfe gibt als die, die er bisher bestand. Gewiß hast
du davon gehört, daß im Tiroler Bergland die Zwerge
wohnen. Viele Zauberkünste beherrschen sie, und alle
Recken, die den Kampf mit ihnen wagten, wurden von
ihnen besiegt. Erst wenn König Dietrich auch im
Zwergenland Siege erfochten hätte, würde ich ein-
stimmen in dein Lob und ihn über alle anderen Helden
stellen.«
Unbemerkt von beiden hatte König Dietrich das Gespräch angehört. Nun trat er vor und wandte sich an
seinen Waffenmeister: »Du übertreibst wohl, Meister
Hildebrand, denn wenn der Kampf mit den Zwergen
wirklich so gefährlich wäre und große Ehre brächte,
dann hättest du es mir sicher nicht bis heute verschwiegen.«
Dietrichs Worte verstimmten Meister Hildebrand
sehr.
»Ihr sollt nicht von mir sagen, daß ich ein gedankenloser
Schwätzer bin. Deshalb will ich Euch alles genau berichten, was ich von den Zwergen weiß. In den Tiroler
Bergen, tief unter der Erde lebt König Laurin, der
Herrscher über das Zwergenreich. Kaum drei Spannen
ist er lang, aber weit umher im Lande gefürchtet, denn
schon manchen kühnen Recken, mochte der auch noch
so groß und stark sein, hat er besiegt und ihm die linke
Hand und den rechten Fuß abgeschlagen. An Gold und
Edelsteinen besitzt er mehr als jeder andere König. Am
liebsten aber von allen seinen Schätzen ist ihm sein Rosengarten, den er selbst hoch oben in den Bergen zwischen Felsen, Eis und Schnee angelegt hat. Mit eigener
Hand hegt und pflegt er die Blumen. Nur ein seidener

Faden umspannt den Garten. Doch wehe dem Fremden, der den Faden zerreißt und den Garten betritt. Augenblicklich würde Laurin den Frevler bestrafen, und er verlöre Hand und Fuß oder gar das Leben.«

Staunend hatten Dietrich und Witege Meister Hildebrands Worten gelauscht, da rief Dietrich: »Der Zwergenkönig Laurin muß ein großer Held sein, daß er jeden besiegte, der einen Fuß in seinen Rosengarten setzte. Gleich will ich mich rüsten und ins Tiroler Land reiten, um den Rosengarten zu suchen.«

Und schnell fiel ihm Witege ins Wort: »Und ich will mit Euch reiten, König Dietrich. Gemeinsam werden wir den Rosengarten finden, dann will ich den seidenen Faden zerreißen und die Rosen zertreten.«

Kurze Zeit darauf verließen König Dietrich und Witege wohlgerüstet die Stadt Bern. Sorgenvoll blickte Meister Hildebrand den beiden Helden nach, denn er fürchtete für ihr Leben und beschloß, ihnen heimlich zu folgen.

Bald hatten Dietrich und Witege das Tiroler Gebirge erreicht. Tagelang ritten sie durch dichten Tannenwald, endlich aber lichtete sich das Waldesdunkel, vor ihren Augen bereitete sich eine weite grüne Wiese, und mittendrin lag der Rosengarten. Wie staunten sie aber, als sie heranritten und den Garten aus der Nähe betrachteten. An allen Rosen glänzten und funkelten goldene Ketten und kostbare Edelsteine, und ein berauschend süßer Duft stieg aus jeder Blüte.

Dietrich konnte sich kaum satt sehen, und er zögerte, in den Garten einzudringen. Deshalb wandte er sich an Witege: »Gewiß wird das der Garten sein, von dem Meister Hildebrand erzählte. Er hat wahrlich nicht übertrieben. Einen schöneren Garten sah ich nie. Und falls das, was Hildebrand uns von König Laurins Stärke sagte, ebensowahr ist, dann werden wir schwere

Kämpfe zu bestehen haben, wenn wir den seidenen Faden zerreißen.«

Aber Witege erwiderte nur: »Das soll mir einerlei sein.«

Er sprang vom Pferd, zerriß den seidenen Faden, der den Garten umgrenzte, und hieb mit dem Schwert die Rosenblüten ab. Verwüstet lag in wenigen Minuten Laurins Rosengarten.

Kaum hatte Witege seine blindwütige Tat vollbracht, da stürmte auch schon König Laurin heran. Das Pferd, auf dem er ritt, war nicht größer als ein Reh, doch über und über mit Edelsteinen geziert, und das Zaumzeug war aus reinem Golde. Golden glänzte auch der Panzer des Zwergenkönigs, in Drachenblut war er gehärtet, so daß kein Schwerthieb ihm etwas anhaben konnte. Um den Panzer aber trug Laurin den Zaubergürtel, der ihm die Kraft von zwölf Männern gab, so daß er in jedem Kampf siegte. Das Schwert in der erhobenen Rechten, rief Laurin wütend:

»Wie konntet ihr es wagen, meine Rosen zu zertreten! Teuer sollt ihr mir zahlen dafür und als Pfand die linke Hand und den rechten Fuß lassen.«

König Dietrich antwortete darauf: »Mäßige deinen Zorn. Wir sind Fürsten, die man nicht an Hand und Fuß pfändet. Wir wollen dir so viel Gold und Silber für den Garten geben, wie du verlangst. Über deine Rosen kannst du dich trösten. Wenn der Mai kommt und die Sommersonne scheint, werden neue Rosen blühen und du wirst wieder Freude an deinem Garten haben.«

Laurin aber lachte nur verächtlich: »Ich besitze mehr Gold als drei Fürsten wie du zusammengenommen. Doch was seid ihr überhaupt für Fürsten! Meinen Rosengarten habt ihr verwüstet, ohne daß ich euch je etwas zuleide tat, und selbst wenn ich es getan hätte, so hättet ihr mich zum ehrlichen Zweikampf herausfordern müssen, das wäre fürstlich gehandelt.«

Bisher hatte Witege dem Gespräch schweigend zugehört. Nun aber konnte er sich nicht mehr zurückhalten und rief: »Hört Ihr, König Dietrich, wie der Zwerg Euch schmäht? Ihr solltet ihm nicht erlauben, solche Reden in Eurer Gegenwart zu führen. Am liebsten möchte ich ihn an den Füßen packen und auf dem Erdboden zerschmettern.«

Vergeblich mahnte Dietrich, Witege möge seine Zunge im Zaum halten, Witege hörte nicht darauf, ja, seine Wut steigerte sich noch mehr, und er fiel Dietrich zornig ins Wort:

»Wer Euch einen kühnen Recken nennt, der lügt! Vor Euch braucht nicht einmal eine Maus Angst zu haben, wenn Ihr Euch schon vor einem Zwerg fürchtet. Dreitausend oder mehr solcher Wichte würde ich allein angreifen.«

Laurin hatte alles mit angehört und wandte sich an Witege: »Wenn du denkst, es sei ein Kinderspiel, einen Zwerg zu besiegen, so will ich den Zweikampf mit dir wagen. Rüste dich und besteige dein Pferd, damit wir gegeneinander anrennen können.«

Witege war dazu bereit. Ohne den Steigbügel zu benutzen, sprang er in den Sattel und stürmte mit eingelegtem Speer gegen Laurin; doch er verfehlte den Zwerg. Dagegen traf ihn Laurin mit solcher Wucht, daß er vom Pferd stürzte und ins Gras fiel. Im Nu war Laurin vom Pferd gesprungen und holte schon mit dem Schwert aus, um seinem Gegner Hand und Fuß abzuschlagen, als Dietrich mit dem Schwert dazwischenfuhr und rief:

»Ich werde nicht dulden, daß du Witege verstümmelst. Ewige Schande würde meinen Namen bedecken, wenn man sagen könnte, Dietrich von Bern habe seinem Waffengefährten, dem ein Zwerg Hand und Fuß abschlagen wollte, nicht geholfen.«

»Was kümmert mich dein Name«, versetzt Laurin, »und wenn du auch Dietrich von Bern bist, von dem ich schon viel gehört habe, so wird das deinem Waffengefährten nichts helfen und dir auch nicht. Auch du mußt mir Hand und Fuß lassen. Beide habt ihr meinen Rosengarten zerstört, also werde ich euch beide dafür bestrafen.«

Da merkte Dietrich, daß jedes Wort umsonst war. Er schwang sich auf sein Pferd, faßte den Speer fester und stürmte Laurin entgegen. Im selben Augenblick tauchten aus dem Waldesdickicht drei Reiter auf. Es waren niemand anderes als Meister Hildebrand, sein Neffe Wolfhart und Dietleib von Steiermark. Schon von weitem rief Meister Hildebrand:

»Steigt vom Pferd, König Dietrich, und kämpft zu Fuß mit dem Schwert. Schlagt ihm den Schwertknauf auf den Kopf und betäubt ihn, anders könnt Ihr den Zwerg nicht bezwingen.«

Ohne zu zögern, befolgte Dietrich Hildebrands Rat, sprang vom Pferd und zog sein Schwert. Aber ehe er sichs versah, war auch Laurin abgesprungen und schlug ihm mit einem einzigen Schwerthieb den Schild aus der Hand. Da drehte Dietrich, wie Hildebrand geraten hatte, blitzschnell sein Schwert um und schlug mit dem Schwertknauf seinem Gegner mit aller Gewalt auf den Helm. Fast hätte Laurin die Besinnung verloren. Aber er wußte ein Mittel, um den gefährlichen Hieben Dietrichs auszuweichen. Rasch griff er in die Tasche, zog sich die Tarnkappe über und war im Nu unsichtbar.

Dietrich wunderte sich nicht wenig, als Laurin plötzlich verschwand. Noch mehr staunte er, als der unsichtbare

Gegner Schlag auf Schlag austeilte. Aufs Geratewohl hieb Dietrich um sich, aber er konnte sich der niederprasselnden Schläge nicht erwehren und blutete bald aus tiefen Wunden.

Wieder war es Meister Hildebrand, der Dietrich mit seinem Rat half, denn er kannte die Zauberkünste der Zwerge.

»Laßt Euch nicht länger auf einen Schwertkampf mit Laurin ein«, rief er Dietrich zu, »sonst werdet Ihr unterliegen. Zwingt den Zwerg zum Ringkampf und sucht ihm den Gürtel zu entreißen, den er um den Panzer geschlungen trägt, denn der gibt ihm die Kraft von zwölf Männern.«

Da warf Dietrich sein Schwert weg und suchte den unsichtbaren Zwerg zu erhaschen. Laurin kam der Ringkampf sehr gelegen, und er hoffte, dabei seinen Gegner um so schneller zu besiegen. Auch er warf sein Schwert zur Seite, sprang Dietrich mit aller Kraft an, umschlang seine Knie und warf ihn mit so kräftigem Schwung zu Boden, daß er selbst dabei das Gleichgewicht verlor und hinstürzte. Blitzschnell stand Dietrich wieder auf den Beinen, packte den Zwerg, hob ihn am Gürtel hoch über den Kopf und warf ihn krachend zur Erde, daß der Gürtel zerriß. Schnell bückte sich Meister Hildebrand, hob den Zaubergürtel auf und steckte ihn in die Tasche. Laurin, seiner Zauberkräfte beraubt, jammerte mit kläglicher Stimme:

»Laßt mich am Leben, König Dietrich. Ich will Treue schwören und Euch alles geben, was ich habe.«

So sehr Laurin aber auch flehte, Dietrich hörte nicht darauf und schlug mit seinen Fäusten weiter auf den Zwerg ein. In seiner Not wendete sich Laurin an Dietleib:

»Helft mir, Dietleib, um Euer Schwester Künhild willen. Wenn ich hier nicht lebend davonkomme, werdet Ihr sie nie wiedersehen.«

Als Dietleib das hörte, bat er Dietrich, das Leben Laurins zu schonen. Doch vergeblich, Dietrich war nicht zu erweichen, er wollte den zauberischen Zwerg töten.

Als Dietleib sah, daß sein Bitten nichts fruchtete, entriß er Dietrich mit Gewalt den kleinen Laurin, hob ihn aufs Pferd und sprengte mit ihm dem Walde zu. Nun wendete sich Dietrichs Zorn auch gegen Dietleib. Er rief nach seinem Pferd und stürmte den beiden nach. Dietleib konnte Laurin gerade noch im dichten Unterholz verstecken, da hatte Dietrich sie eingeholt. Ein erbitterter Kampf zwischen Dietrich und Dietleib begann, und er hätte sicher ein schlimmes Ende genommen, wenn Hildebrand, Witege und Wolfhart sich nicht dazwischengeworfen und die Recken getrennt hätten.

Nachdem Hildebrand den Streit geschlichtet hatte, kam auch Laurin aus seinem Versteck hervor. Alle schworen sich gegenseitig Treue und Waffenbrüderschaft, und auch Laurin leistete den Schwur. Nur Witege stand mit finsterem Gesicht dabei, denn er fürchtete Laurins Verrat.

Als alle den Eid geschworen hatten, wendete sich Dietleib an Laurin: »Sagt mir nun, wie es meiner Schwester geht.«

Und Laurin erzählte, wie er, unter seiner Tarnkappe verborgen, Künhild von einer Wiese bei der Burg Steier in das unterirdische Reich der Zwerge entführt habe, damit sie seine Frau werde.

Dietleib antwortete darauf: »Wenn Ihr die Wahrheit sprecht und meine Schwester einverstanden ist, bin ich bereit, sie Euch zur Frau zu geben.«

Da erwiderte ihm Laurin: »Ihr sollt Euch von der Wahrheit meiner Worte überzeugen. Ich lade euch alle ein, mit mir in mein Reich hinabzusteigen. Seid meine Gäste, solange ihr wollt.«

Doch die Helden zögerten; sie traten zur Seite, um Rat zu halten, und Dietrich fragte Meister Hildebrand: »Was rätst du, Waffenmeister? Sollen wir der Einladung Laurins folgen?«

»Gewiß müssen wir das«, entgegnete der Alte, »denn wenn wir es abschlagen, mit ihm in den Berg zu ziehen, würde man uns überall als Feiglinge beschimpfen.«

Alle stimmten Hildebrands Rat zu und freuten sich schon auf die Wunderwelt des unterirdischen Zwergenreiches, von der sie schon so viel gehört hatten. Nur Witege warnte, denn er zweifelte an der Treue des Zwerges, aber niemand hörte auf ihn.

Erwartungsvoll folgten die Helden dem Zwergenkönig auf eine einsame Bergwiese, in deren Mitte eine riesige Linde stand. Ringsum blühten bunte Blumen, und die Vögel sangen so schön, wie die Helden es noch nie gehört hatten. Sie stiegen von ihren Pferden, und Laurin führte sie vor eine Felswand, schob das Gebüsch beiseite, und die Helden standen vor einer kleinen Pforte, dem Eingang zum Zwergenreich. Noch einmal warnte Witege:

»Folgt meinem Rat und vertraut dem Zwerg nicht allzusehr. Er steckt voller List und Tücke«

Laurin hatte die Worte gehört und sprach: »Seid ohne Sorge, ich breche meinen Treueid nicht. Keiner wird bereuen, daß er mir in den Berg gefolgt ist.«

Da durchschritten alle die Pforte, die sich hinter ihnen sofort wieder schloß. Wie gebannt blickten Dietrich und seine Helden auf die Wunderwelt, die sich ihnen auftat. Taghell strahlte das Innere des Berges, denn von allen Wänden der Gänge funkelten unzählige Edelsteine. Endlich kamen sie in die große Halle. Kostbar gekleidete Zwerge empfingen sie hier und geleiteten sie zu goldenen Sesseln, auf denen die Helden sich niedersetzten. Duftenden Wein reichte man ihnen als Willkommenstrunk, und auch für die Unterhaltung seiner Gäste hatte Laurin reich gesorgt. Erst führten die Zwerge Kampfspiele vor, dann kamen andere herbei, die sangen, tanzten und musizierten.

Zuletzt betrat auch Dietleibs Schwester Künhild die Halle, und mit ihr ein großes Gefolge von Zwergenjungfrauen. Zunächst begrüßte Künhild König Dietrich, dann aber eilte sie auf ihren Bruder zu, und während sie ihn umarmte und küßte, flüsterte sie ihm ins Ohr:

»Rette mich, ich will nicht länger bei den Zwergen leben, sondern mit dir ans Tageslicht und zu den Menschen zurückkehren.«

Und Dietleib antwortete ihr ebensoleise: »Verlaß dich darauf, Schwester, ich befreie dich, und sollte es mein Leben kosten.«

Bald danach bat Laurin die Helden zu Tisch. Noch nie hatten sie an einer reicher gedeckten Tafel gesessen. Die edelsten Weine und die leckersten Speisen wurden aufgetragen, und die Schüsseln und Becher waren aus Gold und Silber.

Während die Helden aßen und tranken und sich am Singen und Musizieren der Zwerge erfreuten, stand Laurin abseits und redete mit Künhild:

»Ich brauche deinen Rat«, sagte der Zwergenkönig, »übel haben die Fremden mir mitgespielt, sie zerstörten meinen Rosengarten, obwohl ich ihnen nie etwas zuleide tat. Der Frevel wäre längst gerächt, wenn König Dietrich mir nicht im Kampf meinen Zaubergürtel zerrissen hätte. Und wenn dein Bruder Dietleib sich meiner nicht angenommen hätte, wäre ich sicher schon tot.

Jetzt aber sind sie in meiner Gewalt, und hier soll sie meine Rache treffen. Rate mir, wie ich sie bestrafen soll.«

Da erschrak Künhild sehr, denn sie wußte, daß es niemanden gelingen würde, Laurin umzustimmen, und so bat sie ihn, wenigstens das Leben der Helden zu schonen.

»Nun gut, ich will es dir versprechen«, antwortete Laurin, »um deinetwillen sollen sie am Leben bleiben.«

Dann steckte er einen goldenen Zauberring an den Finger, der dieselbe Kraft besaß wie der Gürtel, den Dietrich zerrissen hatte, und schickte einen Diener zu Dietleib, um ihn in ein Nebenzimmer zu bitten, denn er wollte ihn überreden, seine Gefährten im Stich zu lassen. Dietleib jedoch wies dieses Ansinnen entrüstet zurück:

»Du magst mir alle Schätze deines Königreiches versprechen, ich will doch lieber mein Leben verlieren als meine Schwurbrüder verraten. Wenn du Rache nehmen willst an uns, so brauchst du mich dabei nicht zu schonen.«

»Dann mußt du hierbleiben, bis du dich eines anderen besonnen hast«, entgegnete Laurin.

Damit verließ er das Gemach, verschloß und verriegelte es fest und eilte zurück in die Halle, wo die vier anderen Helden ahnungslos bei der Tafel saßen. Er setzte sich zu ihnen und befahl, neuen Wein zu bringen. In die Becher aber hatte er zuvor einen Schlaftrunk schütten lassen. Arglos tranken die Helden, und nicht lange dauerte es, da sanken ihnen die Köpfe auf den Tisch, und sie schliefen fest.

»Bindet sie und werft sie in den tiefsten Kerker«, rief Laurin frohlockend, und seine Diener erfüllten rasch den Befehl.

Als Künhild erfuhr, daß Laurins Racheplan gelungen war, stand ihr Entschluß fest: sie mußte die Helden finden und sie befreien. Überall suchte sie und lauschte, ob sie nicht die Stimmen der Gefangenen vernähme. Endlich fand sie die Kammer, in die Laurin ihren Bruder eingeschlossen hatte. Sie öffnete die Tür und schlüpfte unbemerkt hinein. Am liebsten wäre Dietleib hinausgestürmt, um Laurin für seinen Treuebruch zu strafen, und nur mit Mühe konnte Künhild ihn zurückhalten.

»Höre auf meinen Rat, wenn dir dein Leben lieb ist.«

Dietleib besann sich, blieb stehen und fragte: »Wo sind König Dietrich und seine Getreuen? Leben sie noch?«

Seine Schwester antwortete ihm: »Sie leben, aber sie schmachten im Kerker.«

Dietleib entgegnete darauf: »Ach, hätte ich nur meinen Harnisch und mein Schwert, dann wären sie schnell befreit, und ihre Not hätte ein Ende.«

Aber Künhild warnte ihn, seine Kraft zu überschätzen. »Waffen allein würden dir nichts nützen, und wenn du auch viermal so stark wärest. Die Zwerge tragen Tarnkappen, so daß sie dich erschlagen, ohne daß du sie sehen kannst. Nimm deshalb diesen Ring. Steck ihn an den Finger, so kannst du die Zwerge sehen, auch wenn sie Tarnkappen tragen. Und nun komm.«

Damit nahm sie ihn bei der Hand und führte ihn in die Waffenkammer, in der Dietleib ihrer aller Waffen und Rüstungen fand. Schnell hatte der Held sich gerüstet, sein Schwert ergriffen und sich mit den Waffen und Rüstungen seiner Gefährten beladen.

Heimlich, auf dunklen Wegen führte Künhild ihren Bruder zu dem Gewölbe, in das Laurin die Helden geworfen hatte.

Vier Tage bereits lagen Dietrich und seine Gefährten im Kerker. Zwar hatten sie sich ihrer Fesseln entledigen können, aber sie wagten kaum noch, an Rettung zu denken. Als sie aber jetzt Dietleibs Stimme hörten und er ihnen ihre Schwerter und Rüstungen in den Kerker hinabwarf, schöpften sie neuen Mut. Im selben Augenblick hörten sie lautes Horngeschmetter. Laurin hatte bemerkt, daß Dietleib aus dem Zimmer, in das er ihn eingeschlossen hatte, ausgebrochen war, und er hatte entdeckt, daß die Rüstungen und Waffen seiner Gefangenen nicht mehr in der Waffenkammer lagen. Da griff er zu seinem Heerhorn, blies hinein, daß es im ganzen Berge widerhallte, und eine riesige Schar düsterer und bewaffneter Zwerge lief herbei.

»Erschlagt ihn«, befahl Laurin seinen Mannen und wies auf Dietleib, der mit dem blanken Schwert in der Faust vor dem Gewölbe stand. Von allen Seiten drangen die Zwerge auf Dietleib ein. Aber so viele er auch erschlug, immer neue Scharen schickte Laurin gegen ihn, so daß seine Kräfte sich schließlich erschöpften und er in dem ungleichen Kampf zu unterliegen drohte. Aus vielen Wunden blutete er schon, da erhielt er plötzlich Hilfe.

Während Dietleib sich am Eingang des Gewölbes der Zwerge erwehrte, hatten nämlich Dietrich und seine Helden ihre Panzer angelegt und sich aus dem Kerker befreit. Aber was nützte ihnen das alles? Sie hörten wohl das Schwertergeklirr dicht neben sich, aber sie konnten Dietleib nicht beispringen, denn sie wußten nicht, wohin sie schlagen sollten, da alle Zwerge unsichtbar waren, weil sie Tarnkappen trugen. Da dachte Hildebrand an den Zaubergürtel, den er noch immer in der Tasche trug, seit Dietrich ihn Laurin im Kampf im Rosengarten entrissen hatte.

»Hier, nehmt den Gürtel«, sagte er zum König, »bindet ihn Euch um, und Ihr werdet die Zwerge sehen können.«

Rasch griff Dietrich zu, und mit einemmal sah er, wie eine unübersehbare Menge von Zwergen auf Dietleib eindrang, so daß er sich ihrer kaum noch erwehren konnte.

»Bleibt, wo ihr seid«, mahnte Dietrich noch seine Getreuen, »damit die Zwerge nicht auch noch über euch herfallen, denn ihr müßtet unterliegen, da ihr sie nicht sehen könnt.«

Meister Hildebrand wußte aber noch einen Rat und rief Dietrich nach:

»Laurin trägt an seiner rechten Hand einen Zauberring, der ihm seine Stärke gibt. Schlagt ihm den Finger ab und bringt mir den Ring, damit ich die Zwerge auch sehen und Euch im Kampf beistehen kann.«

Das versprach Dietrich, und dann stürzte er sich mitten in das wildeste Kampfgetümmel. Bald hatte Dietrich Laurin erblickt, und mit dem Schwert bahnte er sich einen Weg durch die dichten Reihen der Zwerge, um Laurin seine Treulosigkeit zu vergelten. Schon einmal hatten Dietrich und Laurin gegeneinander gekämpft, doch diesmal hatte der Zwergenkönig neben der Zauberkraft seines Rings auch noch den Beistand vieler tausend Zwerge. Lange kämpften beide miteinander, und Laurin schien unbezwingbar. Doch Dietrich hatte Meister Hildebrands Rat nicht vergessen, und mit einem kräftigen Hieb schlug er Laurin den Ringfinger ab. Blitzschnell hob er den Zauberring auf und warf ihn Meister Hildebrand zu, der nun ebenfalls die Zwerge sehen konnte und sich ihnen mit dem Schwert entgegenwarf.

Während des Kampfes war einer der Zwerge zum Berg

hinausgelaufen und hatte in ein Horn geblasen. Der Ton dieses Hornes war für die fünf Riesen, die im nahen Walde wohnten und Laurin untertan waren, das Zeichen, daß sie den Zwergen im Berg Beistand leisten sollten. In dem Augenblick, als Laurin seinen Zauberring einbüßte und die Zwerge den Kampf schon verloren gaben, drangen die Riesen, mit schweren und langen Eisenstangen bewaffnet, in den Berg ein und kamen Laurin zu Hilfe. Alle Zwerge, die sich ängstlich in den Bergspalten verkrochen hatten oder gar geflohen waren, sprangen wieder hervor und griffen gemeinsam mit den Riesen an.

Witege und Wolfhart standen während der ganzen Zeit noch immer unter dem Gewölbe. Sie hörten, daß das Getöse des Kampfes lauter und lauter wurde, sie hörten das Schwertergeklirr und die weithin hallenden Schläge, die die Riesen mit ihren Eisenstangen austeilten, und doch konnten sie ihren Waffengefährten nicht beispringen, denn unsichtbar waren für sie alle Feinde. Endlich sprach Witege:

»Keinem Kampf sind wir bisher ausgewichen, und gerade jetzt, wo unsere Gefährten in höchster Gefahr sind, müssen wir tatenlos beiseite stehen.«

Wolfhart antwortete ihm: »Wenn wir auch nicht sehen, wo gestritten wird, so hören wir doch den Kampflärm. Dort wollen wir mit unseren Schwertern blind drauflosschlagen. Wir werden die Zwerge schon treffen.«

Beide Helden banden die Helme fester, und als sie gerade mit blankem Schwert das Gewölbe verlassen wollten, kam ihnen Künhild entgegengelaufen.

»Hier, nehmt diese Ringe und steckt sie an den Finger. Dann werdet ihr die Zwerge sehen und könnt euren Gefährten beistehen.«

Hocherfreut griffen Witege und Wolfhart zu, und dann

warfen sie sich in das Getümmel. Stundenlang noch tobte der furchtbare Kampf, und man hörte nichts anderes als das Klirren der Schwerter und die Schmerzensschreie der Verwundeten. Der blutige Streit endete erst, als alle fünf Riesen erschlagen waren und König Laurin sich ergab.

Zum zweitenmal nun stand der Zwergenkönig bittend vor Dietrich. »König Dietrich, straft mich für das, was ich an Euch getan habe, aber schont mein Volk, laßt die wehrlosen Zwerge am Leben, und sie sollen Euch dienen, wie sie bisher mir gedient haben.«

Dietrich antwortete ihm: »Du hast deinen Treueschwur gebrochen, und dafür werde ich dich und dein Volk bestrafen. Keiner von euch soll am Leben bleiben.«

Doch als Künhild und selbst Dietrichs Gefährten für die Zwerge baten, ließ Dietrich sich endlich erweichen und schenkte Laurin und seinem Volk das Leben.

König Dietrich setzte den Zwerg Sintram zum Statthalter über das Zwergenreich, dann beluden die Helden die Packpferde mit Gold und Edelsteinen, soviel sie nur tragen konnten, und brachen auf, den gefangenen Laurin und die befreite Künhild in der Mitte. Und als sie in Bern ankamen, ließ König Dietrich ein großes Freudenfest ausrichten, um den Sieg über die Zwerge zu feiern.

Schlimm erging es dem gefangenen Zwergenkönig in dieser Zeit. Alles Volk verspottete und verhöhnte ihn, und als Künhild mit ihrem Bruder Dietleib in die Steiermark zurückkehrte, kannte sein Schmerz keine Grenzen und er weinte und klagte bitterlich.

König Dietrich blieb der große Kummer Laurins nicht verborgen. Deshalb ließ er den Zwergenkönig zu sich in die Halle bringen.

»Höre, Laurin«, sprach er zu ihm, »ich will vergessen, wie treulos du an mir gehandelt hast. Schwöre mir noch einmal den Treueeid, und du sollt frei sein.«
Groß war Laurins Freude, als er diese Worte vernahm. Er schwur König Dietrich feierlich die Treue, und er hielt seinen Eid diesmal fürs ganze Leben.

WITEGE UND HEIME

EINES TAGES KAM EIN BOTE VON KÖNIG ERMANERICH nach Bern, kniete vor Dietrich und sprach:
»Euer Oheim, König Ermanerich von Rom, bittet Euch um Waffenhilfe gegen Herzog Rimstein. Er ist ein Lehensmann König Ermanerichs, weigert sich aber, ihm den schuldigen Zins zu zahlen.«
»Gern will ich das tun«, antwortete Dietrich dem Boten, und schon nach wenigen Tagen brach er mit fünfhundert seiner tapfersten Recken auf. Sie zogen König Ermanerich entgegen, der mit seinen Mannen von Rom kam. Mit diesem gemeinsamen Heer ritten die beiden Könige in Herzog Rimsteins Land. Als sie vor die Burg Gerimsheim kamen, hinter deren festen Mauern Rimstein mit seinen Recken saß, schlugen sie ihr Lager auf, denn die Burg war so stark befestigt, daß man sie nicht im Sturm erobern konnte.
Zwei Monate schon belagerten Dietrichs und Ermanerichs Heere die Burg, doch Herzog Rimstein wollte sich nicht ergeben, sondern wartete nur auf eine günstige Gelegenheit, um seine Gegner anzugreifen. Deshalb ritt er auch eines Nachts mit sechs Mannen aus der Burg und erkundete das Lager der Feinde. Niemand im Lager bemerkte sie, und sie wollten schon wieder zur Burg

zurückreiten. Doch in der Mitte des Weges, gerade zwischen dem Heerlager und der Burg, stießen sie plötzlich auf einen Reiter, der dort auf Wacht stand. Es war Witege. Als Herzog Rimstein und seine Leute sahen, daß sie entdeckt waren und daß nur ein einziger feindlicher Reiter ihnen gegenüberstand, zogen sie ihre Schwerter und griffen an. Witege nahm den Kampf auf, und mit voller Wucht ließ er sein Schwert auf den ersten Reiter, der gegen ihn stürmte, niedersausen, daß der tot zur Erde sank. Er hatte Herzog Rimstein selbst erschlagen! Als dessen Mannen das sahen, rissen sie ihre Pferde herum und flohen in die Burg zurück. Witege verfolgte sie nicht, sondern gab seinem Hengst Schimming die Sporen und jagte ins Lager, um König Dietrich die Nachricht zu bringen, daß er Herzog Rimstein im Kampf getötet habe. Heime stand dabei, als Witege berichtete, was geschehen war, und er sagte hämisch:
»Eine Heldentat war das wahrlich nicht, einen alten und schwachen Mann zu erschlagen.«
Wütend fuhr Witege auf: »Diese Worte sollst du büßen!« rief er und zog das Schwert, und auch in Heimes Hand blitzte im selben Augenblick die blanke Waffe. Doch ehe die beiden aneinandergerieten, warf Dietrich sich dazwischen und trennte sie gebieterisch. Aber Witege wollte sich nicht beschwichtigen lassen.
»Immer schon war Heime mir feindlich gesinnt, und mehr als einmal hat er mich geschmäht und im Kampf im Stich gelassen. Meister Hildebrand wird bezeugen können, daß Heime mir nicht beistehen wollte, als ich mit den Räubern am Brückenkastell stritt. Er muß endlich den verdienten Lohn für seine Treulosigkeit empfangen.«
Mit finsterem Gesicht hörte Heime die Beschuldigungen an, und er schwieg auch trotzig, als König Dietrich

ihn aufforderte, sich zu rechtfertigen. Da sagte Dietrich zu Heime:

»Es gibt keine größere Schande für einen Helden, als einem Schwurbruder nicht zu helfen, wenn er in Gefahr ist. Mach, daß du mir aus den Augen kommst. Du kannst nicht länger mein Schildgenosse sein.«

Inzwischen war der Tag angebrochen, und Dietrich ließ König Ermanerich den Tod Herzog Rimsteins melden. Nun wurden die Heerhörner geblasen, und die Recken setzten zum Sturm auf die Burg an. Die Belagerten leisteten nur kurze Zeit Widerstand; sie ergaben sich und lieferten die Burg aus.

Darauf zogen die Könige mit ihren Heeren heimwärts, König Ermanerich nach Rom, König Dietrich nach Bern. Heime jedoch ritt nicht unter Dietrichs Recken, sondern er folgte Ermanerich.

Aber Heime war nicht der einzige Waffengefährte, den Dietrichs damals verlor. Eines Tages trat auch Witege in Ermanerichs Dienste. Als Dietrichs Waffengefährte hatte er Heldenruhm gewonnen, doch um zu Macht und Reichtum zu gelangen, brach er Dietrich die Treue.

KÖNIG ERMANERICH UND SEIN KANZLER SIBICH

KÖNIG ERMANERICH WAR DER MÄCHTIGSTE HERRSCHER südlich der Alpen. Über ein gewaltiges Reich regierte er und nannte unermeßliche Schätze sein eigen. Viele Könige und Herzöge hatte er sich unterworfen, sie dienten ihm und zahlten Tribut. Sein Kanzler und Ratgeber war der kluge Sibich. Treu verwaltete er sein Amt, und Ermanerich hörte stets auf seinen Rat.

Eines Tages, als Sibich gerade Ermanerichs Land durchreiste, um in den Städten im Namen des Königs Gericht zu halten, schlich Ermanerich zu Sibichs Frau, die ihm schon lange gefiel, und tat ihr Gewalt an.

Ahnungslos kehrte Sibich nach Rom zurück, nachdem er des Königs Auftrag erfüllt hatte. Doch wie erschrak er, als er sein Haus betrat, denn nicht wie sonst kam ihm seine Frau glückstrahlend entgegen. Weinend begrüßte sie ihn, und voller Bestürzung fragte Sibich:

»Warum weinst du? Ich dachte, du würdest dich freuen, wenn ich nach Hause komme.«

Und als er weiterfragte, erzählte sie ihm alles, was geschehen war. Da verhärtete sich Sibichs Herz gegen König Ermanerich, und er sagte:

»Ich werde Ermanerich heimzahlen, was er dir und mir angetan hat. Von Stund an soll mein Sinnen und Trachten nur noch darauf gerichtet sein, den König zu verderben. So wie er mir das Liebste schändete, will ich ihm alles nehmen, was ihm lieb ist. Alle seine Verwandten, seine ganze Familie soll er mit eigener Hand vernichten.«

Das schwor Sibich seiner Frau, dann ließ er sie allein und ging zum König. Als sei nichts geschehen, trat er vor ihn und berichtete von seiner Reise.

König Ermanerich ahnte nicht, welche geheimen Gedanken seinen Kanzler bewegten, und kein Mißtrauen setzte er in seine Ratschläge. Als sie wieder einmal beisammensaßen und die Geschäfte des Landes berieten, sagte Sibich zum König:

»Ihr seid der mächtigste König südlich der Alpen. Alle Könige und Herzöge haben sich Euch unterworfen und zahlen Zins und Steuer. Nur der König vom Wilzenland spottet Euer, denn er weigert sich, Eure Macht anzuerkennen und Tribut zu zahlen. Das aber kränkt mich und alle Eure Getreuen. Deshalb rate ich Euch: sendet Euren Sohn Friedrich zum König vom Wilzenland, daß er die Steuer fordere für Euch – zunächst im guten, dann aber, falls er sich immer noch weigert, mit der Drohung, daß Ihr ein Heer gegen ihn senden wollt. Stattet Euren Sohn ehrenvoll aus, gebt ihm aber nur wenige Begleiter mit, denn so ist es Botenbrauch.«

Der Rat gefiel dem König, und er befahl seinem Sohn, sich für die Reise zu rüsten. Nur sechs Recken durften mit ihm ziehen. Schon nach wenigen Tagen ritten sie nordwärts, bis sie zu einer Burg kamen, die Wilzenburg hieß. Der Herzog aber, dem die Burg gehörte, war Sibichs Schwurbruder, und Sibich hatte ihm heimlich die Botschaft gesandt, den Königssohn und seine Begleiter zu töten. Als nun Friedrich an der Wilzenburg vorüberziehen wollte, fiel der Herzog mit seinen Mannen über ihn her, und sie erschlugen ihn samt seinen sechs Begleitern.

Schon bald erfuhr König Ermanerich vom Tod seines Sohnes. Er ahnte nicht, daß sein Kanzler den Anschlag vorbereitet hatte, sondern sagte zu ihm: »Der König vom Wilzenland ließ meinen Sohn erschlagen, weil ich Tribut von ihm forderte.«

Und er vertraute Sibichs Rat auch künftig.

DIE HARLUNGEN

DER HARLUNGENHERZOG DIETHER, EIN BRUDER KÖNIG Ermanerichs und König Dietrichs Oheim, war gestorben, und seine beiden Söhne erbten von ihm die Stadt

Breisach und ein reiches, blühendes Land, dazu einen großen, kostbaren Goldschatz, der weithin berühmt war. Die Harlungenherzöge waren noch zu jung, um ihr Land selbst verwalten zu können; doch der alte getreue Eckhart stand ihnen als Ratgeber zur Seite und schützte ihr Erbe.

Nachdem nun Sibich König Ermanerichs Sohn Friedrich in den Tod geschickt hatte, schmiedete er Pläne, um auch die Harlungenherzöge zu vernichten. Er stiftete seine Frau an, die beiden Knaben bei Ermanerich zu verleumden.

Eines Tages ging sie in die Burg zur Königin, und die beiden Frauen saßen zusammen und sprachen miteinander über mancherlei Dinge. Schließlich erzählte Sibichs Frau auch von den jungen Harlungenherzögen, und sie sagte:

»Heute ist Südwind, und die Sonne scheint warm. Nun werden die beiden Harlungenherzöge bald zu uns nach Rom geritten kommen. Dann wird kein Reh und kein Vogel im Wald mehr seines Lebens sicher sein. Aber uns Frauen wird es nicht besser ergehen. Die beiden Harlungen wollen keine Frau in Frieden lassen, wenn sie herkommen, auch Euch nicht, Königin. Das haben sie mir selbst gesagt.«

Ermanerich hatte alles mit angehört. Nun sprang er zornig auf und rief: »Wenn die Harlungen euch nicht in Frieden lassen wollen, so will ich sie auch nicht in Frieden lassen. Ich schwöre dir, daß ich sie fangen und an dem höchsten Baum aufhängen lassen werde.«

Und er stürzte aus dem Saal, ließ die Heerhörner blasen und befahl seinen Mannen, sich zur Heerfahrt gegen die Harlungen zu rüsten.

Als dies geschah, war der getreue Eckhart in Rom, und er erfuhr, was Ermanerich gegen die Harlungenherzöge im Schilde führte. Da warf er sich auf sein Pferd und ritt Tag und Nacht, so schnell er konnte, um die Knaben zu warnen. Endlich kam er an den Rhein und sah am anderen Ufer die Stadt Breisach liegen, wo die Harlungen ihre Burg hatten. Nirgends aber war eine Fähre zu finden, die ihn sicher über den Strom gesetzt hätte. So sprang der alte Eckhart in den Fluß und schwamm hinüber. Die Harlungenherzöge kamen ihm schon entgegen, denn sie hatten ihn schwimmen sehen. Als sie fragten, warum er sich so beeile, daß er noch nicht einmal auf die Fähre gewartet habe, antwortete ihnen Eckhart:

»Die Gefahr, in der ihr schwebt, trieb mich zur Eile. Euer Oheim, König Ermanerich, zieht mit seinem Heer gegen Breisach, um euch zu fangen und zu hängen. Flieht, rettet euch, ehe es zu spät ist.«

Die Harlungenherzöge aber wollten nicht fliehen und schlugen Eckharts Warnung in den Wind. Sie rüsteten ihre Mannen, um die Burg zu verteidigen.

Es dauerte nicht mehr lange, und Ermanerich zog mit seinem Heer heran und umstellte die Burg. Die Harlungenherzöge riefen dem König zu:

»Was haben wir verbrochen, Oheim? Warum wollt Ihr uns töten?«

Und Ermanerich antwortete: »Was tut's, wenn ihr wißt, wessen ich euch beschuldige! Auf jeden Fall werdet ihr noch heute an dem höchsten Baum hängen, den ich finde.«

Die Knaben erwiderten ihm darauf: »Freiwillig werden wir uns nicht in Eure Gewalt begeben, und ehe wir sterben, werden noch viele Eurer Mannen ihr Leben lassen müssen.«

Darauf gab Ermanerich den Befehl, Feuerbrände in die Burg zu werfen. Bald standen alle Gebäude in hellen

Flammen, und Eckhart sagte zu den Harlungenherzögen:

»Laßt uns lieber ehrenvoll als Recken im Kampf sterben als hier jämmerlich verbrennen.«

Alle hießen den Rat gut, und die Harlungenherzöge ritten mit sechzig Mannen aus der Burg und kämpften gegen Ermanerichs Heer. Aber die kleine Schar konnte gegen die Übermacht wenig ausrichten, so tapfer alle auch stritten. Zuletzt wurden die jungen Harlungenherzöge gefangen, und Ermanerich ließ sie aufhängen.

Nachdem die Mordtat geschehen war, zog er mit dem Heer zurück nach Rom; den Goldschatz der Harlungen hatte er zuvor auf große Wagen laden lassen und nahm ihn mit. Sibich frohlockte, als er erfuhr, daß auch sein neuer Racheplan gelungen war.

Ermanerich, der nun den Goldschatz der Harlungen besaß und auch ihr Land besetzt hatte, war jetzt reicher als alle anderen Könige. Aber seine Gier nach Gold und neuem Landbesitz war noch immer nicht gestillt. Sibich kannte die geheimsten Wünsche seines Königs und baute darauf seine nächsten Pläne. Deshalb sprach er zu Ermanerich:

»Jetzt müßt Ihr nur noch das Land Dietrichs von Bern in Euren Besitz bringen, dann seid Ihr Herrscher über alle Amelungen, wie Euer Vater es war. Das Reich der Amelungen wäre wieder in einer Hand vereinigt, und Ihr wäret der mächtigste König, den es gibt.«

»Du hast recht«, antwortete Ermanerich, »und ich bin froh, daß ich dich als Ratgeber habe. Wie aber soll ich es anfangen, Dietrich zu töten oder ihn wenigstens zu zwingen, das Land zu räumen und mir zu überlassen?«

Sibich hatte darauf seine Antwort schon bereit: »Sendet

einen Boten nach Bern und laßt Dietrich nach Rom einladen. Wenn er kommt, wird es ein leichtes sein, ihn umzubringen, und wenn er Verdacht schöpfen sollte und Eure Einladung ablehnt, so fallt mit einem großen Heer in sein Land ein und verjagt ihn.«

»Und wenn er sich zur Wehr setzt?« warf Ermanerich ein. Doch Sibich zerstreute auch die letzten Bedenken des Königs. »Wohl gebietet Dietrich über starke Rekken. Euch aber kann er nicht widerstehen, denn Ihr seid viel reicher als er und könnt deshalb ein Heer ausrüsten, das weit größer ist als seines.«

Ermanerich war mit der Antwort seines Kanzlers zufrieden und trug ihm auf, für einen Boten zu sorgen. Auch diesmal wußte Sibich schnellen Rat, denn er hatte seine schändlichen Pläne schon bis ins kleinste vorbereitet.

»Unser Bote kann niemand anders sein als Randolt von Ancona; er ist Euch treu ergeben, und auch Dietrich traut ihm.«

Man ließ Randolt kommen, und Ermanerich gab ihm den Auftrag, nach Bern zu reiten und Dietrich einzuladen. Als Sibich jedoch den wahren Zweck der Einladung enthüllte, erschrak Randolt. Zwar konnte er sich dem Auftrag des Königs nicht widersetzen, denn er hatte ihm Treue geschworen, doch heimlich beschloß er, Dietrich zu warnen.

In der Königsburg zu Bern wurde Randolt freundlich empfangen.

»Willkommen Randolt!« rief König Dietrich. »Erzähle, was bringst du für Neuigkeiten?«

Randolt wartete mit seiner Antwort, bis alle außer Dietrich und Meister Hildebrand die Halle verlassen hatten, und dann begann er:

»Euer Oheim, König Ermanerich, sendet mich und lädt

Euch durch mich nach Rom ein. Das ist die Botschaft an Euch, die König Ermanerich mir auftrug. Doch ich warne Euch: Ermanerich gelüstet es nach Eurem Lande, und er will Euch ermorden lassen, wenn Ihr in Rom seid. Deshalb rate ich Euch: bleibt in Bern, rüstet Euch und schützt die Grenzen Eures Landes. Denn wenn Ihr der Einladung nach Rom nicht folgt, wollen Ermanerich und Sibich mit einem Heer in Euer Land einfallen und Euch von Eurem Erbe vertreiben.«

Mit der Nachricht, Dietrich werde der Einladung nach Rom nicht folgen, kehrte Randolt zu König Ermanerich zurück. Kaum hatte Randolt seine Botschaft überbracht, befahl Ermanerich die Heerfahrt gegen Dietrich. Viel Gold bot er allen, die ihm beistehen wollten, und daher strömten von allen Seiten zahllose Recken und Mannen herbei. Raubend, mordend und brennend fiel Ermanerichs Heer in Dietrichs Reich ein und brachte Not und Elend über das Land.

ALPHARTS TOD

WÄHREND DERSELBEN ZEIT LIESS KÖNIG DIETRICH SEINE Getreuen in die große Halle der Königsburg rufen und sprach zu ihnen:

»Mein Oheim, König Ermanerich, will mich von meinem väterlichen Erbe vertreiben. Diesen Rat hat ihm sein Kanzler Sibich gegeben. Wir müssen jeden Tag damit rechnen, daß Ermanerich mit einem Heer in unser Land einfällt. Ich kenne den Grund nicht, warum Ermanerich mich verderben will, denn ich habe ihm nichts getan. Aber ich bin sicher, daß ich mit eurer Hilfe dem Angriff trotzen werde.«

Schweigend vernahmen die Helden die Nachricht, und mancher tapfere und kühne Recke blickte sorgenvoll drein.

Dann aber riefen alle wie aus einem Munde:

»Wir stehen treu zu Euch und wollen Leib und Leben für Euch wagen.«

»Ich danke Euch«, sprach Dietrich, »und nun ratet mir auch, was ich als erstes tun soll, um der drohenden Gefahr zu begegnen.«

Ein blutjunger Held meldete sich zu Wort. Er hieß Alphart und war ein Neffe Meister Hildebrands.

»Ihr solltet vor allem einen Recken auf Kundschaft aussenden, daß er nach Ermanerichs Heer ausschaue und Euch das Nahen des Feindes melde. Am besten ist, Ihr laßt mich selbst hinausreiten.«

Doch damit waren Alpharts Bruder Wolfhart und auch einige andere Männer nicht einverstanden, denn Alphart war der jüngste unter ihnen. Wolfhart sagte: »Bruder, du bist für einen so gefährlichen Erkundungsritt zu jung. Überlaß das einem Recken, der älter und erfahrener ist als du.«

Alphart erwiderte zornig:

»Du willst mir wohl die Ehre nicht gönnen, die dieser Erkundungsritt mir bringen würde. Soll ich etwa zu Hause hocken? Soll man euch allein als Helden achten? Warum trage ich ein Schwert? Ich werde heute auf Kundschaft reiten, und niemand wird mich daran hindern können. Lieber will ich heute noch sterben, als daß man mich nicht zu den Helden rechnet.«

Auch König Dietrich versuchte, Alphart von seinem Vorsatz abzubringen.

»Ich lasse dich ungern allein reiten. Zwar bist du mutig und tapfer, doch wer im Kampf bestehen will, braucht auch Klugheit und Erfahrung, und schon oft hat ein alter Recke einen Jüngling, der stärker war als er, in den Tod geschickt.«

Alphart aber ließ sich nicht beirren. »Wenn die Feinde mich nur nicht alle gleichzeitig angreifen, sondern einer nach dem anderen mit mir kämpfen, wie es seit alters her Recht und Sitte ist, so fürchte ich mich nicht vor tausend, sondern werde sie alle nacheinander besiegen.«

Alles Zureden fruchtete bei Alphart nichts, und Dietrichs Worte konnten ihn ebensowenig umstimmen wie Hildebrands Mahnungen. Dietrich mußte ihm endlich die Erlaubnis geben hinauszureiten. Alphart gürtete sein Schwert um, schwang sich aufs Pferd und gab ihm die Sporen, daß es wie ein Sturmwind durch das Stadttor davonjagte.

Hildebrand sah dem Davonreitenden mit großer Sorge nach und sprach: »Gebt mir schnell einen fremden Panzer, damit Alphart mich nicht erkennt. Ich will ihm nachreiten und ihn im Kampf niederwerfen. Wahrscheinlich gelingt es auf diese Weise, ihn zur Rückkehr zu bewegen.«

Hildebrand rüstete sich mit einem kostbaren, reichverzierten Panzer, und seinem Pferd wurde eine fremde Decke aufgelegt. Dann ritt er aus der Stadt, und alle hofften, daß ihm die List gelingen möge.

Er war noch nicht lange geritten, da sah er Alphart auf der einsamen Heide stehen. Auch Alphart sah den unbekannten Reiter auf sich zukommen und dachte: »Da kommt sicher einer von Ermanerichs Reitern.«

Schnell wandte er sein Pferd, und mit eingelegtem Speer stürmte er auf den vermeintlichen Gegner los. Hildebrand blieb nichts anderes übrig, als sich zur Wehr zu setzen. Krachend stießen die Speere auf die Schilde, und Hildebrands Waffe zerbrach. Beide Helden sprangen von den Pferden und begannen den Schwertkampf. Alphart merkte, daß er es mit einem starken Gegner zu tun hatte. Aber statt sich dadurch entmutigen zu lassen, schlug er nur noch kräftiger drauflos, und er versetzte dem Unbekannten einen solchen Hieb, daß er zu Boden stürzte.

»Laß mich am Leben«, rief Hildebrand in höchster Not, als er ausgestreckt am Boden lag, »ich bin dein Oheim Hildebrand.«

»Mit solcher plumpen List darfst du mir nicht kommen«, entgegnete Alphart. »Hildebrand ist in Bern.« Und er hob das Schwert zum Todesstreich.

»Binde mir den Helm ab«, bat Hildebrand, »und dann wirst du sehen, ob ich die Wahrheit gesagt habe.«

Alphart tat es, und er erkannte nun seinen Oheim. Dann sagte er zu ihm: »Ihr habt nicht klug gehandelt, mir nachzureiten, den Kampf hätten wir uns sparen können.«

Und Hildebrand erwiderte: »Ich meinte es gut mit dir und hoffte, dich zu besiegen und so zur Umkehr zu bewegen.«

Darauf redete er dem Jüngling noch einmal zu, mit ihm nach Bern zurückzukehren, aber Alphart war nicht dazu zu bewegen, und Hildebrand mußte den Heimweg allein antreten.

Unterdessen ritt Alphart weiter und hielt nach dem Feinde Ausschau. Plötzlich sah er einen Trupp Reiter, es mochten etwa vierzig sein, auf sich zukommen.

»Wer seid ihr!« rief er ihnen zu.

Der Anführer der Schar ritt nach vorn und sagte stolz: »Herzog Wülfing bin ich, und König Ermanerich hat uns geschickt, damit wir das Heer des Berners auskundschaften.«

Alphart erwiderte ihm: »Was hat Euch denn König Diet-

rich getan, daß Ihr sein Land verwüsten wollt? Noch
dazu, wo Ihr, Herzog Wülfing, ein Verwandter König
Dietrichs seid. Es wäre ehrenvoller für Euch, Leib und
Leben für Dietrich zu wagen, statt gegen ihn zu kämpfen.«

Herzog Wülfing entgegnete zornig: »Und wer seid Ihr,
daß Ihr es wagt, mir solche Fragen zu stellen?«

»Ich bin Euer Feind«, antwortete Alphart, »und ein
Feind aller, die gegen Dietrich von Bern sind. Tretet
hervor, Herzog Wülfing, wenn Ihr ein Held seid, und
laßt uns miteinander kämpfen.«

Dazu war der Herzog bereit. Beide Helden legten die
Speere ein und ritten gegeneinander an. Gleich beim ersten Stoß bohrte Alphart seinen Speer dem Gegner tief
in die Brust, und Herzog Wülfing sank tot vom Pferd.

Als die anderen sahen, daß ihr Anführer getötet war,
zogen sie die Schwerter und drangen auf Alphart ein.
Am liebsten wären sie alle zugleich über ihn hergefal-
len, aber ein alter Recke mahnte:

»Schmach und Schande brächte es uns, wenn wir alle
gegen einen kämpfen wollten. Ehrenvoll ist nur der
Kampf Mann gegen Mann.«

Sie umstellten Alphart, daß er nicht entfliehen konnte,
auch wenn er es gewollt hätte, und dann trat einer nach
dem anderen gegen ihn an – und einer nach dem anderen sank tot ins Gras. Nur acht blieben übrig. Sie
sprangen auf ihre Pferde und jagten in wilder Flucht zu
Ermanerichs Heer zurück. Atemlos stürzten sie in das
Zelt des Königs.

»Wo ist Herzog Wülfing, wo sind seine vierzig Mannen?« fragte Ermanerich. Und die acht Recken berichteten ihm, daß ein einziger Held sie alle erschlagen
hätte.

»Wir sind die einzigen Überlebenden.«

»Wer mag dieser Held gewesen sein?« fragte der König weiter. »Welches Zeichen führte er in seinem Schilde? War es etwa Dietrich von Bern selbst?«

Aber keiner der Gefragten konnte dem König sagen, wer Herzog Wülfing und seine Mannen besiegt hatte.

»Den Namen des Helden wissen wir nicht. Aber Dietrich von Bern war es nicht, denn seine Waffe und seinen Helm Hildegrim hätten wir erkannt. Es muß ein Fremdling gewesen sein.«

Und einer der acht Männer setzte hinzu: »Ich habe schon viele Helden gesehen, aber noch keinen stärkeren als diesen.«

Da sagte Ermanerich zu den Recken, die um ihn standen: »Solange jener Held lebt, kann ich nicht nach Bern vordringen. Ich biete jedem, der mit dem Unbekannten den Kampf aufnimmt, soviel Gold und Edelsteine, wie er in seinem Schild tragen kann.«

Aber keiner verspürte Lust, sein Leben aufs Spiel zu setzen.

»Bietet das Gold doch den Fremden an, die in Eurem Dienste stehen«, sagten sie.

So wandte sich Ermanerich schließlich an Witege, mahnte ihn an den geleisteten Treueeid und forderte ihn auf, mit dem unbekannten Helden zu kämpfen. Witege weigerte sich nicht, er wappnete sich und ritt hinaus auf die Heide, Alphart entgegen.

Als Witege das Heer Ermanerichs hinter sich gelassen hatte und allein über die Heide ritt, begann ihm doch zu grausen, und der Schweiß trat ihm auf die Stirn.

»Was wird mich erwarten?« dachte er bei sich. »Am liebsten würde ich umkehren.«

Schon wendete er sein Pferd, dann aber erwachte wieder sein Mut. »Mich allein hat König Ermanerich für diesen gefährlichen Ritt auserwählt. Um dieser

Ehre willen lohnt es sich schon, in den Kampf zu ziehen.«

Also ritt er weiter. Während Witege, in Gedanken versunken, dahinritt, war ihm Heime von fern heimlich gefolgt. Endlich kam Witege an den Kampfplatz, auf dem Herzog Wülfing und seine Recken tot im Grase lagen. Alphart sah Witege kommen, band seinen Helm fest und ritt ihm entgegen.

»Seid Ihr es, der alle diese Recken erschlagen hat?« fragte Witege.

»Ja, der bin ich«, antwortete Alphart. »Aber was wollt Ihr hier? Ihr seid doch Witege, der Dietrich von Bern die Treue geschworen hat. Wißt Ihr nicht, daß Ihr damit meineidig geworden seid und Eure Ehre verloren habt?«

Witege entgegnete trotzig: »Ich bin nicht hergekommen, um mich von Euch beleidigen zu lassen. Sagt mir lieber, wie Ihr heißt, dann wollen wir miteinander kämpfen.«

Alphart aber dachte nicht daran, Witeges Frage zu beantworten: »Mein Name geht Euch nichts an. Beim Kampf werdet Ihr mich schon kennenlernen.«

»Seid nur nicht gar zu zuversichtlich«, sagte Witege darauf. »Ihr scheint nicht zu wissen, daß König Ermanerich aus den achtzigtausend Recken seines Heeres mich allein ausgewählt hat, mit Euch zu kämpfen.«

Mit diesen Worten rannte er, den Speer eingelegt, gegen Alphart an. Aber sein Speer zersplitterte an Alpharts Panzer, und Witege wurde von Alpharts Stoß aus dem Sattel gehoben und stürzte zu Boden. Nun setzten beide den Kampf mit dem Schwerte fort. Auch jetzt erwies sich Alphart als der Stärkere. Witege konnte sich bald nur noch mühsam mit dem Schilde decken und brach schließlich zusammen, denn Alpharts Schwerthiebe prasselten hageldicht auf seinen Helm, daß ihm die Sinne schwanden und das Blut aus Mund und Nase quoll.

Es wäre Alphart ein leichtes gewesen, dem Leben Witeges ein Ende zu machen, aber er sagte sich: »Einen Wehrlosen kann ich nicht töten, denn eine solche Tat würde mir ewige Schande bringen.« Und er beschloß zu warten, bis Witege aus seiner Ohnmacht erwachte.

Diese Kampfpause nützte Heime, er ritt herbei, um Witege zu helfen. Freilich wäre er dem Kampf mit Alphart lieber ausgewichen, und deshalb rief er ihm zu: »Laßt mich den Streit schlichten. Reitet Ihr nur wieder nach Bern zurück. Wir wollen zu König Ermanerich gehen und sagen, wir hätten Euch überhaupt nicht getroffen.«

Alphart antwortete entrüstet: »Auf diesen Vorschlag kann ich nicht eingehen, denn das brächte mir wenig Ehre. Nein, wenn ich heimkomme, dann nur mit dem gefangenen Witege, damit König Dietrich sieht, daß ich den Erkundungsritt ehrenvoll bestanden habe.«

Witege war inzwischen aus seiner Ohnmacht erwacht und hatte die letzten Worte Alpharts gehört. Er wandte sich an Heime: »Steh mir bei, Heime. Schwurbrüderschaft schlossen wir, als wir noch Waffengefährten Dietrichs von Bern waren. Ich bin dir oft genug im Kampf zu Hilfe gekommen. Nun mahne ich dich an deinen Schwur.«

»Du hast recht«, antwortete ihm Heime, »aber wir können doch nicht zu zweit gegen einen einzelnen Gegner kämpfen. Wenn wir ihn erschlügen, würde man überall von unserer Hinterlist und von unserer Schande reden. Ehrlos wären wir und dürften uns vor keinem ehrlichen Menschen mehr blicken lassen.«

»Rede mir nicht von Hinterlist und Schande«, sprach

Witege auf Heime ein, »ehe ich hier sterbe, will ich mich lieber als ehrlos beschimpfen lassen. Wenn du allein gegen den Unbekannten kämpfst, wirst du bald unterliegen. Du kannst es mir glauben, ich habe erfahren, wie stark er ist.«

Doch zunächst versuchte Heime, Alphart einzuschüchtern. »Ergebt Euch! Denn wenn ich erst mein Schwert ziehe, gibt es für Euch keine Rettung mehr.«

Alphart lachte: »Versucht es nur. Ich fürchte mich vor Euch ebensowenig wie vor einem ganzen Heer.«

Als Heime diese mutigen Worte hörte, erschrak er, doch Witege stachelte ihn erneut an: »Ich sehe jetzt wieder, wie wenig dir ein Eid gilt. Du hast schon Dietrich von Bern den Treueschwur gebrochen, und mir wird es jetzt nicht anders ergehen. Wenn ich hier erschlagen werde, dann nur, weil du wieder wortbrüchig geworden bist.«

Da zog Heime das Schwert und drang auf Alphart ein. Kaum sah das Witege, sprang er auf und tat das gleiche. Einer griff Alphart von vorn an, der andere von hinten. Alphart wehrte sich tapfer, und mit einem kräftigen Schwerthieb schlug er Witege zu Boden. Diesmal wäre es sicher Witeges Ende gewesen, wenn nicht Heime dazwischengesprungen wäre. So mußte Alphart sich erst gegen ihn wenden, und unterdessen hatte Witege Zeit, sich wieder aufzuraffen.

Alphart rief seinen Gegnern zu: »Witege! Heime! Wollt ihr mich ermorden? Wenn ihr mich hier gemeinsam erschlagt, wird euch das keinen Ruhm, sondern nur Schande bringen, denn daß zwei gegen einen kämpfen, ist gegen Recht und Sitte. Deshalb denkt an eure Ehre und kämpft einzeln gegen mich, wie ihr es sonst auch getan habt.«

Heime war einverstanden damit und sagte zu Witege:

»Unser Gegner hat recht. Tritt zurück, ich will allein mit ihm kämpfen.«

Aber Witege erwiderte: »Du kennst ihn nicht; wenn wir ihn schonen, bringen wir uns selbst in Gefahr.«

Und sie hieben wieder gemeinsam auf Alphart ein, der eine von vorn, der andere von hinten. Alphart wehrte sich aus Leibeskräften, aber auf die Dauer konnte er zwei Angreifern nicht widerstehen. Heime versetzte ihm schließlich einen so kräftigen Schwerthieb, daß er mit gespaltenem Helm und aus einer tiefen Kopfwunde blutend zu Boden sank. Da trat Witege an den wehrlos Daliegenden heran und stieß ihm noch das Schwert in den Leib.

»Pfui, ihr Feiglinge! Mörder seid ihr und ehrlos für alle Zeiten«, sprach Alphart mit letzter Kraft und schloß die Augen für immer.

König Dietrich ahnte von alledem nichts. Ungehindert konnte Ermanerich vorrücken, Städte und Dörfer in Brand stecken und Männer, Frauen und Kinder morden. Dietrich erschrak daher sehr, als eines Tages Volknant aus Raben auf schweißbedecktem Pferd in den Hof der Königsburg gesprengt kam und die Schreckensnachricht überbrachte, daß Ermanerichs Heer schon vor Mailand und Raben stünde. Aber Dietrichs Sorgen wurden rasch verscheucht, denn von überallher eilten seine Schildgenossen mit ihren Mannen nach Bern, um ihrem König zur Seite zu stehen und den Feind aus dem Land zu vertreiben.

Unterdessen hatte es sich in der Stadt herumgesprochen, daß Dietrich mit seiner kleinen Reckenschar gegen Ermanerich ziehen wollte. Weinend und klagend wendeten sich die Frauen an ihre Männer und Söhne, die mit fortreiten wollten:

»Was soll aus uns werden, wenn ihr uns verlaßt!«

Doch als sie sahen, wie kühn die Männer zu Pferde saßen, um ihre Heimat zu verteidigen, und als auch Dietrich den Frauen Mut zusprach, wurden sie zuversichtlich. Am nächsten Morgen brach das kleine, aber tapfere Heer auf, und, begleitet von den Siegeswünschen der zurückbleibenden Frauen, ritten Dietrich und seine Helden aus der Stadt.

In schnellen Märschen führte Dietrich seine Recken dem Feind entgegen. Bald sahen sie Ermanerichs Heerlager vor sich, und Meister Hildebrand sagte:

»Ich rate Euch, heute nacht Späher auszusenden, König Dietrich, damit wir wissen, wie stark das feindliche Heer ist und wo wir es am besten angreifen können.«

Dietrich stimmte dem Rat zu, und als die Nacht hereinbrach, ritten vier Recken los, um das feindliche Lager auszukundschaften. Hildebrand führte sie an, denn er kannte hier alle Wege und Stege. Sie kamen bis dicht an Ermanerichs Heer heran, erkundeten alles genau und kehrten unbemerkt zurück.

»An die achtzigtausend Mann zählt Ermanerichs Heer«, berichtete Hildebrand dem König, und mit sorgenvoller Miene setzte er hinzu: »Ein schwerer Kampf steht uns bevor.«

Als Wolfhart dies hörte, fiel er Hildebrand ins Wort: »Deshalb werden wir jedoch nicht umkehren! Laßt uns morgen angreifen, König Dietrich, und Rache nehmen an denen, die unser Land verwüstet haben.«

Am nächsten Morgen sollte der Angriff beginnen. Als aber der tapfere Hunold, der auf eigene Faust das feindliche Lager erkundete und die Feinde schlafend gefunden hatte, den Rat gab, sofort anzugreifen, stimmten alle zu.

Ehe der neue Tag heraufkam, fielen die Berner über ihre schlafenden Feinde her, und bevor noch Ermanerichs

Recken schlaftrunken zu den Schwertern greifen konnten, waren sie besiegt. Die meisten wurden getötet oder gefangengenommen, und nur mit wenigen gelang Ermanerich die Flucht.

DIETRICHS VERTREIBUNG

ALS KÖNIG DIETRICH NACH DEM SIEG ÜBER ERMANERICH wieder nach Bern heimgekehrt war, hätte er gern alle Recken, die ihm Land und Ehre hatten retten helfen, belohnt. Aber der Krieg hatte die Schatzkammern geleert, und alle Reichtümer, die Dietrich von seinem Vater ererbt hatte, waren aufgebraucht. Als Bertram von Pola von Dietrichs Sorgen hörte, sprach er zu ihm: »Macht Euch wegen Gold und Silber keine Sorgen. Ich will Euch so viel davon geben, daß fünfhundert Saumtiere daran zu tragen haben. Laßt das Gold holen, wann immer Ihr wollt.«
Groß war Dietrichs Freude, als er das vernahm, und er bestimmte sofort sieben Recken, die mit Bertram nach Pola reiten sollten. Es waren Hildebrand und Sigebant, Wolfhart und sein Vetter Helmschart, Amelolt von Garda und Sindolt, und schließlich als Siebenter Dietleib von Steiermark. Mit ihren Saumtieren machten sie sich auf den Weg nach Pola.
Ermanerich jedoch hatte durch seine Kundschafter von dieser Reise erfahren. Er ließ Witege, den stärksten seiner Helden, rufen und sprach zu ihm:
»Acht Recken Dietrichs von Bern sind unterwegs, um einen großen Goldschatz zu ihm zu bringen. Ich muß verhindern, daß sie Bern erreichen. Deshalb gebe ich dir fünfhundert gutbewaffnete Mannen und setze dich

zu ihrem Anführer. Erbeute den Schatz und bringe
Dietrichs Recken gefangen zu mir.«
Witege und seine Reiter taten, wie Emanerich befohlen
hatte, und legten sich in einen Hinterhalt.
Inzwischen hatten Dietrichs Recken das Gold aus Pola
geholt und ritten wieder heimwärts. Plötzlich, als sie am
vierten Tag ihrer Reise ahnungslos auf einer Wiese rasteten, die Waffen abgelegt und die ermüdeten Saumtiere entladen hatten, fielen Witege und seine Mannen
über sie her. Obwohl sie sich aus Leibeskräften wehrten, mußten sie doch der Überzahl erliegen. Nach kurzem Kampf waren sie besiegt und gefangengenommen.
Als einziger entkam Dietleib von Steiermark; in Windeseile ritt er nach Bern, um die Unglücksbotschaft zu
überbringen.
Witege führte inzwischen die Gefangenen nach Mantua
zu König Ermanerich. Hämisch lachend schaute der
König sie an, und dann sagte er zu ihnen:
»Ich werde euch alle aufhängen lassen, und nicht für
alles Gold der Welt gäbe ich euch frei.«
Da ergriff Meister Hildebrand das Wort: »Gewiß habt
Ihr Gewalt über uns, König Ermanerich, und es liegt in
Eurer Hand, uns zu töten. Bedenkt aber, daß König
Dietrich achtzehnhundert Eurer Recken gefangen hat.
Er wird nicht zögern, sie zu töten, wenn Ihr uns auf-
hängen laßt.«
Ermanerich aber erwiderte höhnisch: »Ihr sieben seid
mir mehr wert als achtzehnhundert Gefangene. Will
Dietrich euer Leben retten, so muß er mir sein Land ab-
treten, Garda und Mailand, Raben und Bern, aber auch
Pola und alle andren Städte, über die er jetzt herrscht.
Nur unter dieser Bedingung gebe ich euch frei.«
Während Ermanerich noch mit den Gefangenen
sprach, war bereits ein Bote aus Bern angelangt. Es war

Dietleib von Steiermark. Er trat vor Ermanerich und sprach: »Mich sendet König Dietrich. Er läßt Euch durch mich sagen, daß er alle Eure Mannen, die er gefangengenommen hat, herausgeben will, wenn Ihr seine sieben Recken freilaßt.«

Doch Ermanerich gab dem Boten dieselbe Antwort, die er eben dem alten Hildebrand gegeben hatte, und verlangte nicht nur alle seine Mannen, sondern auch alle Länder Dietrichs, und er schloß mit der Drohung: »Geht Dietrich auf meine Forderung nicht ein, müssen seine Recken sterben, und auch er wird sein Leben verlieren, wenn er nicht alles herausgibt, was ich verlange.«

Mit dieser Botschaft kehrte Dietleib nach Bern zurück und berichtete, welch übermäßigen Preis Ermanerich für die Freilassung der sieben Gefangenen forderte. Als Dietrichs Recken davon hörten, rieten sie dem König, lieber das Leben der sieben zu opfern, als sein ganzes Land ins Elend zu stürzen. Doch Dietrich wollte davon nichts wissen.

»Und wären alle Länder der Erde mein, so wollte ich sie gern hingeben, könnte ich damit meine treuesten Gefährten retten. Wer von euch will als mein Bote nach Rom reiten und König Ermanerich sagen, daß ich auf alle seine Bedingungen eingehen will, wenn er mir nur meine Recken freigibt.«

Jubart von Latran erbot sich, Dietrichs Entschluß Ermanerich mitzuteilen.

Der König frohlockte, als er vernahm, daß Dietrich seine Bedingungen erfüllen wollte, um das Leben der sieben Helden zu retten. Mit einem starken Heer brach er auf, um Bern und die übrigen Städte, die zu Dietrichs Reich gehörten, zu besetzen. Auch die sieben Gefangenen nahm er mit.

Vor den Toren der Stadt Bern schlug Ermanerich sein Zeltlager auf. Von hier aus ließ er Dietrichs Land ausrauben, und der Rauch der brennenden Dörfer und Städte drang bis nach Bern. Voll Grimm und Trauer sah Dietrich, was ringsum im Reiche geschah. Doch nicht um sein verlorenes Gut klagte er, sondern ihn bedrückte der Jammer der Frauen und Kinder, den er anhören mußte.

Noch einen Versuch wollte Dietrich unternehmen, um König Ermanerich zur Milde zu stimmen. Von vielen Männern und wehklagenden Frauen begleitet, zog er zum Lager Ermanerichs. Er trat vor das Königszelt, beugte das Knie vor Ermanerich und bat: »Nehmt alles, was ich habe, aber ich bitte Euch, laßt mir Bern.«

Doch des Königs Antwort war hart und unerbittlich: »Mach, daß du mir aus den Augen kommst! Wenn du nicht sofort die Stadt und das Land räumst, dann lasse ich dich greifen und an den nächsten Baum hängen.«

»Dann will ich fortreiten und nicht länger bitten«, antwortete Dietrich.

»Du verlangst zuviel Ehre«, höhnte Ermanerich, »reiten lasse ich dich nicht, denn auch deine Pferde gehören jetzt mir. Zu Fuß wirst du die Stadt verlassen.«

Da kamen die Frauen, fielen vor Ermanerich nieder und baten um Gnade. Doch der König blieb hart und jagte sie davon.

Zu Fuß und ohne Geld zog Dietrich von Bern mit seinen treuesten Recken in die Fremde. Weithin hörte man das Klagen der Frauen und Kinder, als sie von den Helden Abschied nahmen. Und Dietrich sprach:

»Von nun an soll mich niemand mehr lachen sehen. Aber der Tag wird kommen, an dem wir zurückkehren und die Schmach von heute an unseren Feinden rächen.«

Dietrich zog mit seiner kleinen Schar in das Land der Hunnen, denn die Gastfreundschaft König Etzels und seiner Frau, der Königin Helche, waren weit und breit bekannt.

Dreiundzwanzig Tage waren Dietrich und seine Getreuen unterwegs, als sie die Stadt Gran erreichten, die an der Grenze des Hunnenreiches lag. Bitterlich klagte Dietrich:

»Einst war auch ich ein reicher und mächtiger König wie Etzel, aber wer sieht mir das jetzt noch an? Ein Vertriebener bin ich, und so arm, daß ich nicht einmal eine Unterkunft für die Nacht bezahlen kann.«

Meister Hildebrand hatte die Worte gehört und antwortete: »Warum klagt Ihr, König Dietrich? Ihr solltet Euer Los wie ein Mann tragen und uns lieber Mut machen. Denkt daran, daß mit Trauern noch niemand sein Leid auch nur um einen einzigen Tag verkürzt hat.«

Bei einem freundlichen Kaufmann, der gegenüber der Königsburg sein Haus hatte, fanden die Helden endlich ein Unterkommen und ruhten bis zum nächsten Morgen aus.

Am gleichen Tage traf Königin Helche in der Stadt ein. Markgraf Rüdeger, dann der getreue Eckhart, der Ratgeber der Harlungen, und viele andere berühmte Helden ritten an ihrer Seite. Als sie an dem Hause des Kaufmanns vorüberkamen, erkannte der getreue Eckhart Dietrich von Bern und seine Helden. Er wunderte sich, sie hier in der Stadt Gran zu finden, stieg vom Pferde und trat in das Haus, um sie zu begrüßen.

Markgraf Rüdeger folgte ihm und war nicht weniger erstaunt, König Dietrich in dem Hause des Kaufmanns anzutreffen. Freudig umarmten sich Dietrich und der getreue Eckhart, und auch Rüdeger hieß Dietrich herzlich willkommen. Nach der Begrüßung aber fragte der Markgraf:

»Wie steht es in Bern und in Eurem Lande, König Dietrich? Und was führt Euch in diese Stadt?«

Traurig antwortete Dietrich: »Nennt mich nicht König, denn alles, was ich von meinem Vater ererbte, hat Ermanerich heimtückisch und gewalttätig an sich gerissen und mich aus dem Land vertrieben. Ich besitze nur noch das, was ich auf dem Leibe trage.«

Rüdeger zögerte keinen Augenblick mit seiner Antwort: »Ich will Euch nach Kräften helfen, König Dietrich. Niemand soll Eure Armut bemerken.«

Und sogleich befahl er, für Dietrich und seine Helden Pferde, Waffen und neue Kleider herbeizubringen, dazu achthundert Mark Gold. Dann eilte er zur Königsburg, um Königin Helche von Dietrichs Vertreibung zu berichten.

Unterdessen hatte die Königin bereits gehört, was in Dietrichs Reich geschehen war, und sie rief schon nach einem Boten, der zu Dietrich reiten sollte, um ihn ins Hunnenland einzuladen. Jetzt erfuhr sie von Rüdeger, daß es keines Boten mehr bedurfte und Dietrich bereits in der Stadt Gran sei.

Sogleich sandte die Königin nach Dietrich, empfing ihn freundlich und ließ zu Ehren Dietrichs und seiner Helden ein festliches Mahl bereiten. Auch tröstete sie Dietrich mit den Worten: »Verzage nicht, König Dietrich, du wirst dich an Ermanerich rächen, und ich bin sicher, daß König Etzel dir im Kampf beistehen wird.«

Nach wenigen Tagen kam König Etzel selbst in die Stadt, und auch er versprach Hilfe: »Willkommen in meinem Land, König Dietrich. Sei mit deinen Recken mein Gast, solange du willst. Ich werde ein starkes Heer rüsten und dir helfen, Ermanerich aus deinem Land zu vertreiben.«

So gute Nachricht hatte Dietrich schon lange nicht mehr gehört.

DIE RABENSCHLACHT

EINEN WINTER LANG LEBTE DIETRICH NUN SCHON ALS Gast am Hofe König Etzels. Aber nie kam ein Lächeln auf seine Lippen, und selbst wenn er den Kampfspielen der Recken zusah, blickten seine Augen traurig, denn Tag und Nacht dachte er daran, daß er als Vertriebener in der Fremde lebte und tatenlos zusehen mußte, wie Ermanerich sein Reich verwüstete und ausplünderte. Doch Etzel hatte sein Versprechen, Dietrich im Kampf gegen Ermanerich beizustehen, nicht vergessen. Als der Frühling ins Land zog, rüstete er für Dietrich ein so gewaltiges Heer, wie man es noch nie zuvor gesehen hatte.

Auch Etzels Söhne Scharf und Ort wollten sich der Heerfahrt anschließen. Zwar waren sie noch Knaben, aber sie verstanden schon das Schwert zu führen und wilde Pferde zu zähmen. Beide gingen zu ihrer Mutter, der Königin Helche, und Scharf, der ältere der beiden, begann:

»Liebe Mutter, gar zu gern würden wir mit dem großen Heer und mit König Dietrich ziehen, um die schöne Stadt Bern zu sehen. Bittet unseren Vater, daß er es erlaubt.«

Da sah Frau Helche ihre Söhne traurig an und erinnerte sich eines Traumes, der sie in einer der letzten Nächte erschreckt hatte. Ihr träumte, ein Drache käme durch das Dach geflogen, packe ihre Söhne und flöge mit ihnen davon, um sie auf einer weiten Heide zu zerreißen.

»Schlagt euch die Heerfahrt aus dem Kopf«, sprach sie, »eine solche Reise wäre viel zu gefährlich für euch.«

»Ihr braucht Euch keine Sorgen zu machen«, erwiderte Scharf. »Gewiß würde König Dietrich selbst uns schützen, so daß uns nichts zustoßen kann.«

Da betrat König Etzel, begleitet von Dietrich, den Raum, um sich von Frau Helche zu verabschieden, denn er wollte das Heer bis an die Grenze seines Reiches begleiten. Als er hörte, worum seine Söhne baten, schüttelte er den Kopf:

»Niemals werde ich erlauben, daß ihr an dieser Heerfahrt teilnehmt. Wenn Ermanerich erfährt, daß ihr bei dem Heere seid, wird er nicht ruhen, bis er euch gefangen und getötet hat.«

Als Scharf und Ort aber nicht aufhörten zu bitten, wandte sich Dietrich an das Königspaar: »Laßt eure Söhne ruhig mit mir ziehen. Ich will sie in meine Obhut nehmen; auf Wegen und Stegen, in Städten und Burgen werde ich mit allen meinen Helden über sie wachen. Mein Leben und meine Ehre setze ich zum Pfande für das Leben eurer Kinder.«

Nun konnte sich auch Frau Helche dem Wunsch ihrer Söhne nicht mehr verschließen, und sie bat Etzel, seine Erlaubnis nicht länger zu verweigern. Schweren Herzens gab Etzel nach.

Endlich brach das Heer auf. Königin Helche küßte zum Abschied noch einmal ihre Söhne, dann schaute sie weinend dem Zuge nach, bis nichts mehr davon zu sehen war.

In schnellen Märschen zog Dietrich quer durch Österreich, bis er ins Lampartenland kam. Überall wurde er jubelnd begrüßt. Herzog Reinher von Mailand und Bertram von Pola ritten Dietrich entgegen, und Reinher rief voller Freude:

»Wie lange haben wir auf Eure Rückkehr gewartet, König Dietrich! Aber Ihr kommt zur rechten Zeit in Euer Land. Mit einem großen Heer liegt Ermanerich vor der Stadt Raben und belagert sie.«

»Das soll mir nur recht sein«, entgegnete Dietrich, »so verlieren wir keine Zeit und können Ermanerich gleich in offener Schlacht besiegen.«

Rüdeger jedoch mahnte zur Vorsicht: »Gewiß brennen wir alle auf den Kampf, doch sollten wir gerade jetzt besonders wachsam sein, damit uns die feindlichen Späher nicht auskundschaften. Ihr kennt Ermanerichs Heimtücke.«

Dieser Rat Rüdegers wurde von allen gutgeheißen.

Die Nachricht von Dietrichs Rückkehr verbreitete sich in Windeseile im ganzen Land. Nirgends aber wurde er herzlicher empfangen als in Bern, der Stadt seiner Väter. Während das Heer vor den Mauern der Stadt lagerte, rief Dietrich seine Getreuen zu sich in die Burg, und als alle gekommen waren begann er:

»Morgen werden wir in die Schlacht ziehen, noch aber bedrückt mich eine schwere Sorge. Ratet mir, wo sollen wir während des Kampfes die Etzelsöhne lassen, daß sie sicher und geborgen sind?«

»Nirgends werden sie sicherer sein als in Bern; hier kann Ermanerich ihnen nichts antun«, gab Dietleib von Steiermark zur Antwort, und er fügte noch hinzu: »Wir alle raten Euch das.«

»Euer Rat ist gut«, sagte Dietrich nach kurzem Überlegen, »und wem soll ich die Obhut der Königssöhne anvertrauen?«

Rüdeger schlug den alten Elsan vor, und alle stimmten

seinem Rat zu. Dietrich wendete sich an Elsan mit den Worten:

»Du warst immer einer meiner treuesten Recken, deshalb will ich heute meine Ehre in deine Hände legen und die beiden Söhne König Etzels in deine Hut geben. Laß sie niemals aus den Augen und achte streng darauf daß sie keinen einzigen Schritt vor die Stadtmauer setzen. Mögen sie dich noch so stürmich bitten, ihnen einen Ausritt zu gestatten, erlaube es nicht, selbst wenn sie böse werden und dir zürnen. Du haftest mit deinem Leben für die Sicherheit der Knaben. Auch gebe ich meinen Bruder Diether in deine Obhut. Er ist noch zu jung, um mit in die Schlacht zu ziehen.«

Elsan versprach, alles getreulich zu erfüllen, was Dietrich ihm aufgetragen hatte. Nachdem Dietrich noch einmal die drei Knaben, besonders aber Diether als den ältesten von ihnen, ermahnt hatte, die Stadt nicht zu verlassen, küßte er sie zum Abschied und ritt an der Spitze des Heeres davon in die Schlacht.

Traurig waren die Knaben in der Stadt zurückgeblieben, und der alte Elsan hatte viel Sorge um sie. Am nächsten Tage nun kamen die drei zu ihm, und Ort, der Jüngste, begann zu bitten: »Laß uns ein wenig hinausreiten vor die Stadt. Wir wollen sie uns nur einmal aus der Ferne ansehen. Wir reiten gewiß nicht weit und kommen auch bald wieder zurück.«

Elsan schlug, wie Dietrich ihm befohlen hatte, die Bitte ab, und als die Knaben nicht aufhörten, ihn zu drängen, sprach er zu ihnen: »Ich kann euren Wunsch nicht erfüllen, denn ich hafte König Dietrich mit meinem Leben und meiner Ehre dafür, daß euch nichts zustößt.«

»Meines Bruders wegen seid unbesorgt«, entgegnete Diether schnell, »ich will ihn schon besänftigen und dich rechtfertigen, so daß deine Ehre unangetastet bleibt. Und schließlich wird er gar nicht davon erfahren, denn wer sollte ihm schon erzählen, daß wir eine kleine Weile ausgeritten sind.«

So ließ Elsan sich schließlich erweichen. Nur wollte er die Knaben nicht allein aus der Stadt lassen, sondern mit ihnen reiten. Aber während er ging, sein Pferd zu satteln, wurde den dreien die Zeit zu lang, und sie ritten allein davon.

Ohne auf den Weg zu achten, sprengten die Knaben auf ihren schnellen Pferden über die Heide. Schon bald wußten sie nicht mehr, wo sie waren. Zudem legte sich dichter Nebel über das Land, so daß sie sich schließlich völlig verirrten.

Als Elsan an das Tor kam, waren die Knaben schon längst nicht mehr zu sehen. In größter Sorge ritt der alte Recke ihnen nach. So laut er konnte, rief er ihre Namen über die Heide, aber niemand antwortete ihm, und der dichte Nebel verhinderte jede Sicht.

»Bestimmt sind die Knaben dem Heer nachgeritten, um wenigstens aus der Ferne den Kampf mitzuerleben«, dachte er bei sich, riß geschwind sein Pferd herum und jagte in rasender Hast den Weg entlang nach Raben.

Inzwischen waren Diether, Ort und Scharf auf gut Glück weitergeritten. Sie hofften, sich wieder nach Bern zurückzufinden, aber vergeblich. Bald senkte sich der Abend über die Heide, und sie mußten unter freiem Himmel die Nacht verbringen. Am nächsten Morgen erwachten sie mit frischen Kräften, und Diether sprach zu seinen Freunden:

»Was sollen wir jetzt tun? Ich fürchte, der Ausritt wird uns noch gereuen, denn es war nicht recht, daß wir ohne den alten Elsan davonritten. Gewiß wird er sich um uns sorgen. Wenn nur endlich der Nebel sich lichten wollte, damit wir schnell den Weg nach Hause finden.«

Bedrückt bestiegen die Knaben ihre Pferde und ritten aufs Geratewohl los. Während sie noch umherirrten, brach die Sonne durch den Nebel, und in kurzer Zeit lag die Landschaft in hellem Sonnenschein vor ihnen, so daß sie ihren Kummer vergaßen und wieder Mut faßten.

Da sahen sie aus der Ferne einen prächtig gerüsteten Reiter nahen.

»Wer mag jener gewaltige Recke sein, der dort auf uns zugeritten kommt und so streitbar aussieht?« fragten Ort und Scharf.

Diether schaute finster den Herannahenden an und sprach: »Es ist kein anderer als Witege, der meinem Bruder Dietrich die Treue brach. Wie gerne wollte ich mit ihm kämpfen, um ihm für seinen Verrat den verdienten Lohn zu zahlen.«

»Warum zögern wir«, rief voller Kampfeslust der junge Scharf, »laßt uns Witege gemeinsam angreifen!«

Inzwischen war Witege näher herangekommen und rief den Knaben zu: »Wer seid ihr? Gehört ihr zum Heer des Berners?«

Diether antwortete ihm: »Ihr sollt gleich erfahren, wer wir sind, Witege. Wir sind diejenigen, die heute Eure Untreue an Dietrich von Bern rächen und Euch für Euren Verrat bestrafen werden.«

Unwillig entgegnete Witege: »Ihr redet kindisches Zeug. Und ich rate euch, reizt mich nicht mit euren Reden, sonst könnte es leicht geschehen, daß ihr eure Eltern niemals wiederseht.«

Als die Knaben diese Worte hörten, vergaßen sie alle Vorsicht, spornten ihre Pferde und rannten alle drei gegen Witege an. Scharf erreichte ihn als erster und hieb mit dem Schwert auf ihn ein. Aber nur einmal ließ Witege sein Schwert Mimung auf ihn niedersausen, und Etzels Sohn sank tot vom Pferd.

Ort hatte gesehen, wie es seinem Bruder ergangen war, und rachedurstig stürzte er sich auf den Gegner. Witege rief ihm zu, vom Kampfe abzustehen, denn er wollte das Leben des Knaben schonen. Aber Ort hörte nicht darauf, faßte mit beiden Händen sein Schwert und schlug auf Witege los, so kräftig er konnte. Schließlich sprengte auch noch Diether heran und bedrängte Witege. Kaum vermochte dieser sich der Schwerthiebe zu erwehren, die auf ihn niederprasselten. Aber einem so starken Helden wie Witege waren die beiden Knaben nicht gewachsen. Schnell hatte der Kampf ein Ende, und Ort und Diether mußten ihr Leben lassen. Doch Witege konnte sich seines Sieges nicht freuen. Schaudernd wandte er sich ab, als er die drei Knaben tot in ihrem Blute liegen sah.

Inzwischen hatte Dietrich sein Heerlager vor der Stadt Raben aufgeschlagen, und er sah, daß immer neue Scharen heranzogen, um Ermanerichs Heer zu verstärken. Dietrich und seine Helden aber waren unverzagt und ließen sich von der Menge der Feinde nicht schrecken. Nachdem Rüdeger die Recken und Mannen für die Schlacht geordnet hatte, rückte das Heer gegen den Feind vor. An der Spitze ritten König Dietrich und Dietleib von Steiermark, dann folgten die Recken aus dem Hunnenland, voran Rüdeger von Bechelaren. Den ganzen Tag lang tobte nun der Kampf, und als der Abend hereinbrach, war der Ausgang der Schlacht noch immer nicht entschieden.

Da trat Helferich, einer von Dietrichs Recken, vor den König und sprach: »Erlaubt mir, daß ich Euch einen Vorschlag mache, König Dietrich. Wir sollten den Feind von mehreren Seiten angreifen. Gebt deshalb Befehl, daß ein Teil unseres Heeres heute nacht das Lager des Feindes umreitet und ihm morgen früh in den Rük-

ken fällt. Wenn unsere Recken dabei Ermanerichs Feld-
zeichen aufstecken, die wir heute erbeutet haben, werden sie den Feind verwirren und ihn um so schneller
überrumpeln.«

Dietrich und seine Getreuen stimmten dem Vorschlag
zu, und Dietrich fragte: »Und welche Recken sollen den
nächtlichen Ritt anführen?«

Auch dafür wußte Helferich Rat: »Vor allem muß Meister Hildebrand dabei sein, denn er kennt alle Wege und
Stege und kann die Recken sicher geleiten.«

Dann nannte er noch elf weitere Helden, die mit ihren
Mannen mitkommen sollten. Alle waren einverstanden.
Im Dunkel der Nacht ritten sie leise davon, sicher geführt von Meister Hildebrand, und am nächsten Morgen waren sie unbemerkt im Rücken des Feindes angelangt.

Kaum war die Sonne aufgegangen, erscholl wieder der
Kampfruf der beiden Heere über das Schlachtfeld. In
diesem Augenblick brachen auch die im Hinterhalt lie-
genden Reiter hervor. Als Ermanerichs Leute plötzlich
von allen Seiten bestürmt wurden, verloren sie den Mut
und jagten in wilder Flucht davon. Aber nur wenige
konnten Dietrichs Recken entkommen, die meisten
wurden erschlagen oder gefangen.

In Dietrichs Heer herrschte lauter Jubel über den er-
rungenen Sieg, und als der Schlachtenlärm verstummt
war, sprach Dietrich zu seinen Getreuen:

»Ehe ihr ausruht vom schweren Kampfe, sucht das
Schlachtfeld nach Toten ab, damit wir sie bestatten
können, und wo ihr einen Verwundeten findet, sorgt,
daß er verbunden wird.«

Während Dietrich sich niedersetzte, kam der alte Elsan,
dem er den Schutz der Etzelsöhne anvertraut hatte, her-
angeritten.

»Was willst du hier auf dem Schlachtfeld?« fragte Dietrich ihn verwundert. »Und wo sind die Königssöhne und mein Bruder Diether?«

»Entflohen sind sie mir«, entgegnete Elsan gesenkten Hauptes, »ich hoffe, daß ihnen nichts zugestoßen ist und ich sie hier im Lager finde.«

Dietrich erschrak, und sofort sandte er Boten in alle Richtungen, um die Knaben suchen zu lassen. Im selben Augenblick trat Helferich vor König Dietrich, totenbleich war sein Gesicht, und nur stammelnd brachte er seine Nachricht hervor:

»Die jungen Könige aus dem Hunnenland und Euer Bruder Diether liegen alle drei erschlagen auf der Heide.«

Ein Schreckensschrei brach aus dem Munde König Dietrichs. Er rief nach seinem Pferd und jagte mit Helferich zu dem Ort, wo die Königssöhne erschlagen lagen.

Als er die Leichen fand, verließen ihn fast die Kräfte, und die Sinne wollten ihm schwinden, so übermächtig war sein Schmerz. Doch als er die Wunden näher betrachtete, wußte er, wer die Knaben getötet hatte.

»Nur Witeges Schwert Mimung schlägt Wunden wie diese. Aber ich werde nicht ruhen, bis ich an Witege Rache genommen habe für diesen Mord.«

»Worauf wartet Ihr dann noch, König Dietrich«, rief Rüdeger im gleichen Augenblick. »Seht, dort in der Ferne reiten Witege und sein Neffe Reinold.«

Kaum hatte Rüdeger ausgeredet, als Dietrich sich schon auf sein Pferd warf und ohne Harnisch, Helm und Schild, nur sein Schwert Eckesachs in der Faust, wie der Sturmwind hinter Witege herjagte. Jetzt hatte auch Witege den Berner erblickt, Todesfurcht packte ihn, er gab seinem Hengst Schimming die Sporen und hetzte in wilder Flucht davon.

Pfeilschnell flogen die Reiter über die Heide. Der Verfolger kam näher und näher, und schon hörte Witege Dietrichs Ruf:

»Halt ein, Witege! Stelle dich zum Kampf. Warum hast du die Knaben ermordet! Was taten sie dir zuleide?«

Aber Witege achtete nicht darauf, sondern trieb sein Pferd noch schneller an, um dem wütenden Verfolger zu entrinnen.

»Warum fliehen wir so feige?« fragte Reinold endlich. »Laß uns anhalten und mit Dietrich kämpfen.«

»Niemals«, keuchte Witege, »wir wären beide verloren. Dem wütenden Dietrich ist kein Recke gewachsen.«

Doch Reinold wendete sein Pferd und schleuderte Dietrich den Speer entgegen. Mit einem einzigen Schwerthieb spaltete Dietrich dem mutigen Reinold das Haupt.

Weiter ging die wilde Jagd über die Heide, und wieder rief Dietrich seinem Gegner zu: »Bleib stehen!«

Aber Witege stürmte davon, immer dem Meere entgegen. Anfeuernd rief er seinem Pferde zu: »Lauf, mein Schimming, lauf, rette mich vor Dietrich. Duftendes Heu will ich dir dafür geben.«

Plötzlich bäumte sich Schimming auf, denn vor ihm brauste und schäumte das Meer. Schon hörte Witege den Hufschlag von Dietrichs Pferd, und in wilder Angst spornte er noch einmal seinen Hengst, daß er mit einem gewaltigen Satz hineinsprang in die brandende Flut. Da tauchte aus dem Wasser eine Meerfrau hervor, umfing Witege mit ihren Armen und zog ihn in die Tiefe.

DIETRICH BEI KÖNIG ETZEL

ALS KÖNIG DIETRICH MERKTE, DASS DAS MEER WITEGE verschlungen hatte, wendete er sein Pferd und kehrte zu seinem Heer zurück. So sehr ihn der Tod der Knaben schmerzte, noch mehr bedrückte ihn der Gedanke, wie er König Etzel und Königin Helche die Trauerbotschaft überbringen sollte. Darum sprach er zu Rüdeger:

»Rate mir, was ich tun soll. Wenn ich selbst in das Hunnenland reite und vom Tod der Königssöhne berichte, so würden mir die Klagen von König Etzel und Königin Helche das Herz brechen. Deshalb bitte ich dich, reite du voraus und berichte, was geschehen ist. Sage dem König und der Königin auch, daß ich unschuldig bin am Tod ihrer Söhne. Dann laß mich durch einen schnellen Boten wissen, ob Etzel mir noch freundlich gesinnt ist und mir ein zweites Mal Gastfreundschaft in seinem Land gewährt.«

Schweren Herzens übernahm es Rüdeger, die Todesnachricht ins Hunnenland zu bringen.

Als er mit seinen Begleitern in die Stadt Gran kam, waren König Etzel und Königin Helche gerade dort. Die Königin sah Rüdeger und seine Recken kommen, doch sie hielt vergeblich nach ihren Söhnen Ausschau. Wie erschrak sie aber, als sie die Pferde erkannte, die Ort und Scharf geritten hatten, und als sie die blutbefleckten Sättel sah.

Endlich stand Rüdeger vor ihr. Sein Blick war traurig zu Boden gesenkt.

»Warum sprecht Ihr nicht, Markgraf Rüdeger?« begann die Königin angstvoll. »Wo sind meine Söhne? Laßt mich nicht länger in Ungewißheit.«

Da berichtete Rüdeger der Königin, daß ihre Söhne auf

der Heide vor der Stadt Raben von Witege erschlagen worden waren.

Als die Königin die schreckliche Kunde vernommen hatte, brach sie in lautes Weinen aus und sank ohnmächtig zu Boden. Auch König Etzel klagte laut über den Tod seiner Söhne, und er schwor, an Dietrich Rache zu nehmen. Doch Rüdeger entgegnete ihm:

»Ihr tut Dietrich von Bern Unrecht, König Etzel. Er ist unschuldig am Tod Eurer Söhne, und er beklagt ihren Tod ebenso wie Ihr. Auch sein Bruder Diether wurde erschlagen.«

Und Rüdeger erzählte ausführlich, wie gut Dietrich für die Sicherheit der Knaben gesorgt hatte, wie sie aber ihrem Beschützer, dem alten Elsan, entrannen und von Witege erschlagen wurden. Auch vergaß er nicht zu berichten, daß Dietrich Elsan mit dem Tode bestraft und daß er Witege ins Meer trieb.

»Sage mir nur noch«, sprach Etzel, als er alles vernommen hatte, »ob meine Söhne sich tapfer wehrten, ehe Witege sie besiegte.«

Als Rüdeger bejahte, fuhr er fort: »Ich weiß jetzt, daß Dietrich keine Schuld trägt an dem Unheil und daß meine Söhne wie Recken starben. Reitet zurück, Markgraf Rüdeger, und sagt König Dietrich, er sei im Hunnenland willkommen wie zuvor.«

Gern übernahm Rüdeger diesen Auftrag, und so schnell er konnte, kehrte er nach Bern zurück. Als Dietrich die Nachricht König Etzels vernommen hatte, brach er mit seinen Getreuen auf, und sie zogen wieder in Etzels Reich.

Gastliche Aufnahme fanden sie hier für dreißig Jahre und standen König Etzel in vielen Kämpfen bei. Königin Helche jedoch konnte den Tod ihrer Söhne nicht

verwinden, und sie starb wenige Monate nach Dietrichs
Ankunft im Hunnenland.

DIETRICHS HEIMKEHR

EINIGE JAHRE NACH KÖNIGIN HELCHES TOD HEIRATETE
König Etzel die schöne Kriemhild, die Witwe Siegfrieds
von Niederland. Sie kam in sein Land und wurde Königin der Hunnen. Doch niemals konnte sie vergessen,
daß ihre Verwandten Siegfried ermordet hatten, und sie
dachte an nichts anderes, als den Tod Siegfrieds zu rächen. Dreizehn Jahre nach ihrer Hochzeit mit Etzel lud
Kriemhild ihre Brüder und Hagen von Tronje zu einem
großen Fest ins Hunnenland ein, und als alle gekommen
waren, stachelte sie die Hunnen zum Kampf gegen
die Burgunden an. Eine blutige Schlacht entbrannte,
in der alle Recken erschlagen wurden und Kriemhild
selbst den Tod fand. Nur König Etzel, Dietrich von
Bern und sein Waffenmeister Hildebrand blieben am
Leben.
Da Dietrich alle seine Recken im Kampf mit den Burgunden verloren hatte, war ihm das Leben an Etzels
Hof verleidet, und als er erfuhr, daß König Ermanerich
gestorben und sein Kanzler Sibich König in Rom geworden war, beschloß er, nach Bern zurückzukehren.
Er rief Meister Hildebrand zu sich und sprach:
»Was wollen wir noch im Hunnenland? Meine Getreuen und Mannen sind tot, und zu lange schon lebe ich
in der Fremde. Ich will lieber im Lampartenland sterben, als hier, fern von meinem Reich, untätig auf das
Alter warten. Da wir niemand mehr haben, der mit uns
ziehen könnte, wollen wir beide allein nach Bern reiten,

damit wir dort Kampfgefährten gewinnen und das Land zurückerobern.«

»Mit Freuden ziehe ich mit Euch«, antwortete Meister Hildebrand, und nachdem sie von König Etzel Abschied genommen hatten, ritten sie noch am gleichen Abend davon.

Nach langer Reise kamen Dietrich und Meister Hildebrand ins Lampartenland und lagerten in einem Walde nahe der Stadt Bern. Hildebrand wollte vorausreiten, um die Straße zu erkunden. Er sah von ferne schon die Stadt vor sich liegen, als ihm ein Reiter entgegenkam. Er ritt stolz auf einem weißen Pferd, und seine kostbare Rüstung glänzte silbern. Es war Hadubrand, Hildebrands Sohn. Auch Hadubrand hatte Hildebrand gesehen, und da der Fremde keine Anstalten machte, ihn zu grüßen, band er seinen Helm fest, legte den Speer ein und gab seinem Pferd die Sporen. Hildebrand tat dasselbe, und sie stürmten gegeneinander an. Jeder rammte den Speer so heftig auf den Schild des anderen, daß beide Speere zerbrachen. Gleich sprangen sie von den Pferden und kämpften mit dem Schwert weiter.

»Nenne mir deinen Namen, Fremder, und ergib dich, sonst wird es dir schlecht ergehen«, rief Hadubrand seinem Gegner zu.

»Wenn du meinen Namen wissen willst, mußt du mir zuerst den deinen sagen«, antwortete Hildebrand, »und ergeben werde ich mich nicht. Vielmehr wirst du mir deine Waffen ausliefern müssen. Tust du es nicht freiwillig, so werde ich dich dazu zwingen.«

Wütend hieb Hadubrand von neuem auf Hildebrand los, doch der blieb ihm keinen Schlag schuldig. Wieder forderte Hadubrand seinen Gegner auf, sich zu ergeben.

»Nenne mir deinen Namen und leg die Waffen nieder,

dann schenke ich dir das Leben. Weigere dich nicht länger, oder ich erschlage dich.«

Aber auch jetzt dachte Hildebrand nicht daran, Hadubrands Aufforderung zu folgen, sondern er bedrängte ihn statt dessen immer härter.

Endlich war Hadubrand am Ende seiner Kräfte, und er keuchte: »Ich gebe den Kampf auf, du bist der Stärkere. Hier, nimm mein Schwert.«

Im selben Augenblick aber, als Hildebrand nach dem Schwert greifen wollte, schlug Hadubrand blitzschnell zu, und wenn Hildebrand nicht ebenso schnell ausgewichen wäre, hätte Hadubrand ihm wohl die Hand abgeschlagen.

Hildebrand erschrak, denn nur er allein glaubte diesen Hieb zu kennen; er – und seine Frau. Vor langer Zeit, ehe Hildebrand mit König Dietrich in die Fremde zog, hatte er seiner Frau diesen Schlag gezeigt, damit sie sich schützen könnte in höchster Gefahr. Nur von ihr konnte sein Gegner diesen Schlag gelernt haben.

»Diesen Hieb lehrte dich eine Frau«, sagte Hildebrand, und ehe Hadubrand sich's versah, hatte er ihn mit beiden Armen umschlungen und zu Boden geworfen. Er setzte ihm das Schwert auf die Brust.

»Sage mir jetzt deinen Namen, oder du mußt dein Leben lassen.«

»Nun gut denn«, antwortete Hadubrand kleinlaut, »ich heiße Hadubrand. Meine Mutter ist Frau Ute und mein Vater Meister Hildebrand, König Dietrichs Waffenmeister. Ich habe ihn nie gesehen, denn vor dreißig Jahren, als Ermanerich König Dietrich aus seinem Reich vertrieb, verließ er mit seinem Herrn das Land und zog mit ihm zu den Hunnen.«

»Wenn Frau Ute deine Mutter ist, dann bin ich, Hildebrand, dein Vater.«

Mit diesen Worten ließ Hildebrand seinen Sohn los, beide sprangen auf und umarmten sich. Hadubrand sah, daß sein Vater blutete und rief: »Diese Wunde wollte ich lieber an meinem Kopfe tragen.«

Der Vater aber lachte: »Die Wunde heilt wieder. Die Hauptsache ist, daß wir wieder beisammen sind.«

Sie bestiegen ihre Pferde und ritten nach Bern, um in der Stadt von Dietrichs Rückkehr zu berichten.

In Windeseile verbreitete sich im Lande die Nachricht, daß König Dietrich heimgekehrt sei, um sein Reich zurückzuerobern. Von überallher strömten Dietrichs Getreue, die so lange das Joch von Ermanerichs Gewaltherrschaft getragen hatten, in die Stadt Bern und jubelten Dietrich zu. Der König rüstete ein großes Heer, um den verräterischen Sibich zu schlagen und aus dem Lande zu vertreiben. Noch einmal entbrannte eine große Schlacht. Dietrich und seine Mannen kämpften, bis sie den Sieg errungen hatten. Als Sibichs Recken sahen, daß der Kampf verloren und ihr König selbst getötet war, flohen sie in alle Winde. Endlich war Sibichs Macht gebrochen. Alles Volk, das zuvor Ermanerich und seinem Kanzler gehorcht hatte, schwor nun Dietrich die Treue, und er wurde König in Rom.

Viele Jahre noch herrschte Dietrich von Bern mit Milde, Weisheit und Gerechtigkeit in seinem Reich.

Eines Tages kam ein Jäger eilig zu König Dietrich und rief:

»Herr, am Waldrand steht ein Hirsch, größer und stärker als ich je einen sah.«

Kaum hatte Dietrich das gehört, sprang er auf, und als auch er den Hirsch sah, rief er: »Bringt mein Pferd und die Hunde!«

Und die Diener liefen, so schnell sie konnten, um Dietrichs Hengst Falke zu holen. Ungeduldig wartete der

König, denn schon sprang der Hirsch davon. Da sah Dietrich ein mächtiges, rabenschwarzes Pferd gesattelt stehen, und er schwang sich auf und setzte dem Hirsch nach. Das schwarze Pferd aber lief schneller, als ein Vogel fliegt, und obwohl des Königs Mannen gleich nachjagten, konnten sie es nicht mehr einholen, und bald war es ihren Augen entschwunden.

Kein Mensch hat Dietrich von Bern je wiedergesehen, doch der Ruhm seiner Taten blieb unvergessen und verbreitete sich in allen Ländern.

Die Nibelungen

DIE HELDENTATEN DES JUNGEN SIEGFRIED

IN XANTEN AM NIEDERRHEIN HERRSCHTEN VOR ZEITEN König Siegmund und Königin Siegelind. Sie hatten einen Sohn, Siegfried geheißen. Überall im Lande erzählte man von dem starken und schönen Königssohn aus Xanten, denn schon in jungen Jahren vollbrachte er manche Heldentaten.

Eines Tages kam Siegfried zu einem Schmied, der Mime hieß und tief im Walde seine Werkstatt hatte. Eine Weile sah er zu, wie Meister Mime und seine Gesellen am Amboß standen und mit ihren schweren Hämmern auf das glühende Eisen schlugen, daß die Funken stoben, und dann sprach er zu Mime:

»Ich möchte auch das Schmiedehandwerk erlernen. Wollt Ihr es mich lehren, will ich gern bei Euch bleiben.«

Als Mime sah, daß Siegfried stark und groß gewachsen war, stimmte er zu und nahm ihn auf unter seine Schmiedeknechte. Am nächsten Morgen brachte er seinen neuen Lehrburschen mit in die Werkstatt, um zu sehen, wie er sich bei der Arbeit anstellte. Er holte eine große Eisenstange und legte sie ins Feuer. Dann gab er Siegfried den schwersten Schmiedehammer in die Hand, nahm das glühende Eisen aus dem Feuer, legte es auf den Amboß und hieß Siegfried draufschlagen. Da schwang Siegfried den Hammer, und gleich sein erster Schlag war so gewaltig, daß er den Amboß tief in die Erde trieb und das Eisen samt der Zange, die Mime in beiden Händen hielt, wie morsches Holz zerbrachen.

Die Schmiedegesellen machten große Augen, und Mime sprach:

»Noch nie sah ich einen Menschen so gewaltig zuschlagen. Zum Schmiedehandwerk wirst du nie taugen.«

Siegfried jedoch bat, es noch einmal mit ihm zu versuchen, so daß Mime schließlich nachgab und Siegfried behielt. Bald aber bereute er, daß er Siegfried nicht doch weggeschickt hatte, denn der fing mit allen Schmiedegesellen Streit an, und keiner wollte mehr mit ihm arbeiten. Sie beschwerten sich bei Mime und drohten, die Schmiede zu verlassen, wenn Siegfried noch länger bliebe.

Da beschloß Mime, Siegfried umzubringen, und er dachte bei sich:

»Ich will Siegfried zum Kohlenbrennen in den Wald schicken und ihm einen Weg zeigen, der zum Drachenpfuhl führt, wo der Lindwurm haust. Dann wird er bestimmt niemals wieder hierher zurückkehren.«

Siegfried ahnte nichts Böses, als Mime ihm den Auftrag gab, in den Wald zu gehen und Kohlen zu brennen. Er zog los und kam bald zu dem Weg, den Mime ihm beschrieben hatte. Da begann er Bäume umzuhauen, trug sie auf einen großen Haufen und zündete ein Feuer an, um Holzkohle zu brennen. Als er sich jedoch auf einen Baumstumpf gesetzt hatte, um von der Arbeit auszuruhen, wälzte sich der Lindwurm heran, ein riesiges Ungeheuer mit einem Rachen, so groß, daß es einen Menschen mit Haut und Haar verschlingen konnte. Siegfried sah das Ungetüm, das schon gierig nach ihm schnappte, sprang auf, riß einen Baum aus dem Feuer und schlug mit aller Kraft auf den Drachen los. Schlag auf Schlag versetzte er ihm, bis das Untier tot war und das Blut in einem dicken Strahl herausschoß. Siegfried steckte den Finger in das dampfende Drachenblut, und siehe da, der Finger war von einer festen Hornhaut überzogen, daß kein Schwert ihn ritzen konnte. Da warf Siegfried rasch seine Kleider ab und bestrich sich von oben bis unten mit dem Drachenblut, so daß seine Haut hörnern wurde bis auf eine kleine Stelle am Rücken zwischen den Schultern, wo ein Lindenblatt hingefallen war. Dann legte er seine Kleider wieder an und machte sich auf den Weg nach Hause zur väterlichen Burg.

Lange aber hielt es ihn dort nicht, immer wieder zog er hinaus, um Abenteuer zu suchen. Einmal ritt er durch einen dunklen Wald und kam an einen Berg. Da sah er, wie Männer einen riesigen Schatz aus dem Berge holten. Noch nie hatte er so viel Gold und Edelsteine gesehen, wohl hundert Wagen hätten nicht ausgereicht, die Fülle zu tragen. Es war der Hort der Nibelungen, den die Könige Nibelung und Schilbung unter sich aufteilen wollten.

Als Siegfried näher geritten kam, erkannten ihn die Könige. Sie grüßten ihn freundlich und baten ihn, den Hort unter ihnen zu teilen, denn sie könnten sich nicht einigen. Zum Lohn wollten sie ihm das Schwert Balmung schenken. Für solchen Preis war Siegfried gern bereit, den Wunsch der Könige zu erfüllen. Man reichte ihm das Schwert, und Siegfried begann, alles Gold aufzuteilen. Aber er konnte es den beiden Königen nicht recht machen, jeder glaubte, bei der Teilung zu kurz gekommen zu sein. Gemeinsam mit ihren Recken fielen sie über Siegfried her. Doch sie waren ihm nicht gewachsen, er erschlug sie alle mit dem Schwerte Balmung.

Das sah Alberich, der zauberkundige Zwerg. Um den Tod der Könige zu rächen, hängte er seine Tarnkappe um, die ihn unsichtbar machte und ihm zugleich die Stärke von zwölf Männern gab, und griff Siegfried an. Der wehrte sich aus Leibeskräften und mühte sich lange vergeblich, den Unsichtbaren zu packen. Endlich aber gelang es ihm doch, Alberich die Tarnkappe abzureißen und ihn zu überwinden.

So hatte Siegfried alle, die gegen ihn zu kämpfen gewagt hatten, erschlagen oder besiegt, und nun war er der Herr über das Nibelungenland und den Nibelungenhort. Er befahl, den Schatz wieder in den Berg zurückzubringen, und nachdem Alberich Treue geschworen hatte, setzte Siegfried ihn zum Hüter über den Hort.

SIEGFRIED IN WORMS

ZUR SELBEN ZEIT HERRSCHTEN IM LANDE DER BURGUNDEN drei Könige: die Brüder Gunther, Gernot und Giselher. Sie waren König Dankwarts Söhne, der ihnen das Land als Erbe hinterlassen hatte. Ihre Mutter hieß Ute, ihre Schwester Kriemhild. Die war so schön, daß man weit und breit kein schöneres Mädchen finden konnte. Die Könige sorgten für sie und beschützten sie.

Ihren Herrschersitz hatten die Burgundenkönige zu Worms am Rhein. Die kühnsten Helden gehörten zu ihrem Gefolge, allen voran Hagen von Tronje und sein Bruder Dankwart, Ortwin von Metz und die Markgrafen Gere und Eckewart, auch Volker von Alzey, der kühne Spielmann, Rumold, der Küchenmeister, Sindold, der Mundschenk, und Hunold, der Kämmerer.

Eines Nachts träumte Kriemhild, daß sie einen schönen wilden Falken zähmte, den vor ihren Augen zwei Adler mit ihren Klauen zerrissen. Davon wurde ihr das Herz so schwer, daß sie den Traum ihrer Mutter erzählte. Frau Ute deutete ihr den Traum und antwortete: »Der Falke, den du zähmtest, das ist ein edler Mann. Du wirst ihn gewinnen und bald wieder verlieren.«

»Sprecht mir nicht von einem Mann, liebe Mutter«, fiel Kriemhild ein, »mein Leben lang will ich keinen Mann lieben, ich will bis zu meinem Tod schön bleiben wie jetzt und nicht Leid und Kummer durch die Liebe eines Mannes erdulden.«

Also verbannte Kriemhild die Liebe aus ihrem Sinn, und sie lebte viele Jahre, ohne daß ihr Herz von einem Manne wußte.

Bis nach Xanten drang die Kunde von der schönen Königstochter aus Worms, die alle Helden, die um sie warben, abwies. Auch Siegfried hörte von Kriemhild erzählen. Er beschloß, um ihre Liebe zu werben, und sprach zu seinen Verwandten und Getreuen:

»Keine andere als die schöne Kriemhild aus dem Burgundenland will ich zur Frau nehmen.«

König Siegmund und Königin Siegelind waren erschrocken, als sie das hörten. Sie versuchten, Siegfried von seinem Plane abzubringen, er aber entgegnete:

»Wenn ich um Kriemhild nicht werben darf, dann will ich mein Leben lang unvermählt bleiben.«

»Wenn dir Kriemhild so sehr am Herzen liegt, dann will ich dir helfen, sie zu gewinnen«, antwortete der König, »nur mußt du wissen, daß König Gunther hochmütige Recken an seinem Hofe hat. Denk nur an Hagen von Tronje. Ich fürchte, wir ernten nichts als Verdruß, wenn wir um das schöne Mädchen werben.«

»Was soll uns das bekümmern?« entgegnete Siegfried. »Was sie mir nicht gutwillig geben, das werde ich mir mit dem Schwert erzwingen.«

Da erschrak der König noch mehr, und warnend sagte er: »Sprich nicht so unüberlegt. Wenn man in Worms deine Worte erfährt, so werden sie dich kaum in ihr Land lassen. Ich kenne König Gunther. Mit Gewalt kann niemand Kriemhild gewinnen. Willst du es aber versuchen, dann werde ich alle meine Recken aufbieten, daß sie dich begleiten.«

»Nein«, erwiderte Siegfried, »mit Heeresmacht will ich Kriemhilds Hand nicht erzwingen. Ich kann wohl allein um sie werben. Nur bitte ich, mir zwölf Begleiter mitzugeben.«

Damit war der König zufrieden, und er befahl, daß für Siegfried und seine zwölf Mannen kostbare Kleider genäht würden, und er ließ die besten Rüstungen und Waffen, dazu die schönsten Pferde für sie aussuchen.

Doch als der Tag des Abschieds herankam, waren der König und die Königin traurig, denn sie fürchteten für das Leben ihres Sohnes, und nur schweren Herzens ließen sie ihn ziehen.

Nach sieben Tagen ritt Siegfried mit seiner Schar in Worms ein, und sie lenkten ihre Pferde zur Königsburg. Staunend lief das Volk zusammen, denn so stolze Helden hatte man dort noch nie gesehen. Unterdessen war Gunther die Ankunft der Recken gemeldet worden. Gern hätte er Namen und Herkunft der Fremden gewußt, aber niemand konnte sie ihm sagen.

»Sendet nach Hagen von Tronje, meinem Oheim«, sprach Ortwin von Metz zum König, »er ist in vielen Ländern gewesen. Gewiß wird er auch die Namen dieser fremden Recken kennen.«

Rasch wurde Hagen herbeigerufen, und als er hörte, was der König von ihm begehrte, trat er ans Fenster und musterte Siegfried und seine Mannen unten im Burghof. Dann drehte er sich um und sagte zu Gunther:

»Noch nie begegnete ich diesen Recken, doch müssen sie entweder selbst Fürsten sein oder doch wenigstens Fürstenboten, so kostbar sind ihre Kleider, so schön ihre Pferde. Zwar habe ich Siegfried von Niederland nie gesehen, doch wenn ich jenen Helden dort anschaue, der so stolz inmitten der anderen steht, so möchte ich wohl glauben, daß er Siegfried ist. Und wenn Ihr meinen Rat hören wollt, so empfangt ihn mit allen Ehren, denn viele Heldentaten hat er schon vollbracht, den Lindwurm getötet und den Nibelungenhort erobert. Und es ist immer gut, einen so starken Helden zum Freund zu haben.«

»Das ist wahr«, entgegnete Gunther, »laßt uns deshalb Siegfried bis in den Hof entgegengehen.«

»Einen so ehrenvollen Empfang dürft Ihr ihm wohl gewähren«, sprach Hagen. »Siegfried ist ein Königssohn aus edelstem Geschlecht. Und gewiß ist es nichts Geringes, was ihn ins Burgundenland führt.«

Also ging König Gunther, begleitet von seinen Brüdern und allen seinen Getreuen, hinab in den Hof, um den Gast willkommen zu heißen.

Nachdem Siegfried für den ehrenvollen Empfang gedankt hatte, begann König Gunther: »Gern hätte ich erfahren, was Euch nach Worms geführt hat.«

»Das will ich Euch sagen«, sprach Siegfried: »Daheim hörte ich immer wieder erzählen, daß in Eurem Lande die stärksten Recken zu finden wären und daß Ihr selbst kühner seid als alle Könige. Ob das wahr ist, will ich jetzt erproben. Auch auf mich wartet eine Königskrone. Aber ich will mir mein Königreich lieber mit dem Schwert erobern. Ich bin entschlossen, mit Euch zu kämpfen, König Gunther, um mir das Burgundenland untertan zu machen.«

Sprachlos standen Gunthers Recken, als sie diese freche Herausforderung hörten, und Zorn blitzte in ihren Augen. Noch aber fragte der König ruhig: »Wie käme ich dazu, das Land aufs Spiel zu setzen, das schon mein Vater besaß?«

»Dennoch bleibe ich dabei«, erwiderte Siegfried.

»Wenn Ihr nicht stark genug seid, mich zu besiegen, dann soll mir Euer Land gehören. Siegt Ihr aber, so will ich Euch mein Erbe überlassen.« Und er wiederholte noch einmal: »Der Sieger soll König werden über Xanten und Burgund.«

Doch Gernot widersetzte sich solcher Rede: »Wir haben nicht die Absicht, unser Land zu vergrößern, wenn deshalb ein Held sterben müßte.«

Ortwin von Metz aber gefiel diese friedliche Antwort wenig. »Siegfried hat Euch ohne Grund zum Kampf herausgefordert! Was gibt es da noch zu reden! Glaubt mir, ich würde mich ihm ganz allein entgegenwerfen und ihm seine Überheblichkeit heimzahlen, selbst wenn er mit einem ganzen Heer gezogen käme.«

»Wage es nicht, die Hand gegen mich zu erheben«, versetzte Siegfried scharf. »Du vergißt, daß ich ein König bin, du aber nur ein Lehensmann. Zwölf Männer deinesgleichen können im Kampf gegen mich nicht bestehen.«

Diese Worte reizten Ortwin noch mehr, und voller Wut rief er nach seinem Schwert, doch Gernot fiel ihm in den Arm und sprach beschwichtigend auf ihn ein.

»Siegfried hat nichts getan, was wir nicht in Ehren schlichten könnten. Es wäre besser, wir gewännen ihn zum Freund.«

Dann verbot er allen Recken, Siegfried weiterhin zu reizen, und an Siegfried gewandt, fuhr er fort: »Was nützt uns ein Streit? Sicher fänden viele Helden den Tod, aber das brächte uns wenig Ehre und Euch wenig Gewinn. Deshalb heiße ich Euch und Eure Mannen nochmals willkommen in unserem Land.«

Auch Siegfried besann sich, und der Gedanke an Kriemhild, um derentwillen er nach Worms gekommen war, verscheuchte seinen Zorn. So wurde der Frieden wieder hergestellt.

Bald war Siegfried am Hofe König Gunthers ein gern gesehener Gast, und wenn die Könige und die Recken im Kampfspiel ihre Kräfte maßen, übertraf er sie alle, ob sie nun den Stein warfen oder den Speer schossen. Doch so gastfreundlich man ihm auch begegnete, nie bekam er Kriemhild zu Gesicht. Sie jedoch hatte Siegfried längst gesehen, denn seit er sich mit den anderen im Burghof im Waffenspiel übte, saß sie oft stundenlang am Fenster und schaute zu. Keine andere Kurzweil konnte sie seit dieser Zeit mehr verlocken.

DER SACHSENKRIEG

EINES TAGES ERSCHIENEN IN WORMS SENDBOTEN VON Lüdegast und Lüdeger, den Königen von Dänemark und Sachsen, um den Burgunden den Krieg zu erklären. Gunther erschrak sehr über diese Nachricht, denn sein Heer war nicht gerüstet, und selbst Hagen erschien es unmöglich, in kurzer Zeit alle Getreuen der Burgundenkönige zur Verteidigung des Landes zusammenzurufen.

Siegfried bemerkte Gunthers Sorgen bald, trat zu ihm und sprach: »Was bedrückt Euch, König Gunther? Laßt es mich wissen, damit ich Euch helfen kann.«

Kaum hatte er vernommen, daß den Burgunden ein Krieg drohte, rief er aus: »Macht Euch deshalb keine großen Sorgen und verlaßt Euch ganz auf mich. Gebt mir tausend Eurer Mannen und laßt Hagen und Ortwin, Dankwart, Sindold und Volker mitreiten. Mit ihnen will ich den Feinden entgegenziehen und sie in ihrem eigenen Land besiegen.«

Gern nahm Gunther die Hilfe an, und er tat alles, was

Siegfried ihm geraten hatte. Schon nach wenigen Tagen zog das kleine Heer davon und fiel in das Sachsenland ein. Als sie die Grenze überschritten hatten, gebot Siegfried haltzumachen und ritt allein voraus, um nach dem Heer der Feinde Ausschau zu halten. Er war noch nicht weit geritten, da sah er das feindliche Heer auf einer Ebene vor sich lagern. Es mochten etwa vierzigtausend Mann sein. Zugleich bemerkte er einen feindlichen Reiter in goldglänzender Rüstung, der ebenfalls als Späher ausgeritten war. Fast gleichzeitig hatten sie einander gesehen, und augenblicklich legten sie die Speere ein, gaben ihren Pferden die Sporen und sprengten aufeinander los. Der Fremde wehrte sich tapfer, aber den Schwerthieben Siegfrieds war er nicht gewachsen, und so mußte er sich – wollte er nicht das Leben verlieren – gefangengeben, denn er blutete aus schweren Wunden. Es war der Dänenkönig Lüdegast selbst, der Siegfried in die Hände gefallen war. Lüdegasts Mannen hatten den Kampf beobachtet und wollten ihrem König zu Hilfe kommen. Ein Schwarm von dreißig Recken fiel über Siegfried her, doch er erschlug sie alle. Nur einen ließ er entkommen, daß er die Kunde von der Gefangennahme des Königs ins dänische Heerlager brächte. Dann ritt Siegfried mit seinem königlichen Gefangenen zurück und übergab ihn der sicheren Hut Hagens.

Am gleichen Tag noch führte Siegfried das burgundische Heer gegen den Feind. Zwar waren die Sachsen und Dänen weit in der Überzahl, aber sie mußten schließlich doch zurückweichen, so tapfer sie auch stritten. König Lüdeger befahl seinem Heer, den Kampf einzustellen, und er rief:

»Legt die Waffen nieder! Gegen Siegfried können wir nicht gewinnen.«

Auch König Lüdeger wurde gefangengenommen und

mußte den Burgunden als Geisel nach Worms folgen. Der Kampf war zu Ende. Gleich schickte Gernot Siegesboten nach Worms. Große Freude herrschte an König Gunthers Hof, als die Boten berichteten, daß die Burgunden einen glänzenden Sieg erfochten hatten. Heimlich ließ auch Kriemhild die Boten zu sich kommen, um sie auszufragen über den Verlauf der Heerfahrt. Der Bote sagte:

»Die burgundischen Recken haben sich tapfer geschlagen. Doch keiner kämpfte so tapfer wie Siegfried von Niederland. Ihm allein verdanken wir den Sieg.«

Nichts hätte Kriemhild lieber gehört als diese Worte, und sie sprach zu dem Boten: »Du hast mir gute Nachricht gebracht. Zum Lohn sollst du ein kostbares Gewand und zehn Mark Gold erhalten.«

Bald kehrten die siegreichen Burgunden nach Worms zurück und wurden jubelnd empfangen. Auch die gefangenen Könige begrüßte Gunther.

»Bewegt euch frei in meiner Stadt«, sprach er, »doch leistet mir Bürgschaft, daß ihr nicht entfliehen werdet.«

Das gelobten Lüdeger und Lüdegast, und nun rief Gunther seine Getreuen zusammen, um mit ihnen zu beraten, wie man den Sieg feiern solle.

»Ich rate Euch«, sprach Gernot, »daß wir in sechs Wochen ein großes Siegesfest feiern, denn bis dahin werden die Verwundeten geheilt sein.«

Damit waren alle einverstanden, und so geschah es. Auch Siegfried blieb in Worms, denn er hoffte die schöne Kriemhild doch noch zu sehen. Inzwischen wurde alles für das Fest vorbereitet. Handwerker schlugen Zelte auf am Ufer des Rheins, denn viele Gäste sollten kommen.

Auch die Frauen waren nicht müßig. Sie holten

Schmuck und Kleider aus den Truhen, und Frau Ute befahl, Festgewänder zu nähen, damit man den Gästen würdige Geschenke machen könne. So verging die Zeit rasch, und bald ritten die ersten Gäste in die Königsburg von Worms, willkommen geheißen von Gernot und Giselher. Alle Hände voll hatten sie dabei zu tun, denn als das Fest begann, waren mehr als fünftausend Gäste versammelt. Da trat Ortwin von Metz zu König Gunther und sprach:

»Wenn das Siegesfest so glänzend werden soll, wie es Eurem Rang geziemt, so gestattet, daß auch die Frauen des Hofes daran teilnehmen, und erlaubt Eurer Schwester Kriemhild, sich bei dem Fest zu zeigen.«

»Gern will ich diese Bitte erfüllen«, erwiderte Gunther, und sogleich sandte er nach Frau Ute und ließ sie zusammen mit Kriemhild zum Fest bitten. Nachdem Kriemhild und alle ihre Mädchen sich geschmückt hatten mit ihren schönsten Kleidern, verließen sie die Kemenate, und hundert Recken begleiteten sie zum Fest.

Keiner wartete ungeduldiger auf das Erscheinen der Königstochter als Siegfried, denn allein um ihretwillen war er nach Worms gekommen. Als Kriemhild den Saal betrat, stand Siegfried wie geblendet von soviel Schönheit, und er dachte bei sich:

»Wie konnte ich nur hoffen, deine Liebe zu gewinnen? Es ist ein eitler Traum, unerreichbar bist du mir. Sollte ich dich aber meiden, so wäre ich lieber tot.«

Inzwischen hatte sich Gernot an seinen Bruder Gunther gewandt:

»Niemand tat Euch größere Dienste in diesem Krieg als Siegfried, deshalb rate ich, daß Ihr ihn besonders ehrt und unsere Schwester bittet, ihn zu begrüßen. Noch nie hat sie das einem Manne gewährt, deshalb wird die Ehre für Siegfried um so größer sein, und er wird uns immer in Treue verbunden bleiben.«

Mit Freuden war Gunther dazu bereit.

Zum ersten Male stand nun der stolze Siegfried vor der schönen Königstochter, und glühendes Rot übergoß sein Gesicht, als sie ihn mit freundlichem Gruße ansprach. Dann faßte Kriemhild seine Hand, und sie schritten nebeneinander durch den Saal. Und während alle Gäste bewundernd dem Paar nachblickten, sahen beide, wenn auch nur verstohlen, einander in die Augen. Zwölf Tage währte König Gunthers Fest, und jeden Tag konnte man nun Siegfried an Kriemhilds Seite sehen.

Als das Fest zu Ende ging und die Gäste reichbeschenkt nach Hause ritten, kamen auch Lüdeger und Lüdegast zu Gunther und baten ihn, sie freizulassen. Der König ging zu Siegfried und fragte ihn:

»Was ratet Ihr mir? Unsere Gefangenen aus Dänemark und Sachsenland wollen Frieden schwören. Sie bieten mir so viel Gold, wie fünfhundert Pferde tragen können, wenn ich ihnen die Freiheit zurückgebe.«

»Wollt Ihr auf meinen Rat hören«, entgegnete Siegfried, »so laßt sie ohne Lösegeld ziehen und fordert nichts als den Schwur, nie wieder Euer Land mit Krieg zu bedrohen.«

»Dem Rat will ich folgen«, sprach Gunther.

Jetzt rüstete auch Siegfried zur Heimkehr nach Xanten, denn noch immer wagte er nicht, um Kriemhild zu werben. Giselher aber gelang es, ihm die Abreise auszureden:

»Gefällt es Euch nicht mehr am Hof zu Worms? Bleibt doch, ich bitte Euch, bei König Gunther und seinen Recken. Die Frauen an unserem Hof würden trauern, wenn Ihr uns verließet.«

Schnell war Siegfried umgestimmt. »Laßt die Pferde im Stall«, rief er, »ich bleibe hier!«
So blieb Siegfried am Burgundenhof, und täglich sah er die schöne Kriemhild.

KÖNIG GUNTHERS BRAUTWERBUNG

IM FERNEN ISLAND, AUF DER BURG ISENSTEIN, HERRSCHTE die Königin Brünhild. Sie war so schön, und ihre Kraft war so groß, daß ihr keine andere Königin gleichkam. Wer sie zur Frau begehrte, mußte sie zuvor im Speerschießen, im Steinwerfen und im Weitspringen besiegen, und unterlag er, so verlor er sein Leben. Schon mancher Held hatte die Fahrt zum Isenstein gewagt, aber keiner war zurückgekehrt.

Von dieser Königin hörte König Gunther erzählen, und er sprach: »Ich will über das Meer nach Island fahren und um Brünhild werben, und sollte es auch mein Leben kosten.«

»Ich rate dir von der Fahrt ab«, entgegnete ihm Siegfried, »denn Brünhild hat bisher jeden, der um sie warb, im Wettkampf besiegt und töten lassen.«

»Wenn Siegfried so gut über Brünhild Bescheid weiß«, fiel Hagen ein, »so bittet ihn doch, an der Fahrt teilzunehmen und Euch zu helfen.«

Der Vorschlag gefiel Gunther, und er wandte sich an Siegfried: »Willst du mir helfen, Brünhild zu gewinnen?« fragte er. »Immer will ich dir danken und Ehre, Leib und Leben für dich einsetzen.«

Siegfried zögerte nicht mit seiner Antwort: »Ich bin bereit, die zu helfen, wenn du mir deine Schwester Kriemhild zur Frau gibst.«

Das versprach ihm Gunther durch Handschlag, und er sagte: »Kommt die schöne Brünhild als Königin hierher nach Worms, dann soll meine Schwester deine Frau werden.«

König Gunther wäre am liebsten mit dreißigtausend Recken nach Island gefahren. Siegfried aber gab einen besseren Rat:

»Viele Recken würden uns auf der Fahrt nichts nützen. Nur zu viert sollten wir die Reise unternehmen. Du, ich, Hagen von Tronje und Dankwart. Um an Brünhilds Hof mit Ehren zu bestehen, müssen wir uns jedoch so kostbar wie nur möglich kleiden. Bitte deshalb deine Schwester, uns Kleider zu nähen, die eines Königs würdig sind.«

Siegfrieds Plan wurde von allen gutgeheißen, und König Gunther gab eiligst Befehl, alles für die Reise vorzubereiten. Während Kriemhild mit ihren Mägden die schönsten Gewänder nähte, zimmerten die Schiffsleute am Ufer des Rheins ein kleines, aber festes Schiff, das die vier Recken zum Isenstein bringen sollte. Schon nach kurzer Zeit war alles fertig. Als der Tag der Abreise herankam, weinte Kriemhild und sprach:

»Ach, lieber Bruder, Ihr hättet auch hier in der Nähe eine Königstochter finden können, die Eurer würdig ist, und brauchtet jetzt nicht nach Island zu fahren und Euer Leben in Gefahr zu bringen.«

Und zu Siegfried gewandt, fuhr sie fort: »Edler Siegfried, ich bitte Euch sehr, schützt meinen Bruder.«

Das versprach ihr Siegfried feierlich in die Hand. Nun brachte man die Pferde, die gold- und silberglänzenden Waffen und die kostbaren Kleider herbei, und die vier Helden bestiegen das Schiff. Siegfried ergriff die Ruderstangen, stieß mit kräftigem Schwung vom Land ab, ein sanfter Wind blähte die Segel und trug das Schiff davon. Am zwölften Tag ihrer Reise kam Land in Sicht, und sie sahen eine mächtige Burg vor sich liegen. König Gunther fragte erstaunt:

»Wo sind wir? Wem gehört diese stolze Burg?«

»Das ist der Isenstein, Brünhilds Burg«, antwortete Siegfried. »Wir sind am Ziel unserer Fahrt. Einen Rat will ich euch noch geben: wenn wir mit Brünhild sprechen, dann sagt alle, König Gunther sei mein Lehnsherr und ich sein Lehensmann, dann wird uns alles gelingen, was König Gunther wünscht.«

Und er setzte hinzu: »Ich gebe mich jedoch nur um deiner Schwester willen für deinen Lehensmann aus, ich tue das, damit sie meine Frau wird.«

Dann lenkten sie das Schiff in den Hafen.

Inzwischen hatte man in der Burg Isenstein das Schiff bemerkt, und die Mädchen liefen zum Fenster, um die Fremden zu sehen. Auch Brünhild trat zu ihnen und schaute zum Ufer, und da sah sie, wie Siegfried König Gunthers Pferd aus dem Schiff zog und es am Zaume hielt, bis der König im Sattel saß. Dann erst holte er sein eigenes Pferd und bestieg es.

Noch nie hatten die Mädchen so stolze Recken gesehen. Gunther und Siegfried waren schneeweiß gekleidet und saßen auf ebenso weißen Pferden, Sättel und Zaumzeug glänzten von Gold und edlen Steinen, sie trugen glänzende Schilde, neugeschliffene Speere und lange Schwerter. Rabenschwarz, aber nicht weniger prächtig gekleidet waren Dankwart und Hagen. Die vier Helden ließen ihr Schiff am Ufer zurück und ritten zur Burg. Brünhilds Mannen kamen ihnen entgegengelaufen, um sie zu empfangen, und sie baten sie, auch die Waffen abzugeben.

»Unsere Waffen tragen wir lieber selbst«, sprach Hagen finster, und erst als Siegfried ihm sagte, es sei in Brünhilds Burg Sitte, daß kein Fremder Waffen trage, fügte er sich murrend. Dann reichte man den Helden den Willkommenstrunk, und ein Bote meldete der Königin die Ankunft der Fremden.

Als Brünhild mit ihrem Gefolge von hundert Jungfrauen und mehr als fünfhundert wohlgerüsteten Recken den Saal betrat, erhoben sich die Gäste von den Sitzen und grüßten sie ehrerbietig. Brünhild wendete sich zuerst an Siegfried und sprach:

»Seid willkommen in meinem Land, Siegfried. Was führt Euch hierher?«

»Nicht mir gebührt der erste Gruß«, entgegnete Siegfried, »sondern meinem Herrn, dem König Gunther aus Burgundenland, der gekommen ist, um Eure Liebe zu gewinnen.«

»Wenn er dein Herr ist und du bist sein Lehensmann, dann soll er sich nur gleich zum Kampfspiel rüsten. Den Stein soll er werfen und ihm nachspringen, und auch den Speer wollen wir um die Wette schießen. Bleibt er Sieger, so will ich ihm folgen und seine Frau werden. Wenn aber ich gewinne, so geht es euch allen ans Leben.«

Gunther antwortete nicht sogleich, da trat Siegfried zu ihm und flüsterte: »Sei ohne Furcht. Mit meinen Listen will ich dir helfen und dich vor der starken Königin behüten.«

»Herrin«, sprach Gunther jetzt, »ich nehme jede Bedingung an, und sei sie noch so schwer. Um Euch zu gewinnen, wage ich alles. Und kann ich Euch nicht besiegen, so will ich gern mein Leben hingeben.«

»Dann wollen wir keine Zeit verlieren«, erwiderte Brünhild und befahl, ihre Rüstung und ihre Waffen herbeizuholen, denn der Wettkampf sollte sofort beginnen.

Unterdessen schlich sich Siegfried unbemerkt zum Schiff, wo er die Tarnkappe versteckt hatte, die ihm einst der Zwerg Alberich nach hartem Kampf lassen mußte. Schnell hängte er sich den Zaubermantel um, und ohne daß ihn jemand sehen konnte, lief er zum Kampfplatz zurück. Schon brachte man Brünhilds Waffen. Den goldglänzenden Schild mußten vier Diener tragen, so schwer war er, weitere drei trugen ihren Speer und konnten ihn kaum fortbringen, und schließlich schleppten zwölf Männer mit vieler Mühe den riesigen Stein herbei. Hagen und Dankwart bangten um das Leben König Gunthers, als sie die Waffen Brünhilds sahen, und auch Gunther sank der Mut. Da spürte er, wie jemand seine Hand berührte, doch konnte er niemand neben sich sehen. An seinem Ohr aber flüsterte es: »Ich bin's, Siegfried. Sei ohne Sorge, Brünhild wird dich nicht besiegen. Gib mir den Schild und achte genau auf das, was ich dir sage. Mache du nur die richtigen Gebärden, die Taten will ich schon vollbringen. Doch hüte dich, meine List zu verraten.«

Erleichtert atmete Gunther auf. Jetzt hob Brünhild den Speer und schoß ihn mit aller Kraft auf den Schild, den Siegfrieds Hand hielt. Gewaltig war der Wurf, die scharfe, schwere Waffe durchschlug Gunthers Schild, Gunther wankte, aber er stürzte nicht, denn der unsichtbare Siegfried an seiner Seite hielt ihn fest. Obwohl Siegfried unter der Gewalt des Wurfes das Blut aus dem Munde hervorbrach, ergriff er den Speer, um ihn zurückzuwerfen.

»Ich will Brünhild nicht töten«, dachte er und drehte den Speer um, die scharfe Spitze nach hinten. Mit ungeheurer Wucht traf der Speer die Königin, und sie stürzte zu Boden. Blitzschnell aber sprang sie wieder auf und rief:

»Das war ein guter Schuß, König Gunther.«

Wütend darüber, daß sie zum erstenmal in ihrem Leben überwunden worden war, trat Brünhild neben den schweren Stein, hob ihn hoch, schleuderte ihn mit aller Kraft zwölf Klafter weit und sprang in ihrer erzenen Brünne noch ein ganzes Stück darüber hinaus. Jetzt war Gunther an der Reihe. Er hob den mächtigen Block auf, Siegfried aber warf ihn. Noch weiter als Brünhild schleuderte er den Stein, und er sprang auch weiter als sie, obwohl er dabei noch König Gunther tragen mußte.

Der Wettkampf war zu Ende! Alle glaubten, König Gunther habe die Königin besiegt, denn er allein stand auf dem Kampfplatz, und niemand konnte etwas von dem unsichtbaren Helfer ahnen.

Hochrot vor Zorn rief Brünhild: »Kommt und hört, meine Getreuen und Mannen. König Gunther ist im Kampf Sieger geblieben, ihm seid ihr von nun an untertan.«

Darauf faßte sie Gunthers Hand, und beide schritten in die große Halle der Burg. Dort ließ sie Gunther, Hagen und Dankwart aufs beste bewirten.

Währenddessen lief Siegfried wieder zum Schiff, versteckte die Tarnkappe und trat nun in den Saal. Er stellte sich, als wisse er von nichts, und fragte Gunther: »Worauf wartet Ihr noch, Herr? Warum beginnt der Wettkampf mit Königin Brünhild nicht?«

»Wie geht das zu?« fragte Brünhild. »Hast du als Lehensmann König Gunthers den Wettkämpfen nicht zugesehen, in denen Gunther mich besiegte?«

Hagen gab die Antwort:

»Als der Wettkampf stattfand, war Siegfried zu unserem Schiff gegangen, daher weiß er nichts von König Gunthers Sieg.«

»Die Nachricht höre ich gern«, rief Siegfried. »Jetzt werdet Ihr mit uns an den Rhein fahren.«

»So schnell kann das nicht geschehen«, entgegnete Brünhild. »Zuvor muß ich meinen Verwandten und Getreuen berichten, was sich hier zutrug.«

Sie sandte Boten ins Land, die alle ihre Freunde und Verwandten samt ihren Mannen zum Isenstein einladen sollten. Und es dauerte gar nicht lange, da zogen von überallher Scharen von Recken in die Burg. Hagen schöpfte bald Verdacht, und er sagte:

»Wir müssen tatenlos zusehen, wie Brünhild eine gewaltige Heeresmacht um sich versammelt. Ich fürchte, sie hat Arges im Sinn, und unser Leben ist bedroht.«

»Das weiß ich zu verhüten«, beruhigte ihn Siegfried. »In kurzer Zeit will ich tausend der stärksten Recken zu unserer Hilfe herbeiholen. Fragt nicht nach mir, in wenigen Tagen bin ich zurück. Zu Brünhild sagt, König Gunther habe mich fortgesandt.«

In der Tarnkappe ging Siegfried zum Meer, dort fand er einen Kahn und fuhr damit los. Niemand sah den Schiffer, und man mußte glauben, der Wind habe das leichte Boot abgetrieben.

Nach einem Tag und einer Nacht langte Siegfried im Nibelungenland an und befahl seinem Statthalter, Zwerg Alberich, tausend der stärksten Recken zu bewaffnen und aufs beste zu kleiden, damit sie mit ihm ziehen könnten. Schnell erfüllte Alberich den Befehl, und ohne Säumen kehrte Siegfried mit seinem Heer zum Isenstein zurück.

Als Brünhild die Nibelungen, die sie für Gunthers Recken hielt, kommen sah, ergab sie sich in ihr Schicksal und weigerte sich nicht länger, mit Gunther nach Worms zu ziehen. Sie verteilte Gold und Silber unter ihre Diener und Frauen, setzte ihren Oheim als Statthalter über das Land ein und nahm Abschied von ihren Verwandten. Zweitausend Mannen wählte sie zu ihrer Begleitung aus, dazu mehr als achtzig Frauen und hundert Mädchen. Auch die tausend Nibelungenrecken zogen mit an den Rhein. So war es eine stattliche Anzahl Schiffe, die vom Strande abstieß, und eine frische Brise trug sie rasch davon.

DIE HOCHZEIT IN WORMS

AM NEUNTEN TAG DER REISE GING HAGEN ZU GUNTHER und sagte: »Es wird jetzt höchste Zeit, daß wir einen Boten vorausschicken, der unsere Ankunft in Worms meldet.«

»Gewiß«, erwiderte Gunther, »und keinen besseren Boten wüßte ich als Euch selbst.«

»Ich bin kein guter Bote«, wehrte Hagen ab. »Laßt mich hier auf dem Schiff. Bittet lieber Siegfried, Euer Bote zu sein.«

Doch auch Siegfried hatte wenig Lust dazu, und erst als Gunther ihm bedeutete, daß er damit Kriemhild erfreuen würde, war er bereit, die Botschaft Gunthers nach Worms zu bringen.

»Berichte meiner Mutter, meiner Schwester und meinen Brüdern, wie es uns auf dem Isenstein ergangen ist«, trug Gunther ihm auf, »vor allem aber bitte sie, alles für einen festlichen Empfang meiner Braut vorzubereiten.«

Siegfried versprach es, und begleitet von vierundzwanzig seiner Recken ritt er davon. Bald erreichten sie Worms. In Windeseile verbreitete sich die Nachricht:

Siegfried ist gekommen, aber ohne König Gunther! Viele befürchteten, Gunther wäre getötet worden.

Gernot und Giselher liefen rasch herbei und riefen Siegfried besorgt zu: »Seid willkommen, Siegfried, doch antwortet schnell, wo ist unser Bruder Gunther? Wir fürchten das Schlimmste.«

»Ihr sorgt Euch ohne Grund«, entgegnete Siegfried. »Der König läßt Euch und alle seine Getreuen grüßen. Er hat mich vorausgesandt, Euch die Nachricht von unserer glücklichen Fahrt zu überbringen. Nun aber sorgt dafür, daß Eure Mutter und Eure Schwester mich schnell empfangen, damit sie hören, was König Gunther ihnen sagen läßt.«

Wenig später stand Siegfried vor Königin Ute und Kriemhild und begann zu sprechen: »König Gunther und seine Braut lassen Euch durch mich ihre Grüße sagen und ihre baldige Ankunft melden. Der König bittet Euch, alles für einen festlichen Empfang vorzubereiten.«

Kaum hatte Siegfried seine Botschaft ausgerichtet, begann überall in der Burg geschäftiges Treiben. Tag und Nacht dröhnten die Hammerschläge der Zimmerleute, denn Zelte, Tische und Bänke mußten am Ufer des Rheins aufgeschlagen werden. Schnelle Boten ritten in das Land, um Gunthers Verwandte und Getreue nach Worms einzuladen. In der Burg liefen Knechte und Mägde eilig hin und her, um alle Anweisungen des Marschalls, des Truchsesses und des Küchenmeisters zu erfüllen, und als schließlich die Wächter meldeten daß die Schiffe sich nahten, war alles zum Empfang bereit.

Auf kostbar geschmückten Pferden ritten Königin Ute und Kriemhild den Ankommenden entgegen. Tausende Recken hatten sich am Ufer versammelt, um den König und seine Braut zu begrüßen. Als König Gunther das Schiff verließ, führte er Brünhild an der Hand. Kriemhild war vom Pferd gestiegen und ging ihnen entgegen, sie umarmte und küßte die Braut, wie es die Sitte gebot, und sprach:

»Seid willkommen im Burgundenland.«

Auch Frau Ute trat herzu, küßte Brünhild und hieß sie herzlich willkommen. Lange währte es, bis die Heimkehrenden alle begrüßt hatten. Dann geleitete man die Frauen in einem prächtigen Zug zur Königsburg, wo in der großen Halle die reich gedeckten Tische der Gäste harrten. Brünhild ging an Gunthers Seite, und sie trug die Krone der Landesherrin.

Als Gunther sich eben zu Tische setzen wollte, trat Siegfried zu ihm und sprach: »Mein Wort ist eingelöst, nun halte auch du dein versprechen. Du hast geschworen, mir deine Schwester zur Frau zu geben, wenn Brünhild als Königin in dies Land käme.«

»Du mahnst mich mit Recht«, entgegnete Gunther. Sogleich sandte er nach Kriemhild, und als sie vor ihm stand, redete er sie an: »Liebe Schwester, löse meinen Eid. Ich habe deine Hand einem edlen Herrn versprochen, und ich bitte dich, ihn zum Manne zu nehmen.«

»Ihr braucht mich nicht zu bitten«, antwortete Kriemhild. »Was Ihr gebietet, lieber Bruder, will ich stets erfüllen, und gern folge ich dem, den Ihr mir zum Manne gebt.«

Da sprang Gunther auf und rief freudig: »So tretet ein in den Kreis der Zeugen, Kriemhild und Siegfried.«

Man fragte zuerst Kriemhild, ob sie Siegfried von Niederland zum Manne haben wolle. Mädchenhaft scheu, doch allen deutlich vernehmbar, bejahte sie diese Frage, und als auch Siegfried erklärt hatte, daß er Kriemhild zur Frau nehmen wolle, schloß er sie in die Arme und küßte sie vor aller Augen, wie es der Hochzeitsbrauch verlangte.

Der Bund war geschlossen, und die Gäste setzten sich zur Hochzeitstafel, um in fröhlicher Laune die Doppelhochzeit zu feiern. An der einen Seite der Tafel saßen König Gunther und Brünhild, auf dem Ehrensitz ihnen gegenüber Siegfried und Kriemhild. Als Gunther jedoch Brünhild anschaute, sah er, daß ihr die hellen Tränen übers Gesicht rannen. Erschrocken fragte er:

»Warum weint Ihr? Ihr hättet doch allen Grund zur Freude, denn heute seid Ihr die Königin der Burgunden geworden.«

»Wohl habe ich Grund zum Weinen«, sprach Brünhild, »denn Eure Schwester tut mir von Herzen leid. Wie sehr wird sie durch diese Heirat mit einem Lehensmann erniedrigt.«

»Schweigt jetzt davon«, erwiderte Gunther rasch, »zu gegebener Zeit will ich Euch sagen, warum ich Siegfried meine Schwester zur Frau gegeben habe.«

Aber Brünhild war mit dieser Antwort noch nicht zufrieden, so daß Gunther schließlich sagte: »Damit Ihr es wißt: Siegfried ist ein mächtiger König und besitzt ebenso viele Burgen und Länder wie ich. Es ist doch eine große Ehre, daß er sich meine Schwester zur Frau erwählt hat.«

Brünhild verstummte. Aber sie fragte sich: »Was mag Siegfried bewogen haben, sich auf dem Isenstein als Gunthers Lehensmann auszugeben?«

Sie ahnte, daß Gunther ihr nicht den wahren Grund gesagt hatte, warum er seine Schwester mit Siegfried vermählte, und ehe sie nicht die Wahrheit erfahren hatte, wollte sie seine Ehefrau nicht werden. Das war ihr fester Entschluß.

Wie ernst es ihr damit war, bekam Gunther bald zu spüren, denn statt mit ihm die Hochzeitsnacht zu feiern, band sie den König mit ihrem Gürtel an Händen und Füßen, und hängte ihn die Nacht über an einen Haken in der Wand.

Gunther klagte Siegfried seine Not, und Siegfried erbot sich, in der nächsten Nacht, versteckt unter seiner Tarnkappe, die Widerspenstige zu bezwingen, und das gelang ihm auch nach hartem Kampf. Als Brünhild schließlich um ihr Leben bat, schlich Siegfried sich rasch davon, das Weitere dem König überlassend. Brünhild glaubte sich zum zweitenmal von Gunther besiegt, und ihr Trotz und ihre Kraft waren fortan gebrochen. Siegfried aber hatte Brünhild einen goldenen Ring vom Finger gezogen und ihr den Gürtel geraubt, ohne daß sie davon etwas bemerkt hatte. Zu keinem Menschen sprach er über das, was in dieser Nacht geschehen war. Jahre später jedoch gab er Kriemhild das Geheimnis preis und schenkte ihr Gürtel und Ring.

Zwei volle Wochen feierte man in Worms das Hochzeitsfest, dann erst verabschiedeten sich die Gäste und zogen reichbeschenkt von dannen. Auch Siegfried und Kriemhild nahmen Abschied, und mit großem Gefolge ritten sie nach Xanten. Freudig wurden sie hier empfangen. König Siegmund trug seinem Sohn die Herrschaft über das Land an, und Siegfried wurde König der Niederlande.

Zehn Jahre lang lebten Kriemhild und Siegfried in Glück und Ehren. Im zehnten Jahr ihrer Ehe gebar Kriemhild einen Sohn. Seinem Oheim zu Ehren nannte sie ihn Gunther. Zur gleichen Zeit brachte auch Brünhild in Worms einen Knaben zur Welt, und man gab ihm den Namen Siegfried.

ALL DIE JAHRE ÜBER VERDROSS ES BRÜNHILD, DASS KRIEM-
hild so stolz war und daß Siegfried den Burgundenkönigen keinen Tribut zahlte.

»Warum duldet Gunther das?« dachte sie. »Siegfried ist
doch sein Lehensmann.«

Die Ursache hätte sie gar zu gern gewußt, aber sie ließ
ihre Gedanken nicht laut werden. Eines Tages jedoch
bat sie König Gunther listig:

»Lade doch einmal Kriemhild und Siegfried nach
Worms ein. Ich denke so oft an die schönen Tage unse-
rer Hochzeit, als wir alle so fröhlich beieinandersaßen.
Zu gern hätte ich beide einmal wiedergesehen.«

»Du verlangst Unmögliches«, sprach Gunther. »Wie
könnten wir erwarten, daß Siegfried und Kriemhild
nach Worms kommen. Sie wohnen viel zu fern von
uns.«

»Aber Siegfried ist doch dein Lehensmann«, erwiderte
die Königin, »und wenn sein Herr ihm etwas gebietet,
kann er sich nicht weigern.«

Gunther lächelte nur, denn er wußte wohl, daß er Siegfried nichts befehlen konnte. Brünhild aber hörte nicht
auf zu bitten, bis Gunther schließlich sprach: »Du hast
es leicht zu bitten, denn auch ich wüßte nicht, welche
Gäste ich lieber in meinem Lande sähe als Kriemhild
und Siegfried. So will ich denn Boten zu ihnen schicken
und sie einladen, das Sonnwendfest mit uns zu feiern.«

Markgraf Gere und dreißig Mannen wurden für den ehrenvollen Dienst auserwählt, und schon bald ritten sie
davon, um das Königspaar zum Sonnwendfest nach
Worms einzuladen.

Drei Wochen mußten sie Tag und Nacht reiten, ehe sie

Siegfrieds Nibelungenburg in Norwegen erreichten. Schnell liefen einige Diener zu Siegfried und Kriemhild und meldeten ihnen die Ankunft der Boten, die sie an ihren Kleidern gleich als burgundische Recken erkannt hatten. Kaum hörte Kriemhild diese Nachricht, da sprang sie schon auf und lief zum Fenster.

»Sieh doch«, rief sie Siegfried zu, »das steht Markgraf Gere mit seinen Recken. Gewiß bringen sie uns Botschaft von meinem Bruder Gunther.«

»Sie sollen uns alle willkommen sein«, sprach Siegfried und gab sogleich Befehl, die Gäste in den Saal zu geleiten.

Als Markgraf Gere eintrat, erhob sich Siegfried, ging ihm entgegen und grüßte ihn freundlich. Der Markgraf neigte sich vor Kriemhild, dann sprach er:

»König Gunther sendet mich zu Euch. Er und alle, die Euch verwandt und befreundet sind im Burgundenland, grüßen Euch.«

»Sagt schnell«, fiel ihm Siegfried ins Wort, »bedrohen Feinde die Burgundenkönige? Sie können auf meine Hilfe immer zählen.«

»Nicht zu Kampf und Krieg, sondern zu einem frohen Fest laden Euch König Gunther und Königin Brünhild. Sie bitten Euch, König Siegfried, und Euch, Königin Kriemhild, nach Worms zu kommen, sobald der Winter vorüber ist, und das Sonnwendfest mit ihnen zu feiern.«

Herzlich freute sich Kriemhild über die Botschaft, denn schon oft hatte das Heimweh sie gequält. Siegfried aber wollte sich erst noch bedenken, er bat Markgraf Gere und seine Recken, einige Tage als Gäste in seiner Burg zu verweilen.

Während die Boten sich ausruhten von der beschwerlichen Reise, rief Siegfried seine Getreuen zu sich, um mit ihnen zu beraten, ob er die Reise wagen solle oder nicht.

»König Gunther will ein großes Fest feiern. Er hat mich dazu eingeladen und bittet auch Kriemhild mitzukommen. Gern würde ich zu den Burgunden reiten, aber Worms liegt fern, und wie soll Kriemhild die Mühsal der langen Reise ertragen? Ja, hätte Gunther zu einer Heerfahrt aufgerufen und mich um Hilfe gebeten, dann würde ich sofort aufbrechen, und wenn ich durch dreißig Länder reiten müßte.«

»Wenn Ihr der Einladung gern folgen wollt«, rieten ihm seine Getreuen, »so reitet mit tausend Recken nach Worms, dann werdet Ihr bei den Burgunden mit Ehren bestehen.«

Und König Siegmund setzte hinzu: »Wenn du einverstanden bist, will auch ich mit euch reiten samt hundert meiner Recken.«

»Wenn Ihr, lieber Vater, mit uns kommt, so bedenke ich mich nicht länger. In zwölf Tagen wollen wir an den Rhein aufbrechen.«

Man gab den Boten Bescheid, überreichte ihnen kostbare Geschenke und bat sie vorauszureiten, um in Worms die Ankunft der Gäste zu melden. Freudig vernahm Markgraf Gere die gute Nachricht, eilends befahl er, die Pferde zu satteln und heimwärts zu reiten.

Ungeduldig hatte man unterdessen in Worms die Rückkehr der Boten erwartet, und als Gere mit seinen Begleitern endlich kam, drängten sich alle herzu, um zu hören, was der Markgraf zu berichten hatte. Doch erst als er vor Gunther und Brünhild im Saale stand, begann er zu sprechen:

»Gute Botschaft bringe ich von Kriemhild und Siegfried. Sie senden euch allen Grüße und lassen euch sagen, daß sie zum Fest König Gunthers kommen werden.«

Und dann erzählten die Boten, wie gut man sie in Siegfrieds Burg aufgenommen hatte und wie reich sie zum Abschied beschenkt worden waren.

»Siegfried kann wohl reichlich schenken«, knurrte Hagen mürrisch, »er mag so alt werden wie er will, den Hort der Nibelungen hätte er auch dann noch nicht aufgebraucht. Mir wäre wahrlich lieber, wir hätten ihn bei uns im Burgundenland.«

Es dachte aber niemand daran, auf diese hämische Rede eine Antwort zu geben, vielmehr freuten sich alle auf die Ankunft der Gäste. Von früh bis spät waren die Diener des Königs auf den Beinen, um alles für das Fest zu richten. Endlich meldete man das Nahen der Gäste. Gunther und Brünhild ritten ihnen ein gutes Stück Weges entgegen, um sie zu begrüßen. Im festlichen Zuge, geleitet von reich gerüsteten Recken und schön gekleideten Frauen, zogen Kriemhild, Siegfried und der alte König Siegmund in Worms ein und wurden mit Jubel empfangen. Als man sich dann zur Tafel setzte, bemerkte Brünhild wieder mit Verwunderung, daß man Siegfried auch diesmal den Ehrenplatz anwies und daß auch alle seine Recken an der königlichen Tafel Platz nehmen durften.

»Wie seltsam«, dachte sie, »dieser Lehensmann tritt auf, als wäre er ein mächtiger Herrscher.«

Kaum hatten die Gäste sich ausgeruht von der langen Reise, da begannen auch schon die Kampfspiele, und von den Fenstern aus schauten die Frauen den Recken zu. Bei solcher Kurzweil verging die Zeit wie im Fluge. Man hörte Posaunen, Trommeln und Flöten, dazu den hellen Klang der Waffen, und überall in der Stadt und in der Burg herrschte ein fröhliches Treiben. Zehn Tage lang trübte kein Wölkchen den heiteren Himmel des schönen Festes.

Dann aber brach der elfte Festtag an. Wieder versammelten sich im Burghof die Recken, um ihre Kräfte zu erproben. Auch Kriemhild und Brünhild hatten sich eingefunden, saßen beieinander und schauten den Kampfspielen zu, bis Kriemhild sich an Brünhild wandte und sprach:

»Sieh nur Siegfried, meinen Mann. Alle überragt er an Kraft, und wenn es danach ginge, müßte er wohl der Herrscher dieses Landes sein.«

»Wie sollte das zugehen?« fragte Brünhild verwundert.

»Ja, wenn niemand anders lebte als er und du, dann möchte er wohl die Krone der Burgunden tragen. Solange aber König Gunther lebt, ist das nicht möglich.«

»Aber sieh doch nur«, sprach Kriemhild weiter, »wie stolz er bei den anderen steht, so wie es einem König geziemt. Wie glücklich bin ich, die Frau eines so edlen Helden zu sein.«

»Gewiß, dein Mann ist ein starker Recke, stattlich und schön. Und doch mußt du gestehn, daß dein Bruder Gunther ihn und alle anderen an Würde weit überragt«, gab Brünhild stolz zurück.

Kriemhild widersprach: »Warum sollte ich meinen Bruder höher stellen? Glaube mir, Siegfried ist Gunther an Würde ebenbürtig.«

»Nimm es mir nicht übel, was ich sagte«, versetzte Brünhild, »aber als Gunther mich auf dem Isenstein besiegte, sprach Siegfried selbst davon, daß er Lehensmann König Gunthers sei, deshalb halte ich ihn für meinen Untertan.«

Kriemhild erbleichte: »Das wäre schimpflich über alle Maßen! Doch es kann nicht wahr sein, nie hätten meine

Brüder mich mit einem ihrer Lehensmannen verheiratet. Drum bitte ich dich, sprich so etwas nie wieder aus, denn damit kränkst du meine Ehre.«

»Warum soll ich nicht die Wahrheit sagen«, sprach Brünhild hochmütig, »Siegfried ist mir untertan und lehnspflichtig.«

Mit wachsendem Zorn hatte Kriemhild zugehört, nun aber rief sie: »Da kannst du lange warten, ehe Siegfried dir einen Dienst als Lehensmann erweist. Und den Zins wird er dir wohl immer schuldig bleiben. Wir wollen lieber aufhören, ich habe deinen Hochmut satt.«

»Nun ist es aber genug mit deiner Anmaßung!« gab Brünhild empört zurück. »Wir wollen doch sehen, ob man dich an diesem Hofe ebenso ehrt wie mich.«

»Ja, das wollen wir, und zwar sofort«, entgegnete Kriemhild stolz. »Du hast es gewagt, Siegfried zum Lehensmann zu erniedrigen. Jetzt sollen alle sehen, wie ich vor König Gunthers Frau in den Dom zu gehen wage. Dann wirst du erfahren, wer von uns die Erste ist.«

»Wenn du mir nicht untertan sein willst, so halte dich mit deinen Frauen getrennt von meinem Gesinde, wenn wir zur Kirche gehen«, sprach Brünhild und erhob sich.

»Wahrlich, das will ich tun«, antwortete Kriemhild.

Geraden Weges begab sie sich in ihre Gemächer und befahl den Mädchen, ihre kostbarsten Kleider anzuziehen. Sie selbst schmückte sich königlich, und geleitet von dreiundvierzig Jungfrauen ging sie zur Kirche. Auch Siegfrieds Mannen schlossen sich dem glanzvollen Zuge an.

Als Kriemhild mit ihrem Gefolge kam, stand Brünhild mit ihren Frauen und Mannen bereits vor dem Münster und rief ihr in scharfem Tone zu:

»Bleib stehen und warte, bis ich hineingegangen bin.

Der Königin gebührt der Vortritt vor der Frau eines Lehensmannes.«

Da flammte helle Wut in Kriemhild auf, sie rief zurück: »Du solltest lieber schweigen, das wäre klüger gehandelt. Denn wo hätte man je gehört, daß eine Frau, die sich einem Lehensmann hingibt, als Königin geehrt wird?«

»Wen meinst du damit?« fragte Brünhild und erblaßte.

»Dich meine ich!« sprach Kriemhild triumphierend. »Denn Siegfried war es, der dich in der Brautnacht als erster umarmte, nicht Gunther, mein Bruder. Dein Hochmut ist schuld, daß du mich zum Reden zwingst. Mit unserer Freundschaft aber ist es aus.«

Sprachlos stand Brünhild, als sie so vor aller Ohren beschimpft wurde. Sie brach in Tränen aus, und erhobenen Hauptes schritt Kriemhild mit ihrem Gefolge vor ihr in den Dom.

Kaum konnte Brünhild das Ende der Messe erwarten, und als man endlich den Dom verließ, versperrte sie Kriemhild den Weg und sprach zu ihr: »Warte und gib mir Antwort. Du hast mich schwer gekränkt. Wie aber willst du beweisen, was du behauptet hast?«

»Die Beweise kannst du haben«, sprach Kriemhild. »Siehst du den Ring an meinem Finger? Siegfried gab ihn mir, als er damals von dir kam.«

»Der Ring wurde mir gestohlen«, rief Brünhild. »Endlich erfahre ich, wer ihn mir weggenommen hat.«

»Glaubst du, ich bin eine Diebin?« erwiderte Kriemhild ruhig. »Wenn dir aber der Ring nicht Beweis genug ist, so beweist der Gürtel, den ich trage, daß ich nicht gelogen habe.«

Als Brünhild ihren Gürtel erkannte, stürzten ihr wieder die Tränen aus den Augen, und sie rief: »Ruft König

Gunther. Er muß erfahren wie sehr mich seine Schwester beschimpft!«

Ahnungslos kam Gunther auf ihren Ruf herbei, und als er Brünhild in Tränen fand, sprach er freundlich: »Sag mir, wer hat dir etwas zuleide getan?«

»Deine Schwester hat es getan«, entgegnete Brünhild. »Sie will mir die Ehre rauben und behauptet, Siegfried, nicht du, hätte mich in unserer Brautnacht als erster umarmt. Ich verlange, daß du mich von diesem Vorwurf reinwäschst.«

»Siegfried soll herkommen«, sprach Gunther. »Vor uns allen muß er Rede stehen.«

Als Siegfried kam, fragte er verwundert: »Was ist geschehen? Warum weint die Königin? Und warum will der König mich sehen?«

»Nur ungern ließ ich dich rufen«, antwortete Gunther, »doch hat mir Brünhild geklagt, du habest damit geprahlt, daß sie sich dir als erstem hingegeben habe. Kriemhild hat es vor allen Leuten behauptet.«

»Wenn sie das behauptet hat, werde ich sie dafür streng bestrafen. Vor dir und deinen Mannen will ich schwören, daß ich Kriemhild so etwas nie gesagt habe.«

Siegfried sprach ruhig und mit fester Stimme. Er trat in den Zeugenkreis, den Gunthers Recken gebildet hatten, und hob die Hand zum Schwur. Da trat Gunther dazwischen und sagte:

»Dein Wort gilt mir ebensoviel wie ein Eid. Ich weiß genau, daß dich keine Schuld trifft.«

»Wir sollten unseren Frauen verbieten, solche unüberlegten Reden zu führen. Ich muß mich schämen für meine Frau, und es tut mir von Herzen leid, daß sie Brünhild so schwer gekränkt hat. Doch soll Kriemhild erfahren, wie streng ich strafen kann«, erwiderte Siegfried und ging.

Brünhild aber weinte noch immer. Da trat Hagen von Tronje hinzu; er fand die Königin in Tränen, fragte nach dem Grund, und als er erfahren hatte, was geschehen war, gelobte er, die bittere Schmach, die ihr widerfahren war, an Siegfried zu rächen.

»Siegfried soll für Eure Tränen büßen, oder ich will nie wieder froh werden«, sprach er finster.

Auch Gernot und Ortwin stimmten für Siegfrieds Tod. Als Giselher hörte, was die drei gegen Siegfried im Schilde führten, sagte er zu ihnen: »Warum verfolgt ihr Siegfried mit solchem Haß? Den Streit zweier Weiber sollte man so ernst nicht nehmen, und Siegfried hat deshalb gewiß nicht den Tod verdient.«

Doch Hagen entgegnete heftig: »Ehrlos wären wir, wenn wir Siegfried ungestraft ließen. Er hat mit Brünhilds Gunst geprahlt, und dafür muß er mit dem Leben zahlen.«

Gunther hörte diese Worte und sprach mahnend: »Nur Hilfe brachte uns Siegfried, ehrenvoll stritt er für uns. Wie könnte ich ihn jetzt hassen?«

»Nichts wird Siegfried vor dem Tode retten«, rief Ortwin dazwischen, »auch seine Stärke nicht, und findet sich kein anderer bereit, so wird er von meiner Hand fallen.«

Hagen stimmte ihm zu, die anderen aber verstummten. Doch Hagen ruhte nicht. Täglich versuchte er von neuem, Gunther für den Mordplan zu gewinnen, und immer wieder flüsterte er dem König ein, daß den Burgunden reiche Länder zufielen, wenn Siegfried stürbe. Gunther wollte von solchen Reden nichts hören, aber seine Fröhlichkeit war dahin, und eines Tages entgegnete er Hagen:

»Laß ab von den Mordgedanken. Du weißt, nur Gutes haben wir von Siegfried erfahren. Und bedenke auch, wie stark er ist. Erführe er von deinen Plänen, so bliebe wohl keiner hier verschont.«

»Deshalb macht Euch keine Sorgen«, erwiderte Hagen schnell. »Ich bereite alles so heimlich vor, daß er nichts davon merken wird.«

»Und wie willst du das anfangen?« fragte Gunther.

»Hört zu«, sprach Hagen, rasch den nachgiebigen Sinn des Königs nutzend, »wir lassen einige von unseren Leuten, die niemand am Hofe kennt, als Boten kommen und uns Krieg ansagen. Dann erklärt Ihr den Gästen, Ihr müßtet in den Kampf ziehen, und Siegfried wird gewiß nicht zögern, Euch seine Hilfe anzubieten. Und in diesem Augenblick, wenn Kriemhild um Siegfrieds Leben bangt, soll es mir ein Leichtes sein, ihr das Geheimnis zu entlocken, wo Siegfried verwundbar ist.«

Gunther gab nach, und Hagen hatte gewonnenes Spiel. Siegfrieds Tod war beschlossen.

SIEGFRIEDS TOD

VIER TAGE NACH DIESEM VERHÄNGNISVOLLEN GESPRÄCH ritten zweiunddreißig fremde Recken in den Hof der Königsburg. Es waren Hagens falsche Boten. Vor allen Gästen verkündeten sie König Gunther, Lüdeger und Lüdegast sagten ihm den Krieg an, um die alte Schmach zu rächen, die ihnen einst, als sie Geiseln am Burgundenhof waren, zugefügt worden war.

Schon einmal hatte Siegfried den Burgunden gegen die Sachsen und Dänen geholfen, und als er von der neuen Kriegserklärung hörte, war er sofort bereit, auch diesmal Waffenhilfe zu leisten. Gunther tat so, als freue er sich im Ernst über Siegfrieds Hilfe. Ohne Verzug begannen die Recken Siegfrieds, sich für die Heerfahrt zu rüsten, und auch die burgundischen Helden bereiteten sich zum Kampf, denn niemand ahnte den Verrat. Hagen aber stieg zu Kriemhilds Kemenate hinauf, als ob er sich vor der Schlacht von ihr verabschieden wollte. Freundlich empfing sie ihn und sprach:

»Wie stolz bin ich, daß ich einen Mann habe, der meinen Verwandten in der Not helfen kann. Ich bitte dich, Hagen, laß ihn nicht entgelten, daß ich Brünhild beleidigte. Bitter habe ich meine Worte schon bereut, und Siegfried hat mich hart genug dafür gestraft.«

»Sicher werdet Ihr Euch mit der Königin bald wieder versöhnt haben«, entgegnete Hagen. »Sagt mir nur, was ich tun kann für Siegfried.«

»Ich sorge mich um ihn«, seufzte Kriemhild, »denn gar zu tollkühn ist er im Kampf.«

»Wenn Ihr fürchtet, daß Siegfried verwundet werden könnte, so sagt mir, wie ich ihn beschützen kann. Ich will alle Gefahren von ihm abwenden«, forschte Hagen die Ahnungslose aus.

»Wir sind miteinander verwandt«, sagte Kriemhild, »deshalb vertraue ich dir und will dir ein Geheimnis verraten. Als Siegfried einst den Drachen erschlug, badete er in seinem Blute, so daß er unverwundbar wurde. Und doch habe ich Sorge um ihn, denn beim Baden fiel zwischen seine Schultern ein Lindenblatt, und an dieser Stelle kann man ihn verwunden. Das ist's, warum ich ich Angst um ihn habe.«

»Seid deshalb ohne Furcht«, erwiderte Hagen. »Näht auf sein Gewand ein kleines Zeichen, damit ich weiß, wo ich ihn schützen muß, wenn wir im Kampf stehen.«

Freudig dankte ihm Kriemhild und versprach, auf Siegfrieds Gewand ein kleines Kreuz zu sticken. Zufrieden verließ Hagen Kriemhilds Kemenate, hatte er doch erfahren, was er wollte.

Schon früh am nächsten Morgen zog Siegfried mit seinen tausend Nibelungenrecken aus der Stadt. Dicht hinter ihm ritt Hagen, und als er das Kreuzchen auf Siegfrieds Gewand erkannte, schickte er heimlich zwei von seinen Leuten voraus. Die mußten Siegfrieds Heer mit der Nachricht entgegenkommen, Lüdeger und Lüdegast wollten Frieden schließen. Ungern kehrte Siegfried wieder um. König Gunther aber empfing ihn mit verstellter Freundlichkeit und sagte:

»Ich danke dir, Siegfried, daß du mir so bereitwillig Waffenhilfe angeboten hast. Da wir nun aber die Heerfahrt nicht zu unternehmen brauchen, will ich in den Odenwald reiten und Bären und Eber jagen. Alle meine Gäste lade ich dazu ein. Wer mitreiten will, soll sich morgen früh bereit halten. Die anderen aber werden hier in der Burg Kurzweil genug finden.«

»Wenn du zur Jagd reitest, bin ich dabei«, antwortete Siegfried.

Am nächsten Morgen ging er zu Kriemhild, um sich zu verabschieden. Sie aber dachte an das, was sie Hagen verraten hatte, und wollte ihn nicht ziehen lassen.

»Nur dieses eine Mal bleib zu Hause. Ein schlimmer Traum quälte mich letzte Nacht. Ich sah, wie zwei wilde Eber dich über die Heide jagten und alle Blumen sich blutigrot färbten. Und dann träumte mir, daß zwei Berge auf dich niederstürzten und ich dich nie mehr wiedersah. Ich fürchte, wir haben Feinde hier, die uns schaden möchten. Bleib daheim, Geliebter, nur dieses eine Mal höre auf meine Bitte.«

»Sorge dich nicht«, entgegnete Siegfried. »In ein paar Tagen bin ich wieder bei dir. Wer sollte mir wohl feindlich gesinnt sein? Mit guten Freunden reite ich zur Jagd.«

Zärtlich schloß er Kriemhild in die Arme und ging davon.

Viele kühne Reiter hatten sich zur Jagd versammelt, nur Gernot und Giselher blieben diesmal zu Hause. Auf einer großen Lichtung mitten im tiefsten Wald wurde haltgemacht. Hier war schon der Lagerplatz bereitet, auf dem nach der Jagd das Mahl gehalten werden sollte. Siegfried wandte sich an Hagen und fragte:

»Wer soll uns führen und die besten Fährten zeigen?«

»Jeder mag jagen, wo er will«, antwortete Hagen. »Dann werden wir am Ende sehen, wer das meiste Wild erlegt hat. Dem werden wir dann den Siegespreis zuerkennen.«

Siegfried war einverstanden. Mit einem alten erfahrenen Jäger und einem guten Spürhund ritt er los. Wo immer der Hund ein Wild aufstöberte, erlegte es Siegfried: Wildschweine, Wisente und Elche, Hirsche und Rehe. Sein Pferd lief so schnell, daß kein Tier ihm entkam. Ja, als das Jagdhorn die Jäger zum Sammelplatz rief, fing er sogar noch einen Bären und band ihn, um ihn lebendig den Jagdgenossen zu bringen. Kaum war er im Lager angekommen, ließ er den Bären los, und gleich rannte alles schreiend durcheinander. Die Hunde schlugen an, und der Bär, wild geworden durch den Lärm, geriet zwischen die Lagerfeuer, stieß Töpfe, Schüsseln und Kessel um und lief, so schnell er konnte, dem Walde zu. Die Hunde setzten ihm nach, und die Jäger stürmten mit den Spießen in der Hand hinterdrein. Doch der Bär entfloh so schnell, daß niemand ihn einholen konnte außer Siegfried. Mit seinem Schwert streckte er ihn nieder.

Die Jagd war beendet, und man lagerte sich auf der

Waldwiese zum Mahle. Doch kein Tröpfchen Wein wurde den Jägern geboten.

»Warum läßt man uns verdursten?« fragte Siegfried. »Ich meine, wir hätten einen kräftigen Trunk verdient.«

»Zürne nicht«, sprach Gunther heuchlerisch. »Daß man uns hier fast verdursten läßt, ist Hagens Schuld.«

»Ja, Herr, verzeiht«, sagte nun Hagen. »Es ist wahr, die Schuld daran trage ich. Ich glaubte, die Jagd sollte im Spessart sein, und sandte den Wein dorthin.«

»Was für ein dummer Irrtum«, murrte Siegfried. »Wäre unser Lagerplatz näher am Rhein, so hätte man doch wenigstens Wasser.«

»Ich weiß hier in der Nähe eine kühle Quelle«, antwortete Hagen schnell. »Laßt uns dahin gehen und zürnt mir, bitte, nicht mehr wegen meines Versehens.«

Siegfried war einverstanden, denn gar zu sehr quälte ihn der Durst. Er aß kaum in Ruhe zu Ende, dann machte er sich mit Gunther und Hagen auf den Weg zur Quelle. Unterwegs sprach Hagen zu ihm:

»Man hat mir oft gesagt, daß keiner Euch im Wettlauf überholen könnte. Das würde ich gar zu gern einmal sehen.«

Arglos erwiderte Siegfried: »Wenn Ihr und König Gunther mit mir um die Wette laufen wollt, können wir gleich beginnen. Unser Ziel soll die Quelle sein. Ich will euch sogar einen Vorsprung geben und obendrein mit meiner Jagdkleidung, mit Schild, Speer und Schwert in der Hand laufen.«

Gern gingen die beiden auf Siegfrieds Vorschlag ein, sie legten ihre Waffen ab und rannten los. Dennoch holte Siegfried sie ein und stand als erster an der Quelle. Gar zu gern hätte er sich gleich an dem kühlen Naß gelabt,

doch er wollte warten, bis König Gunther getrunken
hatte. Der kam heran, neigte sich über den Quell und
trank in durstigen Zügen. Als er sich wieder aufgerich-
tet hatte, kniete Siegfried nieder und trank. In dem Augenblick sprang Hagen blitzschnell herbei und versteckte Siegfrieds Bogen und Schwert, die an einer
Linde neben der Quelle lehnten. Rasch kehrte er zurück, sah Siegfried noch immer kniend am Brunnen
trinken, ergriff den Wurfspieß, spähte nach dem Kreuzchen auf Siegfrieds Gewand und stieß dem Ahnungslo-
sen mit aller Kraft den Speer in den Rücken, daß das
Blut in hohem Strahle aus der Wunde schoß und bis auf
Hagens Gewand spritzte. Er ließ den Spieß in Siegfrieds Herzen stecken und floh blindlings, wie er noch
nie vor einem anderen Mann geflohen war. Der tod-
wunde Siegfried sprang auf. Die Speerstange ragte aus
seinem Rücken, er suchte seine Waffen, konnte aber
weder Bogen noch Schwert finden. So griff er nach dem
Schild, der neben ihm lehnte. Trotz seiner Todeswunde setzte er Hagen nach und hieb noch so heftig auf
ihn ein, daß der Schild zerbarst. Hagen brach zusammen, und hätte Siegfried sein Schwert gehabt, es wäre
Hagens Tod gewesen.
Doch nun schwanden Siegfried die Kräfte, die Farbe
wich aus seinem Gesicht, er sank ins Gras und färbte die
Blumen ringsum mit seinem Blute. Mit letzter Kraft
fluchte er seinen Mördern:
»Schmach über euch, ihr Meuchelmörder. Ich habe
euch stets die Treue gehalten, und ihr zahlt mir mit
Verrat. Ihr seid nicht wert, daß man euch Recken
nennt.«
Und als der Burgundenkönig den Sterbenden zu bekla-
gen begann, wandte sich Siegfried zu ihm: »Laßt das
Jammern. Ihr selbst seid schuld an dem Verbrechen. Es

kommt einem Mörder nicht zu, sein Opfer zu beweinen.«

Hagen aber rief Gunther zu: »Ich weiß nicht, warum Ihr jammert. Jetzt gibt es keinen mehr, der uns zu trotzen wagt. Ich bin stolz, daß ich die Tat vollbracht habe.«

»Eitler Prahler«, entgegnete Siegfried, »hätte ich deinen Mordsinn zur rechten Zeit erkannt, ich hätte mein Leben nicht durch dich verloren. Jetzt aber quält mich nur noch die Sorge um Kriemhild, meine Frau. Wollt Ihr, König Gunther, noch einem auf der Welt Eure Treue beweisen, so nehmt Euch Kriemhilds an. Bedenkt, daß sie Eure Schwester ist, und schützt sie vor allem Leid.«

Siegfried konnte nicht mehr sprechen, sein Atem wurde schwächer, und nach kurzer Zeit starb er. Die Jäger legten ihn auf einen Schild; dann beratschlagten sie, wie man es verheimlichen könnte, daß Hagen den Mord beging. Die meisten rieten:

»Wir wollen zu Hause erzählen, daß Siegfried allein zur Jagd ausritt und dabei von Räubern erschlagen wurde.«

Hagen selbst aber sprach: »Was kümmert's mich, ob Kriemhild die Wahrheit erfährt oder nicht. Sie hat es gewagt, Brünhild zu kränken, soll sie nun um ihren Gatten weinen. Mich rührt es nicht.«

Bis zur Dunkelheit warteten sie, dann trugen sie den toten Siegfried auf seinem Schild zum Rhein und setzten über den Fluß. Sie brachten ihn zur Burg, und Hagen ließ den Toten vor Kriemhilds Schlafgemach legen. Dort sollte sie ihn finden, wenn sie am frühen Morgen zur Messe ging.

Die Morgendämmerung stieg herauf, und die Glocken des Münsters begannen zu läuten. Kriemhild erwachte, weckte ihre Mädchen und rief nach Licht, um sich zum Kirchgang anzukleiden. Ein Kämmerer eilte herbei, vor Kriemhilds Tür stockte sein Fuß. Er sah den erschlagenen Recken am Boden liegen, doch erkannte er ihn nicht. »Herrin«, sprach er, als er ins Gemach trat, »bleibt einen Augenblick im Zimmer. Vor Eurer Tür liegt ein Mann in seinem Blut.«

Kriemhild schrie auf. Gleich mußte sie an Hagens Frage denken, wie er wohl Siegfried schützen könne, und noch ehe sie den Toten gesehen hatte, brach sie in Tränen aus und weinte laut um Siegfried. Ihre Mädchen suchten sie zu trösten.

»Es kann ja ein anderer sein«, redeten sie ihr zu.

»Siegfried ist es«, schluchzte Kriemhild, »Brünhild hat es geraten, und Hagen hat es getan.«

Sie ließ sich vor die Tür führen und kniete an dem Leichnam nieder. Sie hob seinen Kopf hoch, und obwohl das Gesicht blutbefleckt war, erkannte sie Siegfried sofort. Heiße Tränen liefen ihr übers Gesicht, und niemand vermochte sie zu trösten.

»Seht nur«, rief sie plötzlich, »sein Schild ist unversehrt, kein Schwerthieb hat es getroffen. Nicht im ehrlichen Kampf wurde Siegfried erschlagen, er fiel von Mörderhand. O wüßte ich, wer das getan hat, der Tod wäre ihm gewiß!« Und sie sandte einen Boten zu König Siegmund, um ihm die Unglücksnachricht zu überbringen.

In tiefem Schlafe lagen der König und seine Mannen, als der Bote ankam und sie mit dem Ruf weckte: »Wacht auf, wacht auf, König Siegmund! Kriemhild, meine Herrin, sendet mich. Schweres Leid ist ihr zugefügt worden.«

»Was ist geschehen?« fragte der König und erhob sich schnell.

Mit tränenerstickter Stimme antwortete der Bote: »Erschlagen von Mörderhand liegt Siegfried, Euer Sohn.«

»Treibe keinen Spott mit mir«, rief der König angstvoll, »das kann nicht wahr sein.«

»Wenn Ihr mir nicht glauben wollt, so hört doch das Weinen und Klagen Kriemhilds und ihrer Frauen.«

Hastig sprang Siegmund auf, rief seine Mannen und ergriff das Schwert. Sie liefen zu den Frauengemächern, wo die Klagerufe herkamen. Auch Siegfrieds Recken hatten das Weinen gehört und eilten ebenfalls den Frauengemächern zu.

König Siegmund stürzte an der Leiche seinen Sohnes nieder.

»Weh uns!« rief er. »Wer konnte das ahnen, als wir hierher reisten. Wir glaubten bei guten Freunden zu sein. Wer hat es getan? Wer hat mir den Sohn und dir den Gatten erschlagen?«

»Wüßt ich es nur«, antwortete Kriemhild unter Tränen, »er sollte keine Gnade finden.«

»Wir werden den Tod unseres Königs rächen«, sprachen Siegfrieds Recken. »Der Mörder muß hier in diesen Mauern sein, wir werden ihn finden.« Und sie liefen, um sich zu rüsten.

Kriemhild erschrak, als sie die elfhundert bewaffneten Recken kommen sah. Wie groß auch ihr Schmerz war, sie wußte doch, daß Siegmunds kleine Schar gegen Gunthers Mannen nicht bestehen konnte.

Warnend sprach sie: »Was habt Ihr vor? Ihr wißt nicht, wie gewaltig Gunthers Heeresmacht ist, König Siegmund. Es wäre Euer sicherer Tod, wenn Ihr Euch jetzt in einen Kampf einließet. Wir wollen die Rache auf eine günstigere Zeit verschieben.«

Nur ungern fügten die Recken sich Kriemhilds Willen.

Am nächsten Morgen trugen sie Siegfrieds Leiche zum Münster. Die Kunde von Siegfrieds Tod war in die Stadt gedrungen, und die Bürger eilten herbei, um den Helden noch einmal zu sehen. Auch König Gunther mit seinen Recken und selbst Hagen von Tronje kamen zum Münster. Gunther trat zu Kriemhild.

»Ich traure mit dir, liebe Schwester«, sprach er. »Immer werden wir Siegfrieds Tod beklagen.«

Doch Kriemhild entgegnete zornig: »Das Klagen steht Euch übel an! Ihr selbst habt seinen Tod verschuldet.«

Die Burgunden aber leugneten und beteuerten ihre Unschuld.

»Dann beweist es«, rief Kriemhild. »Ein jeder trete an die Bahre, dann wird die Wahrheit vor allem Volke offenbar.«

Das taten sie, und als nun Hagen sich der Bahre näherte, begannen die Wunden des Ermordeten von neuem zu bluten. Jetzt wußten alle, wer den tödlichen Streich geführt hatte. Zwar machte Gunther noch einen Versuch, die Schuld von Hagen abzuwälzen und sie unbekannten Räubern zuzuschieben, aber Kriemhild entgegnete nur:

»Ich kenne die Räuber. Du und Hagen, ihr habt es getan.«

Dann aber stürzten ihr wieder die Tränen aus den Augen, und keiner konnte sie trösten. Auch Gernot und Giselher vermochten nicht, die Weinende aufzurichten. Der Sarg wurde herbeigebracht, man hob Siegfried von der Bahre und bettete ihn hinein.

»Drei Tage und drei Nächte will ich an dem Sarge sitzen und wachen«, sagte Kriemhild. »Wer mir die Treue hält und Siegfried noch einen letzten Dienst erweisen will, der soll bei mir bleiben.«

Und viele edle Recken hielten mit Kriemhild, ohne zu essen und zu trinken, die Totenwache. Am vierten Morgen trug man den Toten zu Grabe. Dicht gedrängt stand das Volk, und überall hörte man lautes Weinen und Klagen. Kriemhild konnte vor Leid und Schmerz dem Sarg kaum folgen, ihre Mädchen mußten sie stützen.

»Erfüllt mir noch einen einzigen Wunsch«, bat sie mit tränenerstickter Stimme, als sie am offenen Grabe stand. »Laßt mich noch einmal Siegfrieds Angesicht sehen.«

Da öffnete man den Sarg; zum letztenmal hob sie sein Haupt empor und küßte den kalten Mund. Dann aber schwanden ihr die Sinne, ohnmächtig trug man sie von dannen.

DER NIBELUNGENHORT

SIEGFRIED WAR BESTATTET, UND KEINEN TAG LÄNGER mochte König Siegmund in Worms bleiben. Er ging zu Kriemhild und bat sie: »Komm mit uns nach Xanten. Hier sind wir doch nicht gern gesehen, bei uns in den Niederlanden aber bist du Königin, Land und Leute sind dir untertan, und alle Mannen Siegfrieds werden dir dienen.«

»Ja«, sprach Kriemhild, »wir wollen von hier fortgehen.«

Gleich befahl Siegmund den Knechten, zum Aufbruch zu rüsten. In Kisten und Truhen packten sie Schmuck und Kleider, sie führten die Pferde aus dem Stall und sattelten und zäumten sie.

Während König Siegmund zu eiligem Aufbruch trieb,

gingen Gernot und Giselher zu Kriemhild und suchten sie zu überreden, in Worms bei ihrer Mutter zu bleiben.

»Nein«, erwiderte sie, »ich kann nicht bleiben. Glaubt mir, mich würde der Schmerz töten, müßte ich Hagen sehen.«

»Davor will ich dich schützen«, sprach der junge Giselher. »Ich werde dafür sorgen, daß du ihm nie begegnest.«

Auch Frau Ute und alle treuen Freunde baten sie, in der Heimat zu bleiben.

»Was willst du in einem fremden Lande? Dort leben keine Verwandten von dir, alle sind dir fremd. Bleibe bei den Deinen, das ist gewiß das beste.«

Und Kriemhild gab nach, sie versprach, in Worms zu bleiben. Da trat König Siegmund herein.

»Die Pferde sind gesattelt, Siegfrieds Mannen stehen zum Aufbruch bereit. Wir warten nur noch auf dich. Komm, laß uns eilen, ich kann nicht schnell genug von hier fortkommen.«

»Meine treuesten Freunde raten mir alle hierzubleiben«, entgegnete ihm Kriemhild, »da ich keine Verwandten in den Niederlanden habe und dort eine Fremde bin.«

Vergeblich versuchte der alte König, sie wieder umzustimmen. »Laß dir so etwas nicht einreden, denk auch an dein Kind.«

Doch selbst da blieb Kriemhild bei ihrer Weigerung. »Ich bleibe bei den Meinen, meinen Sohn vertraue ich Eurem Schutz an.« Tief bekümmert nahm König Siegmund Abschied.

So leb wohl«, sagte er. »Wir werden uns niemals wiedersehen, denn mein Fuß betritt dieses Land nicht mehr.«

So ritten Siegmund und seine Recken davon. Von keinem nahmen sie Abschied, auch von den Burgundenkönigen nicht, Gernot und Giselher aber eilten ihnen nach.

»Glaubt mir, ich bin schuldlos an Siegfrieds Tod«, sprach Gernot, »und ich beklage wie ihr, was am Burgundenhof geschehen ist.«

Giselher gab den Recken das Geleit bis an die Grenze ihres Landes, ehe auch er nach Worms zurückritt.

Vier Jahre gingen ins Land, und noch immer weinte Kriemhild um Siegfried. Kein Wort sprach sie mit Gunther, und niemals sah sie Hagen. Frau Ute, Gernot und Giselher suchten sie in ihrem Schmerz zu trösten, aber taub war sie für jedes Wort des Trostes.

Eines Tages sprach Hagen zu Gunther: »Ihr solltet versuchen, Euch mit Kriemhild zu versöhnen. Dann läßt sie vielleicht das Gold der Nibelungen nach Worms bringen, und das wäre ein großer Gewinn für Euch.«

»Ich will es versuchen«, erwiderte Gunther. »Meine Brüder besuchen Kriemhild oft, vielleicht gelingt es ihnen, uns zu versöhnen.«

Gernot und Giselher waren gern bereit, bei Kriemhild ein gutes Wort für Gunther einzulegen. Sie baten so lange, bis Kriemhild schließlich nachgab und ihren Haß gegen Gunther begrub.

»Nun gut, so will ich den König empfangen«, sprach sie.

Kaum hatte sie das gesagt, da eilte Gunther zu ihr, begleitet von seinen nächsten Verwandten. Nur Hagen wagte nicht mitzukommen. Unter Tränen umarmten sich Kriemhild und Gunther, und Kriemhild versöhnte sich wieder mit ihrer ganzen Familie. Allen verzieh sie, nur einem nicht: Hagen!

Nach wenigen Tagen hatte Gunther auch erreicht, daß

Kriemhild den Nibelungenhort holen ließ. Sie hatte ihn einst von Siegfried als Morgengabe erhalten. Er war also ihr Eigentum. Zwerg Alberich konnte ihn ihr nicht verweigern, so gern er es auch getan hätte. Als Gernot und Giselher mit vielen Burgundenrecken zu ihm kamen, um den Schatz zu holen, ließ er ihn aus dem Berge bringen, in dem er bisher versteckt lag, und zwölf große Wagen mußten vier Tage lang fahren, jeden Tag dreimal, bis alles Gold in die Schiffe geladen war.

So wurde der Nibelungenhort nach Worms gebracht. Alle ihre Schatzkammern füllte Kriemhild damit, aber sie hütete das Gold nicht ängstlich, sondern verschenkte es mit vollen Händen, und rings im Lande pries man die Freigebigkeit der Königin. Auch zog die Kunde von dem Hort viele fremde Recken nach Worms, denn an alle, ob arm, ob reich, teilte Kriemhild von ihren Schätzen aus.

Hagen sah mit Mißmut, wie sie das Gold verschwendete, und warnend sprach er zu Gunther: »Lassen wir Kriemhild noch lange gewähren, so wird sie sich mit dem Nibelungengolde so viele Recken dienstbar machen, daß uns daraus Gefahr erwachsen könnte.«

»Das Gold ist ihr Eigentum, und ich kann ihr nicht verwehren, es zu verschenken«, entgegnete Gunther, und er fügte hinzu: »Außerdem haben wir uns gerade erst versöhnt, und ich würde sie mir gleich wieder zur Feindin machen, wenn ich mich einmischen wollte, wie sie ihren Besitz verwaltet.«

»Ein kluger Mann überläßt einer Frau nicht diesen Schatz. Kriemhild wird es mit ihrer Freigebigkeit eines Tages so weit bringen, daß Ihr bereuen werdet, nicht auf mich gehört zu haben.« Hagen sprach unwillig, Gunther aber antwortete:

»Ich habe ihr einen Eid geschworen, daß ich ihr niemals

mehr ein Leid zufügen wolle, und den will ich halten.«

»Nun gut, dann nehme ich die Schuld auf mich«, erwiderte Hagen. Er brachte die Schlüssel zu den Schatzkammern in seinen Besitz, raubte Kriemhild den Hort und versenkte ihn an einer tiefen Stelle in den Rhein. Niemand hinderte ihn, denn Gunther und seine Brüder waren mit ihren Mannen außer Landes geritten. Als sie heimkehrten, klagte ihnen Kriemhild das neue Leid, das Hagen ihr zugefügt hatte, aber sie konnten ihr nicht mehr helfen: der Hort ruhte auf dem Grund des Rheins. Zwar machten die Burgundenkönige Hagen bittere Vorwürfe, daß er Kriemhild den Schatz geraubt hatte, doch nach einer Weile war ihr Zorn wieder verraucht, und kein Haar wurde Hagen deshalb gekrümmt. Und da das Gold nun einmal versenkt war, schworen die drei Burgundenkönige und Hagen einander, keinem Menschen den Ort zu verraten, wo der Schatz im Rheine lag, solange einer von ihnen noch lebte.

Die Jahre vergingen.

Abgeschlossen von der Welt lebte Kriemhild in Worms. Niemals konnte sie Siegfried vergessen, niemals aber auch ihren Haß gegen Hagen.

ETZELS WERBUNG UM KRIEMHILD

UM DIESE ZEIT STARB IM FERNEN HUNNENLANDE KÖNIGIN Helche, und da König Etzel daran dachte, sich wieder zu verheiraten, rieten ihm seine Getreuen:

»Wenn Ihr noch einmal heiraten wollt, so werbt um die schöne Kriemhild aus dem Burgundenland. Sie lebt verwitwet am Rhein. Der starke Siegfried war ihr

Mann, und sie wäre würdig, Königin der Hunnen zu sein.«

Nachdem Etzel den Rat seiner Getreuen gehört hatte, fragte er: »Wem von euch sind Land und Leute am Rhein bekannt?«

Rüdeger von Bechelaren, der edle Markgraf, antwortete: »Seit ihrer Kindheit kenne ich Kriemhild und ihre Brüder Gunther, Gernot und Giselher. Sie sind ruhmvolle Recken, wie es schon ihre Vorväter waren.«

Etzel fragte weiter: »Und Kriemhild? Wäre sie wohl die rechte Königin für mein Land? Und ist sie wirklich so schön, wie man ihr nachrühmt?«

»Glaubt mir, sie ist gewiß ebensoschön, wie Frau Helche war. Wer sie zur Frau gewinnt, kann sich glücklich schätzen«, entgegnete Rüdeger.

»So sei mein Bote und Brautwerber«, sprach Etzel. »Wird Kriemhild meine Frau, so will ich dich reich belohnen. Nimm aus meinen Schatzkammern, was du brauchst, rüste dich so prächtig wie möglich und reite nach Worms.«

»Gern reite ich als Euer Bote nach Worms, doch brächte es mir wenig Ehre, wollte ich während der Fahrt auf Eure Kosten leben. Ich will die Reise mit meinem eigenen Gut bestreiten, denn alles, was ich besitze, habe ich von Euch erhalten«, entgegnete Rüdeger.

Fünfhundert Recken rüstete er aus für die Fahrt, und nachdem er in Bechelaren von seiner Frau Gotelind Abschied genommen hatte, ritten sie weiter und kamen nach zwölf Tagen in Worms an. Als sie in den Burghof kamen, stand Hagen am Fenster, und er wandte sich an Gunther:

»Wenn ich mich nicht täusche, so kommt dort der edle Markgraf Rüdeger aus dem Hunnenland. Zwar ist es viele Jahre her, seit ich ihn zum letztenmal sah, doch habe ich ihn gleich an Gang und Haltung erkannt.«

Er lief hinunter in den Hof, wo Rüdeger und seine Rekken eben von den Pferden stiegen, und rief freudig: »Seid herzlich willkommen, edler Markgraf, und alle Eure Mannen!«

Auch Ortwin und andere kamen herbeigeeilt und begrüßten Rüdeger.

»Glaubt mir«, sprach Ortwin, »nie sahen wir liebere Gäste in unserem Land.«

Sie geleiteten die Hunnen in den Saal, wo König Gunther die Gäste schon erwartete. Der König stand auf und reichte Rüdeger die Hand zum Gruß. Dann führte er ihn zu seinem eigenen Hochsitz und ließ ihn neben sich niedersitzen. Gunther wartete, bis den Gästen der Willkommenstrunk gereicht war, dann erst sprach er: »Ich bitte Euch, sagt mir, wie es König Etzel und Königin Helche geht.«

»Gern will ich Euch alles berichten«, antwortete Rüdeger und erhob sich: »Erlaubt mir, Euch die Botschaft auszurichten, die mich aus dem fernen Hunnenland hierhergeführt hat.«

Gunther gewährte ihm die Bitte, und Rüdeger begann:

»Mein Herr, König Etzel, grüßt Euch und alle Eure Verwandten, und er gebot mir, Euch seine Not zu klagen. Trauer herrscht im Hunnenland, denn Frau Helche, unsere Königin, ist tot. Alle Freude war dem König genommen, doch hörte er, daß Kriemhild, Eure Schwester, unvermählt nach Siegfrieds Tod am Hof zu Worms lebt. Wenn Ihr es erlaubt, so will er sie zur Frau nehmen, damit sie an Königin Helches Stelle die Krone des Hunnenlandes trage. Das läßt König Etzel Euch durch mich sagen.«

»Laßt mir drei Tage Zeit«, antwortete Gunther nach kurzem Bedenken. »Ich will Kriemhild Eure Botschaft überbringen. Ich muß erst wissen, was meine Schwester dazu sagt, ehe ich Euch antworten kann.«

Drei Tage blieb Rüdeger als Gast in Gunthers Burg. In dieser Zeit rief der König seine Verwandten zu sich, um über Etzels Werbung zu beraten. Alle rieten, den Antrag anzunehmen, nur Hagen sprach dagegen:

»Gestattet nicht, daß Eure Schwester Etzels Frau wird, selbst wenn sie es wollte.«

»Warum sollte ich sie hindern?« entgegnete Gunther. »Sie ist meine Schwester, und ich gönne ihr alles Gute. Wir alle sollten ihr zureden, eine so ehrenvolle Werbung anzunehmen.«

»Laßt ab von diesem Plan«, sprach Hagen warnend. »Ihr kennt Etzel nicht so wie ich. Wird Kriemhild seine Frau, so habt Ihr das Schlimmste zu befürchten.«

»Was tut's?« erwiderte Gunther. »Wenn Kriemhild wirklich Etzels Frau würde, so könnte ich leicht vermeiden, ihm zu nahe zu kommen, und brauchte von ihm nichts zu fürchten.«

Dennoch blieb Hagen bei seiner Ansicht, bis der junge Giselher unmutig rief: »Es wäre wirklich an der Zeit, Hagen, daß Ihr endlich meiner Schwester auch eine Freude gönnt. Ihr habt ihr soviel Leid zugefügt und ihr Lebensglück grausam zerstört, daß sie wohl Ursache hat, Euch zu hassen.«

»Ich will euch sagen, was ich kommen sehe«, sprach Hagen. »Wird Kriemhild Königin der Hunnen, so findet sie gewiß Mittel und Wege, uns in Unheil zu stürzen. Bedenkt, wie viele Mannen ihr dann untertan sind.«

Darauf erwiderte Gernot: »Nun gut, so wollen wir, solange beide leben, niemals ins Hunnenland reiten.«

Noch einmal warnte Hagen vor Kriemhilds Rachedurst, aber Giselher fuhr ihn zornig an: »Wir wollen
doch nicht immer verräterisch an ihr handeln. Freuen
wir uns lieber, wenn sie geehrt wird. Was Ihr auch reden mögt, Hagen, ich will treu zu ihr stehen.«

Als Hagen sah, daß seine Warnungen nichts nutzten,
ging er mißmutig davon. Die drei Brüder aber waren sich einig, daß sie nichts gegen die Hochzeit mit
Etzel einwenden würden, wenn Kriemhild sie selbst
wünschte.

»Ich will eurer Schwester melden, was sich zutrug, und
ihr raten, Etzels Werbung anzunehmen«, sprach Markgraf Gere und ging sogleich zu Kriemhild.

»Ich bringe gute Nachricht«, begann er. »Der mächtige
König Etzel hat Brautwerber hergesandt und hält um
Eure Hand an.«

»Treibt keinen Spott mit mir«, entgegnete Kriemhild
mit Tränen in den Augen, und sie wollte kein Wort
mehr von Etzels Werbung hören. Auch ihre Brüder
konnten sie nicht umstimmen, doch versprach sie ihnen, wenigstens Markgraf Rüdeger zu empfangen, um
ihm ihre Antwort selbst zu sagen.

»Das tue ich nur dem edlen Rüdeger zuliebe, ein anderer Bote König Etzels bekäme mich nie zu Gesicht«,
sprach sie.

Rüdeger freute sich, daß Kriemhild ihn anhören wollte.
Er glaubte sicher, daß es ihm gelingen würde, Kriemhild zur Heirat mit Etzel zu bereden. Doch so sehr er
auch den Glanz von Etzels Hof pries, so beredt er Macht
und Reichtum des Hunnenkönigs schilderte, Kriemhild
war fest entschlossen, Etzels Werbung abzuweisen, und
sie bat Rüdeger, am nächsten Tage wiederzukommen,
um sich ihre endgültige Antwort zu holen.

Also kam Rüdeger noch einmal zu Kriemhild. Auch

diesmal bemühte er sich lange vergeblich, Kriemhilds Sinn zu ändern, bis er endlich in einem Gespräch unter vier Augen sein Wort gab, ihr stets mit seinen Mannen treu zu dienen und jede Kränkung, die ihr widerfahren könnte, zu rächen.

»Steht es so«, dachte Kriemhild, »dann will ich Königin der Hunnen werden. Vielleicht kann ich dann endlich Rache nehmen für Siegfrieds Tod, denn viele Recken werden mir im Hunnenland dienen, und Etzels Reichtümer stehen mir zur Verfügung. Hier aber hat mir Hagen alles genommen, was ich besaß.«

Jetzt ließ sie sich nicht mehr lange bitten und willigte ein, Etzels Frau zu werden. Voller Freude vernahm Rüdeger ihren Entschluß. Nun begann Kriemhild, sich für die lange Reise zu rüsten. Sie ließ Kisten und Truhen öffnen, die seit Siegfrieds Tod verschlossen gestanden hatten, und holte ihre prächtigen Gewänder hervor. Hundert Mädchen wählte sie zu ihrer Begleitung aus und befahl ihnen, sich zu schmücken wie in vergangenen Zeiten. Auch Markgraf Eckewart, der ihr stets treu gedient hatte, wollte ihr mit samt seinen Recken ins Hunnenland folgen.

Schon nach wenigen Tagen brachen sie auf. Gunther begleitete seine Schwester bis vor das Stadttor, Gernot und Giselher dagegen ritten mit ihr, bis sie die Donau erreichten; da erst verabschiedeten sie sich und ritten zurück nach Worms.

Unterdessen hatte Rüdeger Boten zu König Etzel gesandt, um ihm Nachricht zu geben, daß Kriemhild seine Werbung angenommen habe und bereits unterwegs sei ins Hunnenland. Da erhob sich großer Jubel in der Königsburg. Sofort gab Etzel Befehl, die Pferde zu satteln, und er ritt, begleitet von seinen Recken, Kriemhild bis an die Grenze seines Reiches entgegen. Die Fürsten seines Gefolges stammten aus vielen Ländern, nahen und fernen, der berühmteste unter ihnen aber war König Dietrich von Bern.

In Wien feierten Etzel und Kriemhild ihre Vermählung. Wehmütig dachte Kriemhild daran, wie sie einst Hochzeit gehalten hatte mit Siegfried, aber sie unterdrückte die Tränen, und niemand bemerkte ihren Kummer. Als nach siebzehn Tagen das Hochzeitsfest zu Ende war, fuhren Etzel und Kriemhild zu Schiff auf der Donau weiter bis zur Etzelburg, wo Kriemhild nun an der Seite König Etzels lebte und wegen ihrer Freigebigkeit von allen geliebt wurde.

KRIEMHILDS BOTSCHAFT

ALS MÄCHTIGE KÖNIGIN HERRSCHTE NUN KRIEMHILD IM Hunnenland, und nachdem sie König Etzel einen Sohn geschenkt hatte, der den Namen Ortlieb erhielt, festigten und vergrößerten sich ihre Macht und ihr Ansehen im Lande so sehr, daß niemand mehr gewagt hätte, sich ihren Befehlen zu widersetzen. Aber so gut es ihr auch ging, sie sehnte sich doch nach ihrer Heimat, und vor allem konnte sie nie vergessen, wieviel Leid ihr Hagen einst zugefügt hatte. Immer wieder dachte sie bei sich:

»Ich bin jetzt so mächtig und so reich, daß ich mich an Hagen rächen könnte. Es müßte mir nur gelingen, ihn hierher zu locken.« Und sie wußte auch schon Mittel und Wege, ihre Rache ins Werk zu setzen. Eines Abends sprach sie zu König Etzel:

»Wenn Ihr, mein lieber Gemahl, meine Brüder wirklich schätzt, so gewährt mir eine Bitte.«

»Ich will Euch gern beweisen, wie lieb mir Eure Verwandten sind«, entgegnete Etzel ohne Argwohn.

»Es schmerzt mich sehr«, fuhr Kriemhild fort, »daß meine Brüder mich noch nie besucht haben. Daher kommt es wohl auch, daß die Leute hier mich immer noch ›die Fremde‹ nennen.«

»Seid versichert«, sprach der König, »ich würde jeden, den ihr wollt, gern einladen. Nur fürchte ich, der Weg wird Euren Brüdern zu weit sein.«

Kriemhild freute sich, daß Etzel ihren Wünschen so bereitwillig entgegenkam, und rasch erwiderte sie: »Sendet nur Boten nach Worms, damit ich meinen Verwandten sagen lassen kann, wie sehr ich mich nach ihnen sehne.«

»Dann will ich Wärbel und Schwemmel, meine Spielleute, als Boten zu Euren Brüdern schicken, denn auch mir tut es leid, daß sie uns noch nicht besucht haben«, sprach Etzel.

Er ließ die Spielleute rufen und teilte ihnen mit, was er von ihnen begehrte.

»Reitet nach Worms und bittet die Burgundenkönige, zu meinem Hoffest zur nächsten Sonnenwende zu kommen. Sagt ihnen, daß sie uns die liebsten Gäste sein werden.«

Die Spielleute rüsteten sich zur Reise, doch ehe sie davonritten, rief Kriemhild sie heimlich in ihre Kemenate und sprach:

»Ich werde euch reich beschenken, wenn ihr tut, was ich euch auftrage. Sagt keinem Menschen in Worms, daß ihr mich jemals traurig gesehen habt, sondern überbringt ihnen allen meine Grüße. Geht zu meinen Brüdern Gernot und Giselher und sagt ihnen, daß ich stets an sie denke. Bittet Gernot, dafür zu sorgen, daß möglichst viele meiner Verwandten zu König Etzels Fest kommen. Und wenn ihr hört, daß Hagen von Tronje zu Hause bleiben will, so dürft ihr nichts unversucht lassen, bis auch er sich entschließt, mitzukommen. Keiner kann die Burgunden sicherer führen als Hagen, denn er kennt die Wege ins Hunnenland seit seinen Kindertagen.«

Die Boten versprachen, alles getreulich auszurichten, dann machten sie sich auf den Weg und erreichten nach zwölf Tagen Worms. Hagen erkannte die fremden Boten gleich. Er wandte sich an Gunther:

»König Etzels Spielleute sehe ich kommen. Eure Schwester wird sie gesandt haben.«

Als Wärbel und Schwemmel in den Königssaal traten, grüßte Gunther sie freundlich. Die Boten beugten das Knie vor ihm und richteten Etzels und Kriemhilds Einladung aus. Gunther antwortete:

»Heute in sieben Tagen will ich euch meine Antwort sagen. Ruht euch inzwischen von der langen Reise aus.«

Sogleich berief Gunther seine Verwandten und Getreuen zu sich, um mit ihnen zu beraten, was man König Etzel antworten solle. Die meisten wären der Einladung gern gefolgt, allein Hagen widersetzte sich der Reise.

»Wollt Ihr Euch selbst ins Verderben stürzen«, flüsterte er Gunther zu, »oder habt Ihr vergessen, was wir getan haben! Ich habe Siegfried erschlagen, und Kriemhilds Rachedurst ist ungestillt! Wie dürften wir wagen, ins Hunnenland zu reiten!«

»Kriemhild denkt nicht mehr an Rache«, beschwichtigte ihn Gunther. »Ehe sie ins Hunnenland reiste, gab sie mir den Versöhnungskuß. Sie hat alles verziehen, was wir ihr antaten, es sei denn, sie wäre dir allein noch feindlich gesinnt.«

»Laßt Euch durch die freundlichen Worte der Boten

nicht täuschen«, warnte Hagen. »Ich sage Euch, wenn Ihr Kriemhild besucht, dann setzt Ihr Leben und Ehre aufs Spiel.«

Da mischte sich Gernot ein: »Ihr mögt allen Grund haben, Hagen, die Rache Kriemhilds zu fürchten, warum sollten aber wir deshalb unsere Schwester nicht besuchen?«

Und Giselher meinte spöttisch: »Wenn Ihr Euch schuldig wißt, dann bleibt zu Hause und laßt uns und alle, die mit uns kommen wollen, allein ins Hunnenland reiten.«

Da fuhr Hagen zornig auf: »Wenn ihr unbedingt zu König Etzels Fest reisen wollt, dann wird kein anderer als ich euch dorthin führen. Doch rate ich euch, reitet wohlgerüstet ins Hunnenland. Wählt unter euren Rekken und Mannen die stärksten aus, damit wir uns vor Kriemhilds Ränken schützen können.«

Diesem Rat folgte Gunther gern, und sogleich sandte er Boten aus, um seine Recken zusammenzurufen. Mehr als dreitausend kamen; unter ihnen waren der junge Dankwart, Hagens Bruder, der mit achtzig seiner Mannen in Worms einzog, und der edle Volker von Alzey, ein Spielmann und starker Recke, der mit dreißig Mannen kam. Aus allen diesen Recken, die Gunthers Ruf gefolgt waren, wählte Hagen tausend aus, deren Tapferkeit und Mut er kannte.

Inzwischen warteten die hunnischen Boten ungeduldig auf die Antwort König Gunthers, denn sie fürchteten Etzels Ungnade, wenn sie gar zu lange ausblieben. Hagen jedoch hatte geraten, die Boten möglichst lange aufzuhalten, und er sagte zu Gunther:

»Wir wollen Etzels Boten warten lassen, bis wir so weit gerüstet sind, daß wir sieben Tage nach ihnen aufbrechen können. dann hat Kriemhild keine Zeit mehr, einen Anschlag auf uns vorzubereiten.«

Erst als das Heer gerüstet stand, ließ Gunther die Boten zu sich kommen und sagte ihnen, daß die Burgunden Etzels Einladung annehmen würden. Kaum hatten die beiden Spielleute die gute Nachricht vernommen, machten sie sich eiligst auf den Weg und ritten, reich beschenkt von den Königen und Frau Ute, ins Hunnenland zurück.

Freudig hörten Kriemhild und Etzel, was die Boten ihnen aus Worms berichteten. Voller Erwartung und Ungeduld aber fragte Kriemhild:

»Wer von meinen Verwandten wird zu dem Fest kommen? Und was sagte Hagen zu der Reise?«

»Nicht viel Gutes hat Hagen über die Reise gesagt«, erzählten die Boten. »Er meinte, es sei eine Fahrt in den Tod. Trotzdem wird er kommen.«

»Wie freue ich mich, daß ich Hagen bald hier sehen werde«, sprach Kriemhild, und sie ließ sofort Burg und Saal für den Empfang der Gäste herrichten.

DIE REISE DER BURGUNDEN INS HUNNENLAND

INZWISCHEN WAREN IN WORMS DIE VORBEREITUNGEN zur Reise abgeschlossen, und das Heer wartete nur noch auf das Zeichen zum Aufbruch. Die alte Königin, Frau Ute, aber sprach warnend:

»Ihr solltet hierbleiben, meine Söhne. Ich träumte heute nacht einen schlimmen Traum: ich sah, wie alle Vögel hier in unserem Lande tot auf dem Felde lagen. Das bedeutet nichts Gutes, ihr werdet in große Not geraten auf dieser Fahrt.«

»Träume sind Schäume«, erwiderte Hagen. »Unsere

Ehre fordert es, daß wir zu Etzel reiten, und ginge es nach mir, dann sollten wir nicht länger warten.«

So geschah es. Am nächsten Morgen zogen die Burgunden von dannen. An der Spitze des langen Zuges ritten König Gunther, seine Brüder und seine Getreuen. Auf allen Wegen führte Hagen sie sicher und kundig, bis sie am zwölften Tage das Ufer der Donau erreichten. Dort mußten sie haltmachen, denn der Strom war über die Ufer getreten, und weit und breit war weder Kahn noch Fähre zu sehen. Gunther wandte sich an Hagen:

»Du allein kannst uns helfen. Geh und suche die Furt, damit wir über den Strom setzen können.«

»Dafür ist mir mein Leben denn doch zu schade, daß ich mich in dem reißenden Strom ertränke«, erwiderte Hagen. »Aber wartet hier, ich will Fährleute suchen, die uns übersetzen können.«

Er ergriff Schild und Schwert und machte sich auf die Suche. Doch so lange er auch am Ufer des Stromes auf und ab ging, so laut er auch rief, nirgends fand er einen Fährmann. Plötzlich gewahrte er eine Quelle, in der zwei Meerfrauen badeten. Leise schlich er näher, doch sie hatten ihn schon bemerkt und entflohen. Als sie aber sahen, daß Hagen sich ihrer Kleider bemächtigte, die sie im Stich gelassen hatten, bat die eine Nixe flehentlich:

»Edler Hagen, gib uns unsere Kleider zurück. Ich will dir auch sagen, wie es euch ergehen wird auf der Fahrt ins Hunnenland.«

Das war es, was Hagen hören wollte, denn er wußte wohl, daß den Nixen die Zukunft bekannt ist.

»Ihr könnt sorglos zu König Etzel reiten«, sprach die eine. »Man wird euch dort mit großen Ehren empfangen.«

Erfreut hörte Hagen die Weissagung. Er legte die Kleider am Ufer nieder und wollte weitergehen. Als die

Meerfrauen jedoch in ihre Kleider geschlüpft waren, rief die andere ihm nach:

»Glaub nicht, was du hörtest. Nur um der Kleider willen hat sie dich belogen. Unheil droht euch bei den Hunnen. Kehr um, kehr um! Noch ist es Zeit. Das Fest war nur ein Vorwand. Wer zu den Hunnen reitet, kommt nicht wieder nach Hause.«

»Warum wollt ihr mich betrügen?« entgegnete Hagen. »Wie sollte das geschehen, daß wir alle im Hunnenland den Tod finden?«

»Es ist die Wahrheit! Niemand von euch wird den Rhein wiedersehen. Nur der Kaplan des Königs wird gesund zurückkehren«, rief sie wieder.

Grimmig antwortete Hagen: »Das sollen die Burgundenkönige nicht erfahren, daß ihr Leben bei den Hunnen enden wird. Nun aber sagt mir, wie kommen wir über den Fluß?«

Die Nixen beschrieben ihm, wie er einen Fährmann finden würde und wie er ihn rufen müsse, damit er zur Überfahrt bereit sei.

»Sagt, Euer Name sei Amelrich, dann wird er sicher kommen«, rieten sie ihm.

Hagen dankte und ging weiter am Ufer entlang, bis er auf der gegenüberliegenden Seite das Haus des Fährmanns sah.

»Hol über, Fährmann«, begann er laut übers Wasser zu rufen, und als sich drüben der Fährmann zeigte, versprach er ihm einen goldenen Ring, wenn er ihn übersetzte. Doch vergeblich. Der Fährmann wollte den Dienst nicht übernehmen.

»So hol mich, ich bin Amelrich«, rief Hagen, und nun erst nahm der stolze Fährmann die Ruder und kam über den Fluß. Kaum aber erkannte er den Betrug, da wollte er wieder umkehren.

»Mein Herr hat viele Feinde, darum fahre ich keinen Fremden über den Fluß«, sprach er.

Vergeblich bot Hagen zu dem goldenen Ring noch eine goldene Spange, vergeblich bat er mit freundlichen Worten, ihn und seine Freunde überzusetzen, der Fährmann widersetzte sich, ja, er griff nach dem Ruder und versetzte Hagen einen kräftigen Schlag über den Kopf. Zornentbrannt zog Hagen sein Schwert und erschlug den Fährmann mit einem einzigen Hieb. Dann sprang er in das Boot und ruderte es selbst zum Heere zurück. Froh wurde er begrüßt, doch als Gunther das frische Blut entdeckte, erschrak er.

»Wo ist der Fährmann?« fragte er besorgt. »Ich fürchte fast, du hast ihn erschlagen!«

»Nein«, leugnete Hagen, »ich fand den Nachen an einer Weide angebunden. Einen Fährmann habe ich nirgends gesehen.«

Gernot aber meinte: »Was sollen wir mit dem Nachen. Wir haben ja niemand, der uns übersetzt.«

»Ich war einmal der beste Fährmann am Rhein«, rief Hagen, »und ich traue mir wohl zu, uns alle sicher über den Fluß zu bringen.«

Um rascher ans andere Ufer zu kommen, schirrten die Knechte die Pferde ab, damit sie leichter durch den Strom schwimmen konnten. Dann lenkte Hagen mit sicherer Hand den Kahn durch die Fluten und brachte alle Recken und Mannen nach und nach hinüber. Als er die letzten übersetzte, war auf dem Schiff auch der Kaplan des Königs. Da mußte Hagen wieder an die Weissagung der Meerfrau denken, daß der Kaplan als einziger von ihnen lebend wieder nach Hause käme. Und um das Wort der Nixe Lügen zu strafen, warf er den Kaplan in hohem Bogen über Bord. So schnell war die Tat vollbracht, daß niemand sie verhindern konnte. Der Kaplan schwamm dem Schiff nach und suchte sich wieder hinaufzuziehen. Aber Hagen stieß ihn jedesmal wieder zurück. So schwamm er schließlich zum Ufer zurück und kletterte gesund an Land. Nun wußte Hagen, daß die Meerfrauen nicht gelogen hatten, und als sie am Ufer anlegten und alles ausgeladen war, zerschlug er den Kahn und warf die Trümmer in die Flut.

»Was tust du, Bruder!« rief Dankwart vorwurfsvoll. »Wie sollen wir denn wiederzurückkommen?«

»Das tue ich«, antwortete Hagen, »damit kein Feigling, der etwa unter uns wäre, entfliehen kann.«

Den wahren Grund aber sagte Hagen ihm nicht. Erst als sie alle wieder zu Pferde saßen und weiterreiten wollten, erzählte er ihnen, was er von den Wasserfrauen erfahren hatte.

»Nun wißt ihr, warum ich den Kaplan ins Wasser gestoßen und weshalb ich das Schiff zerschlagen habe. Keiner von uns wird ins Burgundenland zurückkehren.«

Hagens Worte verbreiteten sich in Windeseile im ganzen Heer, und so kühn die Helden auch waren, sie wurden doch bleich vor Schreck, als sie die Rede vernahmen.

Als die Burgunden die Grenze von Bechelaren erreichten, schickten sie einen Boten voraus, um Markgraf Rüdeger zu bitten, sie für eine Nacht in seiner Burg zu beherbergen. Herzlich freute sich Rüdeger über diese Nachricht. Sogleich befahl er seinen Recken, den Burgunden entgegenzureiten und sie zu seiner Burg zu geleiten. Dann eilte er zu seiner Frau und seiner Tochter, um auch ihnen die Ankunft der Gäste zu melden und sie zu bitten, alles aufs beste zum Empfang vorzubereiten. Bei ihrem Eintreffen begrüßte er freudig die Könige und ihr Gefolge, besonders Hagen, den er seit langem kann-

te, aber auch Volker und Dankwart. Er lud sie ein, seine
Gäste zu sein, und versprach, für alle zu sorgen, so gut
er nur konnte.

Während man auf der Wiese Zelte aufschlug, wo das
Gesinde übernachten sollte, ritten die burgundischen
Helden in die Burg. Vor dem Tor warteten ihrer die
Markgräfin und ihre Tochter; auch sie hießen die Gäste
willkommen. Das Festmahl war schon bereitet, Rüde-
gers Tochter führte den jungen Giselher zu Tisch, Frau
Gotelind ging an Gunthers Hand, während Gernot von
Rüdeger selbst geleitet wurde.

Nachdem alle gesättigt waren und im heiteren Gespräch beieinandersaßen, ergriff Volker, der Spielmann, das Wort:

»Wahrlich, Markgraf Rüdeger«, sprach er laut über den
Tich, so daß jeder ihn hörte, »Euch geht es gut. Ihr habt
eine schöne Frau und eine anmutige Tochter. Wenn ich
ein König wäre und eine Krone trüge, ich zögerte nicht,
mir Eure Tochter zur Frau zu wählen.«

»Wie sollte ein König um meine Tochter werben«, entgegnete Rüdeger. »Als Vertriebene leben wir hier von
der Gnade Etzels. Was hilft ihr da alle Schönheit!«

Doch auch Gernot versicherte, daß die junge Markgräfin würdig wäre, mit einem König vermählt zu werden, und selbst Hagen stimmte zu und sprach:

»Ist es nicht an der Zeit, daß Giselher sich verheiratet?
Des Markgrafen Tochter stammt aus so edlem Geschlecht, daß ich und meine Mannen es gern sehen würden, wenn sie bei uns die Krone trüge.«

Rüdeger und Frau Gotelind hörten mit Freuden diese
Rede, und man kam überein, die Tochter des Markgra-
fen mit Giselher zu verloben. Nach alter Sitte ließ man
Giselher und das Mädchen in den Ring treten, den die
Recken gebildet hatten. Man fragte sie, ob sie Giselher

zum Manne nehen wolle, und obwohl sie verwirrt und verschämt im Kreise stand, sagte sie ja. Glücklich umarmte sie Giselher und Markgraf Rüdeger sprach:

»Ihr Könige, gern gebe ich euch meine Tochter mit zum Rhein, wenn ihr wieder heimwärts zieht. Land und Burgen besitze ich nicht, um sie damit auszustatten, aber sie soll so viel Geld und Silber mitnehmen, wie hundert Saumtiere tragen können.«

Alle waren damit einverstanden, und fröhlich wurde die Verlobung gefeiert. Am nächsten Morgen wollten die Burgunden weiterreiten, doch Rüdeger bat sie, noch einige Tage zu bleiben, und da sie seinen Bitten nicht widerstehen konnten, verbrachten sie schließlich vier Tage in Bechelaren. Dann aber mußten sie Abschied nehmen. Reiche Geschenke teilte Rüdeger an alle aus, um seine Gäste zu ehren. Gernot erhielt ein gutes Schwert, und selbst König Gunther weigerte sich nicht, aus Rüdegers Hand ein Waffenkleid anzunehmen. Als Frau Gotelind jedoch Hagen ein Gastgeschenk überreichen wollte, antwortete er:

»Wenn Ihr mich unbedingt beschenken wollt, so reicht mir den Schild dort an der Wand. Ich nähme ihn gern mit in König Etzels Reich.«

Mit Tränen in den Augen nahm Frau Gotelind den Schild herunter und reichte ihn Hagen.

»Ich will Euch den Schild geben. Er gehörte meinem Sohn Nudung, den Witege im Kampf erschlagen hat.«

Auch Dankwart und Volker empfingen reiche Gaben, und viele Saumtiere mußten beladen werden, um alles wegzubringen, was Rüdeger seinen Gästen geschenkt hatte. Dann verabschiedete man sich von den Frauen. Giselher umarmte seine Braut, und auch Rüdeger küßte seine Frau noch einmal, denn er wollte mit fünfhundert seiner Mannen die Burgunden zu König Etzel begleiten. Am Ufer der Donau entlang ritten sie ins Hunnenland hinein. Rüdeger sandte Boten voraus, die die Ankunft der Gäste vom Rhein melden sollten.

Freudig vernahm Etzel, daß die Burgunden nicht mehr fern waren, und Kriemhild hielt am Fenster Ausschau, um ihre Brüder in die Burg einreiten zu sehen.

DER EMPFANG IN ETZELS BURG

DER ALTE HILDEBRAND, KÖNIG DIETRICHS WAFFENMEI-ster, erfuhr als erster, daß die Burgunden angekommen waren, und er meldete es seinem Herrn. Dietrich war sehr besorgt, als er die Nachricht vernahm, weil er Kriemhilds Rachepläne ahnte. Daher befahl er seinen Recken, die Pferde zu satteln, denn er wollte den Gästen entgegenreiten, um sie zu begrüßen, aber auch, um sie zu warnen. Als sie die Burgunden erreicht hatten, stieg Dietrich vom Pferd und ging Gunther entgegen.

»Seid alle willkommen«, sprach er, »doch sagt, warum kamt ihr her? Wißt ihr nicht, daß Kriemhild noch immer um Siegfried weint?«

»Sie mag so lange weinen wie sie will«, entgegnete Hagen, »Siegfried ist längst begraben, und sie wird ihn nicht wieder aufwecken.«

»Doch Kriemhild hat nichts vergessen, und solange sie lebt, wird sie auf Rache sinnen, darum hütet euch«, gab Dietrich zurück.

»Warum sollen wir uns hüten?« erwiderte jetzt Gunther. »Wir wurden freundlich eingeladen von König Etzel und auch von Kriemhild, unserer Schwester.«

Da wandte sich Hagen an Gunther und sprach: »Laßt

Euch raten und bittet König Dietrich, uns zu erzählen, was er von Kriemhilds Plänen weiß.«

Sie traten beiseite, um vertraulich miteinander zu sprechen.

»Sprecht, König Dietrich, was wißt Ihr von Kriemhild?«

»Was soll ich Euch weiter sagen. Viel weiß ich auch nicht«, entgegnete Dietrich. »Ich höre nur jeden Morgen, wie Kriemhild um Siegfried weint und klagt.«

»Und wenn es auch so ist«, mischte sich jetzt Volker ein, »so können wir's doch nicht ändern. Laßt uns zu Etzels Burg reiten, wir werden je sehen, wie es uns ergehen wird.«

In stolzem Zuge ritten die Burgunden in Etzels Hofburg ein, und viele Hunnen eilten neugierig herbei, um Hagen zu sehen, denn alle hatten gehört, daß von seiner Hand einst der kühne Siegfried erschlagen worden war.

Man wies den Gästen gleich ihre Herberge an, und Kriemhild hatte den Rat gegeben, das Gesinde gesondert unterzubringen. Sie wollte die Burgunden voneinander trennen, um sie leichter besiegen zu können. Gunther setzte Dankwart, Hagens Bruder, zum Marschall über das Gesinde und befahl ihm, in allem gut für die Männer zu sorgen.

Jetzt kam Kriemhild mit ihrem Gefolge und begrüßte die Gäste. Doch nur den jungen Giselher küßte sie und reichte ihm die Hand. Hagen bemerkte das mit Sorge, band den Helm fester und sprach:

»Ein solcher Gruß sollte uns zu denken geben. Ich fürchte, die Fahrt zu diesem Fest steht unter keinem guten Stern.«

»Euch mag begrüßen, wer will«, entgegnete Kriemhild hochfahrend, »ich habe keinen Gruß für Euch. Doch sprecht, was bringt Ihr mir aus Worms mit, daß Ihr glaubt, Ihr könntet hier so sehr willkommen sein?«

»Wie konnte ich ahnen, daß Ihr Geschenke von uns Recken erwartet? Hätte ich das gewußt, ich wäre wohl reich genug gewesen, um Euch zu beschenken«, sprach der Tronjer höhnisch.

»Nach dem Hort der Nibelungen frage ich«, fuhr Kriemhild ihn heftig an. »Ihr wißt sehr gut, daß er mir gehört. Den hättet Ihr mir mitbringen sollen.«

»Was kümmert mich Euer Hort«, erwiderte Hagen. »Der liegt seit Jahren auf dem Grund des Rheines, und ich habe genug zu tragen an Schild, Brünne und Helm, und, wie Ihr seht, auch an meinem Schwert.«

»Man trägt keine Waffen im Saal des Königs«, sprach sie. »Legt sie ab, ich will sie verwahren lassen.«

»Das wäre zuviel Ehre«, entgegnete Hagen. »Ihr seid eine Königin, wie könnten wir erlauben, daß Ihr wie eine Magd unsere Waffen zur Herberge tragt. So etwas habe ich von meinem Vater nicht gelernt. Ich will meine Waffen schon lieber selber tragen.«

Kriemhild sah sich überlistet.

»So sind die Burgundenrecken gewarnt«, rief sie wütend. »Wüßte ich, wer mir das angetan hat, ich würde ihn mit dem Tod bestrafen.«

»Ich bin's, der Gunther und Hagen gewarnt hat«, sprach Dietrich zornig und trat vor. »Kommt nur her, wenn Ihr mich strafen wollt.«

Da ging Kriemhild von dannen. Kein Wort sprach sie mehr, nur einen haßerfüllten Blick warf sie auf ihre Feinde.

Während die burgundischen Recken noch immer im Burghof standen und warteten, bis Etzel sie begrüßen würde, schritten Hagen und Volker über den weiten Hofplatz und setzten sich dicht vor Kriemhilds Saal auf eine Bank. Von allen Seiten richteten sich neugierige Blicke auf die wohlgerüsteten, starken Recken. Auch Kriemhild sah von ihrem Fenster aus die beiden sitzen. Von neuem mußte sie an das Leid denken, das Hagen ihr zugefügt hatte, und sie begann bitterlich zu weinen. Erschrocken fragten König Etzels Mannen, was sie so plötzlich betrübte, und sechzig waren auf der Stelle bereit, den Kummer der Königin an Hagen zu rächen.

»Was wollt ihr gegen Hagen und Volker ausrichten«, sprach sie grimmig. »Glaubt nur ja nicht, daß die beiden so leicht zu bezwingen sind.«

Als sie das hörten, rüsteten sich immer mehr hunnische Recken, und schließlich standen über vierhundert Mannen zum Kampf bereit. Jetzt war Kriemhild zufrieden, sie setzten sich die Krone aufs Haupt und trat an der Spitze ihrer gewappneten Recken auf den Burghof.

Volker gewahrte sie zuerst. Er wandte sich an den Tronjer:

»Seht, Hagen, da drüben naht Kriemhild. Und mit welch einem Gefolge! Wie die Schwerter blitzen! Trachten die Euch nach dem Leben?«

»Ich weiß es wohl«, sprach Hagen, und Zorn stieg in ihm auf. »Diese blanken Schwerter gelten mir allein. Doch vor denen fürchte ich mich nicht. Wollt Ihr mir helfen, wenn es zum Streit kommt? Ich werde Euch dafür beistehen, wenn Ihr künftig einmal in Gefahr geratet.«

»Auf mich könnt Ihr zählen«, versprach Volker, »aber laßt uns aufstehen, wenn sie kommt. Sie ist die Königin, und ihr gebührt ein ehrenvoller Gruß.«

»Nein, tut das nicht, mir zuliebe«, erwiderte Hagen hochmütig. »Es käme ihren Leuten sonst in den Sinn, daß ich aus Furcht vor ihr aufstehe. Warum sollte ich jemand ehren, der mich so grimmig haßt.«

Und er legte sein Schwert quer über die Knie, daß der goldene Griff aufblitzte und der grasgrüne Jaspis aus dem Knauf hervorleuchtete. Wohl erkannte Kriemhild die gute Waffe, es war Balmung, Siegfrieds Schwert, und wieder begann sie zu weinen. Feindselig trat sie an die Bank heran.

»Sagt mir, Hagen«, begann sie, »wer hat nach Euch gesandt, daß Ihr es wagt hierherzukommen. Ihr wißt recht gut, was Ihr mir angetan habt, und Ihr hättet klüger gehandelt, wäret Ihr zu Hause geblieben.«

»Nach mir hat keiner gesandt«, entgegnete Hagen, »doch lud man die Könige, meine Herren, in dieses Land, und wenn sie reisen, bleibe ich nicht daheim.«

»So sagt mir endlich, warum habt Ihr Siegfried erschlagen?« fragte sie weiter.

»Was soll das viele Gerede«, sprach Hagen unwillig. »Ja, ich habe Siegfried erschlagen, weil seine Frau Kriemhild Königin Brünhild beleidigte. Ich leugne es nicht, die Schuld an Eurem Leid trage ich allein.«

»Ihr alle habt es gehört, Etzels Recken«, rief da Kriemhild, »er leugnet nicht seine Schuld. Mir ist es gleich, was deshalb mit ihm geschieht.«

Doch zögernd und furchtsam standen die Hunnenrecken, und keiner wagte sich an die beiden Helden heran. Einer nach dem anderen zog sich ängstlich zurück, und voller Wut kehrte Kriemhild wieder um.

»Jetzt wissen wir genau, daß wir hier Feinde haben«, sprach Volker. »Wir wollen zu den Königen gehen, damit niemand wagt, sie zu überfallen.«

Hagen stimmte diesem Rate zu, und als die beiden zurückkamen, standen Gunther und sein Gefolge noch immer im Burghof.

»Wie lange wollt ihr noch hier draußen stehen!« rief
Volker laut. »Laßt uns endlich in den Saal gehen, damit
wir hören, wie der König uns gesonnen ist.«
Als sie nun in festlichem Zuge in den Saal traten, kam
der König ihnen entgegen und begrüßte sie herzlich.
Noch nie waren Gäste in Etzels Burg mit so großen Ehren empfangen worden. Der König selbst reichte ihnen
den Willkommenstrunk und saß mit ihnen zu Tisch.
Doch die Burgunden waren müde von der Reise, und
als der Tag sich neigte, sprach Gunther zu Etzel:
»Erlaubt uns aufzubrechen, wir möchten schlafen gehen. Morgen früh, wann immer Ihr befehlt, seht Ihr uns
wieder.«
Gern erfüllte Etzel diesen Wunsch, und er verabschiedete sich herzlich von seinen Gästen. Man führte sie in
einen großen Saal, wo kostbar hergerichtete Betten für
alle bereitstanden. Aber sie zauderten, die Waffen abzu-
legen und sich zum Schlaf auszustrecken. Selbst Giselher fürchtete Verrat.
»Mir ahnt, unsere Schwester hat unser aller Tod beschlossen«, rief er aus.
»Sorgt euch nicht«, erwiderte Hagen. »Ich selbst will
Wache halten diese Nacht. Bis morgen früh soll uns
nichts geschehen. Was nachher kommt, wird sich
finden.«
Alle waren froh, daß Hagen ihren Schlaf bewachte, und
es dauerte nicht mehr lange, bis sie in den Betten lagen.
Während Hagen sich rüstete, trat Volker auf ihn zu und
redete ihn an:
»Wenn es Euch recht ist, dann will ich mit Euch
Schildwache halten diese Nacht.«
Herzlich dankte ihm Hagen: »Nichts könnte mir lieber
sein«, sprach er, »denn keinen anderen als Euch
wünschte ich mir zum Gefährten.«

Gerüstet und gewaffnet traten beide vor die Tür. Volker setzte sich auf die Schwelle, griff nach seiner Fiedel und begann zu spielen, erst laut, dann immer leiser, bis alle Burgunden im Saal eingeschlafen waren. Nun nahm er wieder den Schild und das Schwert zur Hand und spähte in die Dunkelheit.

Mitternacht war's, als Volker plötzlich aus dem Dunkel einen Helm aufblinken sah.

»Hört zu, Hagen«, flüsterte er, »ich sehe Bewaffnete heranschleichen, sicher wollen sie uns angreifen.«

»Schweigt nur«, erwiderte Hagen ebensoleise, »und laßt sie erst näher heran. Dann werden sie unsere Schwerthiebe zu spüren bekommen, ehe sie sich dessen versehen.«

Unterdessen hatte einer der Hunnen schon bemerkt, daß die Tür des Saales bewacht war.

»Wir müssen unseren Plan aufgeben«, sprach er zu den übrigen. »Ich sehe, daß Hagen und der Spielmann vor der Tür Schildwacht halten. Da kommen wir in den Saal nicht hinein.«

Die Hunnenschar zog sich zurück, und Volker sagte zu Hagen: »Laßt mich hinuntergehen und sie zur Rede stellen.«

»Tut's nicht«, riet Hagen, »sie könnten Euch leicht in Gefahr bringen, so daß ich Euch zu Hilfe kommen müßte. Und stünden wir beide im Kampf, wäre der Saal unbewacht; wie schnell könnten sich einige einschleichen und über die Schlafenden herfallen.«

»So sollen sie wenigstens wissen, daß wir sie gesehen haben. Dann können sie morgen den geplanten Überfall nicht leugnen.«

Und er rief mit lauter Stimme den Hunnen zu: »Was wollt ihr hier in Waffen? Seid ihr vielleicht auf Raub aus? Dann nehmt doch uns beide auch mit!«

Niemand gab ihm Antwort.

»Habt ihr uns im Schlaf ermorden wollen?« schrie Volker jetzt. »Pfui, ihr Feiglinge!«

Unverrichteter Dinge mußten die Hunnen zu Kriemhild zurückkehren, doch gab sie ihren Plan nicht auf und sann auf andere Wege, um ihre Rache zu vollbringen.

Es wurde Morgen, und Hagen weckte die Schläfer. Die Burgunden legten ihre Festgewänder an, um zur Kirche zu gehen. Unwillig schaute Hagen ihnen zu.

»Wir brauchen heute andere Kleider«, sprach er. »Ihr wißt doch alle, wie es steht. Heute noch müssen wir kämpfen, denn Kriemhild sinnt auf Verrat. Darum tragt lieber eure Panzer statt der seidenen Gewänder, nehmt das Schwert in die Hand statt einer Rose, setzt den Helm auf statt eines edelsteingeschmückten Goldreifs.«

Die Burgunden folgten Hagens Rat. In Wehr und Waffen gingen sie zum Münster, und sie blieben dicht beisammen, denn auch das hatte Hagen ihnen geraten. Als Etzel kam und seine Gäste bewaffnet fand, blieb er verwundert stehen und fragte:

»Warum sehe ich meine Freunde in Waffen? Hat jemand sich erdreistet, ihnen etwas zuleide zu tun? Ich werde jeden hart bestrafen, der meinen Gästen zu nahe getreten ist.«

»Niemand hat uns bedroht«, entgegnete Hagen, »doch pflegen die burgundischen Könige bei allen Festen drei volle Tage gewaffnet zu gehen.«

Kriemhild stand dabei, sie wußte wohl, daß es diese Sitte im Burgundenland nicht gab. Dennoch erwiderte sie nichts, denn sie fürchtete, König Etzel könne dann ihre Rachepläne erfahren und seine Gäste schützen. Ohne Zwischenfall ging der Gottesdienst zu Ende. Danach begannen im weiten Hof der Burg die Kampfspiele der Recken. Die Burgunden waren darauf gefaßt, daß die Hunnen jetzt den Kampf eröffnen würden, und auch Kriemhild wartete darauf, aber nichts geschah. Schon wollte Volker den Befehl geben, die Pferde in den Stall zurückzuführen, da ritt noch ein besonders prächtig aufgeputzter Hunne auf den Kampfplatz. Die hochmütige Art des Recken ärgerte Volker, und er sagte:

»Diesen Laffen strecke ich nieder! Daran soll mich keiner hindern, am allerwenigsten Kriemhilds Zorn.«

Gunther suchte vergeblich, Volker davon abzubringen.

»Unterlaßt das. Man soll uns nicht nachsagen, wir hätten den Streit begonnen. Sollen die Hunnen anfangen damit.«

Volker jedoch hörte nicht auf die Worte des Königs. Er spornte sein Pferd, jagte dem Hunnen entgegen und rannte ihm den Speer durch den Leib, daß er zu Tode getroffen aus dem Sattel sank. Wildes Rachegeschrei erhob sich bei den Hunnen. Sie griffen zu den Schwertern, um Volker zu erschlagen. Im gleichen Augenblick saßen auch die Burgunden zu Pferde, um Volker aus dem Getümmel herauszuholen. Als Etzel vom Fenster aus den aufkommenden Streit sah, eilte er in den Hof, riß einem Hunnen das Schwert aus der Hand und trieb seine Mannen auseinander.

»Der Spielmann steht unter meinem Schutz«, rief er. »Ich habe es selbst gesehen, daß er den Hunnen nicht mit Absicht tötete, sondern weil sein Pferd strauchelte. Wehe dem, der sich an ihm vergreift.«

So konnte der Streit noch einmal geschlichtet werden, und Etzel geleitete seine Gäste in den Saal der Burg, wo für sie schon das Festmahl aufgetragen war. Nur Kriemhild fehlte an der Tafel. Sie stand bei Dietrich von Bern und suchte ihn als Bundesgenossen zu gewinnen. Meister Hildebrand antwortete ihr jedoch:

»Wer die Burgunden angreift, der tue es ohne mich. Und wenn man mir noch so große Schätze böte, ich ließe mich nicht dazu überreden.«

Dietrich stimmte ihm zu: »Eure Brüder haben mir nichts zuleide getan, warum sollte ich sie überfallen. Ich gebe mich nicht dafür her, Siegfrieds Tod zu rächen.«

Da Kriemhild bei Dietrich keine Hilfe fand, wandte sie sich an Blödel, Etzels Bruder.

»Hilf du mir!« bat sie unter Tränen. »Räche mich an meinen Feinden, und ich will dir immer danken.«

»Wie könnte ich das«, erwiderte er. »Ihr wißt, wie sehr König Etzel Eure Brüder schätzt. Nie würde er mir's verzeihen, wollte ich gegen sie kämpfen.«

Als Kriemhild ihm aber Gold und Silber, Land und Burgen, ja eine ganze Grenzmark als Lohn versprach und ihm obendrein zusicherte, daß er die Braut des Recken Nudung zur Frau haben sollte, konnte Blödel nicht mehr widerstehen. Das schöne Mädchen zu besitzen lockte ihn.

»Geht jetzt in den Festsaal«, sagte er. »Gleich werde ich mit den Burgunden einen Streit vom Zaune brechen. Heute noch liefere ich Euch Hagen gebunden aus.«

Und sofort befahl er seinen Mannen, sich zu rüsten. Kriemhild aber ging in den Saal und setzte sich neben Etzel an die Tafel. Während man noch aß, ließ sie Ortlieb, ihren kleinen Sohn, holen.

»Seht«, sprach Etzel zu seinen Schwägern, »das ist mein einziger Sohn. Er wird einmal meine Krone erben und Herr sein über zwölf Länder. Ich bitte euch, nehmt ihn mit nach Worms, wenn ihr heimreitet. Erzieht ihn dort zu einem tapferen Recken. Er wird euch, ist er einmal erwachsen, beistehen, wenn Feinde euer Land bedrohen.«

Hämisch entgegnete Hagen: »Ich glaube allerdings nicht, daß er jemals zum Manne heranwächst, denn mir will scheinen, als wäre er schon jetzt vom Tode gezeichnet.«

Betroffen schwiegen alle, und bestürzt sah Etzel Hagen an. Doch niemand verwies dem Tronjer die böse Rede.

Blödel hatte unterdessen tausend seiner Mannen um sich geschart und führte sie zu der Herberge, wo Dankwart mit den Knechten zu Tische saß. Freundlich wurde er begrüßt, doch er sprach rauh:

»Ich bin nicht gekommen, um freundliche Grüße mit dir zu wechseln, sondern um dich in den Tod zu schikken. Daß dein Bruder Hagen Siegfried erschlagen hat, mußt du jetzt mit dem Leben bezahlen.«

»Mit Siegfrieds Tod habe ich nichts zu schaffen«, entgegnete Dankwart. »Ich glaube nicht, daß Kriemhilds Rache mir gilt.«

»Dazu kann ich nichts sagen, aber deine Verwandten haben es getan, und deshalb ist es um euch alle geschehen.«

»Ihr meint es also ernst!« rief Dankwart. »Dann tut es mir leid, daß ich so freundlich mit Euch geredet habe.«

Er sprang vom Tische auf, zog sein Schwert, und gleich mit dem ersten Hieb tötete er Blödel. Kaum sahen das die Hunnen, als sie in dichten Scharen mit gezückten Schwertern über die Burgunden herfielen.

»Wehrt euch!« schrie Dankwart laut, und wer kein Schwert zur Hand hatte, griff nach einem Schemel. Wild schlugen sie auf ihre Feinde ein. Ein Hunne nach dem anderen mußte sein Leben lassen, aber auch die

Reihen der Burgunden lichteten sich, denn immer neue Scharen von Hunnen drangen auf sie ein, und so tapfer sich die Männer auch wehrten, sie wurden doch alle erschlagen. Dankwart allein stand noch unverletzt. Mit dem Schwert bahnte er sich einen Weg ins Freie, aber neue Feinde stellten sich dem Kampfmüden draußen entgegen.

»Hätte ich nur einen Boten an meinen Bruder Hagen. Er würde mich nicht allein lassen in meiner Not«, stöhnte er.

»Der Bote wirst du selbst sein«, höhnten die Hunnen. »Deine Leiche bringen wir ihm in den Saal.«

Da packte Dankwart sein Schwert fester, schlug jeden nieder, der sich ihm entgegenzustellen wagte, und stürmte die Stufen zum Saal hinauf.

DER KAMPF IM SAAL

DANKWART STIESS DIE TÜR AUF. BLUTÜBERSTRÖMT, MIT dem blanken Schwert in der Hand stand er da und rief laut:

»Du sitzt hier beim üppigen Mahl, Bruder Hagen, wo alle unsere Mannen erschlagen liegen.«

»Wer hat das getan?« rief Hagen aufspringend.

»Blödel überfiel uns, doch er hat mit dem Leben dafür zahlen müssen«, antwortete Dankwart.

»Hüte die Türe«, befahl der Tronjer seinem Bruder, »laß keinen einzigen Hunnen hinaus.«

Er wandte sich wieder der Tafel zu.

»Laßt uns auf das Andenken der Toten trinken«, sprach er, »und der junge Hunnenkönig soll den Anfang machen.«

Blitzschnell zog er sein Schwert und hieb dem kleinen Ortlieb den Kopf ab. Im nächsten Augenblick schon stürzte er sich auf Wärbel, Etzels Spielmann, und schlug ihm die rechte Hand ab.

»Nimm das zum Lohn für die Botschaft, die du uns nach Worms gebracht hast.«

Auch Volker riß sein Schwert aus der Scheide, und Hagen und Volker begannen gemeinsam unter den Hunnen zu wüten. Burgunden und Hunnen sprangen von ihren Sitzen, die Schwerter blitzten, der Kampf entbrannte. Die drei Burgundenkönige hätten den Streit gern geschlichtet, aber es war zu spät. Und so griffen auch sie zu den Waffen und drangen auf die Hunnen ein. An der Saaltür stand Dankwart hart bedrängt. Da sprang Volker an seine Seite und hieb jeden Hunnen nieder, der aus dem Saal zu kommen suchte, während Dankwart den von außen andrängenden Scharen den Eingang verwehrte.

Als Kriemhild das Gemetzel sah, flehte sie Dietrich von Bern an, ihr aus dem Saal herauszuhelfen, und nach einigem Zögern fand er sich auch dazu bereit. Er sprang auf eine Bank und begann mit weithin schallender Stimme zu rufen. Gunther hörte ihn und gebot Waffenruhe. Stille trat ein im Saal, und Gunther fragte:

»Was ist Euch geschehen, Dietrich von Bern? Sollten wir versehentlich Euch oder Euren Mannen etwas zuleide getan haben, so beklage ich das sehr und bin zu jeder Sühne bereit.«

»Nichts ist mir geschehen«, sprach Dietrich, »doch wünsche ich freien Abzug für mich und meine Mannen.«

»Das will ich gern erlauben«, entgegnete Gunther. »Nehmt alle mit hinaus, die Ihr wollt, nur keinen meiner Feinde.«

Da verließen den Saal mit König Dietrich: Meister Hildebrand und alle Recken Dietrichs, König Etzel und Kriemhild und auch Markgraf Rüdeger mit seinen Mannen.

Kaum verließen die letzten, denen die Burgunden freien Abzug gewährt hatten, den Saal, da brach drinnen der Kampf von neuem los, und erst als auch der letzte der Hunnen erschlagen war, verstummte der Waffenlärm. Ermattet setzten die Burgunden sich nieder, doch Giselher rief ihnen zu:

»Erhebt euch, noch ist nicht Zeit zum Ausruhen. Wir müssen erst die Toten aus dem Saal schaffen, damit wir nicht über sie stolpern, wenn wir wieder angegriffen werden. Glaubt mir, wir werden heute noch mehr kämpfen müssen.«

Sie folgten seinem Rate und warfen die Erschlagenen zur Treppe hinunter. Manch einer, der nur verwundet war und bei guter Pflege sicher gesund geworden wäre, brach sich bei dem Sturz das Genick. Dichtgedrängt standen die Hunnen im Burghof und beklagten ihre Toten. Hagen und Volker aber gossen Hohn und Spott über ihre Feinde aus, und sie verschonten auch König Etzel nicht.

»Ein richtiger Herrscher sollte beim Gefecht in der vordersten Reihe stehen«, rief Hagen ihm zu, »so, wie die Burgundenkönige es tun.« Wütend griff Etzel zu seinen Waffen, und nur mit Mühe konnte Kriemhild ihn zurückhalten.

»Seid vorsichtig, es wäre Euer sicherer Tod, wenn Ihr Hagen in die Hände fallt«, beschwor sie ihn. »Bietet Euren Mannen Gold, soviel sie wollen, laßt sie für Euch kämpfen.«

Und Kriemhild feuerte Etzels Recken gegen Hagen an. »Wer mir Hagen von Tronje erschlägt, dem fülle ich

König Etzels Schild randvoll mit Gold und gebe ihm Länder und Burgen zum Lohn.«

Aber keiner der Hunnen zeigte Lust, gegen Hagen anzutreten. Erst als Volker die Zaghaftigkeit der hunnischen Recken verhöhnte, fand Iring von Dänemark sich bereit, gegen Hagen zu kämpfen, doch zahlte er seine Tollkühnheit bald mit dem Leben, und alle seine Mannen, die ihn rächen wollten, teilten sein Schicksal.

Inzwischen hatte König Etzel neue Recken gesammelt und schickte sie in den Kampf gegen die Burgunden. Erst der hereinbrechende Abend setzte dem Morden ein Ende. Müde vom Kampf hielten die Burgunden Rat untereinander. Alle waren der Meinung, daß ein rascher Tod besser sei als langes Leiden, und deshalb baten sie König Etzel um eine Unterredung. Die drei Könige traten vor die Tür des Saales, und als Etzel und Kriemhild kamen, sprachen sie:

»Wenn schon kein Friede mehr sein kann zwischen uns, so erfüllt doch wenigstens eine Bitte: laßt uns aus dem Saal heraus, damit wir den letzten Kampf im Freien ausfechten. Eure starken und ausgeruhten Heerscharen werden uns kampfesmüde Recken bald geschlagen haben. Laßt rasch geschehen, was doch geschehen muß.«

Schon wollten Etzel und seine Recken der Bitte der Burgundenkönige nachgeben, als Kriemhild wütend dazwischenfuhr:

»Niemals darf es dazu kommen! Wenn Ihr die Burgunden aus dem Saal laßt, dann sind wir alle verloren.«

Umsonst erinnerte Giselher die Schwester daran, daß er ihr nie etwas zuleide tat, vergeblich bat er sie, den Burgunden ihren letzten Wunsch zu erfüllen.

»Ich kenne keine Gnade«, sprach sie hart. »Ihr alle zahlt nun für das, was Hagen mir angetan hat. Doch gebt mir den Tronjer heraus, dann will ich mir überlegen, ob ich euch verschonen kann.«

»Niemals!« rief Gernot entrüstet. »Wir wollen lieber sterben, als einem der Unseren die Treue zu brechen.«

Da befahl Kriemhild, die Burgunden in den Saal zurückzutreiben, und sie ließ die Halle an allen vier Ecken anzünden. Heftiger Wind fachte das Feuer an, da es hoch aufloderte. Bald stand das ganze Haus in hellen Flammen; brennende Balken brachen krachend in den Saal nieder, ein Funkenregen prasselte herab. Hagen rief:

»Stellt euch dicht an die Wände, schützt euch mit den Schilden vor den herabstürzenden Bränden.«

Die Helden folgten dem Rat und blieben von den Flammen verschont, nur erstickten sie fast an dem Rauch, und Hitze und Durst quälten sie beinahe zu Tode. Endlich, als der Morgen graute, ließ das Feuer nach. Kriemhild glaubte fest, daß alle Recken in den Flammen umgekommen wären. Doch als ihre Späher berichteten, daß sechshundert Burgunden noch am Leben waren, hetzte sie die Hunnen wieder in den Kampf, und das Gemetzel begann von neuem. Auch diesmal verteidigten die Burgunden siegreich den Saal, und wieder verlor König Etzel die besten seiner Mannen.

RÜDEGERS TOD

WÄHREND DIE HUNNEN OHNE UNTERLASS DEN SAAL bestürmten, bemühte sich Markgraf Rüdeger, Frieden zu stiften. Doch vergeblich. Niemand konnte dem Morden Einhalt gebieten. Einer der Hunnenrecken sah

Rüdeger stehen und weinen, und er sagte zu Kriemhild:

»Seht Euch Markgraf Rüdeger an! Hoch über uns alle stellte ihn König Etzel, keiner erhielt ein so reiches Lehen wie er, doch jetzt, in der Stunde der Not, hält er sich abseits. Noch keinen einzigen Schwertstreich hat er in diesem Kampf getan.«

Wütend drehte sich Rüdeger um, und vor den Augen König Etzels erschlug er den Hunnen mit einem kräftigen Fausthieb.

»Warum hast du diesen Mann erschlagen!« herrschte König Etzel den Markgrafen an. »Wir haben doch wahrlich schon Tote genug.«

»Er hat mich beschimpft«, verteidigte sich Rüdeger, »und das zahlte ich ihm heim.«

Jetzt trat Kriemhild hinzu und wandte sich an Rüdeger: »Ihr habt oft gelobt, Ehre und Leben für uns einzusetzen, und als Ihr für König Etzel um mich warbt, schwort Ihr, mir stets treu zu dienen. Jetzt mahne ich Euch an diese Eide, denn noch nie habe ich Eurer Treue mehr bedurft als heute.«

Und auch Etzel begann, Rüdeger um Hilfe zu bitten. Der Markgraf geriet darüber in größte Gewissensnot, und verzweifelt rief er aus:

»Nehmt das Land und all die Burgen wieder, die Ihr mir als Lehen gegeben habt, nur erlaßt mir diesen Kampf!«

»Niemand außer dir kann mir noch helfen«, erwiderte der König. »Wenn du bereit bist, mir beizustehen, sollen das Land und die Burgen dein Eigentum sein.«

Da klagte Rüdeger: »Weh mir! Warum muß ich das erleben! Ich bewirtete die Burgundenkönige in meinem Haus, meine Tochter hab ich Giselher zur Braut. Ich bin ihnen in Treue verbunden, wie könnte ich sie in den

Tod schicken wollen? Doch auch Euch schwor ich Treue. Was ich auch tue, was ich unterlasse, immer verletze ich Pflicht und Ehre.«

Rüdeger kämpfte in seiner Seele einen schweren Kampf. Aber es gab keinen Ausweg, und er sprach zu König Etzel: »Die Treue, die ich Euch mit meinem Lehenseid geschworen habe, ist unverbrüchlich.«

Und so rüstete sich der Markgraf und zog mit seinen Mannen vor den Saal, entschlossen, König Etzel die Lehenstreue zu halten, entschlossen aber auch, im Kampf mit den Burgunden zu sterben.

Als Giselher Rüdeger kommen sah, freute er sich sehr, denn er glaubte, ihre Not hätte nun ein Ende. Volker jedoch ahnte die Wahrheit.

»Ihr hofft vergeblich«, sprach er. »Wo sah man jemals so viele Recken mit festgebundenen Helmen und scharfen Schwertern eine Friedensbotschaft bringen?« Während Volker noch sprach, trat Rüdeger schon durch die Tür, und ohne ein Wort des Grußes rief er:

»Wehrt euch, ihr Helden aus Burgund! Unsere Freundschaft gilt nicht mehr.«

Erschrocken hörten die Burgunden diese Worte. Sie konnten nicht glauben, daß Rüdeger gekommen war, um gegen sie zu kämpfen, und die Könige erinnerten ihn an alles, was sie miteinander verband.

»Ich kann's nicht ändern«, seufzte Rüdeger, »ich muß gegen euch kämpfen. Ich habe Kriemhild mein Wort gegeben, ihr stets die Treue zu halten, und sie verlangt jetzt, daß ich meinen Schwur halte.«

»Warum wollt Ihr gegen uns kämpfen«, rief Giselher. »Alle hier im Saal sind Euch freundlich gesinnt. Wollt Ihr die Freundschaft, die uns eint, Lügen strafen? Denkt doch auch an Eure Tochter, meine Braut!«

»Laßt sie nicht entgelten, was ich hier tun muß«, bat

Rüdeger. »Nehmt sie in Euren Schutz, wenn Ihr je zurückkehrt.«

Und er hob das Schwert, um den Kampf zu beginnen, da rief Hagen ihm zu:

»Wartet noch! Seht meinen Schild, den ich von Eurer Frau als Gastgeschenk erhielt. Die Hunnen haben ihn zerhauen, und er taugt nicht mehr in der Schlacht. Hätte ich einen so guten Schild wie Ihr, dann könnte ich ohne Sorgen wieder in den Kampf gehen.«

»Nehmt meinen Schild«, sprach Rüdeger. »Ich wünschte, Ihr könntet ihn heimbringen ins Burgundenland.«

Tiefbewegt nahm Hagen Rüdegers Schild, und er schwor:

»Niemals werde ich meine Hand gegen Euch in diesem Kampf erheben, solltet Ihr auch alle Burgunden erschlagen.«

Und Volker setzte hinzu: »Da mein Waffenbruder Hagen Euch Frieden gewährt, so will ich dasselbe tun.«

Nun aber begann der Kampf zwischen den Recken aus Bechelaren und Burgund. Seinen Mannen voran stürzte sich Rüdeger in den Streit, und ihre Schwerter wüteten unter den Burgunden. Als Gernot sah, wie viele burgundische Recken von Rüdegers Hand starben, rief er:

»Wollt Ihr denn nicht einen Mann von uns verschonen? Jetzt mögt Ihr selbst erfahren, wie scharf das Schwert ist, das Ihr mir geschenkt habt.«

Er warf sich dem Markgrafen entgegen, im gleichen Augenblick aber traf ihn Rüdegers Schwert und versetzte ihm die Todeswunde. Mit letzter Kraft schlug Gernot noch zurück, und zu Tode getroffen sanken beide Helden zugleich zu Boden. Jetzt kannten die Burgunden kein Erbarmen mehr, und erst als der letzte von

Rüdegers Mannen erschlagen war, fand der Kampf sein Ende.

Im Burghof standen unterdessen Etzel und Kriemhild und warteten mit Ungeduld auf den Ausgang des Kampfes. Sie konnten sich nicht erklären, warum im Saal plötzlich die Waffen schwiegen.

»Schlecht hält Rüdeger sein Wort«, rief Kriemhild Etzel zu. »Statt uns zu rächen, schließt er Frieden mit unseren Feinden.«

»Leider ist es nicht so, wie Ihr sagt«, entgegnete ihr Volker von der Treppe herab, »und wäret Ihr nicht aus so edlem Geschlecht, würde ich Euch jetzt eine Lügnerin nennen. Rüdeger tat, was König Etzel ihm gebot, und er hielt Euch die Treue bis zum letzten Atemzug, denn tot liegt er mit allen seinen Mannen. Wollt Ihr mir nicht glauben, so seht selbst.« Und sie zeigten Etzel und Kriemhild den toten Markgrafen.

DER KAMPF MIT DIETRICHS MANNEN

DIE NACHRICHT VON RÜDEGERS TOD VERBREITETE SICH in Windeseile, und überall in Etzels Burg hörte man lautes Weinen und Klagen. Auch einer von König Dietrichs Mannen vernahm es, eilte zu seinem Herrn und berichtete:

»Noch niemals habe ich so herzzerreißendes Weinen gehört, wie eben jetzt. Ich fürchte, die Burgunden haben König Etzel oder Kriemhild erschlagen, anders kann ich mir den maßlosen Kummer der Hunnen nicht erklären.«

Bei dieser Nachricht entstand große Unruhe unter Dietrichs Recken, und der junge Wolfhart sprach:

»Ich will gehen und fragen, was geschehen ist.«

»Nein«, entgegnete Dietrich sofort, »bleibe hier. Ich kenne deine barsche Art, Fragen zu stellen. Du würdest die aufgeregten Gemüter nur unnötig reizen. Helferich soll gehen.«

Es dauerte nicht lange, da kehrte der Bote zurück und brachte die Nachricht von Rüdegers Tod. Dietrich konnte kaum glauben, was Helferich berichtete.

»Wie sollte das geschehen sein? Ich weiß doch, daß die Burgunden Rüdegers Freunde waren.«

Und um Genaueres zu erfahren, sandte er Meister Hildebrand zu den Burgunden in den Saal. Ohne Schild und Schwert machte der Alte sich gleich auf, da stellte sich ihm Wolfhart in den Weg.

»Wollt Ihr etwa ohne Waffen zu den Burgunden gehen? Sie werden Euch beschimpfen und verlachen. Rüstet Euch, dann werden sie das nicht wagen.«

Meister Hildebrand hörte auf den Rat seines Neffen und waffnete sich, und ehe er's verhindern konnte, standen alle Recken Dietrichs gerüstet um ihn.

»Wir begleiten Euch zu den Burgunden«, sprachen sie. »Sieht Hagen uns alle in Waffen, wird er sich hüten, spöttisch mit uns zu reden, wie das sonst seine Art ist.«

Und Hildebrand ließ es zu, daß die Recken ihn begleiteten. Als sie vor den Saal kamen, rief der alte Waffenmeister:

»König Dietrich sendet mich her! Sagt, ist es wahr, daß einer von euch Rüdeger erschlagen hat?«

»Ja«, antwortete Hagen, »Ihr habt recht gehört, wenn ich auch sehr wünschte, daß man Euch belogen hätte und Rüdeger noch lebte.«

Dietrichs Recken begannen laut zu klagen, denn Rüdeger hatte ihnen, seit sie aus Bern vertrieben waren und an Etzels Hof lebten, stets hilfreich und treu zur Seite gestanden.

»So erfüllt uns die Bitte, die uns König Dietrich aufgetragen hat«, sprach Hildebrand mit tränenerstickter Stimme. »Gebt uns den Toten heraus, damit wir ihn ehrenvoll bestatten, denn anders können wir dem edlen Rüdeger nicht mehr danken für das, was er für uns getan hat.«

»Das nenne ich wahre Treue«, antwortete Gunther, »denn kein Dienst ist ehrenvoller als der, den der Freund dem Freunde nach dem Tode noch erweist.«

Gunther war schon gewillt, den Bernern den Leichnam zu übergeben, da rief Wolfhart ungeduldig dazwischen: »Wie lange sollen wir noch hier stehen und betteln!«

Wolfharts herausfordernde Worte ärgerten Volker, und ebenso unwillig antwortete er: »Niemand wird euch den Toten herbringen. Holt ihn euch doch selbst aus dem Hause.«

»Hütet Eure Zunge, Spielmann«, entgegnete Wolfhart gereizt. »Ich würde Euch Euren Spott schon heimzahlen, hätte König Dietrich uns nicht allen Streit mit euch verboten.«

»Habt Ihr etwa Angst, etwas zu tun, was Euch untersagt ist?« höhnte Volker. »Heldenmut kann ich das nicht nennen.«

»Verlangt nicht, meinen Mut kennenzulernen«, rief Wolfhart ergrimmt, »sonst werde ich Euch die Saiten Eurer Fiedel so arg verstimmen, daß Ihr noch zu Hause davon erzählen sollt.«

»Dann kann es aber auch leicht geschehen, daß Euer Helm nicht mehr so glänzend aussieht wie jetzt.«

Wolfahrt wollte sich auf den Spielmann stürzen, doch mit fester Hand riß Hildebrand ihn zurück.

»Laßt ihn doch los«, rief Volker von der Stiege herab, »wenn er mir zu nahe kommt, soll ihm das Prahlen schon vergehen.«

Da ließ sich Wolfhart nicht mehr zurückhalten. Blind vor Wut stürzte er die Treppen hinauf, gefolgt von allen Berner Recken. Als Hildebrand sah, daß der Streit nicht mehr zu verhindern war, warf er sich an die Spitze seiner Schar, um sie in den Kampf zu führen. Er überholte Wolfhart noch auf der Treppe und hieb als erster auf die Burgunden ein. Wieder dröhnte der Lärm des Kampfes durch die Halle, und lichter und lichter wurde auf beiden Seiten die Schar der Streiter. Volker starb durch Hildebrands Schwert, Dankwart wurde von Helferich erschlagen, Wolfhart und Giselher gaben sich gegenseitig den Tod. Schließlich lebten von den Burgunden nur noch Gunther und Hagen.

Doch auch Dietrichs Recken lagen alle erschlagen, allein der alte Hildebrand stand noch aufrecht im Saal. Hagen wandte sich ihm zu:

»Nun müßt Ihr zahlen dafür, daß Ihr meinen besten Freund, Volker den Spielmann, erschlagen habt«, sprach er und hieb auf Hildebrand ein. Der wehrte sich, so gut er konnte, aber gegen Balmung, das Schwert, das einst Siegfried gehörte, vermochte er sich nicht zu schützen. Aus einer tiefen Wunde blutend, floh er aus dem Saal.

Blutüberströmt kam Hildebrand bei Dietrich an, und der König fragte besorgt: »Wer hat dir diese Wunden geschlagen? Ich fürchte fast, daß du mit den Burgunden Streit angefangen hast, obwohl ich es streng verbot.«

Und als Hildebrand berichtete, daß Hagen ihn so schwer verwundet hatte, fuhr Dietrich ihn an: »Das kann dir nichts schaden! Warum hast du den Frieden gebrochen, den ich den Burgunden versprach. Wärst du nicht Hildebrand, mein alter Waffenmeister, müßtest du jetzt dein Leben dafür lassen.«

Aber Hildebrand verteidigte sich: »Nicht wir haben den Streit begonnen. Wir wollten Rüdegers Leichnam aus dem Saale tragen, doch die Burgunden haben es nicht zugelassen.«

»So ist es also wirklich wahr, daß Rüdeger tot ist«, fiel Dietrich ihm ins Wort, »eine schlimmere Nachricht hättest du mir nicht bringen können. Niemals werde ich diesen Verlust verschmerzen.« Und entschlossen setzte er hinzu: »Ruf meine Mannen, daß sie sich rüsten, und laß meinen Panzer bringen. Ich will von den Burgunden Sühne fordern.«

Hildebrand antwortete dumpf: »Wer sollte mit Euch gehen zu den Burgunden? Was Ihr an Mannen noch habt, steht vor Euch. Ich bin der einzige, der noch lebt, alle anderen liegen erschlagen im Saal.«

Dietrich konnte das Unerhörte kaum fassen. Wie versteinert stand er und schrie dann auf vor Schmerz. Als ihm aber Hildebrand den Verlauf des Kampfes schilderte und er vernahm, daß auch von den Burgunden nur noch Gunther und Hagen am Leben waren, faßte er sich. Kampfentschlossen legte er seine Rüstung an, ergriff Schwert und Schild und schritt mit Hildebrand zum Saal der Burgunden.

DAS ENDE

HAGEN SAH DIETRICH UND HILDEBRAND KOMMEN.
»Dort naht König Dietrich«, sprach er zu Gunther. »Sicher will er mit uns kämpfen und sich für das Leid

rächen, das wir ihm zugefügt haben. Aber mag er auch noch so stark sein, ich fürchte ihn nicht.«

Die beiden standen vor dem Saale an die Wand gelehnt, so daß Dietrich und Hildebrand hören konnten, was der Tronjer sagte.

Dietrich wandte sich an Gunther: »Nie war ich Euer Feind, König Gunther, und doch habt Ihr mir alle meine Mannen erschlagen. War es denn nicht schon genug, daß Rüdeger durch Euch fiel?«

»Es war nicht unsere Schuld allein, daß Eure Mannen sterben mußten, denn sie kamen bewaffnet«, erwiderte ihm Hagen. »Wahrscheinlich hat man Euch nicht die ganze Wahrheit gesagt.«

»Was soll ich nun noch glauben«, rief Dietrich aus. »Hildebrand sagte mir, daß meine Recken um den toten Rüdeger baten, daß sie aber nichts als Hohn und Spott von euch zur Antwort erhielten.«

»Ich habe ihnen die Bitte verweigert, das ist wahr«, sprach Gunther, »doch wollte ich damit Etzel kränken, nicht Eure Mannen. Wolfhart aber begann uns zu beschimpfen.«

»Wir können es nun nicht mehr ändern«, sprach Dietrich, »doch fordere ich Sühne von Euch, König Gunther. Ergebt euch mir beide als Geiseln, dann will ich dafür sorgen, daß die Hunnen euch in Frieden lassen, und versprechen, euch sicher nach Worms zu geleiten.«

»Noch sind wir nicht besiegt«, entgegnete Hagen. »Freiwillig ergeben wir uns nicht.«

Auch Hildebrand redete Gunther und Hagen zu, sich zu ergeben, doch Hagen antwortete nur höhnisch:

»So kann nur einer reden, der vor dem Feind die Flucht ergreift, wie Ihr es heute getan habt, Meister Hildebrand.«

»Spart Euch Euren Spott oder fangt bei Euch selber

an«, entgegnete der Alte gekränkt. »Wer war es denn,
der vor dem Wasgenstein auf seinem Schilde saß und tatenlos zusah, wie Walther von Aquitanien ihm die
Freunde erschlug?«

Zornig fuhr Dietrich die beiden an: »Zankt euch nicht
wie alte Weiber, mich quälen weit größere Sorgen.«
Und an Hagen gewandt fuhr er fort:

»Sagtet Ihr nicht vorhin, als Ihr mich kommen saht, daß
Ihr mit mir allein kämpfen wolltet?«

»Das leugne ich nicht. Solange das Nibelungenschwert
nicht zerbricht, bin ich zum Kampf bereit«, entgegnete
der Tronjer, und schon stürmte er die Treppe herab
und versetzte Dietrich einen kräftigen Schwerthieb.

Zäh und verbissen focht er, aber er war doch schon zu
ermattet, um gegen Dietrich aufzukommen. Endlich
schlug ihm der Berner eine tiefe Wunde. Dietrich aber
dachte:

»Wenig Ehre brächte es mir, den erschöpften Helden zu
erschlagen. Ich will ihn am Leben lassen und gefangennehmen.«

Er warf sein Schwert weg, rang Hagen nieder, fesselte
ihn und übergab ihn Kriemhild.

»Verschont den Helden, Königin«, bat er, »denn er ist
wehrlos und steht gefesselt vor Euch.«

Kriemhild triumphierte, und sie ließ Hagen in den Kerker werfen. Dietrich aber ging zurück zum Saal, wo
Gunther schon kampfbereit auf ihn wartete. Noch einmal hallte der Saal wider vom Klang der Schwerter. All
seinen Mut und seine Tapferkeit setzte König Gunther
ein, doch Dietrich bezwang ihn ebenso, wie er Hagen
bezwungen hatte. Er fesselte Gunther und brachte ihn
zu Kriemhild. Wieder bat er, das Leben der Helden zu
schonen, und heuchlerisch versprach es Kriemhild.
Kaum aber hatte König Dietrich sich entfernt, ließ sie

auch Gunther, abgesondert von Hagen, in einen Kerker bringen. Dann stieg sie hinab zu Hagen und begann: »Gebt mir den Hort der Nibelungen heraus, dann kommt Ihr vielleicht lebend wieder nach Hause.«

»Eure Worte sind umsonst«, erwiderte Hagen, »ich habe geschworen, den Ort, wo der Schatz ruht, nicht zu verraten, solange noch einer der Burgundenkönige am Leben ist.«

»So will ich ihm ein Ende machen«, sprach Kriemhild entschlossen, ging hinaus und befahl, König Gunther den Kopf abzuschlagen. Sie nahm ihn bei den Haaren und brachte ihn Hagen in den Kerker. Schmerz und Trauer standen Hagen im Gesicht, als er das Haupt seines Königs sah, dann aber sprach er zornig zu Kriemhild:

»Du hast genauso gehandelt, wie ich es mir gedacht habe. Gunther lebt nicht mehr, tot sind auch Gernot und Giselher. Nun weiß nur noch ich allein, wo der Schatz liegt. Du aber, du Unmensch, wirst es niemals erfahren.«

Da fiel Kriemhilds Blick auf das Schwert, das Hagen an der Seite trug. Es war Balmung, Siegfrieds Schwert. In rasender Wut packte sie es mit beiden Händen, rieß es aus der Scheide, und mit einem einzigen Streich hieb sie Hagen den Kopf ab.

Starr vor Entsetzen stand König Etzel, der alte Hildebrand aber ergriff sein Schwert, und zornig rief er:

»Das soll ihr schlecht bekommen! Mit eigener Hand will ich den Tod des kühnen Tronjers rächen.«

Angstvoll schrie Kriemhild auf, doch nichts konnte sie mehr retten. Der alte Waffenmeister schlug zu, und tot sank die Königin zu Boden.

So endete in Leid und Tränen König Etzels Fest.

Wieland der Schmied

WIELANDS LEHRZEIT

AUF DER INSEL SEELAND LEBTE DER RIESE WATE UND bewirtschaftete friedlich die Güter, die er von seinem Vater ererbt hatte. Als sein Sohn Wieland neun Jahre alt war, sollte er ein Handwerk erlernen, und der Vater gab ihn in die Lehre zu dem berühmten Schmied Mime, von dessen Kunst man überall erzählte. Drei Jahre blieb der Junge bei Mime, dann holte sein Vater ihn wieder nach Hause. Wieland war in dieser Zeit ein kunstreicher Schmied geworden und übertraf alle Schmiede seiner Heimat, obwohl er erst zwölf Jahre alt war.

Damals erzählte man dem Riesen von zwei Zwergen, die in einem Berge hausten und besser als irgend jemand sonst auf der Welt die Kunst des Schmiedens verstanden. Nicht nur aus Eisen, sondern auch aus Gold, Silber und anderen Metallen wußten sie die schönsten und kostbarsten Waffen und Geräte herzustellen. Also beschloß Wate, seinen Sohn zu den beiden Zwergen zu bringen, damit er alle Geheimnisse der Schmiedekunst von ihnen lerne. Er machte sich reisefertig und zog mit Wieland nach Süden. Als sie an die Küste kamen und nirgends ein Schiff zur Überfahrt finden konnten, nahm der Riese kurz entschlossen seinen Sohn auf die Schultern und watete ans andere Ufer.

Bald fand er den Berg der Zwerge und wurde auch mit den kleinen Schmiedemeistern handelseinig. Für eine Mark Goldes wollten sie Wieland ein Jahr lang in die Lehre nehmen. Wate gab den Zwergen das Gold und kehrte nach Seeland zurück, nachdem er noch mit ihnen den genauen Tag vereinbart hatte, an dem er seinen Sohn wieder abholen sollte.

Wieland war ein gelehriger Schüler, und er lernte schnell, was die Zwerge ihm zeigten. So verging das

Jahr wie im Fluge, und als an dem bestimmten Tage
Wate kam, um seinen Sohn abzuholen, wollten die
Zwerge ihren tüchtigen Lehrling nicht hergeben. Sie
baten den Riesen, Wieland noch zwölf Monate in ihrer
Schmiede zu lassen, und versprachen, ihn noch mehr
Geheimnisse der Schmiedekunst zu lehren, ja, sie waren sogar bereit, das Lehrgeld, das Wate gezahlt hatte,
zurückzugeben. Der Vorschlag gefiel dem Riesen.
Kaum aber hatten die Zwerge ihm sein Gold wiederge-
geben, da reute es sie schon. Sie verhandelten erneut
mit Wate und verlangten, daß er genau an dem vereinbarten Tag zur Stelle sein müsse, um seinen Sohn abzuholen, sonst würden sie Wieland töten.
Auch auf diese Bedingung ging Wate ein. Dann rief er
Wieland herbei, um sich von ihm hinausgeleiten zu lassen. Als sie draußen vor dem Berg allein waren, zog er
sein Schwert heraus, versteckte es im dichten Ge-
strüpp, daß es nicht mehr zu sehen war, und sagte zu
seinem Sohn:
»Merke dir den Ort genau! Sollte ich nicht zur rechten
Zeit hier sein und die Zwerge trachten dir nach dem
Leben, dann nimm dieses Schwert und wehre dich wie
ein Mann. Das ist besser, als hinterrücks von zwei
Zwergen umgebracht zu werden. Soweit es aber an mir
liegt, will ich den festgesetzten Tag nicht versäumen.«
Nach diesem Gespräch trennten sich Vater und Sohn.
Wate zog heimwärts nach Seeland, und Wieland ging
zurück in den Berg zu den Zwergen und lernte noch
mehr, als er vorher schon gelernt hatte. Wieder ver-
strich die Zeit rasch, und neidvoll sahen die Zwerge,
daß Wieland ihnen in nichts nachstand und ebensogut
schmiedete wie sie selbst. Sie mißgönnten ihm seine
Kunst und hofften im stillen, daß der Riese nicht recht-

zeitig kommen würde, damit sie einen Grund hätten, Wieland zu töten.

Der Riese Wate aber hatte den Tag nicht vergessen, den die Zwerge festgesetzt hatten, und da er sich um seinen Sohn sorgte, wollte er lieber zu früh als zu spät zur Stelle sein. Also machte er sich auf den Weg und wanderte Tag und Nacht, so daß er drei Tage früher, als ausgemacht war, vor dem Berge stand. Er fand den Felsen verschlossen und konnte nicht hinein. So setzte er sich neben dem Eingang nieder, um zu warten, bis man ihm öffnete. Die lange Reise jedoch hatte ihn müde gemacht, die Augen fielen ihm zu, und er schlief fest ein. Und er erwachte auch nicht, als ein Unwetter heraufzog und es wie mit Sturzbächen zu regnen anfing. Die Wassermassen rissen alles mit sich, und vom Berge löste sich eine Steinlawine; Felsbrocken, Geröll und Baumstämme stürzten auf den schlafenden Riesen und erschlugen ihn.

Pünktlich am festgesetzten Tag öffneten die Zwerge den Felsen und hielten Ausschau nach Wate. Auch Wieland kam heraus, um seinen Vater zu begrüßen, doch weit und breit war niemand zu sehen. Suchend ging er umher, und als er an den Abhang kam, wo der Bergsturz niedergegangen war, schoß ihm der Gedanke durch den Kopf, daß hier sein Vater verunglückt sein könnte. Zugleich erinnerte er sich aber auch der Abschiedsworte des Vaters, und er lief, um das Gebüsch zu suchen, wo das Schwert versteckt war. Doch wo damals Büsche und Sträucher grünten, lagen jetzt nichts als Steine und Geröll herum. Die Lawine hatte alles unter sich begraben. Verzweifelt schaute Wieland sich um, und plötzlich sah er den Schwertknauf zwischen den Steinen hervorblitzen. Er sprang hin, riß das Schwert aus dem Erdboden und verbarg es unter dem

Mantel. Da kam an auch schon die Zwerge, die nach ihm suchten. Furchtlos ging Wieland ihnen entgegen, und ehe die heimtückischen Kobolde sich's versahen, hatte er beiden den Todesstoß versetzt. In dem Berge wollte er nun aber nicht mehr bleiben. Er ging hinein, nahm alles Schmiedewerkzeug der Zwerge, dazu so viel Gold und Edelsteine, wie er fortschaffen konnte, lud alles auf ein Pferd und zog nach Norden, seiner Heimat entgegen.

Drei Tage ritt er schnell und ungehindert vorwärts, dann kam er an einen breiten Strom. Nirgends fand er einen Fährmann, der ihn hätte übersetzen können, und so mußte er in den dichten Wäldern, die sich am Flußufer hinzogen, sein Nachtlager aufschlagen. Schon am nächsten Morgen fällte Wieland einen starken Baum, hieb die Zweige ab und höhlte den dicken Stamm aus. Dann verstaute er in dem schmaleren Ende, wo die Baumkrone gewesen war, sein Handwerkszeug und seine Schätze und brachte im Wurzelende seine Vorräte an Lebensmitteln, Wein und Wasser unter. Schließlich schnitt er Löcher in das Holz und setzte Glasfenster hinein. Zuletzt rollte er den Stamm ins Wasser, kroch hinein und verschloß ihn so dicht, daß kein Wassertropfen eindringen konnte. Als das getan war, schaukelte er so lange hin und her, bis die Strömung das Fahrzeug erfaßte, daß es flußabwärts schwamm und ins Meer hinaustrieb.

WIELAND BEI KÖNIG NIDUNG

GERADE UM DIESE ZEIT RUDERTEN EINIGE FISCHER VON der Insel Jütland, wo König Nidung herrschte, aufs

Meer hinaus, um Fische für die königliche Tafel zu fangen. Sie warfen ihr Netz aus, wie sie es immer taten, doch als sie es wieder einholen wollten, war es so schwer, daß sie es nur mit Mühe bergen konnten. Erstaunt sahen sie, daß statt der Fische ein großer Baumstamm ins Netz geraten war. Neugierig beschauten sie den ungewöhnlichen Fang von allen Seiten, und es entging ihnen nicht, wie sorgfältig der Stamm behauen und bearbeitet war.

»Das ist kein gewöhnlicher Stamm«, sprachen sie. »Vielleicht ist gar ein Schatz darin verborgen. Laßt uns den König fragen, was wir damit tun sollen.«

Sie schickten einen Boten zur Burg und ließen den König bitten, zum Strand zu kommen. König Nidung eilte herbei, besah den Stamm und befahl seinen Leuten zu untersuchen, was darin sei. Die Fischer begannen zu hämmern und zu klopfen, da hörten sie plötzlich eine Stimme rufen:

»Haltet ein! Ein Mensch ist hier drinnen.«

Entsetzt ließen die Männer ihre Werkzeuge fallen und stoben in alle Richtungen davon, glaubten sie doch, ein böser Geist habe aus dem Stamm gesprochen. Wieland öffnete schnell den Baum, stieg heraus und trat vor den König:

»Herr«, redete er ihn an, »glaubt mir, ich bin ein Mensch und kein Gespenst. Ich bitte Euch, schützt mein Leben und meinen Besitz.«

Der König musterte Wieland voller Staunen von oben bis unten; ein wohlgestalteter Jüngling stand vor ihm, kein Unhold. Also beschloß er, den Fremden, der auf so seltsame Weise in sein Land gekommen war, aufzunehmen, und er versprach ihm Schutz und Hilfe. Wieland dankte ihm, und sobald er allein war, vergrub er heimlich sein Werkzeug und seine Schätze mitsamt dem

Stamm. Einer von des Königs Mannen namens Regin
aber stand in der Nähe und beobachtete, was er tat.
Wieland blieb am Hofe bei König Nidung, und er ge-
wann bald dessen Gunst. Der König gab ihm die Messer, die er bei Tische benutzte, zur Pflege und trug ihm
auf, sie gut zu verwahren; darin bestand sein ganzer
Dienst. Eines Tages, als Wieland schon ein Jahr lang
dem König diente, geschah es, daß er ans Meer ging, um
die Messer zu schleifen. Da fiel ihm das beste der
Tischmesser aus der Hand und versank im Meer, gerade da, wo es am tiefsten war, so daß er nicht hoffen
konnte, es wieder herauszuholen. Bedrückt ging er zurück zur Burg. Unterwegs machte er sich bittere Vorwürfe:
»Mit Recht wird der König zornig sein«, dachte er. »Er
gab mir nur ein leichtes Amt, um mich zu prüfen. Hätte
ich es gut verwaltet, dann wäre mir sicher mit der Zeit
Wichtigeres anvertraut worden, und ich hätte es am
Hofe zu etwas bringen können. Jetzt habe ich durch
mein Ungeschick alles verdorben, und jeder wird mich
einen Tolpatsch nennen.«
Doch da fiel ihm ein, daß in des Königs Diensten auch
ein Schmied namens Amilias stand. Zu dessen Werkstatt ging er hin, aber weder den Meister noch die Gesellen traf er an, alle waren zum Essen gegangen. Sofort
machte sich Wieland ans Werk, schmiedete ein neues
Messer, das genauso aussah wie das, das er verloren hatte, und er war damit fertig, ehe Amilias mit seinen Gesellen zurückkam.
Niemand hatte etwas von dem Vorfall bemerkt, und als
wäre nichts geschehen, stand Wieland an der königlichen Tafel und verrichtete wie immer seinen Dienst.
Der König nahm das Messer, das Wieland geschmiedet
hatte, und schnitt sich eine Scheibe Brot ab. Das Messer

aber war so scharf, daß es durch das Brot fuhr und zugleich noch durch ein Stück des Tisches, auf dem das Brot lag. Verwundert wandte er sich an Wieland und fragte:

»Wer hat dieses Messer geschmiedet?«

»Wer anders als Amilias, Euer Schmied«, antwortete Wieland, und Amilias, der dabeistand, meinte sofort:

»Ja, das Messer habe ich gemacht; einen anderen Schmied als mich gibt es ja nicht am Hofe.«

Ungläubig schüttelte der König den Kopf. »Nein«, sagte er, »das ist nicht deine Arbeit. Noch nie hast du etwas für mich geschmiedet, das sich diesem Messer vergleichen ließe.« Und zu Wieland gewendet, fuhr er fort: »Sag die Wahrheit, hast du dieses Messer selbst geschmiedet?«

Wieland wollte es nicht zugeben, und erst als der König ihm drohte, erzählte er, was geschehen war.

»Dachte ich's doch gleich«, rief Nidung, als er alles gehört hatte, »daß Amilias dieses Messer nicht geschmiedet hat. Noch nie habe ich ein so scharfes Messer gehabt wie dieses.«

Die Worte des Königs kränkten Amilias sehr, er trat vor und sprach: »Wenn dieses gute Messer wirklich Wielands Arbeit ist, so bin ich doch nicht ungeschickter als er. Darauf will ich wetten.«

Wieland antwortete ihm: »Meine Kunst ist nur gering, aber ich nehme die Wette an. Soll jeder von uns ein Stück schmieden, dann mag man entscheiden, welches das bessere ist.«

»Einverstanden«, rief Amilias, und als Wieland einwandte, daß er keine Reichtümer zu verwetten hätte, schlug er vor:

»Dann kannst du ja deinen Kopf einsetzen, wenn du nicht Gold genug hast. Ich will meinen dagegensetzen.

Der Sieger soll dem Besiegten den Kopf abschlagen.«
Wieland nahm die Wette an, und er überließ es seinem
Gegner, zu bestimmen, was jeder schmieden sollte.

»Schmiede du ein Schwert«, sagte Amilias, »ich werde
eine Rüstung und einen Helm machen. Durchschlägt
dein Schwert meine Rüstung, dann hast du gewonnen
und kannst mich töten. Widersteht aber die Rüstung,
dann kannst du sicher sein, daß ich dir das Leben
nehme.«

»Gut«, entgegnete Wieland, »mit dieser Bedingung bin
ich einverstanden. Nimm aber später dein Wort nicht
zurück, sondern bleibe bei dem, was du heute gesagt
hast.«

»Verlaß dich darauf«, sagte der Schmied, und er bat
zwei der tapfersten Recken des Königs, bei der Wette
seine Bürgen zu sein.

»Und wer sind deine Bürgen?« fragte er dann.

»Ich weiß nicht, wer für mich bürgt«, sagte Wieland.
»Niemand kennt mich in diesem Lande, keiner weiß, ob
ich ein guter Schmied bin.«

Der König hatte dem Handel der beiden Schmiede bisher schweigend zugehört. Er mußte daran denken, mit
welcher Kunst und Geschicklichkeit der Baumstamm
bearbeitet war, in dem Wieland in sein Land gekommen
war, und ohne zu zögern, erbot er sich, für Wieland zu
bürgen. Darauf wurde die Wette vor den Bürgen geschlossen.

DER WETTSTREIT DER SCHMIEDE

NOCH AM GLEICHEN TAG GING AMILIAS MIT ALLEN SEI-
nen Gesellen in die Schmiede, um die Arbeit zu begin-

nen, und ein ganzes Jahr lang arbeiteten sie an nichts anderem. Wieland dagegen stand nach wie vor an Nidungs Tisch, diente dem König wie immer und tat, als sei nichts geschehen. So verging ein halbes Jahr. Eines Tages fragte ihn der König, ob er nicht mehr an die Wette denke und wann er sein Schwert schmieden wolle.

»Wenn Ihr es befehlt, Herr, werde ich anfangen. Ich möchte Euch aber bitten, mir zuvor eine Schmiede bauen zu lassen.«

Gern erfüllte der König diesen Wunsch, und als die Schmiede gebaut war, ging Wieland zum Meeresufer, um sein Schmiedewerkzeug aus dem Versteck zu holen. Er grub den Stamm aus – und ein eisiger Schreck durchfuhr ihn. Der Baum war aufgebrochen und leer, Schätze und Werkzeug waren gestohlen. Ratlos stand er da, dann aber entsann er sich, daß ein Mann zugesehen hatte, als er am Tage seiner Ankunft sein Werkzeug versteckte. Der nur konnte der Dieb sein. Wieland ging zum König und erzählte ihm alles, und Nidung war bereit, den Vorfall zu untersuchen. Er fragte Wieland, ob er den Mann wiedererkennen würde.

»Erkennen würde ich ihn bestimmt«, antwortete Wieland. »Ich weiß aber seinen Namen nicht.«

Da ließ der König einen Gerichtstag anberaumen und befahl, daß alle Männer seines Reiches kommen sollten. Jedermann wunderte sich, daß der König zu dieser ungewöhnlichen Zeit Gerichtstag halten wollte, aber alle folgten dem Gebot. Als sie versammelt waren, ging Wieland von einem zum anderen und betrachtete jeden ganz genau, doch er fand den Mann nicht, den er suchte. Ärgerlich fuhr der König ihn an:

»Deinetwegen ließ ich alle Männer meines Reiches zusammenrufen, und alle sind gekommen. Also muß auch

der Dieb darunter sein. Du bist nur zu dumm, ihn herauszufinden. Ich hatte dich wahrlich für klüger gehalten.«
Er kehrte Wieland den Rücken und ließ ihn stehen. Der war nun in einer schlimme Lage. Sein Gold und sein Werkzeug hatte er verloren, und obendrein hatte er sich den Zorn des Königs zugezogen. Lange dachte er nach, bis ihm endlich ein Ausweg einfiel. Er ging in seine Schmiede und fertigte eine Figur an, die jenem Manne, den er für den Dieb hielt, täuschend ähnlich sah – sogar die Haare auf dem Kopfe fehlten nicht –, und dann stellte er sie heimlich in einer Ecke des Saales auf, so daß der König daran vorbeikommen mußte, wenn er in sein Schlafzimmer ging. Am Abend trug er selbst das Licht und schritt dem König voran. Kaum erblickte Nidung das Standbild, blieb er stehen und redete es an:

»Willkommen, Regin. Warum wartest du hier draußen so allein? Wann bist du von deiner Reise zurückgekommen?«

»Bemüht Euch nicht, Herr«, sprach Wieland. »Er wird Euch nicht antworten, denn er ist nur ein Standbild. Ich selbst habe die Figur angefertigt, und nun kennt Ihr den Mann, der mich bestahl.«

Der König bewunderte die geschickte Arbeit und lachte: »Den konntest du freilich nicht finden, er ist in meinem Auftrag nach Schweden gereist. Nun sehe ich, daß du weit klüger und geschickter bist, als ich dachte. Sollte Regin wirklich der Dieb sein, dann will ich schon dafür sorgen, daß du dein Eigentum bald zurückbekommst.«

Kurze Zeit danach kam Regin von seiner Reise zurück, und als der König ihn zur Rede stellte, gab er zu, Wielands Werkzeug genommen zu haben.

»Es war nur ein Scherz«, entschuldigte er sich und gab Wieland sein Eigentum wieder zurück.

Statt aber nun gleich mit der Arbeit zu beginnen, diente Wieland dem König nach wie vor an der Tafel. So gingen wieder vier Wochen ins Land, und Nidung fragte erneut:

»Wieland, willst du nicht anfangen, dein Schwert zu schmieden? Denk an die Wette, viel steht für dich auf dem Spiel. Amilias ist ein geschickter Schmied, und er ist obendrein bösartig und rachsüchtig. Drum geh ans Werk.«

Jetzt endlich machte sich Wieland an die Arbeit und schmiedete in sieben Tagen ein Schwert, das größer und schwerer als alle anderen Schwerter war. Am siebenten Tag kam König Nidung in die Werkstatt. Er wog das Schwert in der Hand und versicherte, nie eine bessere Waffe gesehen zu haben. Wieland bat den König, mitzukommen an den Fluß. Er warf eine Wollflocke ins Wasser und ließ sie treiben, dann hielt er das Schwert mit der Schneide in die Strömung, daß die Flocke dagegentrieb, und mittendurch wurde sie von der Klinge geschnitten.

»Das Schwert ist gut!« rief der König wieder und hätte es am liebsten gleich für sich behalten.

»Das Schwert ist noch lange nicht gut genug«, entgegnete Wieland, »es muß noch viel besser werden.«

Er ging in seine Werkstatt zurück, nahm eine Feile und feilte das Schwert so lange, bis nur ein Haufen Späne übrigblieb. Danach verschaffte er sich einige zahme Vögel und ließ sie drei Tage hungern. Nun mischte er Mehl unter die Eisenspäne und gab sie den Vögeln zu fressen. Den Vogelkot aber schüttete er in den Schmelzofen und schmolz ihn so lange, bis das Eisen frei war von allen Schlacken. Daraus schmiedete er ein neues Schwert, das war ein wenig kleiner als das erste. Auch das zeigte er dem König. Wieder gingen sie zum

Fluß, und auch diesmal warf Wieland eine Wollflocke ins Wasser, nur war die weit größer als das vorhergehende Mal; doch die Klinge durchschnitt sie glatt. Nidung gefiel das neue Schwert noch viel besser als das erste, aber Wieland war noch längst nicht zufrieden damit und sagte:

»Gewiß, es ist ein gutes Schwert, aber es soll noch besser werden.«

Von neuem zerfeilte er die Waffe und verfuhr wie beim vorigen Mal. In drei Wochen schmiedete er wieder ein Schwert daraus. Blank und scharf war die Klinge, kostbar mit Gold eingelegt der Knauf, dazu war das Schwert sehr handlich und nicht mehr so schwer wie die beiden ersten. Der König kam, um das Werk zu betrachten, und als das Schwert auch diesmal die Probe mit der Wollflocke, aber mit einer noch viel größeren, bestand, rief er begeistert:

»In der ganzen Welt wird man kein besseres und schöneres Schwert finden als dieses. Ich selbst will es tragen, wenn ich in den Kampf ziehe.«

Jetzt fand auch Wieland an dem Schwert nichts mehr auszusetzen, und er sagte zum König: »Euch allein soll das Schwert gehören, aber ich will noch die Scheide und das Gehänge dazu schmieden, damit Ihr es tragen könnt.«

Der König war einverstanden damit. Doch kaum hatte er die Schmiede verlassen, versteckte Wieland die Waffe unter dem Blasebalg.

»Mir allein sollst du gehören, und Mimung sollst du heißen«, sagte er. »Es kann sein, daß ich dich bald brauche.«

Und dann schmiedete er ein anderes Schwert, das Mimung aufs Haar glich, so daß niemand die beiden hätte unterscheiden können.

Der Tag, an dem die Wette ausgetragen werden sollte, kam heran. Schon am frühen Morgen legte Amilias die Rüstung an, die er geschmiedet hatte, und als er sich damit den Leuten zeigte, war jedermann des Lobes voll über die meisterhafte Arbeit. Sogar der König bewunderte Rüstung und Helm, und Amilias schritt stolz und siegesbewußt hinaus auf den Platz vor der Burg, wo die Probe stattfinden sollte.

Wieland lief schnell in die Schmiede und holte sein Schwert Mimung. Als er auf den Platz hinauskam, saß Amilias bereits dort, und um ihn hatte sich der ganze Hof versammelt. Auch der König war gekommen, und gespannt wartete jeder auf den Ausgang der Wette. Jetzt hob Wieland das Schwert, setzte es mit der Schneide auf Amilias' Helm und fragte ihn, ob er etwas spüre.

»Du mußt schon mit aller Macht zuhauen, wenn es durchdringen soll«, lachte Amilias übermütig.

Da drückte Wieland das Schwert kräftig auf den Helm, und die Klinge fuhr durch Helm und Kopf, durch Brust und Harnisch bis an den Gürtel. Tot sank Amilias zur Erde, aber niemand bedauerte den hochmütigen Mann.

»Nun gib mir das Schwert, wie du versprochen hast«, rief der König und wollte schon danach greifen.

»Ich habe die Scheide vergessen«, entschuldigte sich Wieland. »Sie liegt noch in meiner Werkstatt. Laßt mich sie holen, damit ich Euch alles zusammen überreichen kann.«

Der König erlaubte es, und Wieland lief zur Schmiede. Sorgfältig versteckte er Mimung, nahm die andere Waffe und stieß sie in die Scheide. Die brachte er dem König, und niemand merkte, daß er die Schwerter vertauscht hatte. König Nidung glaubte fest, daß es

in der ganzen Welt kein besseres Schwert gäbe als
seins.

Von nun an stand Wieland in hohem Ansehen bei Hofe,
und sein Ruhm verbreitete sich in allen Ländern des
Nordens. Er schmiedete dem König Waffen und kostbare Geschmeide aus Gold und Silber, und Nidung war
sehr stolz darauf, daß der kunstfertigste der Schmiede in
seinem Dienst stand.

DER SIEGSTEIN

EINES TAGES SASS KÖNIG NIDUNG BEI TISCHE, ALS PLÖTZ-
lich ein Bote hereinstürzte und die Kunde brachte, daß
Feinde ins Land eingefallen seien. Nidung sprang auf,
befahl seinen Mannen, sich zu rüsten, und brach schon
kurze Zeit später mit dem Heer auf. Fünf Tage mußten
sie reiten, ehe sie auf die Feinde stießen. Der König ließ
die Zelte aufschlagen, denn am nächsten Morgen wollten sie angreifen. Da bemerkte er voller Schrecken, daß
er seinen Siegstein vergessen hatte. Dieser Stein besaß
die wunderbare Kraft, jedem den Sieg zu verleihen, der
ihn bei sich trug. Mutlos und niedergeschlagen saß der
König in seinem Zelt, denn ohne den Siegstein wagte er
sich nicht in die Schlacht. Er ließ die tapfersten seiner
Recken kommen, erzählte ihnen sein Mißgeschick und
versprach, demjenigen seine Tochter und sein halbes
Reich zu geben, dem es gelingen würde, bis zum nächsten Morgen den Stein aus der Königsburg herbeizu-
schaffen. Wohl lockte manchen der versprochene Lohn,
aber keiner traute sich zu, in so kurzer Zeit den langen
Weg zurückzulegen. Schließlich wandte sich der König
an Wieland:

»Und du?« fragte er. »Willst du für mich reiten und den Stein holen?«

»Ich will es versuchen«, antwortete Wieland. »Aber haltet Ihr auch, was Ihr versprochen habt?«

»Darum sorge dich nicht. Mein Wort gilt!« versicherte der König, und Wieland glaubte ihm. Er sattelte seinen Hengst Schimming und sprengte davon. Und so schnell war das Pferd, daß es in wenigen Stunden den Weg zurücklegte, für den der König mit seinem Heer fünf Tage gebraucht hatte. Um Mitternacht erreichte Wieland die Burg, ließ sich den Siegstein geben, jagte zurück und war noch vor Sonnenaufgang im Lager. Als er jedoch zum Königszelt gehen wollte, sah er sieben Reiter herankommen. Ihr Anführer war der königliche Truchseß. Freundlich begrüßten sie ihn, und der Truchseß fragte:

»Hast du den Stein, Wieland?«

»Ja«, entgegnete der, »ich habe den Stein geholt.«

»Wahrhaftig!« rief der Truchseß bewundernd, »das hätte kein anderer geschafft!« Dann fuhr er mit schmeichlerischer Stimme fort: »Gib mir den Stein. Ich will ihn dem König bringen und sagen, daß ich ihn geholt habe. Ich gebe dir so viel Gold und Silber dafür, wie du verlangst.«

»Warum seid Ihr nicht selbst geritten?« erwiderte Wieland. »Für Euch war der Weg nicht länger als für mich. Es gereicht Euch wahrlich nicht zur Ehre, was Ihr da von mir verlangt.«

»Wie töricht bist du doch«, höhnte der andere. »Glaubst du wirklich, der König würde dir, einem armseligen Schmied, seine Tochter geben, die er den edelsten Männern im Lande bisher versagt hat? Wenn du nicht Gold und Silber für den Stein willst, so nimm dies!«

Und schon drangen alle sieben mit gezückten Schwertern auf Wieland ein. Blitzschnell riß Wieland sein Schwert Mimung heraus, hieb damit dem Truchseß über den Helm und spaltete ihm den Kopf, daß er zu Tode getroffen zur Erde sank. Die sechs anderen wandten ihre Pferde und entflohen.

Inzwischen war es Tag geworden, der König erwachte, und voller Freude nahm er aus Wielands Händen den Siegstein in Empfang. Kaum aber hatte Wieland ihm erzählt, daß er aus Notwehr den Truchseß getötet habe, rief er mit zornblitzenden Augen:

»Du hast mir den besten und treuesten Mann erschlagen! Geh mir aus den Augen und laß dich nie wieder an meinem Hofe sehen, oder du wirst aufgehängt wie ein ehrloser Dieb.«

Wieland erblaßte und ging. Am Eingang drehte er sich noch einmal um und und sprach: »So also lohnt Ihr mir, was ich für Euch getan habe. Aber ich weiß, warum Ihr mich jetzt verbannt: Ihr wollt Euer Versprechen, das Ihr mir gegeben habt, nicht halten. Mir tut es nicht leid, von Euch fortzugehen.«

Er verließ das Zelt und verschwand, niemand wußte wohin. König Nidung aber besiegte noch am gleichen Tage seine Feinde und vertrieb sie aus dem Lande.

WIELANDS RACHE

ZORNIG HATTE WIELAND DEN KÖNIG VERLASSEN. ER konnte nicht verwinden, daß Nidung sein Wort gebrochen hatte, und sann Tag und Nacht auf Rache. Endlich kam ihm ein Gedanke; er verkleidete sich, dann ging er zu König Nidungs Burg und gab sich für einen

Koch aus. Der Plan gelang. Wieland gesellte sich zu den anderen Köchen und bereitete mit ihnen die Speisen für die Tafel des Königs.

Nun besaß aber die Königstochter ein Messer, dessen Griff zu klingen begann, sobald man etwas damit schnitt, das verdorben oder vergiftet war. Als sie eines Mittags mit diesem Messer eine Scheibe von dem Braten schnitt, den Wieland zubereitet hatte, gab der Griff einen lauten Klang von sich, und sie merkte, daß das Fleisch vergiftet war. Erschrocken sagte sie es ihrem Vater. Der König befahl sofort, nach dem Täter zu suchen, und es dauerte nicht lange, da hatte man Wieland unter den Köchen entdeckt und brachte ihn herbei.

»Du wolltest dich also rächen an mir und meiner Tochter«, sprach der König. »Für dieses Verbrechen hast du den Tod verdient. Aber weil du ein so geschickter Schmied bist, sollst du am Leben bleiben.«

Er befahl, dem Schmied an den Fersen und Kniekehlen die Sehne durchzuschneiden, so daß Wieland zeit seines Lebens keinen Schritt mehr gehen konnte. Als Krüppel lag er vor dem König und sprach:

»Ich danke Euch, Herr, daß Ihr mich für mein schweres Verbrechen nicht mit dem Tode bestraft habt. Nun bin ich hilflos und kann Euch nicht mehr schaden, aber Ihr könnt sicher sein, ich will es auch nicht mehr.«

Mit diesen listigen Worten wollte er den König in Sicherheit wiegen, und es glückte ihm auch. Nidung ließ Wieland in die Schmiedewerkstatt bringen, und dort saß er nun und schmiedete für den König tagaus, tagein die schönsten Geräte und Kleinodien aus Gold und Silber. Nidung freute sich, daß der kunstreichste aller Schmiede für ihn arbeitete und daß er nicht fliehen oder ihm schaden konnte. Er meinte, sehr klug gehandelt zu haben. Wieland aber hörte nicht auf, an Rache zu denken.

König Nidung hatte vier Kinder, drei Söhne und eine Tochter. Eines Tages kamen die beiden jüngsten Königssöhne mit ihren Bogen in die Schmiede und baten Wieland, ihnen Pfeile zu schmieden.

»Ich habe heute keine Zeit«, sagte Wieland, »aber kommt, wenn frischer Schnee gefallen ist, dann will ich etwas für euch schmieden. Nur müßt ihr mir eine kleine Bitte erfüllen.«

»Was sollen wir tun?« fragten die Kinder bereitwillig.

»Ihr müßt rückwärts laufen, wenn ihr zur Schmiede kommt«, antwortete Wieland, und die Knaben versprachen es. In derselben Nacht schneite es, und schon am frühen Morgen stapften die beiden zur Schmiede. Sie kamen rückwärts gelaufen, wie es Wieland verlangt hatte. Kaum aber waren die Knaben eingetreten, verriegelte der Schmied die Tür, erschlug beide Kinder und warf sie in die Grube unter dem Blasebalg.

Bald vermißte man bei Hofe die Knaben, und niemand wußte, wohin sie gegangen waren.

»Sie werden im Wald sein, um zu jagen, oder sie vergnügen sich am Strand beim Fischfang«, meinte der König. Als sie aber auch zum Mittagessen noch nicht zu Hause waren, befahl er, überall nach ihnen zu suchen. Die Boten fragten auch den Schmied, ob er die Kinder gesehen habe.

»Ja«, sagte Wieland, »sie waren heute morgen hier und hatten Pfeil und Bogen bei sich. Wahrscheinlich sind sie in den Wald gegangen.«

Und da man die Fußspuren im Schnee fand, die von der Schmiede wegführten, schöpfte niemand Verdacht. Tagelang ließ der König noch nach seinen Kindern suchen, dann gab er es auf, denn alle glaubten, daß sie von wilden Tieren im Wald zerrissen wurden oder beim Spiel am Strand im Meer ertrunken waren.

Wielands Rachedurst aber war noch nicht gestillt. Aus den Knochen der getöteten Kinder stellte er wunderbar vergoldetes und versilbertes Tischgerät für die königliche Tafel her. Aus den Schädeln fertigte er zwei Trinkbecher, aus Schulterblättern und Hüftknochen Bierschalen, andere Knochen verarbeitete er zu Messergriffen, Kerzenhaltern oder Schüsseln. Es waren so schöne, kostbare Geräte, blitzend von Gold, Silber und edlen Steinen, daß der König sie nur verwendete, wenn er hohe Gäste bewirtete.

Und auch das genügte Wieland noch nicht.

Eines Tages zerbrach die Königstochter ihren schönsten Ring, und aus Furcht vor Strafe wagte sie nicht, es ihren Eltern zu sagen.

»Was soll ich nur tun?« fragte sie ängstlich ihre Magd.

»Geht zu Wieland«, riet das Mädchen. »Er ist geschickt und wird den Schaden schnell beheben, daß keiner ihn mehr sehen kann.«

»Der Rat ist gut«, sprach die Königstochter erleichtert. »Geh gleich in die Schmiede und richte Wieland aus, daß er meinen Ring ausbessern soll.«

Das Mädchen nahm den Ring und ging zu Wieland, aber schon nach kurzer Zeit kam sie wieder zurück und berichtete: »Er will nichts schmieden, wovon der König nichts weiß. Auch will er von mir keinen Auftrag annehmen. Ihr sollt selbst kommen und ihm Eure Befehle sagen.«

»Gut«, meinte die Königstochter, »wenn er anders nicht zu bewegen ist, dann werde ich hingehen. Weigert er sich trotzdem, dann hat er von mir nichts Gutes zu erwarten.«

Kaum aber war sie in die Schmiede gekommen und hatte Wieland gebeten, ihren Ring auszubessern, verriegelte er hinter ihr die Tür, warf sie auf sein Bett und tat ihr Gewalt an. Danach besserte er den Ring aus, und er glänzte jetzt noch schöner als zuvor. Dann ging die Königstochter. Keinem erzählte sie, was in der Schmiede geschehen war, und auch Wieland sprach zu niemand darüber.

WIELANDS FLUCHT

UM DIESE ZEIT SANDTE WIELAND EINE BOTSCHAFT AN seinen jüngeren Bruder Egil. Er bat ihn, an König Nidungs Hof zu kommen und in den Dienst des Königs zu treten. Egil kam, und der König nahm ihn freundlich auf, denn Egil war nicht nur ein stattlicher Mann, sondern vor allem der beste Bogenschütze im Land. Als er eine Zeitlang an Nidungs Hof lebte, sprach der König zu ihm:

»Man sagt von dir, daß du ein Meisterschütze bist. Heute sollst du uns eine Probe deiner Kunst zeigen. Ich will sehen, ob dein Ruhm zu Recht besteht, oder ob die Leute übertreiben.«

Er ließ Egils dreijährigen Sohn herbeibringen, legte ihm einen Apfel auf den Kopf und befahl Egil, mit einem einzigen Schuß den Apfel vom Kopf des Kindes herunterzuschießen. Egil erschrak sehr über diesen Befehl des Königs, aber er vertraute seiner Kunst, nahm drei Pfeile aus dem Köcher, legte einen davon auf die Bogensehne, zielte, und mit sicherer Hand schoß er den Apfel mittendurch.

»Ein Meisterschuß!« rief der König bewundernd. »Sage mir aber, warum hast du drei Pfeile zurechtgelegt, wo ich dir doch nur einen Schuß erlaubte?«

»Ich will Euch die Wahrheit sagen, Herr«, antwortete Egil. »Hätte ich mit dem ersten Pfeil mein Kind getroffen, dann hätten die beiden anderen Pfeile Euch gegolten, und Euch würde ich gewiß nicht verfehlt haben.«

Betroffen hörten alle, die dabeistanden, Egils Worte, der König aber trug ihm die kühne Antwort nicht nach. Von Egils Meisterschuß sprach man noch lange. Man rühmte ihn in allen Ländern, und fortan hieß Wielands Bruder nur noch Egil der Schütze.

Während Egil nun geachtet und geehrt an Nidungs Hof lebte, fühlte sich Wieland gar nicht mehr sicher. Er hatte sein Ziel erreicht und sich bitter an König Nidung für alles Unrecht gerächt, aber er wußte auch genau, daß der König ihn töten lassen würde, sobald alles ans Licht käme. Lange dachte er darüber nach, wie er sich retten könnte, dann ließ er seinen Bruder rufen und bat ihn:

»Bring mir Vogelfedern, soviel du nur kannst, große und kleine. Ich will mir ein Federhemd daraus machen.«

Egil erfüllte ihm gern diesen Wunsch. Von allen Vögeln, die er im Wald schoß, brachte er seinem Bruder die Federn, und sobald Wieland genug beisammen hatte, begann er heimlich mit der Arbeit. Als das Federhemd fertig war, sah es aus wie der Federbalg eines großen Vogels, eines Greifen oder eines Adlers.

»Zieh du es zuerst an und versuche, ob es zum Fliegen taugt«, forderte er Egil auf.

»Gern«, antwortete der Jüngere, »nur weiß ich nicht, wie ich hochfliegen und wieder zur Erde kommen soll.«

»Du mußt dich gegen den Wind stellen, wenn du aufsteigen willst«, erklärte Wieland, »niedersetzen aber mußt du dich mit dem Wind.«

Egil streifte das Federhemd über, und leicht wie ein Vogel schwang er sich gegen den Wind hoch in die Luft. Als er sich aber, Wielands Rat folgend, mit dem Wind wieder niedersetzen wollte, stürzte er kopfüber zur Erde und prallte so hart auf, daß er beinahe das Bewußtsein verlor.

»Nun, Bruder«, fragte Wieland neugierig, »wie fandest du mein Federkleid?«

»Es taugt sehr gut zum Fliegen, und wenn man sich ebensogut damit wieder niederlassen könnte, dann wäre ich jetzt auf und davon, und du bekämst es niemals wieder.«

»Gib her«, versetzte Wieland, »ich will verbessern, was falsch daran ist.«

Darauf schlüpfte er selbst hinein, schwang sich hoch in die Lüfte und ließ sich dann auf dem Dach nieder.

»Siehst du nun, wie gut mein Federkleid ist?« rief er seinem Bruder zu. »Ich wußte im voraus, daß du auf und davon geflogen wärst, wenn du keinen Fehler gefunden hättest. Deshalb gab ich dir absichtlich einen falschen Rat. Weißt du nicht, daß alle Vögel gegen den Wind abfliegen und sich auch gegen den Wind wieder niedersetzen?

Jetzt aber sollst du erfahren, warum ich mir das Federkleid gemacht habe. Ich will damit heimwärts fliegen nach Seeland. Zuvor jedoch muß ich noch ein Wort mit König Nidung sprechen, und ich werde ihm so böse Dinge sagen, daß er dich zwingen wird, nach mir zu schießen. Dann schieß du ruhig, aber ziele unter meinen linken Arm, dort habe ich eine Blase angebunden, gefüllt mit Blut. Die sollst du treffen. Ziele aber genau, daß du mich nicht verletzt.«

Mit diesen Worten hob er sich in die Luft und flog zum höchsten Turm der Burg. Gerade schritt der König mit seinem Gefolge vorbei, und staunend sah er den Schmied im Federhemd auf dem Turm sitzen.

»Bist du ein Vogel geworden, Wieland?« rief er.

»Ja, Herr«, rief Wieland zurück, »ich bin ein Vogel, und ich werde jetzt wegfliegen von hier. Niemals wieder werdet Ihr mich in Eure Gewalt bekommen. Aber ich will nicht fliehen wie ein Dieb in der Nacht, drum hört gut zu, was ich Euch noch zu sagen habe. Als ich Euch den Siegstein holte, verspracht Ihr mir Eure Tochter und Euer halbes Reich, aber treulos bracht Ihr Euer Wort und jagtet mich davon, weil ich wie ein Mann mein Leben gegen den Truchseß verteidigte. Dafür rächte ich mich an Euren Söhnen und erschlug sie beide. Seht Euch das kostbare Tischgerät nur genau an, das ich Euch geschmiedet habe, darin stecken ihre Gebeine. Und nun hört weiter. Ihr ließt mir die Sehnen durchschneiden und machtet mich zum Krüppel. Dafür rächte ich mich an Eurer Tochter. Sie wird bald ein Kind zur Welt bringen, von dem ich der Vater bin. Jetzt wißt Ihr, daß ich mich gerächt habe für alles, was Ihr mir antatet.«

Er schwang sich auf, um wegzufliegen, der König aber rief außer sich vor Zorn:

»Schieß, Egil, lebend soll er nicht davonkommen!«

»Wie könnte ich, Herr, er ist mein Bruder.«

»Schieß, oder du wirst selbst sterben«, drohte der König, »schon allein weil du sein Bruder bist, hättest du den Tod verdient. Erschieß ihn, und ich schenke dir das Leben.«

Da legte Egil einen Pfeil auf die Sehne, zielte unter Wielands linken Arm und schoß. Der Pfeil traf, Blut tropfte zur Erde, und der König und alle seine Mannen glaubten, Wieland sei tödlich getroffen. Der aber flog heim nach Seeland und lebte von nun an auf den Gütern, die sein Vater, der Riese Wate, einst bewirtschaftet hatte.

König Nidung jedoch wurde nie wieder froh, er siechte dahin, und bald starb er. Sein ältester Sohn Otwin wurde nun Herrscher in Nidungs Reich. Otwin war ein milder und gerechter König, alle im Lande liebten ihn. Auch seiner Schwester zürnte er nicht, als sie einen Sohn zur Welt brachte, der den Namen Witege erhielt.

Wieland erfuhr, was sich auf Jütland zugetragen hatte und gern hätte er sich mit dem neuen König versöhnt. Er sandte Boten zu Otwin und ließ ihm sagen, daß er bereit sei, Frieden zu schließen. Auch König Otwin wollte sich um seiner Schwester willen gern mit Wieland versöhnen und gewährte ihm Waffenstillstand zu einer Unterredung.

Wieland glaubte ihm, kam nach Jütland und wurde freundlich empfangen. König Otwin gab ihm seine Schwester zur Frau und lud ihn ein, für immer dazubleiben. Wieland aber wollte lieber in seiner Heimat auf Seeland leben, und auch damit war der König einverstanden. Mit seiner Frau und seinem dreijährigen Sohn Witege nahm Wieland Abschied von König Otwin, und sie zogen reichbeschenkt heim nach Seeland. Wieland lebte noch viele Jahre, und alle Welt rühmte ihn als den kunstreichsten unter den Schmieden.

Walther und Hildegunde

DIE DREI GEISELN IM HUNNENLAND

VIELE GERMANISCHE VÖLKER HATTE DER HUNNENKÖNIG
Etzel schon unterworfen, und sie mußten ihm Tribut
zahlen. Aber Etzel wollte sein Reich immer weiter aus-
dehnen, und so unternahm er einen neuen Kriegszug
und fiel mit großer Heeresmacht ins Frankenland ein.
Dort herrschte in der Burg zu Worms König Gibich,
dem gerade zu dieser Zeit ein Sohn geboren wurde, den
er Gunther nannte.

Als Gibichs Wächter meldeten, ein riesiges Hunnen-
heer, zahllos wie die Sterne am Himmel und wie der
Sand am Meer, sei in das Land eingefallen, rief er eilig
die Edelsten seines Reiches zusammen und beriet mit
ihnen, was zu tun sei.

»Töricht wäre es, den ungleichen Kampf zu wagen«,
sagten alle. »Lieber wollen wir Geiseln stellen und dem
Hunnenkönig Tribut zahlen, als Leib und Leben, Hab
und Gut, ja Weib und Kind verlieren.«

Dem König dünkte der Rat gut. Er sandte einen großen
Goldschatz an Etzel, und da sein Sohn Gunther noch zu
klein war, um dem Hunnenkönig als Geisel zu folgen,
beschloß man, den jungen Hagen von Tronje, einen nahen Verwandten Gibichs, mitzuschicken. Als Gibichs
Boten mit Hagen und dem Goldschatz zum Hunnenkönig kamen, war Etzel wohl zufrieden, und er ließ die
Franken in Ruhe.

Darauf führte Etzel sein Heer nach Burgund, wo König
Herrich regierte. Auch die Burgunden wagten nicht,
gegen die gewaltige Übermacht der Hunnen zu kämpfen. Sie baten Etzel um Frieden, gaben ihm Gold und
Edelsteine zum Tribut, und König Herrich überließ
ihm seine Tochter Hildegunde, sein einziges Kind, als
Geisel.

Immer weiter westwärts zog das Heer der Hunnen bis ins Land Aquitanien. König Alpher trug hier die Krone, und sein Sohn Walther sollte dereinst Land und Herrschaft erben. Schon vor langem hatten König Herrich von Burgund und König Alpher feierlich gelobt, ihre Kinder miteinander zu vermählen, sobald sie herangewachsen seien. Als nun Alpher die Botschaft vernahm, daß Franken und Burgunden sich kampflos den Hunnen unterworfen hatten, rief er unmutig aus: »Ein schlechtes Beispiel haben sie gegeben! Doch soll ich zum Kriege rüsten, während die Franken und Burgunden sich den Hunnen beugten? Nein, ich will auch um Frieden bitten und den eigenen Sohn als Geisel in die Verbannung schicken.«

So geschah es. Schwer beladen mit den kampflos erbeuteten Schätzen, zogen die Hunnen zurück in ihr Reich an der Donau, in sicherer Hut folgten ihnen Hagen, Walther und Hildegunde in die Fremde.

Am Hof der Hunnen wurden die drei königlichen Geiseln sorgfältig und liebevoll erzogen. Hildegunde gab König Etzel in die Obhut der Königin Helche, die das Mädchen bald so liebgewann, daß sie ihr schließlich die Schlüssel der königlichen Schatzkammer anvertraute und sie zur Schatzmeisterin ernannte. Hildegunde konnte frei schalten und walten, und jeder ihrer Wünsche wurde erfüllt, als wäre sie die Königin selbst.

Walther und Hagen ließ Etzel wie seine eigenen Söhne erziehen, und er sorgte selbst dafür, daß sie in allem unterrichtet wurden, was des Fürsten Amt ist in Krieg und Frieden, so daß bald kein Recke im Hunnenlande ihnen gleichkam an Körperkraft, Geschicklichkeit und Verstand. Deshalb liebte der König sie sehr, und als sie herangewachsen waren, setzte er sie als Heerführer über seine Mannen.

Unterdessen war König Gibich gestorben, und Gunther, sein Sohn, hatte die Herrschaft des Frankenreiches übernommen. Der aber wollte von dem Bündnis mit den Hunnen nichts mehr wissen und verweigerte den Tribut. Als Hagen das erfuhr, mochte auch er nicht länger als Geisel bei den Hunnen bleiben. Er entfloh aus Etzels Reich und kam glücklich nach Worms zu seinem Herrn. Bestürzt hörte Frau Helche von dieser Flucht, und sorgenvoll sprach sie zum König:

»Ich fürchte, Walther wird es seinem Freund Hagen gleichtun und ebenfalls fliehen. Das aber wäre ein großer Verlust, denn er ist der stärkste aller Recken, die dir dienen. Deshalb rate ich, ihn hier mit festen Banden zu halten. Gib ihm ein edles hunnisches Mädchen zur Frau und versprich ihm Land und große Ehren für all die Heldentaten, die er vollbracht hat. So wird er bei uns seßhaft werden.«

Dem König gefiel der Rat; er ließ Walther rufen und sprach so zu ihm, wie es Frau Helche gesagt hatte. Walther aber trug sich mit ganz anderen Gedanken. Er merkte wohl, welche Absichten Etzel verfolgte und suchte deshalb, den König von seinem Vorhaben abzulenken.

»Was ich bisher für Euch getan habe, ist kaum der Rede wert«, begann er, »doch ich danke Euch, daß Ihr es so hoch veranschlagt und mich so reich dafür belohnen wollt. Bedenkt aber: wenn ich Eurem Rat folgte und eine Frau nähme, müßte ich ein Haus zimmern und den Acker bebauen, statt nur Euch und Eurem Reich zu dienen. Jetzt könnt Ihr Tag und Nacht nach mir rufen, stets bin ich zur Stelle und reite furchtlos gegen Eure Feinde, wo immer sie sich zeigen. Hätte ich aber für eine Familie zu sorgen, würde mich der Gedanke an Frau und Kind nie verlassen und mir im Kampf den

Arm lähmen. Deshalb bitte ich Euch, drängt mich nicht, eine Frau zu nehmen.«

Walthers Rede gefiel dem König, er versuchte nicht, ihn umzustimmen und dachte: »Walther ist mir treu, er wird gewiß nicht entfliehen.«

Inzwischen kam die Nachricht an Etzels Hof, daß an den Grenzen des Landes ein unterworfenes Volk sich gegen die Hunnen empörte. Rasch wurde unter Walthers Befehl ein Heer zusammengestellt und gegen den Feind gesandt, und an der Spitze der Hunnen ritt der junge Held in die Schlacht. Am tapfersten von allen kämpfte er, bis die Feinde geschlagen waren. Dann beluden die hunnischen Krieger ihre Pferde mit reicher Beute, und das Heer zog, mit Siegeszeichen geschmückt, in die Heimat zurück.

Walther ritt zur Burg des Königs, um Etzel den Sieg zu melden. Die Diener sahen ihn kommen, sie liefen herbei und hielten ihm das Pferd. Als er den großen Königssaal betrat, traf er Hildegunde ganz allein dort, und er bat sie:

»Bring mir einen kühlen Trunk, es war heute ein heißer Tag, und ich verdurste bald.«

Sie füllte ihm den Becher mit edlem Wein, und er leerte ihn in einem Zug. Dann faßte er Hildegundes Hand und sprach zu dem errötenden Mädchen:

»Von unseren Vätern sind wir miteinander verlobt worden. Warum sprechen wir nie von diesem Bunde, der uns doch das harte Los der Verbannung leichter tragen ließe?«

Hildegunde schwieg einen Augenblick, dann entgegnete sie: »Warum heuchelst du? Warum erinnerst du mich an unser Verlöbnis, obwohl du dir gewiß längst eine der edlen Hunnentöchter zur Braut gewählt hast und für mich arme Verbannte nichts empfindest.«

»Meine Worte waren ehrlich gemeint«, erwiderte Walther. »Wir sind ganz allein hier im Saal, und niemand hört uns. Wenn ich wüßte, daß du gegen jedermann schweigen könntest, so würde ich dir wohl ein wichtiges Geheimnis anvertrauen.«

Glücklich rief Hildegunde aus: »Was du mir auch sagen magst, ich will verschwiegen sein und dir in allem folgen.«

»So höre«, sprach er, »ich sehne mich nach der Heimat und will nicht länger in der Fremde leben, doch will ich ohne dich nicht fliehen. Bliebst du zurück, ich fände zu Hause weder Glück noch Ruhe.«

Unter Tränen lachend rief sie: »Du sprichst aus, woran ich seit Jahren schon denke. Ja, laß uns fliehen, und die Liebe wird uns helfen, Not und Gefahr zu überwinden.«

»Höre weiter«, sprach Walther leise, fast flüsternd, »dir ist der Hunnenschatz anvertraut, nimm des Königs Helm und Waffenhemd, auch seinen Panzer, den Wieland kunstvoll schmiedete, denn damit will ich mich zur Flucht rüsten. Dann fülle zwei Kisten mit goldenen Spangen, so voll, daß du sie gerade noch tragen kannst, und sorge, daß ich vier Paar feste Schuhe bekomme. Ebenso viele stell für dich bereit, denn der Weg wird lang sein. Beim Schmied laß gebogene Angelhaken fertigen, damit wir uns mit Fischen und Vogelstellen unterwegs Nahrung verschaffen können. Das alles sollst du in sieben Tagen vorbereitet haben, dann will ich den König und seine Mannen zu einem Siegesschmaus bitten, und wenn sie, vom Weine berauscht, in Schlaf gesunken sind, werden wir aufbrechen.«

Hildegunde versprach, alles nach seinen Wünschen zu tun, und die beiden trennten sich.

DIE FLUCHT

Die Halle, in der das Mahl stattfand, war prächtig ge-
schmückt, und die Tische bogen sich unter der Last der
köstlichen Speisen und edlen Weine. Die Vornehmsten
der Hunnen waren Walthers Gäste, selbst König Etzel
war gekommen und saß neben Walther an der Spitze der
Tafel.
Nachdem das Mahl beendet war, wurden die Tische
hinausgetragen, und das Trinkgelage sollte beginnen.
Walther sprach laut zum König:
»Nun gebt uns ein Beispiel, König Etzel!«
Damit reichte er ihm einen riesigen, randvoll gefüllten
Humpen. Lachend ergriff Etzel den Humpen und leerte
ihn mit einem einzigen kräftigen Zug bis zum Grund,
daß auch nicht ein Tropfen zurückblieb.
»Nun, tut es mir nach«, rief er, und die Helden folgten
mit Freuden dem Beispiel ihres Königs, daß die Mund-
schenke schnell und schneller laufen mußten, um die ge-
leerten Becher wieder zu füllen. Man trank und lachte
und sang, und bald machte der Wein den Helden die
Köpfe schwer; mancher, der sonst fest auf den Beinen
stand, wankte in den Knien, und mancher, der sonst re-
degewandt war, lallte mit stammelnder Zunge.
Als Mitternacht herankam, lagen die hunnischen Rekken alle, vom Weine berauscht, schlafend am Boden.
Walther stand allein und hellwach unter den Schläfern.
Er schlich hinaus in den Hof, wo Hildegunde ihn schon
erwartete. Leise zog er Etzels bestes Pferd, »der Löwe«
genannt, aus dem Stall und sattelte es.
»Bring alles herbei, was ich dir sagte«, flüsterte er Hildegunde zu. Sie beluden das Pferd mit den beiden gold-
schweren Kisten und vergaßen auch nicht, ein Körb-

chen mit Lebensmitteln dazuzutun. Nun rüstete sich Walther mit Etzels Helm, Panzer und Beinschienen und gürtete sich nach hunnischer Sitte mit zwei Schwertern, eins zur Rechten und eins zur Linken. So flohen sie unbemerkt aus der Etzelburg. Hildegunde führte mit der einen Hand das Pferd am Zügel, in der anderen trug sie die Angelruten. Walther in schwerer Rüstung schritt voran, stets auf einen Kampf mit Verfolgern gefaßt.

Bis zum Morgengrauen folgten sie der Heerstraße, doch als der Tag anbrach, bogen sie ab und suchten Schutz im Dunkel der Wälder. Hildegunde pochte das Herz vor Angst. Ein Lufthauch, das Knarren eines Astes, ja der Flügelschlag eines Vogels erschreckten sie, und hätte das Heimweh sie nicht vorwärtsgetrieben, so wäre sie am liebsten wieder umgekehrt. Sie mieden Städte und Dörfer, zogen über einsame Gebirgspfade und bahnten sich ihren Weg durch dichte Wälder.

Als am Morgen nach dem Festmahl die Sonne schon hoch am Himmel stand, erwachte König Etzel als erster aus seinem Rausch. Den schmerzenden Kopf mit beiden Händen haltend, rief er nach Walther, denn er wollte ihm danken für Fest und Gelage. Rasch liefen die Diener, Walther zu suchen, aber einer nach dem anderen kehrte unverrichteter Dinge zurück. Walther war nirgends zu finden. Da kam Frau Helche herbei und fragte verwundert:

»Wo bleibt Hildegunde? Stets brachte sie mir am Morgen die Kleider, doch heute versäumte sie es.«

Jetzt hörte sie, daß Walther verschwunden war, und plötzlich wurde ihr alles klar. Sie rief:

»Entflohen sind sie! Aber ich habe den König rechtzeitig gewarnt. Hättet Ihr nur nicht soviel Wein getrunken!«

Vor Wut und Zorn konnte Etzel kein Wort hervorbringen. Weder Speise noch Trank nahm er zu sich, und als die Nacht herankam, fand er noch immer keine Ruhe. Er wälzte sich schlaflos auf seinem Lager, bald setzte er sich auf, bald lief er im Zimmer umher, und sobald der Morgen graute, rief er seine Recken und alle Getreuen zu sich und sprach:

»Wer mir von euch Walther zurückbringt, den will ich reich belohnen. Ich werde ihn von Kopf bis Fuß mit Gold überhäufen, daß er mitten in einem Goldberg stehen soll.«

Es fand sich aber niemand, der es wagen wollte, den Flüchtlingen nachzusetzen; sie alle kannten Walthers gewaltige Kraft und fürchteten sein Schwert. Selbst Berge von Gold verlockten keinen, sein Leben aufs Spiel zu setzen.

So konnten Walther und Hildegunde ungehindert aus dem Hunnenreich entkommen.

Tage und Wochen waren die Flüchtlinge unterwegs. Tagsüber verbargen sie sich in dichten Wäldern, um auszuruhen, sobald es aber dunkelte, sattelten sie ihr Pferd und zogen eiligst weiter, der Heimat entgegen. Am vierzigsten Tag der Flucht kamen sie endlich an den Rhein! Am gegenüberliegenden Ufer sahen sie die Königsburg von Worms, und sie fanden einen freundlichen Fährmann, der sie über den Fluß setzte. Zum Dank gab ihm Walther einen großen Fisch, den er noch in der Donau gefangen hatte, und der Fährmann war's zufrieden.

Am nächsten Morgen ging der Fährmann zum Koch des Königs und bot ihm den seltenen Fisch zum Kauf an. Der nahm ihn auch, bereitete ihn zu und setzte ihn auf die königliche Tafel. Als König Gunther den Fisch besehen und gekostet hatte, sagte er erstaunt:

»Im Rhein schwimmen solche Fische nicht. Der muß aus einem fremden Lande stammen. Sage, Koch, wer hat ihn dir gebracht?«

»Ich habe ihn von einem Fährmann gekauft«, antwortete der Koch.

Neugierig geworden, ließ der König den Fährmann rufen und fragte ihn, woher er den großen Fisch habe.

»Gestern abend saß ich am Rheinufer, als ein von Kopf bis Fuß gerüsteter junger Recke auf mich zukam«, erzählte der Fährmann, »dicht hinter ihm folgte ein junges Mädchen. Das Pferd, das sie am Zügel führte, trug zwei schwere Kisten, in denen es klirrte, als wären Gold und Edelsteine darin. Die beiden schienen in großer Eile zu sein. Ich setzte sie über den Rhein und erhielt diesen großen Fisch als Lohn für die Überfahrt.«

Kaum hatte der Fährmann geendet, da rief Hagen von Tronje, der mit dem König zu Tische saß, fröhlich: »Das ist kein anderer als Walther von Aquitanien, mein Waffengefährte aus dem Hunnenland, der heimwärts reitet.«

Herzlich freuten sich alle darüber, König Gunther aber sprach: »Freut euch lieber mit mir! Denn mir gehören die Schätze, die Walther mit sich führt. Es ist das Gold, das mein Vater einst den Hunnen ausliefern mußte.«

Er sprang auf und befal den zwölf besten seiner Rekken, darunter auch Hagen, sich zum Kampf gegen Walther zu rüsten, um ihm den Goldschatz abzujagen.

Hagen dachte an die Treue, die er Walther einst gelobt hatte. Doch vergeblich bemühte er sich, den Sinn des Königs zu ändern, und auch seine Warnung vor Walthers Stärke fruchtete nichts. Gunther ließ sich von seinem Vorhaben nicht abbringen. Noch einmal befal er, Rüstungen und Waffen herbeizuholen und Walther schnell nachzusetzen, und Hagen mußte sich, wenn auch ungern, dem Befehl seines Herrn fügen. Schon kurze Zeit später ritt die wohlgewaffnete Schar aus dem Tor der Königsburg und jagte den Flüchtlingen nach.

Unterdessen waren Walther und Hildegunde landeinwärts weitergezogen und hatten gegen Abend den Wasgenwald erreicht. Sie drangen in das Dickicht ein und kamen schließlich vor eine enge Felsenhöhle. Zwei Berge standen hier einander dicht gegenüber und bildeten eine Schlucht, die von zackigen Felsen überwölbt und von undurchdringlichem Gebüsch umwuchert war. Nur ein schmaler Pfad führte zu der Höhle hin, die schon manchem Zuflucht gewährt hatte. Diese Höhle schien Walther wie geschaffen zu einer Ruhestätte, denn sie bot sicheren Schutz, und zugleich konnte man von hier aus weit ins Land hinaussehen.

»Hier wollen wir rasten«, sprach er zu Hildegunde. »Schon seit vierzig Tagen schlief ich nicht anders, als auf den Schild gelehnt. In dieser Höhle werde ich zum erstenmal wieder ruhig schlafen können.«

Er legte die Waffen und die Rüstung ab, bettete sein Haupt in den Schoß des Mädchens und sagte: »Nun halte Wache, und siehst du im Tal eine Staubwolke aufsteigen, so wecke mich auf.«

Bei diesen Woeten fielen Walther die Augen zu, und Hildegunde hielt Wache, bis der Morgen anbrach.

DER KAMPF IM WASGENWALD

KÖNIG GUNTHER HATTE SEINE MANNEN ZUR EILE GEtrieben, und bald lag der Wasgenwald vor ihnen. Plötzlich rief Gunther:

»Seht ihr die Hufspuren im Sand? Wir sind ihm dicht auf den Fersen! Heute noch fangen wir Walther und bringen den Goldschatz nach Hause.«

»Hütet Euch«, warnte Hagen, »schon manchen starken Helden hat Walther im Kampf besiegt. Ich weiß, wie gut er die Waffen führt, denn oft sah ich ihn im Schlachtengetümmel unter seinen Feinden wüten.«

Aber auch diesmal achtete Gunther nicht auf Hagens mahnende Worte. Die Reiter jagten weiter, bis sie am Mittag in die Nähe der Felsschlucht kamen, wo Walther und Hildegunde Rast hielten.

Schon von weitem sah Hildegunde die Schar kommen. Sie erschrak, weckte Walther auf und sagte: »Wach auf, Walther, es nahen bewaffnete Männer.«

Er sprang vom Lager auf, griff nach Rüstung und Waffen und schwang, als wollte er's erproben, sein Schwert durch die Luft.

»Das sind die Hunnen, die uns verfolgen«, rief Hildegunde. »Töte mich mit deinem Schwert, aber laß mich nicht in ihre Hände fallen.«

»Das sind keine Hunnen«, entgegnete Walther, »Franken sind's, und unter ihnen sehe ich Hagen, meinen Waffengefährten, aus dem Hunnenland. An seinem Helm erkenne ich ihn.«

Prüfend schaute er die herannahenden Reiter an und wandte sich wieder Hildegunde zu: »Unter diesen Männern ist nur einer, den ich fürchten müßte, wenn er nicht mein Waffenbruder wäre: Hagen von Tronje; denn er ist nicht nur ein kühner Held, sondern kennt auch alle Listen des Kampfes.«

Wohlgerüstet trat Walther vor die Felsenkluft, daß auch die Franken ihn sehen mußten. Wieder wandte sich Hagen an König Gunther:

»Noch ist es Zeit«, beschwor er ihn. »Versucht, den

Kampf zu vermeiden. In dieser Höhle ist Walther unbezwingbar, denn hier kann ihn immer nur einer angreifen, und den wird er leicht besiegen. Schickt lieber einen Boten an Walther, vielleicht gibt er freiwillig, was Ihr fordert. Weigert er sich, so ist es zum Streit noch immer früh genug.«

Diesem Rat folgte der König. Er sandte Camalo von Metz zu Walther, um seine Forderungen zu überbringen. Der spornte sein Roß und ritt vor die Schlucht.

»Wer bist du?« rief er. »Woher kommst du, wohin gehst du?«

Stolz entgegnete Walther: »Erst sage mir, ob du aus eigener Neugierde fragst, oder ob ein anderer dich schickt!«

»Ich bin der Herold König Gunthers, des Herrn im Frankenland«, sprach Camalo hochfahrend.

»Merkwürdig ist die Sitte, den fremden Wanderer so auszufragen«, entgegnete Walther ruhig, »doch will ich dem König antworten. Ich bin Walther von Aquitanien. Als Kind gab mich mein Vater als Geisel ins Hunnenland. Jetzt bin ich mit meiner Braut auf dem Weg in die Heimat.«

»So höre, was mein König fordert«, sprach Camalo. »Gib die Schätze, die du mit dir führst, das Pferd und das Mädchen heraus, nur dann wirst du dein Leben behalten und in Ruhe weiterziehen können.«

»Was für ein Unsinn!« rief Walther. »Wie kann mir dein König etwas versprechen, was er gar nicht besitzt! Liege ich etwa mit gefesselten Händen in seinem Kerker? Wenn das wäre, dann dürfte er mir so drohen, wie er es jetzt tut. Doch ich weiß Könige zu ehren. Hundert goldene Spangen will ich deinem König gern geben, wenn er mir und meiner Braut den Weg freigibt.«

Camalo ritt zurück und berichtete, was Walther gesagt hatte. Wieder war es Hagen, der den König bestürmte:

»Nehmt, was er Euch bietet, und Ihr werdet großem Unheil entgehen. Ein schlimmer Traum quälte mich letzte Nacht. Ich sah Euch, von einem wilden Bären verfolgt, der Euch das rechte Bein abriß und mir, als ich Euch helfend beisprang, ein Auge ausschlug.«

Höhnend erwiderte Gunther: »Du gleichst deinem Vater aufs Haar. Auch der wußte sich mit schönen Worten vor dem Kampf zu drücken.«

Nur mit Mühe konnte Hagen seinen Zorn verbergen.

»Nun gut«, sagte er, »kämpft gegen Walther, auf mich aber zählt nicht.«

Er führte sein Pferd zu einem nahen Hügel und setzte sich grollend auf seinen Schild, um dem Kampf zuzusehen.

König Gunther wandte sich wieder an Camalo: »Reite noch einmal zu Walther! Sag ihm, daß ich den ganzen Schatz verlange. Weigert er sich, so bist du wohl Manns genug, ihn zu erschlagen und das Gold mit Gewalt zu nehmen.«

Camalo ritt davon, und schon von weitem rief er Walther zu:

»Heda! Gib den ganzen Schatz heraus, wenn dir dein Leben lieb ist.«

Walther hörte ihn, doch schwieg er und wartete, bis Camalo näher gekommen war.

»Der König fordert all dein Gold«, rief der Herold noch einmal.

Walther antwortete zornig: »Hör auf zu schreien! Habe ich das Gold denn deinem König gestohlen? Habe ich sein Land verwüstet und geplündert, daß er Buße fordern könnte? Hat König Gunther befohlen, daß kein Fremdling den Fuß auf den Boden seines Reiches setzen darf? Wenn das der Fall ist, will ich einen Wegzoll zahlen, mit dem ihr zufrieden sein könnt. Zweihundert goldene Spangen biete ich, wenn ich dafür in Frieden meines Weges ziehen kann. Geh und sag ihm das!«

Wütend schrie Camalo: »Genug jetzt! Gib, was der König fordert, sonst gilt es Leib und Leben.«

Mit diesen Worten hob Camalo den Speer, zielte und schleuderte ihn mit sicherer Hand gegen Walther; der wich geschickt aus, so daß die Waffe in den Rasen fuhr. Im gleichen Augenblick schoß Walther seinen Speer mit solcher Kraft nach dem Gegner, daß er den Schild durchschlug. Camalos rechte Hand und Hüfte durchbohrte und im Rücken des Pferdes steckenblieb. Das Tier bäumte sich auf vor Schmerz, Camalo warf den Schild weg und versuchte, mit der linken Hand die Waffe aus der Wunde herauszuziehen. Diesen Augenblick nutzte Walther. Er sprang aus seiner sicheren Stellung hervor und stieß dem Feind das Schwert tief in die Brust. Zusammen mit der Lanze zog er es heraus, und tot stürzen Roß und Reiter zu Boden.

Die Franken hatten Camalo fallen sehen, und mit Tränen in den Augen vor Schmerz und Zorn sprang Skaramund, Camalos Neffe, auf sein Pferd.

»Das geht nur mich an«, rief er, »bleibt zurück! Ich muß den Oheim rächen oder selbst sterben.«

Er sprengte den Hohlweg hinauf, in jeder Hand einen Speer schwingend, und schrie dem unerschrocken dastehenden Walther zu: »Mich kümmert nicht dein Gold! Als Rächer für meinen Oheim komme ich!«

»Nicht ich habe den Kampf begonnen«, gab Walther zurück. »Möge dein Speer mich töten, wenn ich Unrecht tat.«

Doch Skaramund ließ Walther kaum ausreden, sondern schoß beide Speere nacheinander auf Walther ab. Der eine flog dicht an ihm vorbei, der andere blieb in seinem Schild stecken, ohne ihn zu durchbohren. Da riß Skaramund das Schwert aus der Scheide, um mit einem kräftigen Hieb Walthers Stirn zu spalten. Funken stoben, als er den Helm traf, doch unverletzt stand der Recke, und blitzschnell hob er seinen Speer und stieß ihn dem Feind in den Hals, daß der vom Pferd stürzte. Mit dem Schwert schlug er Skaramund das Haupt ab; tot lagen Oheim und Neffe nebeneinander im Gras.

»Vorwärts!« rief Gunther jetzt anfeuernd seinen Mannen zu, »gönnt ihm keine Ruhe! Bald wird er müde sein vom Kampf, dann gehört der Schatz uns, und er wird für das vergossene Blut mit seinem eigenen Blute zahlen müssen.«

Der dritte Franke, der Walther angriff, hieß Werinhard. Nicht den Speer führte er, sondern Pfeil und Bogen. Schon von weitem schoß er einen dichten Pfeilhagel auf seinen Gegner, der aber wohlgeschützt hinter dem riesigen Schild stand und nicht ein einziges Mal getroffen wurde. Da zog Werinhard das Schwert und schrie wütend:

»Sind dir meine Pfeile zu leicht, so werden meine Schwertschläge wohl gewichtiger sein.«

»Schon lange warte ich, daß der Kampf endlich beginne«, rief Walther zurück und schleuderte den Speer. Der traf das Pferd, das sich vor Schmerz wild aufbäumte, den Reiter aus dem Sattel warf und niederstürzend unter sich begrub. Als Walther das sah, sprang er hinzu, entriß Werinhard das Schwert, löste ihm den Helm, und ohne auf das Jammern seines Gegners zu hören, ergriff er ihn bei den Haaren und hieb ihm den Kopf ab.

Drei seiner Mannen hatte König Gunther nun schon verloren; dennoch gab er keine Ruhe und sandte Eckefried, einen Sachsen, der einst eines Mordes wegen aus seiner Heimat fliehen mußte, in den Kampf. Auf einem rotbraun gefleckten Pferd ritt Eckefried heran und rief Walther höhnisch zu:

»Bist du vielleicht ein Waldschrat, daß man dich nicht treffen kann?«

»Komm nur«, lachte Walther laut, »ich höre an deiner Sprache, daß du aus Sachsen bist. Wenn du jemals wieder zu den Sachsen zurückkehrst, dann kannst du ihnen ja erzählen, was für einen Waldschrat du im Wasgenwalde getroffen hast.«

»Wir werden gleich sehen«, rief Eckefried wutentbrannt, »was du wirklich bist.«

Er holte aus und schleuderte die schwere Lanze. Doch sie prallte ab an dem harten Schild und zersplitterte. Walther griff nach seinem Speer.

»Paß auf, Sachse, ob der Waldgeist besser trifft.«

Und im gleichen Augenblick zerriß Walthers Speer Eckefrieds Schild und fuhr ihm tief in die Brust, daß ein Blutstrahl hervorschoß und er, zu Tode getroffen, niedersank. Sein Pferd führte Walther als Beute in die Höhle.

Jetzt wandte sich Hadwart an König Gunther: »Laßt mich gegen Walther streiten.« Und siegessicher fügte er hinzu:

»Gewinne ich den Kampf, so gebt mir seinen Schild als Siegespreis.«

Nur mit dem Schwert bewaffnet, ritt er seinem Feind entgegen, und als er ihm nahe gekommen war, sprang er ab und rief: »Pfeil und Speer bist du geschickt entgangen, doch nun sollst du mit dem Schwert kämpfen. Leg deinen Schild zur Seite, daß er nicht zu Schaden kommt, denn König Gunther hat ihn mir als Siegeslohn geschenkt. Unterliege ich aber, so stehen noch meine

Gefährten als Rächer da, und sie werden dein Leben nicht schonen.«

»Meinen guten Schild will ich behalten«, erwiderte Walther. »Ich schulde ihm großen Dank; hätte er mich nicht in manchem harten Streit beschirmt und die Schläge aufgefangen, die mir galten, ich stünde jetzt nicht hier.«

»Gibst du ihn nicht freiwillig, so werde ich ihn mit Gewalt holen, und Schatz und Pferd und Mädchen obendrein!«

Schon schwang Hadwart das Schwert und drang auf Walther ein, der sich mit dem Speer tapfer wehrte. Lange tobte der Zweikampf, ohne daß einer den anderen bezwingen konnte. Schließlich dachte Hadwart, den Streit mit einem gewaltigen Hieb zu entscheiden. Er holte aus – da schlug ihm Walther das Schwert aus der Faust, und in hohem Bogen flog es zur Seite in die Büsche. Hadwart lief, sein Schwert wiederzuholen, doch Walther setzte ihm nach und erstach ihn mit dem Speer. So lag auch der fünfte erschlagen.

Noch immer saß Hagen abseits auf seinem Schild und sah wortlos den Kämpfen zu. Als aber jetzt sein Neffe Patafried, der Sohn seiner Schwester, sich rüstete, brach er sein Schweigen:

»Du gehst in den sicheren Tod«, sagte er ihm. »Noch bist du zu jung, um einen Helden wie Walther zu besiegen.«

Doch der Jüngling ließ sich weder durch Bitten noch durch Mahnungen des erfahrenen Oheims zurückhalten. Er ritt davon, denn Ehre und Ruhm glaubte er in dem Kampf mit Walther zu gewinnen. Bekümmert sah Hagen ihm nach und seufzte schwer.

Auch Walther hatte die warnenden Worte gehört, die Hagen zu seinem Neffen gesprochen hatte, und da er wußte, daß er die Treue Hagens verlieren würde, wenn er seinen Blutsverwandten tötete, rief er dem Heranstürmenden zu:

»Hör auf den Rat deines Oheims, tapferer Jüngling. Du bist noch jung und kannst in anderen Kämpfen Ruhm erwerben. Sieh die starken Helden, die hier erschlagen liegen. Erspare dir und mir den Kampf; denn du würdest den Kampfplatz nicht lebend verlassen, und ich würde mir damit nur neue Feinde schaffen.«

»Was geht es dich an, ob ich lebe oder sterbe«, rief Patafried. »Nicht zum Reden bin ich gekommen; stell dich zum Kampf!«

Und schon flog seine Lanze Walther entgegen. Der schlug sie mit dem Speer zur Seite, daß sie bis zur Felsenhöhle schwirrte und dort vor der erschrockenen Hildegunde im Grase steckenblieb. Noch einmal warnte Walther den jungen Helden, aber vergeblich. Patafried zog das Schwert, holte weit aus, aber blitzschnell duckte sich Walther, der Streich traf ins Leere, und Patafried wurde von der Wucht des Schlages zu Boden gerissen. Ehe er sich wieder aufrichten konnte, traf ihn schon Walthers Speer und machte seinem Leben ein Ende.

Um den Tod seines Freundes zu rächen, schwang sich der junge Gerwig aufs Pferd und schleuderte wütend seine doppelschneidige Wurfaxt gegen Walther. Schnell deckte sich der mit dem Schild, stieß sein Schwert in den Rasen und wehrte die heftigen Angriffe Gerwigs wieder mit dem Speer ab. Der Franke versuchte, den Kampf in die Länge zu ziehen, um Walther zu ermüden. Er ritt im Kreis um ihn herum und schirmte sich mit dem Schild, doch schließlich entdeckte Walther eine Blöße und stieß ihm den Speer in den Leib, daß Gerwig tot vom Pferd sank.

Mit Grausen hatten Gunthers Recken sieben ihrer Gefährten sterben sehen. Mutlos geworden, baten sie den König:

»Das Glück ist gegen uns. Laßt uns den Kampf abbrechen und heimreiten.«

Aber Gunther dachte nicht daran, und zornig rief er: »Wo ist euer Mut geblieben! Sollen wir uns vor *einem* Mann verkriechen und ruhmlos als geschlagene Leute nach Worms zurückkehren? Einen Goldschatz zu erbeuten, zogen wir aus, jetzt aber gilt es, den Tod unserer Helden zu rächen! Oder wollen wir den Mörder von sieben unserer besten Recken ruhig in seine Heimat ziehen lassen?«

Die Worte des Königs gaben seinen Mannen neuen Mut. Jeder drängte jetzt, der nächste zu sein im Kampf, und alle zugleich ritten sie den schmalen Felspfad aufwärts. Unterdessen hatte Walther den Helm abgenommen, um sich den Schweiß von der Stirn zu trocknen. In vollen Zügen atmete er die würzige Waldluft. Da machte Randolf der Kampfpause jäh ein Ende. Mit seinem Speer rannte er gegen Walther an und hätte ihm gewiß die Brust durchbohrt, wäre die Waffe nicht von dem guten Panzer, den Wieland einst schmiedete, abgeglitten. Schnell hatte Walther sich gefaßt. Es blieb ihm keine Zeit, den Helm wieder aufzusetzen, nur den Schild konnte er an sich reißen. Randolfs Schwert sauste auf ihn nieder, er wich aus, doch streifte die Klinge haarscharf an seinem Kopf vorbei und schnitt ihm zwei Locken ab. Der zweite Hieb traf den Schild, und das Schwert blieb darin stecken. Walther sprang zurück, im Sprunge riß er seinen Feind vom Pferd, setzte ihm den Fuß auf die Brust und schlug ihm den Kopf ab.

Als neunter stellte sich Helmnot zum Kampf. Seine

Waffe war der Dreizack, den sonst nur die Iren verwenden. Mit voller Wucht schleuderte er die gefährliche Waffe nach Walthers Schild. Das Seil, an dem der Dreizack befestigt war, hielten Helmnots Gefährten. Pfeifend flog die Waffe durch die Luft und hakte sich fest in Walthers Schild. Mit vereinten Kräften begannen die Franken, an dem Seil zu ziehen, um Walther zu Fall zu bringen oder ihm wenigstens den Schild zu entreißen. Helmnot und Trogus von Straßburg, Tannast und als vierter König Gunther selbst zogen aus Leibeskräften, doch unerschütterlich stand ihr Gegner. Er wankte keinen Fußbreit, so sehr sie sich auch mühten. Endlich war Walther des Seilziehens müde, er ließ den Schild plötzlich los, daß die Franken rücklings zur Erde stürzten, und ehe sie sich besannen, sprang er, nur mit dem Schwert bewaffnet, mitten unter seine Feinde. Sein erster Hieb traf Helmnot, und mit zerspaltener Stirn sank dieser nieder. Dann stürzte er sich auf Trogus. Der hatte sich in das Seil verwickelt und war – wie die anderen drei – waffenlos, denn beim Seilziehen hatten sie alle Schwert und Schild zur Seite gelegt. Walthers Schwert traf ihn ins Bein, doch schwerverwundet schleppte Trogus sich weiter, und da er seine Waffen nicht erreichen konnte, schleuderte er einen großen Feldstein gegen Walther. Er verfehlte den Gegner, aber es gelang ihm schließlich, sein Schwert zu fassen. Es half ihm nichts. Sowie er zum Streich ausholte, schlug ihm Walther die Rechte ab, und er hatte schon die Waffe zum zweiten, tödlichen Schlag erhoben, als Tannast dazwischensprang, um dem Gefährten zu helfen. Sofort wandte sich Walther gegen ihn, und ein einziger Schwertstreich machte dem Leben Tannasts ein Ende.

Doch auch Trogus hatte nur noch wenige Augenblicke

zu leben. Kaum war Tannast ins Gras gesunken, stürzte sich Walther noch einmal auf ihn. Gereizt durch die Schmährufe seines Gegners, schlug er zu, und so starb Trogus als elfter der fränkischen Helden.

Als Gunther sah, daß sein letzter Recke gefallen war, packte ihn die Furcht. Er sprang auf sein Pferd und jagte vom Kampfplatz weg.

Müde lehnte Walther an einem Baum, sein Atem keuchte. Doch als er sah, wie Gunther zu Hagen ritt, wußte er, daß der schwerste Kampf ihm noch bevorstand, und prüfend betrachtete er sein Schwert. Da trat Hildegunde zu ihm, und als ahnte sie Walthers Gedanken, sprach sie ermutigend zu ihm:

»Sorge dich nicht um das Schwert. Wieland der Schmied hat es gefertigt. Es gibt kein besseres, und niemals versagt es dem den Dienst, der es mutig zu führen versteht. Mit seiner Hilfe wirst du auch den letzten Kampf bestehen.«

Hagen saß noch immer abseits auf seinem Schild. Bleich war sein Gesicht vor Trauer, und er hatte auch noch nicht vergessen, wie tief ihn König Gunther vor Beginn des Kampfes beleidigt hatte. Daher rührte er sich nicht von der Stelle, als Gunther jetzt seinen Beistand suchte.

»Nun ist die Reihe an dir, Hagen. Zieh dein Schwert! Schütze die Ehre des Königs und räche den Tod des Neffen an Walther.«

Doch ruhig blieb Hagen auf dem Schild sitzen, das Schwert über die Knie gelegt: »Ich erhebe die Waffe nicht gegen den Freund. Und habt Ihr nicht selbst gesagt, daß mir der Mut fehle, wie er meinem Vater fehlte?«

Und Hagen ließ sich nicht überreden, so sehr Gunther ihn auch drängte.

»So wage ich den Kampf allein«, sprach Gunther schließlich. »Den Tod meiner Recken muß ich rächen, und das Gold, das Mädchen und die Rüstung des Feindes will ich erobern.«

»Das wird Euch nicht gelingen«, warnte Hagen. »Kein Schwert widersteht der scharfen Klinge Walthers außer meiner Waffe, und die liegt sicher verwahrt in der Scheide.«

Da rief Walther: »Hol dir nur die Beute, wenn du es wagst, König Gunther. Ich fürchte den Kampf nicht.«

Gunther ergriff die Lanze, und mit einem wohlgezielten, kräftigen Wurf begann er den Kampf. Mit dem Schild fing Walther die Waffe auf; dann zogen die Gegner die Schwerter, und ein erbitterter Streit entbrannte. Mutig focht König Gunther, doch noch rascher führte Walther die Klinge, und nur mühsam konnte Gunther sich wehren. Ein Stück nach dem anderen brach aus seinem Schild, und als er schon fast ohne Deckung war, traf ihn ein so gewaltiger Schwertstreich, daß er in den Knien wankte und ihm schwarz vor Augen wurde. Er stürzte rückwärts zur Erde. Wieder holte Walther aus – da sprang Hagen mit gezogenem Schwert dazwischen und fing den tödlichen Schlag auf. An seiner Waffe zerbrach Walthers Klinge. Im selben Augenblick aber, als Walther den goldverzierten Griff zornig beiseitewerfen wollte, traf Hagens Schwert die ausgestreckte Rechte und trennte sie vom Arm. Den Schmerz verbeißend riß Walther mit der Linken das kurze Hunnenschwert, das er an der rechten Seite trug, aus der Scheide. Der Hieb traf Hagen mitten ins Gesicht, schlug ihm das rechte Auge aus und zerschmetterte ihm das Kinn.

So endete der Kampf. Alle waren verwundet und des Kampfes müde. Sie ließen die Waffen ruhen und schlossen Frieden miteinander. Hildegunde kam und verband ihre Wunden.

Dann brachen sie auf, Gunther und Hagen kehrten nach Worms zurück, Walther und Hildegunde aber ritten mit dem Goldschatz weiter in die Heimat.

Ortnit und Wolfdietrich

KÖNIG ORTNIT

IN DER BURG ZU GARDA LEBTE KÖNIG ORTNIT, DER HERR-
scher über das Lampartenland. Kein anderer König
kam ihm gleich an Macht und Reichtum, denn alle Länder vom Gebirge bis zum Meer hatte er sich unterworfen, und sie mußten ihm Tribut zahlen.

Als König Ortnit zum Manne herangewachsen war, rieten ihm seine Verwandten und Getreuen, eine Frau zu
nehmen, die in Ehren die Krone des Lampartenreiches
tragen und an seiner Seite herrschen könnte.

»So sagt mir aber auch«, entgegnete der König, »wo ich
eine Frau finde, die meiner würdig ist.«

Fünf Tage lang saßen seine Getreuen beisammen und
hielten Rat, doch keiner konnte dem König sagen, wo
eine solche Frau zu finden sei. Endlich erhob sich König
Iljas von Reußen, Ortnits Oheim, und begann zu sprechen:

»Ich wüßte wohl eine schöne, hochgeborene Jungfrau,
doch alle, die bisher um sie warben, wurden getötet.«

»Wo lebt diese Jungfrau?« fragte Ortnit. »Stammt sie
aus so edlem Geschlecht, daß sie die Königin des Lampartenlandes werden könnte?«

Iljas antwortete: »Ihr Vater heißt Machorel. Der mächtigste König ist er im fernen Morgenland, und von der
Burg Montabur aus beherrscht er sein riesiges Reich.
Doch wer auch immer als Bote zu ihm kam und um die
Königstochter warb, der mußte sterben. Willst du noch
mehr wissen? Auch du wirst sie nicht erringen können.«

Ortnit aber rief: »Nun wird sich zeigen, wer mir treu
ist. Mein Reich und mein Leben sind mir nichts mehr
wert, gewinne ich das Mädchen nicht zur Frau.«

Da bedauerte es Iljas sehr, daß er seinem Neffen von der

Königstochter erzählt hatte, und er suchte, ihm das gefährliche Abenteuer auszureden. Doch alles war umsonst.

»Wer mir abrät, um Machorels Tochter zu werben«,
sagte Ortnit trotzig, »den kann ich nicht mehr zu meinen Freunden zählen. Jahrelang habe ich Gold und Silber aufgehäuft. Mit diesem Schatz werde ich jetzt ein
großes Heer ausrüsten. Mag es mir ergehen wie es will,
ich muß die Fahrt übers Meer wagen.«

Wieder warnte König Iljas: »So schau dir die Zinnen
der Burg Montabur an, wenn du hinkommst. Zweiundsiebzig Köpfe wirst du dort aufgesteckt finden. Sie
wurden all denen abgeschlagen, die um die Königstochter warben.«

Aber auch dadurch ließ Ortnit sich nicht schrecken,
und so gab Iljas schließlich seufzend nach: »Da du deinen Plan nicht aufgeben willst, so will ich dir wenigstens helfen, so gut ich kann.«

»Ich werde jeden reich belohnen, der mit mir fährt«,
sprach Ortnit, »Silber und Gold, Land und Burgen sollen alle bekommen, die mir zur Seite stehen. Doch nun,
meine Getreuen, wollen wir uns zur Fahrt übers Meer
rüsten.«

Wieder trat König Iljas als erster vor und versprach
Ortnit, daß er selbst mit fünftausend seiner Mannen an
der Fahrt teilnehmen werde. Noch einmal versuchten
Burggraf Engelwan von Garda und sein Bruder Helmnot, den König zurückzuhalten, aber vergeblich. Und
da nun alle sahen, daß es Ortnit ernst war mit der Brautfahrt, zögerten sie nicht länger, ihre Hilfe anzubieten.
Ein jeder wollte mit seinen Recken und Mannen zum
Gelingen der Heerfahrt beitragen. Dankbar nahm König Ortnit die Hilfe seiner Getreuen an; er bestimmte,
daß Helmnot von Tuskan während seiner Abwesenheit

im Lampartenland herrschen sollte, ließ den großen Turm öffnen, der von oben bis unten mit Schätzen gefüllt war, und verteilte Gold und Silber, Rüstungen und Waffen an alle, die mit ihm fahren wollten. Angelockt von den reichen Gaben, drängten noch viele heran, um an der Heerfahrt teilzunehmen.

Iljas aber sprach zu König Ortnit: »Ehe du die Fahrt beginnst, solltest du dir einen Ratgeber wählen, der dir während der Fahrt zur Seite steht.«

Ortnit besann sich nicht lange und antwortete: »Ich will dich zu meinem Ratgeber wählen. Das Heer und auch mich selber will ich deinem Rat und deiner Treue anvertrauen.«

»So rate ich dir«, sprach Iljas, »mit dem Aufbruch zu warten. Der Wind ist ungünstig, und wenn wir jetzt aufs Meer hinausführen, würden wir alle in den Fluten ertrinken. Die rechte Zeit zur Fahrt ist noch nicht gekommen.«

»Wir werden fahren, sobald du es für richtig hältst«, sagte Ortnit.

»Laß den Recken und Mannen sagen, daß sie sich im Mai, wenn die Tage hell und freundlich sind, hier wieder versammeln sollen«, erwiderte Iljas, »dann wollen wir aufbrechen.«

Ortnit folgte dem Rat seines Oheims. Die Helden gaben ihr Wort, sich zur rechten Zeit wieder einzufinden, dann ritten sie davon, um sich und ihre Mannen für die bevorstehende Heerfahrt zu rüsten.

So blieb König Ortnit allein in Garda zurück und wartete voller Ungeduld auf den Frühling. Nie war ihm der Winter so lang erschienen wie diesmal, und so gedachte er, sich die Zeit zu verkürzen und ins Land hinauszureiten.

ORTNIT UND ALBERICH

ORTNITS MUTTER HATTE ERFAHREN, IN WELCH GEFÄHR-
liches Abenteuer sich ihr Sohn stürzen wollte, und voll
ängstlicher Sorge versuchte sie ihn zurückzuhalten.
»Liebe Mutter«, antwortete Ortnit, »ich habe Euch
stets in allen Dingen gehorcht. Nur diesmal steht mein
Enschluß unverrückbar fest. Deshalb hört auf, mich zu
bitten.«
»Wenn es dein fester Wille ist, die Jungfrau als Königin
in unser Land zu bringen«, sprach seine Mutter, »so
will ich dich nicht hindern. Glück und Segen mögen dir
beschieden sein.«
Fröhlich rief Ortnit den Kämmerern zu: »Nun bringt
mir meine Rüstung und meine Waffen. Ich habe schon
gar zu lange untätig zu Hause gesessen. Jetzt will ich
ausreiten.«
»Ach, mein Sohn«, klagte die Mutter, »ich habe nur
noch dich. Bleib hier in unserer Burg und setze nicht
dein Leben aufs Spiel.«
»Liebe Mutter«, entgegnete Ortnit, »ein Mann kann
sein Leben nicht tatenlos verbringen, er muß hinausreiten und Gefahren bestehen.«
»Nun gut«, sprach die Königin ruhig, »aber nimm diesen Ring, wenn du ausreitest, und laß ihn nie vom Finger.«
Damit gab sie ihm einen unscheinbaren goldenen Fin-
gerring. Ortnit sah ihn an und lachte: »Was soll an diesem kleinen Ding so kostbar sein?«
»Der Ring sieht wertlos aus«, entgegnete die Königin,
»in seinem Stein aber liegt eine wunderbare Kraft.
Schwöre mir, daß du ihn nie aus der Hand gibst, selbst
wenn man dir ganze Länder dafür böte. Und wenn du
jetzt hinausreitest aus Garda, so wende dich dem Ge-

birge zu, bis du auf einem Anger eine mächtige Linde findest bei einem kühlen Brunnen. Da werden dich ganz gewiß Abenteuer erwarten.«

Ortnit schwor der Mutter, niemals den Ring aus der Hand zu geben, verbeugte sich vor ihr und wollte gehen. Sie aber mahnte ihn noch einmal:

»Steck den Ring nicht in die Tasche, sondern trag ihn sichtbar am Finger. Er wird dir helfen, die Abenteuer zu finden, die du suchst.«

Ganz allein ritt Ortnit bald darauf aus der Burg. Betrübt sahen seine Mannen ihm nach. Sie hätten den König gern begleitet, er aber hatte ihnen befohlen, zu Hause zu bleiben. Dem Rate der Mutter folgend, wandte sich Ortnit dem Gebirge zu. Die ganze Nacht hindurch ritt er, und als er am Morgen zu einer blühenden Wiese am Ufer des Gardasees kam, wollte er sich ein wenig ausruhen. Gerade brach die Sonne durch die Wolken, da fiel Ortnits Blick auf den glänzenden Ring an seiner Hand. Im gleichen Augenblick gewahrte er im Gras einen Pfad, von Kinderfüßen getreten. Er folgte ihm und stand schon nach kurzer Zeit auf einem weiten Anger. Ortnit sah sich um: das mußte der Ort sein, von dem seine Mutter gesprochen hatte. Vor einer steilen Felswand breitete ein gewaltiger Lindenbaum seine Äste aus, und dicht daneben sprudelte auch der Brunnen.

»Ich glaube, ich habe den richtigen Weg gefunden«, sprach Ortnit erfreut, sprang vom Pferd und führte es zu der Linde. Als er aber unter die tief herabhängenden Zweige schaute, sah er im Grase ein Kind liegen. Es trug ein kostbares, mit Edelsteinen verziertes Kleid, aber es lag ganz allein da und schlief, weit und breit war kein Mensch zu sehen. Erstaunt rief der König:

»Wo mag deine Mutter sein! Du liegst hier so unbeschützt und bist doch kaum vier Jahre alt. Aber ich will dich nicht erschrecken und lasse dich lieber weiterschlafen.«

Lange betrachtete er das schöne schlafende Kind, und nach einigem Nachdenken entschloß er sich doch, es mitzunehmen.

»Der Knabe ist so kostbar gekleidet«, sprach er zu sich selber, »er kann nicht ganz allein sein. Vielleicht finde ich seinen Beschützer.«

Er hob das Kind auf und wollte es zu seinem Pferd tragen. Im gleichen Augenblick versetzte ihm der Kleine einen so heftigen Faustschlag gegen die Brust, daß er fast zu Boden gestürzt wäre.

»Wie bist du ungezogen!« rief Ortnit ärgerlich. »Woher nimmst du so viel Kraft? Suchst du mir etwa zu entkommen?«

Und sie begannen miteinander zu ringen. Der Kleine lachte laut, aber bald verging ihm das Lachen, denn obwohl er riesige Kräfte besaß, überwältigte ihn der König und warf ihn zu Boden. Schon holte Ortnit mit dem Schwert aus und drohte ihn zu erschlagen, da rief der Kleine:

»Halt ein! Warum willst du mich totschlagen! Es wäre ehrenvoller für dich, mich gefangenzunehmen.«

»Das werde ich nicht tun«, gab Ortnit zurück. »Nähme ich dich als meinen Gefangenen mit, so würden mich die Leute verspotten. Sie würden sagen: Es steht König Ortnit übel an, ein kleines Kind zu überwältigen. Du brächtest mir nichts als Schande, wenn ich dich leben ließe, deshalb mußt du sterben.«

Da fiel der Kleine König Ortnit zu Füßen und flehte: »Laß mich am Leben, König Ortnit! Ich will dir zum Dank die beste Rüstung schenken, die es in der Welt gibt. Dazu sollst du ein Schwert haben, dem kein Stahl widerstehen kann. Sein Name ist Rose, und du

brauchst dich seiner nicht zu schämen. Auch Bein-
schienen gebe ich dir, und alles habe ich mit eigener
Hand geschmiedet. Du wirst keinen Makel daran
finden, es ist das lautere Gold. Ich holte es aus dem
Lande Arabien und vom Berge Kaukasus. Und einen
Schild sollst du haben, so fest und stark, daß weder
Speer noch Schwert noch Feuerbrände ihn durchdrin-
gen können. Zu all diesen kostbaren Dingen bekommst
du auch noch einen Helm, einen schöneren hat nie ein
Held getragen.«

»Wenn du auch noch so große Gaben bietest«, sprach
Ortnit, »ich lasse dich nicht los, ehe du mir sagst, wer
du bist und wie du heißt.«

»Ich bin der Zwergenkönig Alberich«, antwortete der
Kleine, »in den Bergen des Lampartenlandes liegt mein
Königreich.«

»Und doch wird dir alles, was du versprochen hast,
nichts nützen, ich werde dir den Kopf abschlagen,
wenn du mir nicht hilfst, ein schönes Mädchen zur Frau
zu gewinnen.«

»Wer ist sie?« fragte Alberich. »Wenn sie würdig ist,
deine Frau zu werden, will ich sie für dich gewinnen
oder dir mein Leben lassen.«

»Ihr Vater ist König Machorel. Er herrscht über viele
Länder jenseits des Meeres, in der Burg Montabur hat
er seinen Sitz«, antwortete Ortnit, »aber er will seine
Tochter keinem Manne geben und läßt alle Werber
töten. Deshalb will ich mit einem Heer in sein Land
ziehen.«

»Ich kenne ihn wohl«, sprach Alberich, »doch nun laß
mich gehen, damit ich mein Versprechen erfüllen kann.«

»Nein«, entgegnete Ortnit, »ich behalte dich so lange
hier, bis du mir einen Bürgen stellst und mir die Rüstung bringst.«

»Einen Bürgen habe ich nicht, und wie soll ich dir die Rüstung herbeischaffen, wenn du mich gefangen-hältst!« rief der Kleine. »Ich schwöre dir, daß ich alles bringen werde, was ich versprach. Ich bin ein König wie du und besitze unter der Erde wohl dreimal soviel Macht und Reichtum, wie du auf der Erde hast. Verlaß dich auf meinen Königseid.«

»Auf dein Königswort will ich es wagen«, sagte Ortnit und ließ den Zwerg los. »Worauf wartest du noch?« fragte er, als Alberich zögerte. »Du bist frei, geh und bring her, was du versprochen hast.«

»Eine kleine Bitte habe ich noch«, sprach der Zwerg mit schmeichelnder Stimme, »es soll dein Schade nicht sein.«

»Was willst du?« fragte der König.

»Gib mir den kleinen Ring, den du am Finger trägst«, bat Alberich, »und ich werde dir stets zu Diensten sein.«

»Gern würde ich deine Bitte erfüllen«, sagte Ortnit, »doch ich kann nicht. Verlange etwas anderes, und du sollst es haben. Den Ring aber kann ich nicht entbeh-ren.«

»Was liegt dir an dem kleinen Ding!« rief Alberich. »Ein König wie du sollte nicht so geizig sein. Ja, wenn ich um dein Pferd gebeten hätte.«

»Eine Burg, ein ganzes Land würde ich dir eher geben als diesen Ring. Ich habe meiner Mutter geschworen, ihn niemals vom Finger zu lassen.«

Steht es so?« sprach der Zwerg spöttisch. »Was nützt dir all deine Kraft und Stärke, wenn du dich vor einer Frau fürchtest. Hast du Angst vor den Schlägen deiner Mutter?«

»Sie hat mich nie geschlagen«, entgegnete Ortnit ruhig, »aber ich habe meine Mutter sehr lieb, und es täte mir leid, wenn ich sie traurig sähe.«

»Nun gut, dann behalte ihn«, sagte Alberich einlenkend, »aber laß mich ihn wenigstens einmal aus der Nähe betrachten.«

»Erst versprich mir bei deiner Treue, daß du ihn mir wiedergibst.«

Das schwor Alberich, und Ortnit ließ nun zu, daß der Zwerg ihm den Ring vom Finger zog. Im gleichen Augenblick war der Kleine verschwunden, und verwundert rief Ortnit:

»Wo bist du, Alberich?«

»Das soll dich nicht mehr kümmern«, hörte er Alberichs höhnische Stimme. »Begreifst du jetzt, warum du mich besiegen konntest und warum du mich gesehen hast? Der Ring allein hat dir diese Kraft gegeben, und solange er dein war, mußte ich dir dienen. Nun aber geh, wohin du willst, mich und den Ring wirst du nie wieder erblicken.«

»Du hast mir dein Wort gegeben, und ich habe mich darauf verlassen«, rief Ortnit empört.

Aber der Zwerg wies ihn zurecht: »Töricht hast du gehandelt, König Ortnit. Was Vater und Mutter dir raten, das ist gut, wo aber hast du je gesehen, daß man ein gewonnenes Spiel aus der Hand gibt? Mir ist der Stein zu wertvoll, um ihn wieder herzugeben.«

»Es geschieht mir schon ganz recht«, seufzte der betrogene König, »erfülle aber wenigstens dein erstes Versprechen und bring mir die Rüstung und das Schwert.«

»Nichts gebe ich einem Dummkopf wie dir, ich werde die Rüstung einem schenken, der sie mehr verdient«, höhnte Alberich.

Wütend schleuderte Ortnit große Steine nach seinem unsichtbaren Gegner, ohne ihn jedoch zu treffen. Schließlich bestieg er voller Zorn sein Pferd und wollte davonreiten.

»Bleib hier!« hörte er da den Zwerg rufen. »Oder willst du deiner Mutter sagen, daß du den Ring verloren hast? Du wirst Schläge von ihr bekommen.«

Ortnit wendete sich um und antwortete: »Das laß deine Sorge nicht sein.«

»Ich gebe dir den Ring zurück«, entgegnete Alberich, »aber versprich mir bei deiner Ehre, daß du nicht zürnst über das, was ich dir von deiner Mutter erzählen werde.«

Ortnit versprach es, und Alberich gab ihm den Ring. Rasch steckte ihn der König an den Fingr. Er konnte nun den Zwerg wieder sehen und sagte: »Nun sprich, erzähle mir, was du weißt, aber halte dich streng an die Wahrheit und wage nicht, meine Mutter zu beschimpfen.«

Und Alberich begann zu erzählen: »Wir beide sehen so verschieden aus, du bist groß gewachsen, und ich bin nur ein Zwerg. Doch wenn du dir auch vorkommst wie ein Riese, wenn du neben mir stehst, so bist du doch mein Sohn.«

»Du lügst!« rief Ortnit. »Hätte ich nicht mein Wort gegeben, so solltest du es büßen. Wie könnte ich dein Sohn sein!«

»Und doch bist du es«, entgegnete Alberich ruhig.

»So hat meine Mutter meinen Vater betrogen! Keinen Tag soll sie länger leben!«

»Was redest du da«, wies ihn Alberich zurecht. »Es ist ein Glück für dich, daß ich dein Vater bin, das erhebt dich über die anderen. Doch Ehebruch hat deine Mutter nicht begangen, denn alles geschah ohne ihren Willen. Sei gewiß: es gibt keine edlere Frau im Lampartenland als deine Mutter. Dein Vater und deine Mutter liebten sich sehr. Gern hätten sie einen Sohn gehabt, aber ihr Wunsch erfüllte sich nicht. Oft weinte deine

Mutter deshalb. Ich hörte es, und sie dauerte mich. Auch dachte ich daran, welches Unglück es dem Lande brächte, wenn der König ohne Erben sterben sollte. Unsichtbar stand ich am Bett der Königin, und ich bezwang sie, so sehr sie sich auch dagegen wehrte.«

»Wenn es so ist«, sprach Ortnit leise, »dann muß ich meiner Mutter verzeihen.«

»Bleib eine Weile hier sitzen«, sagte Alberich und erhob sich, »behalte den Ring am Finger; ich will gehen und dir bringen, was ich versprach.«

Damit verschwand er in einer Öffnung des Berges. Schon nach kurzer Zeit aber kam er zurück, schwerbeladen mit einer Brünne, mit Schwert, Helm und Schild. Noch nie hatte Ortnit schönere und bessere Waffen gesehen. Er konnte sich kaum daran satt sehen. Dann begann er sich zu rüsten, und als er die Brünne angelegt hatte, saß sie wie angegossen, und auch der Helm paßte genau. Voller Freude rief er:

»Noch nie habe ich ein besseres Kampfgewand besessen.«

»Es war für dich gemacht, lange bevor ich dich zum erstenmal sah«, sprach Alberich. »Nun endlich hast du es bekommen. Willst du aber, daß ich dir weiterhin wohlgesonnen bleibe und dir bei all deinen Unternehmungen hilfreich zur Seite stehe, so erzürne niemals deine Mutter, denn sonst wäre es aus mit unserer Freundschaft.«

Das versprach Ortnit gern. Nun reichte ihm Alberich das Schwert Rose, und Ortnit betrachtete es voller Bewunderung. Auf beiden Seiten der Klinge war Ortnits Name eingeschnitten, und als Schwertknopf diente ein faustgroßer Karfunkelstein.

»Jetzt bin ich gerüstet für alle Gefahren«, sprach er, dann aber drängte er zum Aufbruch, ergriff den Schild und bestieg sein Pferd. Noch einmal mahnte der Zwergenkönig, ehe er Abschied nahm:

»Solange du den Ring hast, werde ich immer dasein, wenn du mich brauchst. Gib gut darauf acht!«

Damit war er verschwunden, und Ortnit ritt davon. Gern hätte er die neuen Waffen gleich im Kampfe erprobt, doch obwohl er drei Tage lang kreuz und quer das Gebirge durchstreifte, fand er nirgends einen Gegner, und so wandte er sein Pferd, um heimzureiten.

In Garda herrschten inzwischen Kummer und Sorge, denn vor drei Tagen war König Ortnit ausgeritten und noch immer nicht zurückgekehrt, so daß alle fürchteten, er wäre umgekommen. Da näherte sich am vierten Morgen ein glänzend gerüsteter Reiter der Burg und rief dem Wächter zu: »Laß mich ein! Dein König steht vor dem Tor!«

Der Wächer aber erkannte Ortnit nicht und lief, die Recken und Mannen zu wecken.

»Wacht auf«, rief er, »ein Fremder steht draußen und sagt, er sei König Ortnit!«

Im Nu waren alle aus den Betten und eilten auf die Zinne, um den Ankömmling zu sehen.

»Wer seid Ihr?« rief der Burggraf. »Nennt Euren Namen, sonst werdet Ihr nicht eingelassen.«

»Ich bin Ortnit, dein Herr«, rief der König mit verstellter Stimme zurück.

»Dann sagt mir doch, woher Ihr diese neue Brünne, den neuen Helm und den neuen Schild habt«, antwortete der Burggraf. »König Ortnit trug andere Waffen, als er vor drei Tagen aus der Burg ritt.«

»Ich will dir die Wahrheit sagen«, rief Ortnit wieder. »Dein Herr ist tot, ich habe ihn erschlagen. Doch ich weiß, daß zweiundsiebzig seiner Recken in der Burg sind. Deshalb bin ich hergekommen, um zu sehen, ob einer dabei ist, der König Ortnits Tod an mir rächen will. Ich warte vor dem Tor, kommt nur heraus.«

Und während die Königin klagend die Hände rang und den Tod ihres Sohnes beweinte, legten der Burggraf und alle anderen Recken eiligst ihre Rüstungen an, um dem Fremdling seine Freveltat heimzuzahlen. Sie stürmten mit den blanken Schwertern in den Fäusten aus dem Tor, dem fremden Recken entgegen. Aber kein Panzer und keine Klinge war dem Schwert Rose gewachsen, es durchschlug sie, als wäre es morsches Holz. Der Burggraf stürzte verwundet vom Pferd, und rachedurstig drangen die anderen auf Ortnit ein. Da rief er: »Genug des Streits! Ich bin Ortnit, der König. Verzeiht, daß ich euch täuschte. Jetzt weiß ich, wie treu ihr seid.«

Er setzte seinen Helm ab, und da erst erkannten sie ihn.

Ortnit sorgte für den verwundeten Burggrafen; dann ging er sogleich zu seiner Mutter, die ihn glücklich in die Arme schloß. Verwundert fragte sie:

»Wer gab dir diese Rüstung?«

»Ein Zwerg, der unter der großen Linde lag, zu der du mich geschickt hattest«, antwortete Ortnit, und er erzählte nun alles, was sich zugetragen hatte.

DIE FAHRT ZUR BURG MONTABUR

ALS DAS FRÜHJAHR HERANKAM, VERSAMMELTEN SICH IN Garda die Helden zu der großen Heerfahrt. Ortnit befahl die Königin und das Land der Obhut des Markgrafen Helmnot von Tuskan, verabschiedete sich von seiner Mutter und schiffte sich mit dem Heer ein. Am zwölften Morgen der Reise rief der Wachtposten vom Mastbaum:

»Land in Sicht! Wir sind schon ganz nahe bei Suders, der Hauptstadt von König Machorels Reich.«

Der Schiffsführer ließ die Segel einholen und sagte zu Ortnit: »Der Wachtposten hat recht, das ist der Hafen von Suders. Ich rate Euch aber, hier schon Anker zu werfen, denn dort liegen viele Raubgaleeren.«

»Was soll nun werden?« rief Ortnit bestürzt. »Am liebsten würde ich gleich wieder umkehren, denn der eine, auf dessen Hilfe ich am meisten rechnete, hat mich im Stich gelassen.«

Iljas von Reußen stand dabei und suchte den König aufzumuntern: »Was willst du denn noch! Alle, die dir helfen wollten, sind hier um dich geschart. Ein gut gerüstetes Heer von dreißigtausend Mann gehorcht deinen Befehlen.«

»Aber der beste Helfer fehlt«, seufzte Ortnit und blickte kummervoll umher – und da sah er plötzlich Alberich vor sich stehen. Im Nu vergaß er alle Sorgen und rief fröhlich:

»Lieber Vater, wer hat dich hierhergebracht?«

»Hast du geglaubt, ich sei untreu geworden?« fragte der Zwerg. »Im Mastkorb habe ich die Reise mitgemacht.«

»Mit wem sprichst du? fragte Iljas verwundert.

»Sag es ihm«, flüsterte Alberich, »verrat ihm, wer ich bin, du kannst ihm vertrauen.«

»Ich habe gute Nachrichten, Oheim«, sagte Ortnit laut, »glaub nicht, daß ich Selbstgespräche führe. Wenn du mehr erfahren willst, dann komm hierher zu uns beiden.«

»Was redest du für wirres Zeug«, entgegnete Iljas und fürchtete, Ortnit habe den Verstand verloren.

In diesem Augenblick rief der Schiffsführer: »Rüstet euch zum Kampf! Ich sehe, daß viele Galeeren vom Ufer abstoßen. Sie werden uns Feuer in die Schiffe werfen.«

»Dagegen weiß ich guten Rat«, sprach Alberich. Iljas sah sich erschrocken um und fragte:

»Wer spricht da?«

»Ein Zwerg«, sagte Ortnit.

Doch Iljas war so schnell nicht zu überzeugen: »Das kann ich nicht glauben, erst muß ich ihn gesehen haben.«

Da zog Ortnit den Ring ab und steckte ihn Iljas an den Finger. Der aber lachte nur, als er plötzlich Alberich sah.

»Wo kommst du denn her, mein Kind?« fragte er belustigt. »Und wo ist deine Mutter?«

»Ich erscheine dir zwar sehr klein«, erwiderte Alberich, »aber ich bin schon mehr als fünfhundert Jahre alt. Folgt ihr nur immer meinem Rat, ihr werdet gut daran tun. Wenn jetzt die Galeeren von Suders kommen, so sagt, ihr wäret Kaufleute und bätet um Geleit.«

»Mit diesem Rat kann ich nicht viel anfangen«, seufzte Ortnit, »ich verstehe ja die Sprache dieser Leute nicht.«

»So will ich sie dich lehren«. Mit diesen Worten gab Alberich ihm einen Stein. »Nimm ihn in den Mund, dann kannst du alle Sprachen der Welt sprechen und verstehen.«

Ungläubig schüttelte Ortnit den Kopf. Er argwöhnte, Alberich machte sich lustig über ihn. Doch versuchen wollte er wenigstens, ob der Stein wirklich solche Zauberkraft besaß, und er nahm ihn in den Mund. Inzwischen waren die Schiffe von Suders nahe heran, und angstvoll schrie einer der Lamparten: »Wie wird es uns jetzt ergehen! An die vierzig feindliche Schiffe kommen auf uns zu.«

Da rief auch schon einer von den Galeeren herüber: »Wer seid ihr! Was wollt ihr!«

Und Ortnit verstand ihn und konnte ihm in der fremden Sprache antworten: »Ich bin ein Kaufmann und führe kostbare Ware mit mir.« Zugleich gab er seinen Mannen einen Wink, sich unter dem Deck zu verbergen, daß kein Helm und kein Schild mehr zu sehen war. Dann wendete er sich wieder den Leuten von Suders zu: »Einen Kaufmann werdet ihr wohl ungehindert in die Stadt einlassen. Gebt mir Geleit, daß ich sicher in den Hafen komme.«

»Wer Kaufmannsgut bringt, der ist uns willkommen«, sprachen die Schiffsleute, wendeten um und geleiteten die Schiffe der Lamparten in den Hafen.

Als es Abend wurde, ging Ortnit zu Alberich und sprach: »Die Tore der Stadt stehen offen, niemand bewacht sie; wenn alle Bewohner schlafen, werde ich mit dem Heer in die Stadt einfallen und alle umbringen, Männer, Frauen und Kinder.«

»Das wäre eine große Schande für dich«, sagte Alberich tadelnd, »so handelt ein König nicht. Man hat dich hier freundlich empfangen. Erkläre König Machorel den Krieg, dann magst du angreifen.«

»Ach was«, entgegnete Ortnit, »König Machorel ist so grausam, daß ich keinen Boten finden werde, der ihm den Krieg ankündigt. Wenn ich ihn angreife, wird er es schon merken.«

Aber Alberich wußte auch diesmal Rat. Er selbst wollte als Bote gehen, und so schnell er konnte, eilte er zur Burg Montabur. Vor Morgengrauen kam er an und setzte sich auf einen Stein an der Burgmauer, um den Tagesanbruch abzuwarten. Es dauerte jedoch nicht lange, als er oben auf der Zinne einen Mann stehen sah. Es war König Machorel, der die frische Morgenluft genießen wollte.

»He, du dort oben«, rief Alberich ihm zu, »kannst du mir sagen, wo ich den König finde?«

»Der bin ich selbst«, antwortete Machorel und blickte erschrocken um sich, denn er hörte wohl eine Stimme, doch er konnte niemand sehen. »Wer bist du? Was willst du?« fragte er.

»Ich bin der Bote eines reichen Königs, der deine Tochter zur Frau haben will.«

Da schrie der König wütend: »Weißt du nicht, daß ich jedem den Kopf abschlagen lasse, der meine Tochter begehrt!«

»Warum schimpfst du nur«, erwiderte der Zwerg, »verlaß dich darauf: wenn du sie ihm nicht freiwillig gibst, wird er mit einem Heer kommen und sie gewaltsam holen.«

Vor Zorn brüllte König Machorel so laut, daß alle in der Burg erschrocken herbeiliefen.

»Was gibt es, bist du von Sinnen?« rief die Königin bestürzt.

»Nein, das bin ich nicht«, gab der König wütend zurück, »aber man wirbt um deine Tochter, und ich kann den frechen Boten nicht bestrafen, weil er unsichtbar ist.« Und dann befahl er seinen Mannen: »Lauft hinaus, laßt den Boten nicht entkommen, fangt und bindet ihn!«

Sie gehorchten, rannten zum Burggraben hinunter und begannen, in die leere Luft zu stechen und zu schlagen. Alberich aber war längst entwischt. Er versteckte sich hinter dem Rücken des Königs und spottete:

»Du solltest deinen Leuten verbieten, wie wild um sich zu schlagen, denn leicht könnten sie dich selbst dabei treffen.«

Voller Wut rief der König seinen Manenn zu: »Hört auf, denn wie wollt ihr einen treffen, den man nicht sehen kann.«

»Und was soll ich nun meinem König sagen?« fragte Alberich.

»Höre«, sagte Machorel, »ich glaube dir kein Wort, da du mir nichts Schriftliches vorweisen kannst.«

»Einen Brief habe ich nicht, aber ein Andenken kannst du haben«, lachte der Zwerg, versetzte dem König eine schallende Ohrfeige und verschwand. Er war längst auf dem Wege zu Ortnit, da hörte er noch immer König Machorel oben auf der Burgmauer toben und brüllen.

DER KAMPF

NOCH VOR EINBRUCH DER NACHT KAM ALBERICH WIEder bei Ortnits Schiffen an, wo er schon ungeduldig erwartet wurde.

»Ich bringe schlechte Nachrichten«, berichtete der Zwerg. »Du wirst das Mädchen nur durch Kampf gewinnen oder gar nicht. Die Werbung brachte König Machorel in rasende Wut.«

»Was sollen wir tun, Alberich?« fragte Ortnit. »Es wäre sicher am besten, die Hauptstadt Suders zu erobern, denn dann fiele uns mit einem Schlag das ganze Land in die Hände.«

Alberich stimmte diesem Vorschlag zu und erbot sich, das Heer heimlich aus den Schiffen ans Ufer zu bringen. »Es ist stockfinstere Nacht«, sagte er, »kein Mondschein erhellt das Land, und die Mauern der Stadt sind unbewacht. Ich werde die Barken stehlen, die am Strande liegen, damit können wir alle hinüberbringen.«

Die ganze Nacht fuhren die Boote hin und her, und am Morgen stand das Heer gerüstet und gewaffnet vor der Stadt. Wieder fragte Ortnit Alberich um Rat, was nun weiter geschehen sollte.

»Die Tore der Stadt stehen offen, das siehst du doch selbst, was brauchst du da noch meinen Rat«, antwortete der Zwerg.

Sogleich rief Ortnit seinen Oheim Iljas herbei, übergab ihm die Sturmfahne, auf der ein goldener Löwe prangte, und bei Tagesanbruch rückte das Heer der Lamparten gegen die Stadt vor. Im letzten Augenblick erst bemerkten die Bewohner von Suders das Nahen des Feindes. In aller Eile sammelte der Stadthauptmann seine Leute und zog mit ihnen den Feinden entgegen. Den ganzen Tag über tobte der Kampf um die Stadt. Die Übermacht der Lamparten war jedoch so groß, daß sich Suders schließlich bei Einbruch der Dunkelheit König Ortnit auf Gnade und Ungnade ergeben mußte. Aber König Ortnit gönnte seinen Recken nicht lange Ruhe. Schon am nächsten Morgen drängte er zum Aufbruch.

»Wir wollen hier keine Zeit verlieren«, rief er ungeduldig, »jetzt gilt es, die Burg Montabur zu stürmen und die Königstochter zu gewinnen.«

Und als alle gerüstet standen, rief er seinem Oheim zu:

»Iljas von Reußen, trage uns die Sturmfahne voran und führe uns auf die Burg Montabur.«

»Das kann ich nicht«, gab Iljas zurück. »Ich kenne zwar in unserem Lande alle Wege und Stege, hier aber weiß ich selbst nicht, wo ich bin, und ich würde das Heer nur in die Irre führen.«

»Gib mir die Fahne«, sprach da Alberich, »ich kann euch den richtigen Weg zeigen.«

Erfreut stimmte Ortnit zu, setzte den Zwerg auf ein Pferd und gab ihm die Fahne in die Hand. Wie staunten die Helden aus dem Lampartenland, als sie die Fahne vor sich herflattern sahen, aber niemanden, der sie trug. Sie mußten nicht lange reiten, da rief Alberich:

»Seht, vor uns liegt die Burg. Jetzt mag Iljas die Fahne wieder nehmen.«

Bis dicht an die Burgmauer führte Iljas das Heer und gab den Befehl, die Zelte aufzuschlagen. Aber Machorels Mannen hatten die heranrückenden Feinde rechtzeitig bemerkt und überschütteten sie mit einem Hagel von Pfeilen.

»Ich werde gleich dafür sorgen, daß das Schießen aufhört«, sagte Alberich. Während der Dunkelheit erkletterte er die Mauer und begann, die Pfeile, Bogen und Speere von Machorels Recken zu zerbrechen und in den Burggraben hinabzuwerfen.

Schreckensbleich standen die Männer in der Burg und sahen zu, wie eine unsichtbare Hand ihnen die Waffen wegnahm. Sie liefen zu König Machorel und bestürmten ihn, dem fremden König seine Tochter zur Frau zu geben.

»Wir haben keine Pfeile und keine Speere mehr«, riefen sie aufgeregt, »wie sollen wir die Burg verteidigen! Wenn der Feind eindringt, sind wir alle verloren.«

Doch Machorel fuhr sie an: »Wir sind Männer genug! Draußen vor der Burg greifen wir morgen den Feind an!«

Alberich hatte die ganze Zeit dabeigestanden und alles gehört. Er stieß den König an und sagte: »Und wenn du noch so viele Leute hast, sie werden dir nichts nützen. Gib meinem König deine Tochter zur Frau, oder er hängt dich an der höchsten Zinne der Burg auf.«

Der König fuhr herum, zitternd vor Wut schrie er: »Bist

du schon wieder hier! Aber ich werde eure Pläne durchkreuzen, und bald sollen eure Köpfe auf der Burgmauer stecken.«

Alberich aber spottete und höhnte weiter, so daß der König schließlich, bis aufs Blut gereizt, sich nicht anders mehr zu helfen wußte, als mit Steinen nach dem unsichtbaren Quälgeist zu werfen. Der aber war längst auf und davon und stand schon wieder vor Ortnit.

»Mach dich bereit zur offenen Schlacht«, sagte er und berichtete, was er alles gehört hatte.

Kaum war die Sonne aufgegangen, rüsteten sich die Lamparten zum Kampf; denn schon hörte man Lärm in der Burg, und es dauerte auch nicht lange, da stießen die Mannen König Machorels die Tore auf und stürmten heraus. Die Schlacht begann.

Von der Burgzinne aus sah die Königstochter weinend und klagend dem Streite zu, und voller Sorge um das Leben ihres Vaters flehte sie ihre Götter um Hilfe an. Alberich sah den Jammer des Mädchens, und Mitleid ergriff ihn. Sanft faßte er ihre Hand.

»Wer hält meine Hand?« rief sie erschrocken. »Wer bist du, was willst du von mir? Bist du ein Gott, so hilf mir aus meiner Not.«

»Nein«, antwortete Alberich freundlich, ich bin kein Gott, aber ich bringe dir gute Botschaft. Du sollst Königin werden über ein großes Land jenseits des Meeres.«

»Das schlag dir aus dem Sinn«, entgegnete sie mit Bestimmtheit, »hier bin ich geboren, und hier will ich bleiben, bis zu meinem Tode. Nirgends anders könnte ich leben als bei meinem Vater und bei meiner Mutter.«

Umsonst versuchte Alberich, das Mädchen umzustimmen, sie blieb bei ihrer Weigerung. Schließlich trat er ans Fenster, und voller Freude sah er, wie Machorels

Mannen zurückwichen und Ortnit und seine Recken schon bis zum Tor vorgedrungen waren.

»Komm hierher«, wandte sich Alberich an die Königstochter und führte sie zum Fenster. »Dein Vater wird sterben müssen, wenn du den Lampartenkönig nicht zum Manne nimmst.«

Als das Mädchen sah, wie schlecht der Kampf für ihren Vater stand, sagte sie zu Alberich: »Ich will alles tun, was du verlangst, aber stifte Frieden und rette das Leben meines Vaters.«

Und schließlich bat sie Alberich, ihr Ortnit zu zeigen. Alberich wies hinunter in das Kampfgetümmel: »Siehst du den Helden dort, dessen Rüstung heller glänzt als alle anderen und der am tapfersten von allen kämpft? Das ist König Ortnit.«

Darauf zog die Königstochter einen Ring vom Finger und gab ihn dem Zwerg, damit er ihn König Ortnit bringe.

»Dieser Ring sei das Zeichen, daß ich König Ortnit zum Manne nehmen will«, sprach sie. »Sage dem König, daß ich ihn bitte, den Kampf einzustellen und mit seinem Heer abzuziehen.«

Alberich nahm den Ring und eilte zu Ortnit. Schnell erzählte er, was geschehen war, und Ortnit war sofort bereit, den Wunsch des Mädchens zu erfüllen, nur Iljas rief:

»Nichts da von Frieden! Du wirst das Mädchen auch so bekommen. Laß uns das Tor stürmen.«

Unmutig drehte sich Alberich um: »Du sprichst sehr unklug, Iljas. Wie könnte ein Mädchen wohl den zum Manne nehmen, der ihr den Vater erschlug! Ich gebe euch den Rat abzuziehen, und ich weiß auch hier in der Nähe einen sicheren Platz, wo das Heer sich verstecken kann.«

Ortnit stimmte dem zu, und mißmutig fügte sich auch Iljas. Kaum hatten sie ihr Versteck erreicht, da sprach der Zwerg zu Ortnit: »Komm, reite mit mir zurück! Ich habe mir eine List ausgedacht, um heute noch das Mädchen aus der Burg zu holen. Das Heer soll sich hier bereit halten und uns zu Hilfe kommen, wenn ich es rufe.«
So ritten denn beide ganz allein zur Burg zurück, und während Ortnit sich am Burggraben versteckte, kletterte Alberich über die Mauer und begann, die Königstochter zu suchen. Endlich fand er sie. Sie saß mit ihrer Mutter und vielen anderen Frauen zusammen, um die Toten zu beweinen, die im Kampf gegen die Lamparten ihr Leben gelassen hatten. Alberich trat zu dem Mädchen und flüsterte ihr zu:
»Wann willst du dein Versprechen einlösen?«
»Wann immer du willst«, gab sie ebenso leise zurück, »nur rate mir, wie ich aus der Burg kommen soll.«
Obwohl sie ganz leise sprachen, hatte die Königin jedes Wort verstanden, und furchtsam sagte sie zu ihrer Tochter: »Ach, meine Tochter, dein Vater wird mich töten, wenn ich dir helfe.«
»Folge nur meinem Rat, dann wird euch beiden nichts geschehen«, redete Alberich ihr Mut zu. »Erlaube deiner Tochter, allein vor das Burgtor zu gehen, um dort bei den Götterbildern zu beten.«
Die Königin war damit einverstanden, und als das Mädchen nun laut darum bat, ihr einen Gang zu den Götterbildern vor der Burg zu gestatten, willigte sie ein. Keiner durfte die Königstochter begleiten, aber der Zwerg ging unsichtbar neben ihr und hielt sie an der Hand. Er führte sie aus der Burg und brachte sie zu Ortnit. Den aber hatte die Müdigkeit übermannt, und er war fest eingeschlafen, so daß Alberich ihn erst kräftig rütteln mußte, ehe er aufwachte.

»Wach auf!« rief er. »Ich bringe dir deine Braut.«
Ortnit fuhr hoch, und er war sogleich hellwach, als er
den Zwerg mit dem Mädchen vor sich sah.

»Und wenn ich schon auf dem Totenbett läge, jetzt
würde ich doch gesund«, rief er glücklich und umarmte
seine Braut. Alberich aber mahnte zur Eile. Schnell hob
Ortnit das Mädchen vor sich in den Sattel, und sie ritten
davon.

Als König Machorel erfuhr, daß man seiner Tochter erlaubt hatte, allein und ohne jede Begleitung vor die Burg
zu gehen, wurde er argwöhnisch.

»Man hat sie entführt«, schrie er und befahl, die Pferde
zu satteln und den Räubern nachzusetzen. Im Nu saßen
seine Mannen auf, und an ihrer Spitze jagte der König
aus der Burg. Bald sah Ortnit die Verfolger kommen,
und er spornte sein Pferd. Doch das Tier war müde und
kam nur langsam voran.

»Was soll ich tun?« rief Ortnit ratlos Alberich zu.
»Wem vertraue ich meine Braut an, wenn es zum
Kampfe kommt. Ich will lieber sterben als das Mädchen
wieder verlieren.«

»Reite zu!« rief Alberich. »Gleich kommen wir an einen
Fluß, da müssen wir hinüber, und dann sind wir in Sicherheit.«

»Flieh, so schnell du kannst«, jammerte das Mädchen.
»Wenn mein Vater dich einholt, bist du verloren. Mich
aber laß absteigen, ich will nicht, daß du um meinetwillen in Gefahr kommst.«

Ortnit jedoch dachte nicht daran, das Mädchen zu verlassen. Er trieb das Pferd zur Eile an, erreichte vor Machorel den Fluß, hob seine Braut aus dem Sattel und
trug sie durch das Wasser ans andere Ufer. Während
Alberich Iljas und das Heer zu Hilfe holte, griff Ortnit
zu Schild und Schwert und stellte sich den herannahen-

den Feinden entgegen. Und schon waren Machorel und seine Mannen am Flußufer. Sie sprangen von den Pferden, um den Fluß zu durchwaten, und das kam Ortnit zustatten, denn so konnte er sie einzeln zurückschlagen. Aber die Übermacht der Feinde war zu groß. Ortnits Kraft erlahmte, er senkte das Schwert und rief König Machorel zu:

»Ich gebe mich gefangen! Deiner Gnade befehle ich mein Leben.«

»Nein«, sagte Machorel hart, »du hast meine Tochter entführen wollen, und deshalb mußt du sterben.«

»Dann kämpfe ich weiter!« rief Ortnit zurück und hob wieder das Schwert. Im selben Augenblick hörte er den Hufschlag vieler Pferde, sein Heer stürmte heran, und Iljas rief schon von weitem:

»Halt aus, König Ortnit! Wir kommen dir zu Hilfe!«

Das war Rettung in höchster Not. Erschöpft reichte Ortnit seinem Oheim das Schwert Rose: »Kämpfe weiter für mich, ich bin am Ende meiner Kraft.« Dann aber konnte er sich nicht mehr aufrecht halten, und er sank entkräftet ins Gras. Die Königstochter legte seinen Kopf in ihren Schoß, löste ihm den Helm und trocknete seine schweißnasse Stirn mit ihrem Schleier. König Machorel beobachtete es, und wutentbrannt schlug er noch heftiger als zuvor auf seine Feinde ein. Doch es half ihm nichts. Seine Mannen wurden immer weiter zurückgedrängt, und als Ortnit schließlich wieder in den Kampf eingriff, jagten sie in wilder Flucht davon. Ortnit verfolgte sie, aber ehe er sie einholen konnte, erreichten sie die Burg Montabur und schlugen das Tor hinter sich zu, so daß Ortnit umkehren mußte.

Die Königstochter war inzwischen in großer Sorge, denn sie fürchtete um das Leben ihres Vaters, und erst als Ortnit ihr versicherte, daß König Machorel sich in die Burg retten konnte, atmete sie erleichtert auf. Bereitwillig ließ sie sich auf ein Pferd heben, um Ortnit zu folgen. Im Hafen lagen die Schiffe bereit zur Heimfahrt, doch König Ortnits Heer war klein geworden, nur tausend Mann brachte er zurück, die anderen waren tot.

Mit günstigen Winden segelten die Lamparten heimwärts und langten wohlbehalten in Garda an, wo Ortnit und König Machorels Tochter Hochzeit feierten.

KÖNIG MACHORELS RACHE

KÖNIG MACHOREL KONNTE DIE SCHMACH DER NIEDERlage nicht verwinden. Er schloß sich in einem Zimmer der Burg ein, ließ Essen und Trinken stehen, und niemand durfte sich ihm nähern. Als nach einigen Tagen ein Jäger in die Burg kam und dringend verlangte, den König zu sprechen, riefen die Diener erschrocken: »Das ist unmöglich, niemand darf zu ihm hinein!«

»Und doch muß ich zu ihm«, beharrte der Jäger.

Da aber keiner von den Dienern wagte, den König zu stören, zeigten sie ihm nur die Tür zu des Königs Zimmer. Der Jäger klopfte laut an und rief:

»Kommt heraus, Herr! Ihr trauert um Eure Tochter, jetzt aber freut Euch, denn ich weiß ein Mittel, wie Ihr Euch rächen könnt.«

Das hörte der König gern. Er öffnete die Tür und ließ den Jäger ein. »Sprich, nenne mir das Mittel. Kein Lohn wird mir zu hoch sein, wenn du Ortnit tötest.«

Der Jäger begann zu erzählen: »Vor ein paar Tagen kam ich im Wald vom Wege ab und verirrte mich. Plötzlich sah ich vor mir eine Felsenhöhle, aus der ein ungeheurer

Drache hervorkroch. Ich versteckte mich schnell, und als das Untier im Walde verschwunden war, schlich ich in seine Höhle. Ich fand dort zwei Dracheneier, so groß und so schwer, daß ich sie nur mit vieler Mühe in mein Haus schleppen konnte. Damit sie nicht verderben, legte ich sie an einen warmen Platz. Die Brut darin ist noch lebendig. Nun hört meinen Plan. Rüstet mir ein Schiff aus, damit ich die Dracheneier in das Lampartenland bringen kann. Dort werden die jungen Drachen ausschlüpfen, das Land verwüsten und das Vieh auffressen. Bestimmt wird König Ortnit ausziehen, um die Ungeheuer zu töten, und seid sicher, dabei wird er ums Leben kommen.«

Mit glänzenden Augen hatte der König zugehört, und er versprach, sofort alles zu tun, damit der Jäger seinen Plan ausführen konnte.

»Hört weiter, was ich Euch rate«, fuhr der Jäger fort, »füllt zwei große Kisten mit Gold und Edelsteinen und laßt für die Dracheneier einen Schrein zimmern und mit Baumwolle und Seide weich auspolstern, damit sie die Fahrt ohne Schaden überstehen. Dann gebt mir noch einen Brief an Eure Tochter mit. Schreibt, daß Ihr ihr und König Ortnit verziehen habt und zum Zeichen der Versöhnung diese Geschenke sendet.«

Schon kurze Zeit später segelte der Jäger davon, landete an der Küste des Lampartenlandes und kam nach Garda. Da aber der Torwächter seine Sprache nicht verstand, ließ er ihn nicht ein, sondern lief zum König und meldete, es sei ein Fremder mit zwei schwerbeladenen Saumtieren gekommen, den aber niemand verstehen könne.

»Laßt ihn herein«, befahl Ortnit, und als der Jäger vor ihm stand, fragte er nach seinem Begehr.

»Ich bringe Euch gute Botschaft von König Machorel«,

antwortete der Jäger und übergab Ortnit und der Königin den Brief seines Herrn. Wie freuten sie sich, als sie ihn lasen.

»Mein Vater hat uns verziehen«, rief die Königin glücklich, »er sendet uns Grüße und schreibt, daß er uns besuchen will. Reiche Geschenke schickt er uns als Zeichen seiner Liebe.«

»Seht nur her«, sagte der Jäger und öffnete die Kisten, in denen es funkelte und glänzte von Gold und edlen Steinen. »Das ist aber noch nicht alles. Draußen vor dem Tor liegt ein Schrein, der weit kostbarer ist als das hier. Es ist eine junge Kröte darin; wenn sie ausgewachsen ist, wird sie einen Edelstein in sich tragen, wie es keinen schöneren auf der Welt gibt. Außerdem bringe ich einen jungen Elefanten mit. Die Tiere müssen aber, bis sie groß geworden sind, im Gebirge leben, wenn sie gedeihen sollen. Deshalb bitte ich, mir eine Höhle zu zeigen, wo ich die Tiere für Euch aufziehen kann.«

Gleich gab Ortnit Befehl, den Jäger zu einer Felsenhöhle in der Nähe der Stadt Trient zu bringen, und er legte ihm ans Herz, die beiden Tiere gut zu pflegen.

Ein halbes Jahr verging. Die Drachen waren ausgeschlüpft und hatten sich zu großen, gefräßigen Ungeheuern entwickelt. Die Leute in der Umgebung seufzten, denn täglich mußten sie auf Befehl des Königs ein Rind opfern, um den Hunger der Tiere zu stillen.

»Der König sollte diesen Elefanten nicht länger füttern«, sagten sie, »er wird ihm noch Städte und Länder verschlingen.«

Die Freßgier der Drachen wurde täglich größer, so daß der Jäger fürchtete, sie würden sich am Ende noch auf ihn selber stürzen. Deshalb ließ er sie aus der Höhle und machte sich auf und davon. Die beiden Ungeheuer begannen sofort, sich gierig über alles herzumachen, was sie finden konnten, und bald hatten sie alles Land umher verwüstet. Sie töteten das Vieh auf den Weiden und fielen über die Menschen her. Niemand wagte sich auf die Straße, die Bauern bestellten ihre Äcker nicht mehr und mähten das Gras auf den Waldwiesen nicht ab. Angst und Schrecken herrschten überall in Städten und Dörfern.

Als König Ortnit erfuhr, wie fürchterlich die Drachen im Lande wüteten, konnte er keine Nacht mehr ruhig schlafen, so sehr quälte ihn die Sorge um das Lampartenland.

»Ich muß die Drachen töten und das Land von der Plage befreien, die König Machorel uns heimtückisch schickte«, sprach er zu sich selbst. »Was aber soll aus meiner Frau werden, wenn ich umkomme dabei? Um meinetwillen verließ sie Vater und Mutter, sie ist hier eine Fremde. Ich bringe es nicht übers Herz, ihr zu sagen, daß ich gegen die Drachen kämpfen will.«

Ortnit glaubte, daß niemand seine Worte gehört hatte, aber die Königin war erwacht und hatte alles mit angehört. Weinend umschlang sie ihn und flehte, sie nicht allein zu lassen.

»Fürchte nichts«, tröstete er sie, »ich komme in wenigen Tagen zurück. Nur bitte ich dich: sage niemandem, wo ich hingehe, und weine nicht vor den Leuten, damit sie nicht merken, was ich vorhabe.«

Trotzdem versuchte die Königin immer wieder, ihn zurückzuhalten, aber Ortnit war fest entschlossen, den Kampf mit den Drachen zu wagen.

Schweren Herzens nahmen die beiden Abschied voneinander, und auch dem König standen die Tränen in den Augen, als er seine Frau noch einmal umarmte.

»Gib mir deinen Ring«, bat er, »und nur wenn einer kommt und ihn dir wiederbringt, kannst du gewiß sein, daß ich tot bin. Willst du dann jemals wieder heiraten, so versprich mir, nur den zum Manne zu nehmen, der die Drachen erschlug und meinen Tod rächte. Wer die Drachenköpfe bringt, dazu meine Brünne, mein Schwert Rose und diesen goldenen Ring, das ist der Rechte. Doch glaube keinem, der die Köpfe ohne Zungen bringt.«

Weinend versprach die Königin alles, was er wollte; sie band ihm die Helmriemen fest, und Ortnit verließ, begleitet von seinem treuen Jagdhund, die Burg. Draußen stand schon sein Pferd gesattelt, und er ritt davon. Die Königin stand noch auf der Burgmauer und schaute ihm nach, da sah sie, daß er wieder umkehrte. Sie lief ihm entgegen, froh, daß er seinen Sinn geändert hatte.

»Nein«, sagte Ortnit, »ich will nicht hierbleiben, aber beinahe hätte ich vergessen, Alberichs Ring mitzunehmen, und ohne ihn kann ich den Zwerg nicht finden.«

Noch einmal nahmen sie Abschied voneinander, dann gab Ortnit seinem Pferd die Sporen und ritt dem Gebirge zu.

Unter der großen Linde, wo er einst Alberich zum erstenmal begegnet war, hielt er an, und der Zwerg erwartete ihn schon.

»Warum kommst du gerüstet?« fragte er. »Gegen wen willst du kämpfen?«

»Ich will die Drachen töten«, antwortete Ortnit.

Da fuhr Alberich ihn zornig an: »Willst du in den sicheren Tod rennen? Laß ab von diesem Kampf!«

»Ich muß es tun«, erwiderte der König, »und ich kam hierher, um deinen Rat zu hören. Sage mir, wie ich die Ungeheuer töten kann.«

»Das wirst du schon selbst erleben«, erwiderte der Zwerg, »nur einen guten Rat will ich dir geben: hüte dich vor dem Einschlafen! Denn wenn die Drachen dich schlafend finden, schleppen sie dich in ihre Höhle, und dann ist es um dich geschehen. Und nun gib mir meinen Ring. Kommst du hierher zurück, so gehört er wieder dir. «

Ortnit warf ihm den Ring zu, nahm Abschied von Alberich und ritt weiter durchs Gebirge. Er wußte nicht, welchen Weg er einschlagen sollte, und irrte den ganzen Tag durch die Wälder. Als es Abend wurde, sprang er vom Pferd, suchte Äste und Zweige zusammen und zündete ein Feuer an. Er aß und trank, was er in den Satteltaschen mitgebracht hatte, und auch der Hund bekam sein Teil. So saß er am Feuer, bis der Mond aufging, und wartete auf die Drachen, denn er hoffte, sie würden durch den Feuerschein angelockt. Die Drachen kamen aber nicht, und Ortnit machte sich auf den Weg, um weiterzusuchen. Als es Tag wurde, kam er zu einer Bergwiese. Er stieg vom Pferd und band es an einen Baum. Der lange Ritt hatte ihn ermüdet, auch plagte ihn der Hunger, doch die Satteltaschen waren leer. So setzte er sich nieder, um ein wenig auszuruhen – und schon fielen ihm die Augen zu. Sein Kopf sank vornüber, und er schlief ein.

Es dauerte nicht lange, da brach aus dem Waldesdickicht einer der Drachen hervor. Aufgeregt lief der Hund zwischen dem Untier und seinem Herrn hin und her, er bellte laut, um Ortnit zu wecken – aber der hörte nichts. Der Hund stiße ihn an, versuchte ihn zu beißen, doch Ortnit schlief weiter. Da er Rüstung und Helm trug, spürte er nichts von den Bissen.

Der Drache aber hatte sofort die Nähe des Menschen gewittert. Mit weit aufgerissenem Rachen wälzte er sich heran, und ehe Ortnit noch die Augen aufschlagen konnte, hatte ihn der Drache schon verschlungen und kroch wieder den Felsen zu. Der Hund konnte gerade noch entkommen, er rannte dem Drachen nach bis zur Höhle, doch dann wagte er sich nicht weiter und lief nach Garda zurück. Der Drache aber warf die Beute seinen Jungen zum Fraße vor, die sich gierig daraufstürzten und nichts als die Rüstung und das Schwert übrigließen.

DIE KÖNIGIN

ALS DER HUND ALLEIN IN DIE BURG ZU GARDA GELAUfen kam, glaubten alle, der König habe ihn, wie schon so oft, vorausgeschickt und er werde bald selbst kommen. Nur die Königin ahnte Ortnits Tod, doch sie verbarg ihre Tränen, wie sie es versprochen hatte. Aber Stunde um Stunde verging, ohne daß der König kam, und die Recken fragten mißtrauisch:

»Wo bleibt der König? Ob er ums Leben gekommen ist? Sicher ist die Königin schuld an seinem Tod.«

»Nein«, rief sie, »ich bin nicht schuld daran. Ihr könntet mich töten, wenn es so wäre.«

»Dann sagt uns, wo wir den König finden«, entgegneten die Edelsten unter Ortnits Recken. »Ihr wißt bestimmt, wohin er geritten ist.«

»Ich sollte es nicht tun«, erwiderte sie. »Bei meiner Treue gelobte ich, es niemandem zu verraten. Wenn ihr mich aber so sehr bedrängt, will ich es lieber sagen als euren Zorn erregen. Also hört: Der König ritt aus, um die Drachen zu töten.«

Die Lamparten erschraken, als sie das hörten, und lautes Klagen erhob sich in der Burg, denn nun gab es keinen Zweifel mehr, warum der König nicht kam: die Drachen hatten ihn getötet. Jetzt fiel ihnen auch das sonderbare Benehmen des Hundes auf. Er lief von einem zum anderen, zerrte jeden bei den Kleidern und zog ihn dem Tore zu.

»Der Hund weiß, wo unser Herr ist«, sprach einer der Recken, »gebt mir meine Rüstung, ich will dem Tier folgen, es wird mich auf die rechte Spur bringen. Nur werde ich mich hüten, den Drachen zu nahe zu kommen, so lieb mir auch der König ist.«

Der Hund lief voraus und führte den Recken bis nahe zur Drachenhöhle. Das Blut auf der Erde verriet deutlich genug, was geschehen war, und der Recke wagte nicht weiterzureiten. Er kehrte schleunigst um und brachte die Nachricht vom Tode König Ortnits nach Garda. Der jungen Königin brach fast das Herz. In Kummer und Leid verbrachte sie von nun an ihre Tage und weinte um Ortnit. So vergingen drei Jahre. Da begannen die Lamparten zu murren und verlangten, sie solle wieder heiraten, damit das Land endlich wieder einen König bekomme.

»Ihr könnt mich nicht zur Ehe zwingen«, sprach sie. »Nur wer die Drachen tötet, darf die Krone des Lampartenlandes tragen. So habe ich es König Ortnit versprochen, und so soll es sein.«

WOLFDIETRICHS KINDHEIT

DAMALS HERRSCHTE IN KONSTANTINOPEL EIN MÄCHTIger König, dem alles Land zwischen den bulgarischen Wäldern und dem Hunnenreich untertan war. Er hieß Hugdietrich. Seine Frau, die eine Schwester des Hunnenkönigs Botelung war, hatte ihm zwei Söhne geboren. Eines Tages mußte der König in den Krieg ziehen.

Bevor er aufbrach, ließ er seinen treuen Ratgeber Berchtung von Meran rufen, der ihn in den Krieg begleiten sollte, und fragte:

»Wer soll das Land und die Königin beschützen, solange ich fort bin?«

»Ich rate Euch, Herr, den Herzog Saben damit zu beauftragen«, antwortete Berchtung.

Der König hieß den Rat gut; er setzte den Herzog zum Statthalter ein und vertraute ihm den Schutz des Landes, der Königin und seiner beiden Söhne an, dann nahm er Abschied und ritt mit dem Heer davon. Er wußte aber nicht, daß seine Frau wieder ein Kind erwartete.

Herzog von Saben war ein ungetreuer Mann; kaum hatte Hugdietrich den Rücken gekehrt, trat er vor die Königin und sprach: »König Hugdietrich wird aus diesem Kriege bestimmt nicht heimkehren. Deshalb vergeßt ihn und nehmt mich zum Manne.«

»Ist das die Treue, die du geschworen hast?« rief die Königin empört. Vor Entrüstung traten ihr die Tränen in die Augen, und sie drohte: »Wenn der König zurückkommt, soll er erfahren, was du von mir verlangt hast.«

Saben erschrak, und mit falscher Freundlichkeit erwiderte er: »Es war ja nicht im Ernst gemeint, deshalb zürnt mir nicht mehr, edle Frau. Ich wollte Euch nur auf die Probe stellen und sehen, ob Ihr wirklich treu seid. Ihr braucht dem König nichts davon zu sagen.«

»Wenn es wirklich nur ein Scherz war«, entgegnete sie streng, »dann will ich es dem König verschweigen. Versuchst du so etwas aber noch ein einziges Mal, so geht es dir ans Leben.«

Saben schwieg, im stillen dachte er aber schon an seine Rache.

Nach einiger Zeit brachte die Königin ihren dritten Sohn zur Welt. Sie pflegte ihn mit Liebe und Sorgfalt, und als König Hugdietrich aus dem Kriege zurückkam, war er sehr stolz, daß die Königin einen so kräftigen Sohn geboren hatte. Der Knabe wuchs heran, und als er laufen konnte, durfte er mit an der königlichen Tafel essen. Einmal kam ein Hund und versuchte, ihm ein Stück Brot aus der Hand zu schnappen. Der Kleine wurde wütend, packte das Tier und schleuderte es gegen die Wand. Alle die dabeisaßen, erschraken über die ungewöhnliche Kraft des Knaben, und viele fürchteten sich vor dem Kind.

Dem König aber flüsterte man zu: »Laßt Euren Jüngsten töten, Herr, denn es geht nicht mit rechten Dingen zu, daß er solche Kraft hat. Ist er erst erwachsen, wird er das ganze Land ins Verderben stürzen.«

Hugdietrich bereiteten diese Worte schwere Sorgen. Er ließ insgeheim den Herzog Saben zu sich kommen und fragte ihn um Rat.

»Was soll ich tun?« sprach er. »Die Leute sagen, dieses Kind sei nicht von mir.«

Jetzt hielt Saben die rechte Stunde für gekommen, um sich an der Königin zu rächen, und er begann:

»Als Ihr im Krieg wart, Herr, hörte ich einmal, wie die Königin rief: ›Möge der Teufel doch immer bei mir sein!‹ Nun denkt Euch selbst, woher das Kind ist.«

Nach kurzem Nachdenken antwortete der König: »Das Kind muß sterben. Rate mir, wie wir es loswerden können.«

Ohne langes Überlegen sprach Saben: »Laßt Berchtung von Meran rufen, denn keiner ist Euch so treu ergeben wie er. Befehlt ihm, das Kind heimlich umzubringen. Niemand darf etwas davon erfahren, damit die Leute

Euch nicht verdächtigen, Ihr hättet Euren Sohn töten lassen.«

»Dein Rat ist gut, ich will ihn befolgen«, sprach Hugdietrich. Saben hatte aber nichts anderes beabsichtigt, als den König und Berchtung zu entzweien.

Noch am gleichen Tage ließ der König heimlich Berchtung rufen.

»Was wünscht Ihr, Herr?« fragte der Alte.

Schweren Herzens sagte Hugdietrich: »Du sollst meinen jüngsten Sohn töten, so heimlich, daß niemand es erfährt.«

»Der Himmel behüte mich!« rief Berchtung erschrokken. »Ich will am Tode Eures Kindes nicht schuldig werden!«

Der König geriet in Zorn: »Kein anderer als du wird es tun!« rief er. »Weigerst du dich, so wird es dir und deiner Familie schlecht ergehen. Deine Frau und deine sechzehn Söhne lasse ich an den Zinnen deiner Burg Lilienporte aufhängen, und dich zuallererst.«

»Ich weiß mir keinen anderen Rat«, dachte Berchtung. »Gehorche ich dem König nicht, so tut er wohl, was er droht, und ich kann nicht so viele Leben für das eine aufs Spiel setzen.«

Daher sagte er zum König: »Wenn Ihr durchaus wollt, so muß ich das Kind wohl töten. Doch darf niemand davon erfahren.«

Sie gaben einander ihr Wort, gegen jedermann zu schweigen, Berchtung aber war bekümmert und traurig und wäre gern weit weg gewesen.

Hugdietrich hatte sich schon überlegt, wie man das Kind wegbringen könnte, ohne daß die Königin es merkte.

»Bleib diese Nacht wach«, sagte er zu Berchtung, »ich werde dem Torwärter befehlen, dich jederzeit ein- und

auszulassen. Das Schlafzimmer der Königin bleibt diese
Nacht unbewacht; wenn dann alle in der Burg schlafen,
kommst du vor ihre Tür. Ich bringe dir das Kind, sobald die Königin fest schläft.«

Genau nach diesem Plan handelten die beiden. Im
Dunkeln schlich Berchtung zum Zimmer der Königin
und wartete. Der König war schon hineingegangen,
und Berchtung hörte, wie er mit der Königin stritt.

»Sag die Wahrheit! Ist dieses Kind ein Sohn des Teu-
fels?«

»Nein«, antwortete sie, »es ist deins!«

Wütend schrie der König: »Es ist nicht mein Sohn! Ich
sage dir, von meinem Erbe wird er nichts bekommen,
keine Burg, nicht einen Fußbreit Land.«

»Das halte, wie du willst«, entgegnete die Königin, »ich
weiß, daß er einst eine Königin und ein Land mit eigener
Hand erkämpfen wird.«

»Woher willst du das wissen?« fragte der König erstaunt.

»Ich habe es geträumt«, antwortete sie.

»Dann braucht er ja seinen Brüdern das Erbe nicht zu
schmälern«, erwiderte Hugdietrich. »An einem Königreich wird er wohl genug haben. Noch einmal schwöre
ich dir, daß er von meinem Reich kein Haar bekommen
soll. Meinen Söhnen werde ich verbieten, mit ihm das
Erbe zu teilen.«

Die Königin antwortete nicht mehr, sie drehte sich um
und schlief ein. Hugdietrich wartete eine Weile, dann
öffnete er die Tür und flüsterte:

»Berchtung, bist du da?«

»Ja«, flüsterte der Alte zurück.

»Und schlafen alle in der Burg?«

»Nichts rührt sich mehr.«

Der König ging ins Zimmer zurück, nahm das schlafende Kind vorsichtig aus seinem Bettchen, ging wieder hinaus und gab es Berchtung. Der wickelte es in seinen Mantel und trug es fort. Am Tor schärfte er dem Wächter ein, zu niemandem ein Wort von dem nächtlichen Ausritt zu sagen, wenn ihm sein Leben lieb sei. Dann schwang er sich aufs Pferd.

Der Morgen graute schon, als Berchtung die Burg verließ, und von der kühlen Morgenluft erwachte das Kind.

»Mutter, deck mich zu«, sagte es weinerlich und noch halb im Schlaf.

»Was kümmert's mich, wenn du frierst«, brummte Berchtung voller Gram.

Er mied Straßen und Wege und lenkte sein Pferd mitten durch einsame Wälder. Endlich ging die Sonne auf, und als der Knabe nicht mehr fror, lachte er wieder und spielte mit den glänzenden Panzerringen des Alten. Dem aber wurde das Herz immer schwerer. Auf einer Waldwiese hielt er an, setzte das Kind ins Gras und zog sein Schwert, um den Befehl des Königs auszuführen. Doch er brachte es nicht übers Herz zuzustoßen.

»Was soll das«, sprach er ärgerlich zu sich selber, »wohl hundert Männer starben schon von meiner Hand, und jetzt bringe ich es nicht fertig, einen Knaben zu töten.«

Er hob den Jungen wieder aufs Pferd und ritt weiter. Er wollte das Kind zu einem Teich bringen, auf dem Seerosen schwammen; denn er dachte, der Knabe würde die Blumen greifen wollen, dabei ins Wasser fallen und ertrinken. Bald waren sie am Ziel. Der Knabe aber sah weder nach dem Teich noch nach den Blumen. Er lief vom Wasser weg und begann auf der Wiese zu spielen. Berchtung versteckte sich im Gebüsch, um zu warten, was geschähe. Das Kind spielte unbekümmert weiter, bemerkte gar nicht, daß es allein war, und verlangte auch nicht nach Essen und Trinken. Als es dann Abend wurde und die Sonne unterging, dachte Berchtung bei sich:

»Ich will die Nacht noch abwarten. Wenn der Knabe sie übersteht, so mag er weiterleben.«

Nach Einbruch der Dunkelheit wurde es auf der Wiese lebendig. In Scharen kamen die Tiere des Waldes zur Tränke. Bären und Wildschweine waren dabei, aber kein Tier tat dem Kinde, das mitten unter ihnen saß, etwas zuleide. Schließlich kam ein großes Rudel Wölfe gelaufen. Sie witterten das Kind, sperrten hungrig ihre Rachen auf, aber keiner rührte es an. Sie lagerten sich vielmehr zahm um den Knaben im Kreis herum. Berchtung schlich näher heran.

»Welch ein Wunder«, dachte er, »so etwas sah ich noch nie.« Doch er sollte noch mehr staunen. Die Augen der Wölfe leuchteten im Dunkeln, aber der Knabe kannte keine Furcht; er griff mit der Hand nach den glühenden Augen – und die Wölfe wehrten sich nicht. Ja er schlug sogar nach ihnen, und auch das ließen sie sich ruhig gefallen. Die ganze Nacht hindurch spielte das Kind unter den Wölfen, und erst als der Morgen anbrach, zogen die Tiere ab. Da lief Berchtung zu dem Knaben, nahm ihn auf den Arm und küßte ihn.

»Wie könnte ich dich töten, da sogar die Wölfe dein Leben schonten«, rief er, »ich will dich retten, und müßte ich dafür alles aufs Spiel setzen, was ich habe, selbst meine Frau und meine eigenen Kinder. Und weil du unter den Wölfen dein Leben behieltest, sollst du von nun an Wolfdietrich heißen.«

Er trug den Knaben zum Pferd, saß auf und ritt zu einem Wildhüter, dessen Hütte tief im Walde lag. Schon oft hatte er mit seinen Jägern dort übernachtet. Auf dem

Wege zur Hütte quälten ihn sorgenvolle Gedanken, denn er fürchtete, der König könne seine Drohung wahrmachen und ihn mitsamt seiner Familie umbringen, wenn er erführe, daß das Kind noch lebte. Trotzdem besann der Alte sich keinen Augenblick, klopfte an die Tür der Hütte und fragte den heraustretenden Wildhüter:

»Wo ist dein Weib? Ich habe mit euch beiden zu reden. Hört zu! Ich weiß, daß ich mich auf eure Treue verlassen kann. Behaltet diesen Knaben hier bei euch und zieht ihn auf. Wenn euch die Leute fragen, woher ihr das Kind habt, dann sagt ihnen, es sei euer eigenes. Nie dürft ihr verraten, daß ich es herbrachte. Pflegt das Kind so gut wie nur irgend möglich und teilt mit ihm das beste, was ihr habt. Es soll euer beider Schade nicht sein. Ich schenke euch das Haus, in dem ihr wohnt, dazu das Dorf und alles aus dem Walde, was ihr braucht.«

Der Wildhüter und sein Weib nahmen den kleinen Wolfdietrich, versprachen, gut für ihn zu sorgen, und Berchtung ritt heim zu seiner Burg.

SABENS GERICHT

ALS DIE KÖNIGIN AM MORGEN ERWACHTE, SAH SIE, WIE sie das immer tat, gleich nach dem Bettchen, in dem der Kleine schlief. Das Bett war leer!

Erschrocken sprang sie auf, warf sich ein Kleid über und begann, unter dem Bett, unter Schränken und Bänken zu suchen. Vergeblich! Das Kind war verschwunden. Laut weinte und klagte sie:

»Weh mir! Ich habe mein Kind verloren!«

Die Mägde liefen herbei, als sie das Jammern und Wei-

nen ihrer Herrin hörten. Als endlich auch der König
kam, rief sie ihm zu:

»Was hast du meinem Kinde angetan! Du hast es mir
geraubt, und wenn es tot ist, dann bist du schuld daran.
Welche Schande für einen König. Mit Fingern werden
die Leute auf dich zeigen.«

Hugdietrich ging der Kummer seiner Frau zu Herzen;
er ließ Saben rufen, um sich mit ihm zu beraten.

»An dem Leid der Königin ist nur Berchtung von
Meran schuld«, sagte der Herzog, »er hat das Kind ermordet. Das dürft Ihr ihm nie verzeihen.«

»Wie redest du jetzt?« erwiderte der König erstaunt.
»Du selbst warst es doch, der mir Berchtung als den
rechten Mann vorschlug, und nur mit Mühe konnte ich
ihn dazu überreden. Und jetzt soll ich ihm dafür zürnen? Das wäre sehr treulos gehandelt.«

»Daß Berchtung das Kind nicht wenigstens einen halben Tag schonte, darin liegt seine Untreue«, hielt Saben dem König entgegen. »Glaubt mir, Berchtung haßt
Euch, er wehrte sich nur zum Schein gegen Euren Befehl, dann aber führte er ihn eiligst aus. Und ich sage
Euch, er wird nicht eher ruhen, bis er Euch um Euer
Reich gebracht hat und an Eurer Stelle König ist.«

Gleich war der wankelmütige Hugdietrich umgestimmt
und rief zornig: »Ja, er hat unrecht gehandelt, und seine
Treulosigkeit liegt auf der Hand. Rate mir, wie ich mich
an ihm räche. Ich will ihn verderben, daß er mir nicht
mehr schaden kann.«

Mit solchen Ratschlägen war Saben gleich zur Stelle.

»Schickt Berchtung einen Boten«, sagte er, »der ihn
und seine Söhne zu Hofe bittet, laßt ausrichten. Ihr
wolltet ein großes Fest feiern.«

Der Bote kam nach Lilienporte, Berchtung hörte die
Einladung und versprach, mit seinen Söhnen und noch

weiteren hundert jungen Recken zum Fest des Königs zu kommen.

»Was aber soll ich dem König sagen, wenn er nach dem Kinde fragt?« dachte er. »Am besten wird es sein, wenn ich aufschreibe, warum es am Leben blieb.«

Er fand unter seinen Getreuen einen schreibkundigen Mann, der von Anfang bis Ende aufschrieb, was Berchtung mit dem Kinde erlebt hatte und warum er ihm den Namen Wolfdietrich gab. Dann erst ritt Berchtung zur Königsburg und wurde dort ehrenvoll empfangen.

Kaum hatte der König von Berchtungs Ankunft erfahren, besprach er sich heimlich mit Saben.

»Berchtung ist gekommen«, sagte er, »nun rate mir weiter. Wie können wir ihn gefangennehmen? Er ist sehr beliebt bei den Leuten; daher müssen wir sehr klug vorgehen.«

»Zuerst solltet Ihr verbieten, daß Waffen mit in den Saal genommen werden, wenn man zu Tische geht, denn Berchtung ist stark und könnte sich gegen ein ganzes Heer wehren. Dann befehlt der Königin, daß sie Berchtung anklagt, das Kind ermordet zu haben. Gleichzeitig laßt sechzig Bewaffnete hereinkommen, die ihn zusammen mit seinen Söhnen und Mannen in den Kerker werfen.«

Unterdessen war die Tafel festlich gedeckt worden, und man bat die Gäste in den Saal. Diener standen am Eingang und nahmen allen die Waffen ab. Mit falscher Freundlichkeit trat der König Berchtung entgegen und bat ihn:

»Hier setze dich nieder, Berchtung. Gleich kommt die Königin, sie soll an deiner Seite sitzen.«

Berchtung dankte für diese hohe Ehre, und der König ging, um seine Gemahlin zu holen.

»Komm«, sagte er, in ihr Zimmer tretend, »jetzt kannst

du dich an dem rächen, der dein Kind erschlug, ich will ihn dir zeigen.«

»Wer ist es?« fragte sie, und schon wieder schossen ihr die Tränen in die Augen.

»Es ist Berchtung von Meran«, antwortete der König, »heute soll er mit seinem Leben bezahlen, was er uns antat.«

»Das ist nicht wahr!« rief sie. »Du tust ihm unrecht. Sicher war es Saben, der diese Lüge erdachte und Berchtung beschuldigte. Weißt du nicht mehr, wie treu Berchtung dir jederzeit gedient hat? Du solltest ihm dankbar sein bis an dein Lebensende. Wenn du Berchtung verlierst, hast du deine Ehre für immer verloren.«

»Schweig«, entgegnete Hugdietrich unwillig, »auch deine Fürsprache wird ihm nichts nützen. Er soll noch heute für den Mord büßen, den er beging, und du selbst wirst ihn vor allen Leuten im Saal anklagen.«

»Nein«, sagte sie entschlossen, »das tue ich nicht. Lieber will ich dir verzeihen, daß du mir mein Kind genommen hast, als daß ich Berchtung zu Unrecht um seine Ehre bringe.«

»Genug geredet«, fiel er ihr ins Wort, »tu, was ich dir sage oder es geht dir ans Leben.«

Diese Drohung brachte die Königin schließlich dazu, gegen ihren Willen und mit Kummer im Herzen dem König zu folgen.

Sie betraten den Saal und begannen beide laut zu rufen:

»Schande über Berchtung, er hat unser Kind ermordet!«

Schon stürzten sechzig Bewaffnete herein, und der König befahl ihnen, den Alten, seine Söhne und seine Mannen gefangenzunehmen. Alle im Saal saßen stumm vor Entsetzen. Ruhig erhob sich Berchtung und sprach laut in die Stille:

»Ich glaubte, meine Treue würde anders belohnt. Doch wenn Ihr mir auch heute die Treue brecht, so werde ich sie Euch halten, selbst wenn alle glauben, ich hätte Euren jüngsten Sohn ermordet.«

Dann führten Hugdietrichs Mannen den alten Berchtung mitsamt seinen Söhnen und den hundert jungen Recken hinaus und warfen sie alle in einen tiefen Kerker. Mehr als vier Monate waren vergangen. Berchtung und die Seinen lagen noch immer im Kerker. Ohne Wissen des Königs hatte die Königin die ganze Zeit über für die Gefangenen gesorgt und ihnen reichlich Essen und Trinken bringen lassen. Nun endlich ließ der König die Edlen des Landes zusammenrufen, um Gericht zu halten über Berchtung. Er befahl ihnen, sich ohne Waffen vor der Königsburg zu versammeln, wo der Gerichtstag stattfinden sollte, und er setzte den ungetreuen Saben zum Gerichtsherrn ein. Als das Gericht beginnen sollte, flüsterte der verschlagene Herzog dem König zu:

»Verbiete allen, für Berchtung zu sprechen oder als Zeuge für ihn aufzutreten. Der Alte ist schlau, und findet er noch Fürsprecher, so redet er sich heraus.«

Hugdietrich folgte auch diesmal dem Rat seines Vertrauten, und er selbst ging, um die Königin zu holen, die an der Gerichtsverhandlung teilnehmen sollte.

»Erfülle mir noch einen Wunsch, ehe ich mitkomme«, sprach sie. »Laß mich, bevor das Gericht beginnt, allein mit Berchtung sprechen.«

Nur ungern erlaubte er ihr das, und mürrisch sagte er: »Nun gut, geh nur.«

Die Königin eilte zum Gefängnis, und gerade brachte man Berchtung aus dem dunklen Verließ. Sie grüßte ihn, aber er antwortete ihr nicht.

»Willst du mir nicht danken für den Gruß?« fragte sie.

»Warum sollte ich?« entgegnete Berchtung. »Untreu und hinterlistig habt Ihr an mir gehandelt.«

»Das darfst du mir nicht vorwerfen«, rief sie, »du kannst nicht wissen, daß der König mich dazu zwang. Verzeih, was ich dir Böses getan habe und sage mir: Lebt mein Kind?«

Berchtung wandte sich wortlos ab, doch als die Königin sich ihm zu Füßen werfen wollte, um seine Antwort zu erbitten, konnte er nicht länger schweigen und sagte: »Euer Kind lebt, das schwöre ich bei meiner Treue.«

Vor Freude fiel sie ihm um den Hals und küßte ihn.

»Ist es gesund?« rief sie.

»Sorgt Euch nicht um das Kind«, antwortete Berchtung, »es geht ihm gut. Aber verratet das keinem Menschen. Hier, nehmt diesen Brief, verwahrt ihn gut auf, und wenn ich Euch darum bitte, dann laßt ihn vorlesen.«

In dem Augenblick rief der König laut und ungeduldig, den Gefangenen vorzuführen. Man band Berchtung die Hände auf den Rücken, als wäre er ein Dieb, und führte ihn hinaus vor das Gericht.

Wiederum klagte ihn der König des Mordes an, und Saben fragte: »Gibst du deine Schuld zu, oder willst du leugnen?«

»Herzog Saben«, sprach der Alte, »du sitzt hier an des König Statt und solltest Gnade walten lassen. Ich bin unschuldig, mehr kann ich nicht sagen. Deshalb gebt mir einen Fürsprecher, der mich verteidigt.«

»Wähle dir selbst einen aus«, entgegnete Saben bereitwillig. Berchtung ging von einem zum anderen, aber keiner wollte ihm beistehen.

»Es ist uns verboten«, flüsterten sie ihm zu.

So stand er ganz allein und klagte laut, daß alle seine Freunde ihn in der Not verließen. In diesem Augenblick hörte man Pferdegetrappel und Waffengeklirr. Hundert Recken, angeführt von Berchtungs Schwager Baltram, stürmten heran, durchbrachen die Menge und stellten sich schützend vor Berchtung:

»Was ist, Berchtung«, rief Baltram, »bist du verurteilt?«

»Nein«, erwiderte der Alte, »aber gebunden, hilflos und verlassen stehe ich hier.«

»Gebunden wie ein Dieb?« fragte Baltram erstaunt. »Was hast du denn gestohlen?«

»Man klagt mich des Mordes an«, sprach Berchtung, »und ich finde niemand, der mich verteidigt.«

Da schnitt Baltram, ohne zu zögern, Berchtungs Fesseln durch und rief zornig: »Schämt Ihr Euch nicht, einen edlen Mann so zu behandeln? Was Ihr heute ihm antut, kann morgen Euch selbst geschehen.«

Erleichtert atmeten alle auf, daß Berchtung nun doch Hilfe fand, und Baltram trat vor den König:

»Ich kenne kein königliches Gericht, an dem so ungerecht geurteilt wird wie hier«, sprach er, und auf Saben deutend, fuhr er fort: »Wie könnt Ihr jemand von diesem treulosen Mann richten lassen, sei er nun Edelmann oder Knecht! Am Hofe Botelungs vertraute man ihm kein Amt an, kein edler Mann war sein Freund; und wenn er hier über andere gebietet, bringt Euch das große Schande. Da Ihr meinen Schwager Berchtung des Mordes verdächtigt, muß das Schwert entscheiden. Ihr selbst oder Saben müßt ihm entgegentreten, denn Ihr habt ihn angeklagt.«

Alle im Gericht sprachen: »Er hat recht!«

Und der König flüsterte Saben zu: »Willst du mit ihm kämpfen?«

»Nein, Herr«, erwiderte der ebenso leise, »es war ja
Euer Kind, also müßt Ihr es tun.«

»Das ist ein schlechter Rat«, sagte Hugdietrich zornig.
»Ich selbst befahl ihm ja, das Kind zu töten, wie könnte
ich jetzt deshalb gegen ihn kämpfen.«

»So laßt die Klage fallen«, riet Saben. »Wir finden keinen Grund, ihn zum Tode zu verurteilen.«

Der König wandte sich Berchtung zu und sagte freundlich: »Es tut mir leid, daß du soviel erdulden mußtest;
ich weiß nicht, ob du schuldig oder unschuldig bist,
deshalb lasse ich dich frei, denn was ich auch täte, das
Kind kommt doch nicht wieder.«

»Ich danke Euch, Herr«, sprach Berchtung laut, so daß
alle ihn hören konnten, »nichts schmerzt einen ehrlichen Mann mehr, als ungerecht beschuldigt zu werden.
Und nun«, fuhr er fort und wendete sich der Königin
zu, »laßt vorlesen, Herrin, was in dem Briefe steht.«

Sie zog das Pergament hervor und gab es einem Kaplan
zum Vorlesen. Der hatte kaum einen Blick hineinge-
worfen, als er es ihr zurückgab.

»Das lese ich nicht«, sagte er ängstlich, »gar zu wunder-
liche Dinge stehen darin.«

Ärgerlich wandte die Königin sich von ihm ab und ging
zu einem anderen, doch auch der wagte nicht, den Brief
vor dem König vorzulesen, ebenso der dritte und alle
übrigen, zu denen sie kam. Schließlich blieb nur noch
einer übrig, zu dem sprach sie drohend:

»Setzt Euch her zu mir und lest den Brief laut vor, daß
jeder es hören kann, oder ich jage Euch aus dem Amt
und lasse Euch schwer bestrafen.«

Eingeschüchtert begann der Priester zu lesen, und es
stand alles in dem Brief, was Berchtung mit dem Kind
erlebt hatte, von dem Befehl des König, den Knaben zu
töten, bis zu dem Augenblick, da er ihn dem Wildhüter

übergeben hatte, nichts war vergessen, weder der Teich mit den Wasserrosen noch die Nacht unter den Wölfen, um derentwillen das Kind den Namen Wolfdietrich erhalten hatte.

Schreckensbleich saß Saben auf dem Richterstuhl, der Angstschweiß stand ihm auf der Stirn. Der König aber sprach: »Ich tat dir Unrecht, Berchtung. Ja, ich selbst wurde schuldig an meinem Sohn, doch ich folgte nur Sabens Rat. Darum räche dich an ihm. Ich will mit ihm nichts mehr zu tun haben.«

»Ja, räche dich an ihm«, rief auch die Königin, »laß ihn aufs Rad flechten, laß ihn hängen oder auf dem Scheiterhaufen verbrennen.«

Da ergriff Berchtung den ungetreuen Saben und führte ihn zum Galgen. Keiner fand sich, der um Sabens Leben gebeten hätte, und der Alte sprach:

»Was nun, Herzog Saben? Keiner legt ein gutes Wort für dich ein. Du fällst selbst in Grube, die du mir gegraben hast.«

»Was du auch mit mir vorhast, ich muß es hinnehmen«, erwiderte Saben, »doch ich bitte Dich, laß Gnade walten.«

»Wir kennen uns von Kindesbeinen an«, sagte Berchtung. »Daher will ich dich, wenn der König es erlaubt, leben lassen und verzeihen, was du mir angetan hast.«

»Wenn du das für mich tust«, rief Saben rasch, »so schwöre ich, mit meiner Frau das Land zu verlassen.«

Berchtung führte Saben vor den König.

»Laßt Saben am Leben«, bat er, »ich vergab ihm, vergebt Ihr ihm auch.«

»Nein«, rief der König aufgebracht, »ich vergebe nichts. Und du hüte dich vor ihm. Es ist dein eigener Schaden, wenn du ihn freiläßt.«

»Er muß hängen«, rief die Königin erregt.

Aber Berchtung bat auch bei der Königin um Sabens Leben, und sie ließ sich schließlich besänftigen.

»Willst du wirklich, daß er begnadigt wird, so verlange ich aber, daß er das Land für immer verläßt und mir nie wieder unter die Augen kommt.«

Dem stimmte der König zu, und er verfügte, daß Sabens gesamter Besitz nun Berchtung gehören sollte.

»Nein«, sprach der Alte, »seine Frau erwartet ein Kind, dem will ich sein Erbe lassen. Stirbt aber das Kind, dann werde ich den Besitz mit seiner Mutter teilen und nur die Hälfte behalten.«

Am selben Tage noch verließ Saben das Land und fand Unterschlupf bei den Hunnen. Alle, die dem Gerichtstag beiwohnten, dankten Berchtung, daß er so großmütig an seinem Feind gehandelt hatte.

Nun rüstete sich Berchtung zur Heimfahrt. Er holte Wolfdietrich bei dem Wildhüter ab, und es dauerte nicht lange, da ritt er wieder, begleitet von Wolfdietrich und von seinen eigenen sechzehn Söhnen, in Konstantinopel ein. Freude herrschte in der Burg, als sie ankamen, am glücklichsten aber war die Königin.

»Welcher ist mein Sohn?« fragte sie aufgeregt.

»Seht hin«, antwortete Berchtung, »der größte von allen, das ist er. Die anderen sind meine Söhne. Der jüngste von ihnen ist neun Jahre älter als Euer Sohn, und doch wagt sich Wolfdietrich beim Raufen an jeden von ihnen heran. Er wuchs bei einem armen Mann auf, dem er oft so derb zusetzte, daß dieser samt seinem Weibe vor ihm in den Wald fliehen mußte. Die armen Leute waren heilfroh, als ich den Knaben abholte.«

So sehr sich Berchtung auch freute, daß er Wolfdietrich seinen Eltern zurückgebracht hatte, er vergaß darüber die nicht, die mit ihm in des Königs Kerker gelegen hatten, und er bat den König, auch an ihnen das erlittene

Unrecht wieder gut zu machen. Der König und die Königin waren sogleich dazu bereit, und freigebig schenkten sie ihnen Kleider, Waffen, außerdem Gold und edle Pferde, und fünfzehn Tage lang wurde in der Königsburg ein großes Fest gefeiert. Am letzten Tag des Festes ging die Königin zu Hugdietrich und fragte:

»Wem wollen wir nun die Erziehung unseres Sohnes Wolfdietrich anvertrauen?«

»Keinem anderen als Berchtung«, antwortete der König, »er hat viel Not um ihn erlitten, dafür sollten wir ihm danken. Wir können keinen besseren Lehrmeister finden.«

Also baten sie den Alten, Wolfdietrich in seine Obhut zu nehmen.

»Wenn ich Wolfdietrich erziehen soll«, sprach Berchtung, »so muß der König ihm auch Land und Burgen geben.«

»Das kann ich nicht«, gab der König zurück, »wie gern ich es auch täte, aber es wäre gegen meinen Eid. Seine Mutter ist schuld daran, daß ich schwor, ihm weder Land noch Burgen zu geben. Sie sagte, er werde sich einst mit eigener Hand eine Königin und ein Land erkämpfen. Aber eine Rüstung, ein Schwert und ein Pferd soll er haben, wenn er erwachsen ist. Dann wird er wohl stark genug sein, mit seinen Brüdern um sein Erbe zu streiten, falls sie es ihm verweigern sollten. Hilf du ihm zu seinem Recht; denn du sollst nach meinem Tode das Königreich gerecht zwischen meinen Söhnen teilen, und ich bitte dich, dann auch der Königin treu zur Seite zu stehen.«

»Gut«, sprach Berchtung, »ich will Wolfdietrich mit mir nehmen und ihn zum Manne erziehen.«

Dann nahm er Abschied und ritt mit Wolfdietrich und mit seinen Söhnen nach Lilienporte zurück.

WOLFDIETRICH UND SEINE BRÜDER

ALS SIE IN DER BURG ANKAMEN, FÜHRTE BERCHTUNG den jungen Wolfdietrich zu seiner Frau und sprach: »Zieh ihn auf wie deinen eigenen Sohn.«
Wolfdietrich aber war wild und unerzogen. Er vertrug sich mit niemandem in der Burg, raufte sich mit jedem herum und hörte auf keine Ermahnung. Erst mußte ihn der alte Berchtung hart strafen, ehe er Besserung versprach und sein Versprechen auch hielt.
Eines Tages kam die Nachricht nach Lilienporte, daß König Hugdietrich im Sterben liege und Berchtung zu ihm kommen solle. Der Alte folgte dem Ruf sofort, und er fand seinen Herrn sterbend. Noch einmal bat der König den treuen Berchtung, für das Land, seine drei Söhne und seine Frau zu sorgen, und kurz darauf starb er.
Kaum war der König bestattet, kam der ungetreue Saben wieder ins Land, und mit ihm stellten sich Zank und Unfrieden ein. Die Königin fragte Berchtung, ob sie Saben wieder in Gnaden aufnehmen solle.
»Wie könnt Ihr daran denken, ihm zu vergeben!« rief der Alte aufgebracht. »Wart Ihr es nicht, die am lautesten seinen Tod forderte? Wenn Ihr ihn jetzt wieder aufnehmt, dann wird er Euch und alle, die Euch die Treue halten, verderben.«
»Aber die Fürsten des Landes haben für ihn gebeten«, gab sie zu bedenken.
»Die Entscheidung liegt bei Euch«, erwiderte Berchtung, »doch sage ich es noch einmal: Nehmt Ihr Saben wieder in Gnaden auf, dann wird es Euch bald gereuen.«
»Wenn du es nicht willst, dann werde ich es auch nicht tun«, versprach die Königin; aber sie tat es doch.

»Nun wird Saben nicht ruhen, bis er uns alle ins Unglück gestürzt hat«, sagte Berchtung bitter, als er das hörte. »Was für ein Tor war ich, daß ich ihn am Leben ließ. Diebe und Verräter darf man nicht schonen, sie bessern sich nur selten.«

Der Alte sollte bald merken, wie recht er hatte, denn es dauerte nicht lange, und Saben begann gegen Berchtung zu hetzen, und er schmiedete Pläne, die Königin zu verderben. Er setzte es durch, daß Berchtung aus dem Rat der Fürsten ausgeschlossen wurde, und es fiel ihm nicht schwer, die jungen Könige ganz unter seinen Einfluß zu bringen. Tag für Tag redete er auf sie ein:

»Ihr müßt die Wahrheit wissen. Wolfdietrich ist nicht euer rechter Bruder, euer Vater ist nicht sein Vater. Die Königin ist eine Ehebrecherin, sie betrog den König, und nun sinnt sie auf euer Verderben. Deshalb verstoßt sie, nehmt ihr alles, was euer Vater ihr als Erbe hinterließ, denn es gehört euch.«

Schließlich glaubten ihm die beiden Brüder, gingen zu ihrer Mutter und stellten sie zur Rede: »Sag uns die Wahrheit! Ist Wolfdietrich unser Bruder?«

»Bei meiner Ehre, ja«, antwortete die Königin.

»Das glauben wir dir nicht«, entgegnete der ältere schroff, »Leute, die es wissen müssen, haben uns anderes berichtet. Darum können wir dich nicht mehr in unserer Mitte dulden. Verlaß die Burg, du darfst nicht länger Königin sein, und das Erbe, das dir unser Vater ließ, steht dir nicht zu.«

Weinend rief die Königin: »Wie kannst du so mit deiner Mutter reden! Wer hat dir diese Lügen erzählt? Ach, warum habe ich Saben wieder aufgenommen! Warum habe ich nicht auf Berchtung von Meran gehört!«

»Es ist schlimm genug, daß wir dich zur Mutter haben«, sagte der jüngere. »Geh doch hin nach Lilienporte, da

kannst du auf Berchtung hören, soviel du willst.«
Alles Bitten half der Königin nichts. Am nächsten Morgen mußte sie, arm wie eine Bettlerin, die Burg verlassen, kaum daß man ihr erlaubte, ein Pferd und ihre Kleider mitzunehmen.

Ganz allein kam sie in Lilienporte an. Der Wächter meldete:

»Die Königin ist gekommen!«

»Also hat Saben sie verstoßen«, rief der Alte sogleich. Er ging mit seiner Frau und allen seinen Recken der Königin entgegen, und zu Wolfdietrich sprach er:

»Komm mit mir, du sollst deine Mutter begrüßen.«

»Aber meine Mutter ist doch hier«, sagte der verwundert, »seit mehr als einem Jahr hat sie Lilienporte nicht verlassen.«

Er glaubte, Berchtungs Frau sei seine Mutter, der Alte aber antwortete: »Sie ist nicht deine Mutter, und ich bin auch nicht dein Vater, dein rechter Vater ist tot.«

Wolfdietrich fragte vorerst nicht weiter, er ging mit, um seine Mutter zu empfangen.

Ehrerbietig grüßte Berchtung die Königin und fragte:

»Was führt Euch her zu mir, Herrin?«

»Wir müssen unsere Freunde suchen, wo wir sie haben«, erwiderte sie, »meine Söhne haben mich verstoßen, und Saben gab ihnen den Rat dazu.«

»Daran tat er ganz recht«, rief Berchtung. »Warum habt Ihr nicht auf mich gehört! Ich habe es gut mit Euch gemeint.«

»Ach«, seufzte sie, »mir ist es übel ergangen. Ich bitte dich, laß mich hierbleiben.«

»Nein«, sagte er, »hier könnt Ihr nicht bleiben. Geht doch zu Euren Söhnen, die sind reicher als ich. Ihr habt nicht auf mich hören wollen, nun tragt auch den Schaden.«

»So habe ich niemand mehr auf der Welt«, sagte sie, und Tränen standen ihr in den Augen.

Da ließ es Berchtung genug sein, und er sprach: »Seid willkommen in meinen Hause. Hier seid Ihr Herrin und Königin.«

»Ja, seid willkommen«, rief auch Wolfdietrich, »was ich Euch zuliebe tun kann, das will ich mit Freuden tun, Ihr seid ja meine Mutter.«

Die Königin konnte vor Leid kein Wort hervorbringen, aber Berchtung tröstete sie und geleitete sie in die Burg, wo man sie liebevoll umsorgte.

Mit Ungeduld erwartete Wolfdietrich den nächsten Tag. Es gehörte zu seinen Pflichten, Berchtung jeden Morgen die Kleider zu bringen, denn der Alte erzog ihn streng und wollte ihn an Gehorsam gewöhnen. Auch an diesem Morgen stand Wolfdietrich an Berchtungs Bett und half ihm beim Ankleiden. Als aber Berchtung sein Schlafzimmer verlassen wollte, hielt er ihn zurück:

»Wartet, Herr«, sagte er, »ich muß mit Euch reden. Sagt mir, wer ich bin und wer meine Verwandten sind, oder ich habe Euch heute zum letzten Mal gedient.«

Berchtung lachte: »Du bist mein Sohn, und du bist mir sogar der liebste von allen.«

»Verspottet mich nicht«, erwiderte Wolfdietrich, »heute wollt Ihr mein Vater sein, und gestern wart Ihr es nicht? Sagt mir, wo finde ich meinen rechten Vater?«

Berchtung aber wollte ihm nicht antworten.

»Frag die Frau, die gestern hier ankam. Sie kennt deine Abstammung und wird dir die Wahrheit sagen.«

Wolfdietrich ergriff Berchtungs Schwert und stürmte ohne ein weiteres Wort hinaus.

»Halt«, rief ihm der Alte nach, »laß das Schwert hier.«

»Nein«, rief Wolfdietrich zurück, »ich nehme es mit, sucht Euch nur ein anderes.«

Mit dem Schwert in der Hand trat er vor seine Mutter und fragte ungestüm:

»Wenn Ihr die Königin seid, und ich bin Euer Sohn, dann sagt mir: Wer ist mein Vater? Wer sind meine Verwandten?«

»Warum stehst du so drohend vor mir?« fragte sie ruhig. »Ich habe nichts zu fürchten. Ich kann dir nicht sagen, wer jetzt deine Freunde sind, wahr ist aber, daß du mein Sohn bist. Dein Vater lebt nicht mehr. Er war König zu Konstantinopel und hieß Hugdietrich. Ginge es gerecht zu, dann müßtest du jetzt ebenfalls als König herrschen. Und nun, da du deine Herkunft kennst, lies diesen Brief.«

Damit gab sie ihm das Pergament, das die Geschichte seiner Kindheit enthielt. Mit Tränen in den Augen umarmte Wolfdietrich seine Mutter, als er alles gelesen hatte, und auch ihr wurden die Augen naß. Dann aber sprang er auf, gab der Königin den Brief zurück und lief hinaus, um Berchtung zu suchen. Als er den Alten fand, neigte er sich tief vor ihm und sprach:

»Wie kann ich dir je vergelten, Fürst von Meran, was du für mich getan hast. Mein Leben und meine Ehre verdanke ich dir allein. Ich weiß jetzt, wer ich bin und daß man mich zu Unrecht um mein Erbteil gebracht hat. Aber Saben soll dafür büßen, daß er mich und meine Mutter betrog. Ich bin erwachsen und stark genug, um mir mein Recht zu erkämpfen und mein Königreich zu erobern.«

Warnend entgegnete Berchtung: »Tapfer und stark bist du, aber du bist noch zu jung für so einen schweren Kampf.«

Wolfdietrich antwortete mit ernster Bestimmtheit:

»Wer im Alter in Ruhe leben will, der muß sich in der Jugend rühren. Drum hindre mich nicht an dem, was ich tun will. Meine Brüder werden so lange meine Feinde sein, bis sie mein und meiner Mutter Erbe herausgeben.«

Der Alte seufzte schwer: »Seit vierzig Jahren habe ich keinen Krieg mehr geführt, und nun muß ich als alter Mann noch einmal kämpfen. Aber«, fuhr er entschlossen fort, »gegen den Verräter Saben und gegen deine Brüder werde ich dir beistehen, bis du dein Recht erhältst. Versprich mir jedoch, nicht mit in den Kampf zu ziehen.«

»Schweig«, rief Wolfdietrich rasch, »wie könnte ich dulden, daß du meinetwegen in den Krieg ziehst, während ich zu Hause sitze! Um mein eigenes Königreich muß ich auch selber kämpfen.«

»Nun gut«, sprach Berchtung, »dann darf ich dich nicht länger hindern. Hör zu, wie ich dir helfen will. Sechzehn Söhne habe ich, jeder von ihnen wird mit tausend Recken kommen, und ich selbst bringe ebensoviele. Es sind kampferprobte Mannen. In zwölf Wochen kann das Heer bereitstehen, und dann ziehen wir gegen deine Brüder.«

Dankbar nahm Wolfdietrich diese Hilfe an, und wirklich kamen pünktlich zur vereinbarten Zeit die Recken vor Berchtungs Burg geritten. Auch Wolfdietrich wollte sich rüsten und wandte sich deshalb an Berchtung.

»Gern gäbe ich dir deines Vaters Schwert«, sagte der Alte, »damit wärst du gut gerüstet. Aber ich fürchte, es bringt dir Unglück, wenn du es gegen die eigenen Brüder führst.«

Doch auch mit einem anderen Schwert war Wolfdietrich zufrieden; er legte seine Rüstung an und ging, um sich von seiner Mutter zu verabschieden.

»Schone deine Brüder, auch wenn sie treulos gehandelt haben«, sprach sie, »denk daran, daß ihr alle drei dieselben Eltern habt.«

»Ich muß gegen sie kämpfen, und ich will alles daransetzen, sie zu besiegen, aber ich will trotzdem immer an deine Bitte denken«, versprach er.

Da rief Berchtung aus dem Hof herauf: »Wo bleibst du so lange? Kannst du dich nicht von deiner Mutter trennen? Der Kampf beginnt, ich habe deinen Brüdern öffentlich den Krieg erklärt, und nun führen sie an die dreißigtausend Mann gegen uns ins Feld.«

Wolfdietrich lief hinunter, sprang auf sein Pferd, und an der Spitze des Heeres ritt er aus der Burg.

Nach vier Tagen endlich trafen sie auf den Feind und begannen den Kampf. Den ganzen Tag über tobte die erbitterte Schlacht, auf beiden Seiten schlugen sich die Helden tapfer, am tapfersten von allen aber kämpfte Wolfdietrich. Doch der gewaltigen Übermacht der Feinde waren sie nicht gewachsen, und als der Abend hereinbrach, lebte kaum noch einer von Wolfdietrichs Recken. Als aber Berchtung riet, sich mit dem Rest des Heeres in seine sichere Burg zurückzuziehen, wollte Wolfdietrich nichts davon wissen.

»Verzage nur nicht gleich, ich sage dir, entweder sterbe ich hier, oder ich gewinne ein Königreich.«

Unwillig hörte Berchtung diese unüberlegten Worte. »Muß ich dir erst die Wahrheit sagen?« rief er. »Alle unsere Recken wurden erschlagen! Sechzehn Söhne führte ich in den Kampf, nur zehn von ihnen leben noch. Willst du mit elf Recken gegen ein ganzes Heer kämpfen?«

Wolfdietrich erbleichte. »Der Tod deiner Söhne wäre ein gar zu hoher Preis für mein Königreich. Aber ich kann es nicht glauben, daß sie tot sind.«

Berchtung führte ihn schweigend zu seinen toten Söhnen. Stumm vor Schmerz stand Wolfdietrich, als er die sechs jungen Helden liegen sah; dann kniete er nieder, küßte jeden von ihnen und weinte. Schließlich zog Berchtung ihn hoch und herrschte ihn an:

»Was soll der Jammer! Es sind meine Söhne, laß mich allein um sie weinen.«

Doch Wolfdietrich hörte nicht auf seinen Trost. »Dir verdanke ich mein Leben, und nun hast du durch meine Schuld deine Söhne verloren. Alle Königreiche der Welt gäbe ich darum, daß sie noch lebten. Töte mich, Berchtung, nimm mein Leben für ihres.«

Er zog das Schwert und wollte sich selbst durchbohren, aber der Alte riß ihm die Waffe aus der Hand.

»Genug gejammert«, sagte er, »laß die Mutter um ihre Kinder weinen. Wir können sie nicht wieder zum Leben erwecken. Überlegen wir, was wir jetzt tun müssen. Zuvor aber will ich wissen, ob du in Zukunft meinem Rat folgen willst, denn unter dieser Bedingung bin ich bereit, bis zum letzten für dein Recht zu kämpfen.«

»Ja«, antwortete Wolfdietrich, »ich will alles tun, was du für notwendig hältst.«

Der Alte nickte zufrieden.

»Gut«, sagte er, »dann weine nicht länger um meine Söhne, sonst müßte ich mich gleich von dir trennen. Und wenn du meinen Rat wissen willst: Wir sollten so schnell wie möglich fliehen, denn morgen, wenn die Feinde erneut angreifen, ist es zu spät.«

»Und den Tod deiner Söhne sollen wir ungerächt lassen?« rief Wolfdietrich. »Nur sehr ungern fliehe ich.«

»Warum sollen wir mutwillig in den Tod rennen?« entgegnete Berchtung. »Glaube mir, es ist klüger, wenn wir uns in die Burg zurückziehen. Dort sind wir in Sicherheit, die Vorräte an Lebensmitteln reichen aus, um fünf Jahre lang einer Belagerung standzuhalten.«

Also brachen sie auf. Zu Fuß zogen die zwölf durch die Wälder und über das Gebirge, denn ihre Pferde hatten sie im Kampf verloren. Fast wurde Berchtung die Last der Rüstung zu schwer, keuchend schleppte er sich vorwärts. Plötzlich sah Wolfdietrich ein Feuer durch die Bäume blinken. Eine Schar von fünfzig feindlichen Reitern lagerte dort. Wolfdietrich und Berchtungs Söhne stürzten sich auf sie, und ehe der Kampf recht begann, war er schon zu Ende, denn bei dem unerwarteten Überfall rannten die Feinde davon, ohne sich zu wehren. Pferde und Waffen in Hülle und Fülle fanden die Sieger am Feuer. Aber sie ließen alles stehen und liegen, nur ein Pferd nahm sich jeder. Berchtung drängte:

»Wir müssen weiter! Sonst ist die Burg schon besetzt, ehe wir ankommen.«

Im Morgengrauen endlich erreichten sie Burg Lilienporte. Der Wächter öffnete das Tor und ließ sie ein. Auch Berchtungs Frau hatte von der Zinne aus gesehen, wie sie in die Burg einritten. Sie zählte aber nur zehn ihrer Söhne und rief:

»Berchtung! Wo sind unsere Mannen?«

»Wir haben keine mehr«, rief der Alte zu ihr hinauf, »nur diese hier kommen zurück, alle anderen sind erschlagen. Aber Wolfdietrich lebt.«

»Wo sind meine Söhne?« fragte sie angstvoll.

Wieder verbarg Berchtung seinen Schmerz hinter heftigen Worten. »Ich weiß, wo sie sind! Sie haben sich tapfer geschlagen. Aber klage nicht, tröste lieber Wolfdietrich, denn er weint am meisten um sie.«

Da verbarg sie ihren Kummer, und nur wenn sie allein war, weinte sie um ihre Kinder.

Fünf Tage später schreckte der Ruf der Wächter die Burgbewohner am frühen Morgen aus dem Schlaf.

»Feinde stehen vor der Burg!« riefen sie. »Die ganze Gegend wimmelt von ihnen. Auf! Rüstet euch zum Kampf.«

Berchtung sprang aus dem Bett und lief zum Fenster. Ein riesiges Heer hatte die Burg umzingelt. Gleich weckte er Wolfdietrich.

»Steh auf«, sagte er, »es ist Tag. Deine Brüder haben die Burg umstellt und belagern uns mit mehr als fünftausend Mann.«

Im Nu war Wolfdietrich am Fenster und rief:

»Nun ist die Zeit für mich gekommen, um meine Ehre und um mein Reich zu kämpfen.«

Also rüsteten sich die wenigen Mannen, die in der Burg waren, zum Kampf, stürmten hinaus, griffen die Feinde an – und siegten. Saben blieb nun nichts anderes übrig, als mit Berchtung über den Friedensschluß zu verhandeln.

»Ich rate dir gut«, sagte er, als der Alte kam, »und wenn dir dein Leben lieb ist, dann höre auf mich. Liefere Wolfdietrich aus und übergib die Burg den Königen.«

»Niemals«, empörte sich Berchtung, »auf meine Treue kann sich Wolfdietrich verlassen.«

Saben aber entgegnete: »Bedenke, was die Könige geschworen haben. Sie wollen die Burg so lange belagern, bis sie sich ergibt, bis alle – du, Wolfdietrich und deine Söhne – an den Zinnen der Burg aufgehängt seid.«

»Darauf muß ich es ankommen lassen«, erwiderte Berchtung, »dann sterbe ich doch wenigstens in Ehren.« Er wendete sein Pferd und ritt in die Burg zurück.

DIE KÖNIGE MACHTEN WAHR, WAS SIE GESCHWOREN HAT-
ten: Vier Jahre lang belagerten sie schon die Burg Lilienporte.

Es verdroß Wolfdietrich sehr, daß er nichts anderes tun
konnte, als warten. Deshalb sprach er eines frühen
Morgens zu Berchtung:

»Wenn man die Hände in den Schoß legt, gewinnt man
weder Ehre noch ein Königreich. Mag es nun kommen
wie es will, ich muß hinaus in die Welt. Erlaube mir die
Reise, damit ich dich und deine Söhne aus der Not befreie, in die ihr durch mich geraten seid.«

»Du weißt nicht, was du sprichst«, antwortete Berchtung. »Dem Vogel, der zu früh aus dem Neste fliegt, er-
lahmen die Schwingen.«

»Meine Federn sind lang und kräftig genug«, entgegnete der junge Recke. »Ich bin der Größte und Stärkste
unter euch. Laß mich ausreiten und einen König suchen, der so mächtig ist, daß er uns helfen kann.«

»Du magst tagelang reiten und wirst doch so einen König nicht finden«, sprach Berchtung. »Ich wüßte nur einen, der uns helfen könnte, aber der lebt viel zu weit von
hier.«

»Zu dem will ich hin, selbst wenn er jenseits des Meeres
wohnt«, rief Wolfdietrich. »Sage mir nur, wie er heißt
und wo sein Land liegt.«

»Ich meine König Ortnit vom Lampartenland«, sagte
der Alte, und er erzählte von König Ortnits Macht, von
seiner Brautfahrt und von dem Zwerg Alberich. Kaum
war Berchtung zu Ende, da sagte Wolfdietrich auch
schon:

»Welche Straße muß ich reiten, um ins Lampartenland
zu kommen?«

Berchtung wußte nicht, daß König Ortnit tot war. Noch einmal versuchte er, Wolfdietrich zurückzuhalten. Er schilderte ihm die Gefahren der Reise, erzählte von der menschenleeren, nur von Raubtieren bewohnten Wildnis, durch die er wochenlang reiten müsse, und malte ihm aus, wie ihn Hunger und Durst plagen würden. Nichts jedoch konnte Wolfdietrich schrecken, und als Berchtung das sah, willigte er schließlich in die Reise ein und sprach:

»So will ich dir jetzt geben, was ich die ganze Zeit für dich aufbewahrte: deines Vaters Rüstung, sein Schwert und seinen Schild, auch Falke, sein Pferd.«

Dann kam die Stunde des Abschieds. Noch einmal versuchte seine Mutter, ihn umzustimmen. Doch weder durch ihre Bitten noch durch ihre Tränen ließ Wolfdietrich sich von seinem Entschluß abbringen. Alle in der Burg waren traurig, denn sie glaubten, daß sie Wolfdietrich niemals wiedersehen würden. Der alte Berchtung aber mahnte ihn:

»Vergiß uns nicht in der Fremde. Du bist jung, vielleicht findest du eine Frau, heiratest und denkst nicht mehr daran, daß wir hier auf dich warten.«

»Niemals«, rief Wolfdietrich, »wie kannst du mir das zutrauen! Und wenn ich die schönste Frau und das reichste Königreich bekommen könnte, ich nähme sie nicht, ehe ich dich und deine Söhne befreit habe. Das schwöre ich dir!«

Wolfdietrich sprang auf sein Pferd, sie öffneten das Tor, und er sprengte hinaus. Traurig sahen seine Getreuen ihm nach. Unerkannt kam er an den Belagerern vorbei, und erst als er schon den schützenden Wald erreicht hatte, merkten seine Feinde, wer ihnen da entkommen war.

DIE NACHT ÜBER RITT WOLFDIETRICH DURCH DEN Wald, bis er am Morgen auf eine Straße kam. Er hoffte, den rechten Weg ins Lampartenland gefunden zu haben. Als es aber Abend wurde, merkte er, daß er sich verirrt hatte. Er stieg vom Pferd, zündete ein Feuer an und aß ein wenig von dem, was er in den Satteltaschen mitführte. Am nächsten Morgen ritt er weiter, ohne Weg und Steg zu kennen. Fünf Tage irrte er umher, der Hunger quälte ihn, sein Pferd schleppte sich müde vorwärts, kaum konnte es den Reiter noch tragen. Wolfdietrich versuchte, es mit der Gerte anzutreiben, aber das half wenig. Also stieg er ab und nahm dem treuen Falke den Sattel ab, um ihn selbst zu tragen. Er stolperte über Wurzeln und Steine, und die Rüstung drückte ihn schwer. Schließlich kam er an ein Gebirge. Er kletterte mühsam hinauf und hörte plötzlich ein ohrenbetäubendes Getöse, daß Berg und Tal davon widerhallten. Aber Wolfdietrich ließ sich nicht schrecken. Mutig zog er sein Pferd hinter sich her und bahnte sich einen Weg den Berg hinunter. Oft genug stürzten beide vor Erschöpfung, aber endlich langten sie unten an – und Wolfdietrich blieb vor Staunen wie angewurzelt stehen: vor ihm lag das Meer, und das rätselhafte Brausen und Dröhnen in der Luft kam von den Wogen, die donnernd gegen die Felsen schlugen. Wolfdietrich strauchelte mehr als er ging. Am Strand breitete sich eine Wiese, auf der eine Linde stand und Klee und Blumen dufteten. Freudig rief er:

»Endlich finde ich eine Weide für mein Pferd! Soll es sich satt fressen, ich werde inzwischen schlafen. Wenn ich schon vor Hunger sterben soll, dann lieber hier unter Rosen als in einer steinigen Wildnis.«

Erschöpft und müde, wie er war, schlief er bald so fest ein, daß er nicht merkte, wie dem Wasser ein Meerweib entstieg, ein Ungeheuer, schrecklich anzusehen. Sie war von oben bis unten von einer Schuppenhaut bedeckt, dazu schleimig und naß; Wassermoos hing an ihr herab, und am Kinn wuchs ihr ein langer Grannebart. Das Haar reichte ihr bis zu den Fesseln, der Mund war groß wie ein Scheffel, spannenlange Zähne ragten daraus hervor. Schwerfällig watschelte das Ungeheuer heran, beugte sich über den Schlafenden, zog ihm vorsichtig das Schwert aus der Scheide und versteckte sich dann hinter einem Baum.

Als Wolfdietrich erwachte und sein Schwert nicht fand, wollte er fast verzweifeln über das neue Unglück. Dann aber sagte er sich: »Sind Diebe hier, dann ist die Gegend doch wenigstens nicht menschenleer, und ich bin gerettet.«

Plötzlich sprach es hinter einem Baum hervor: »Wer hat dir erlaubt, dich hierherzulegen!«

Erschrocken schaute er sich um, und Grausen überkam ihn, als er das Meerweib sah. Furchtsam antwortete er: »Was schadet es dir, wenn ich hier liege? Gehören denn die Wiese und die Linde dir?«

»Ja, alles hier ist mein Eigentum«, sprach das Meerweib.

»Verzeih, wenn ich ohne deine Erlaubnis hier schlief«, bat Wolfdietrich, »ich bitte dich, hilf mir! Diebe haben mein Schwert gestohlen, während ich schlief.«

»Ich helfe dir gern, wenn ich kann«, erwiderte sie, »aber ich sehe, daß dich noch etwas anderes bedrückt. Sage mir deinen Kummer. Du siehst nicht krank aus und liegst doch hier im Grase wie tot.«

Er seufzte: »Ich bin nicht krank. Hunger und Durst haben mich so schwach gemacht. Essen und Trinken wären die beste Medizin für mich.«

»Mit dieser Medizin kann ich dienen«, sagte sie, »aber erst muß ich wissen, wer du bist.«

Da erzählte er ihr von seinem Vater und von seiner Mutter, und wie übel ihm seine Brüder nach des Vaters Tod mitgespielt hatten.

»Davon habe ich schon gehört.« Sie nickte bestätigend mit dem Kopf, und Wolfdietrich berichtete nun, daß von seinem ganzen Heer nur elf Recken übriggeblieben seien, die in ihrer Burg von seinen Brüdern belagert würden.

»Hör nur auf mich, dann werden sie bald befreit«, sprach die Meerfrau tröstend, »und wenn du selbst wieder zu Kräften kommen und nicht verhungern willst, dann tu, worum ich dich bitte. Nimm mich zur Frau, ich gebe dir drei Königreiche zum Eigentum.«

»Bei meiner Treue, nein«, wehrte Wolfdietrich erschrocken ab, »lieber wollte ich sterben, als dich in die Arme nehmen.« Doch dann setzte er erklärend hinzu: »Sei mir nicht böse, daß ich deinen Wunsch nicht erfüllen kann, aber ich habe geschworen, niemals zu heiraten.«

Sie verzog den Mund zu einem Grinsen, streifte ihre Schuppenhaut ab und stand plötzlich als wunderschönes Mädchen vor ihm.

»Nie sah ich eine schönere Frau«, rief er und hatte über ihrem Anblick Hunger und Durst vergessen, »aber glaube mir, auch jetzt darf ich dich nicht zur Frau nehmen. Ich habe geschworen, nicht eher zu heiraten, bis ich meine elf Getreuen befreit habe.«

»Ich weiß wohl, daß dir eine andere Frau bestimmt ist«, sprach sie, »aber versprich mir, daß du mir einen deiner Brüder zum Mann gibst, wenn du sie bezwungen hast.«

Dazu war Wolfdietrich bereit, und er gab ihr sein Wort darauf.

»Nun komm«, sagte sie zufrieden, »ich will dir zu essen geben. Ich kenne eine wundertätige Wurzel, wer davon ißt, wird stark wie ein Löwe. Du kannst sie bequem in deiner Tasche mitnehmen, dann wirst du nie wieder Hunger und Durst leiden. Gib aber niemand davon zu essen, der nicht treu ist.«

Unter dem Lindenbaum grub sie die Wurzel aus der Erde und lehrte ihn, wie er sie überall finden konnte. Er hatte kaum ein wenig davon gegessen, da kehrten seine Kräfte zurück, und als er auf ihren Rat auch seinem Pferd davon gab, wurde es so stark wie zuvor. Er saß auf und fragte beim Abschied:

»Kannst du mir noch sagen, auf welchem Weg ich ins Lampartenland reiten muß?«

»Dahin führt keine Straße«, antwortete sie. »reite nur immer am Meer entlang, dann wirst du bald dort sein. Aber sei auf der Hut, im Lampartenland herrscht Unfrieden.«

DER DRACHENKAMPF

MÜHSAM BAHNTE SICH WOLFDIETRICH EINEN WEG DURCH die dichten Wälder, die sich an der Küste hinzogen. Nach zwölf Tagen endlich langte er in Garda an und mußte nun erfahren, daß König Ortnit im Kampf mit dem Drachen umgekommen war. Noch am selben Abend ritt er zur Burg. Aber als er an die Burgmauer kam, drangen Stimmen an sein Ohr, und er hörte die Königin und ihre Frauen um den toten Ortnit weinen. Das Leid der Königin bewegte ihn sehr, und er beschloß, den Kampf mit dem Drachen zu wagen und den Tod des König zu rächen. So wendete er sein Pferd und

ritt wieder dem Gebirge zu. Unterwegs begegnete ihm
ein Waldhüter, den fragte er:
»Wo finde ich die Drachenhöhle? Du kennst den Wald,
du wirst es mir sagen können.«
Der Mann wies zum Gebirge hin: »Seht Ihr dort die
steile Felswand? Dahin müßt Ihr reiten, dort ist der
Platz, wo König Ortnit starb.«
Wolfdietrich folgte dem Weg, den ihm der Waldhüter
gewiesen hatte, und bald kam er vor die Höhle. Er
schlug Lärm, um das Untier herauszulocken. Vergeblich! Nur die fünf Jungen fand er im Drachennest, die
Alte war auf Raub ausgezogen. Drei Tage ritt er kreuz
und quer durch den Wald und suchte den Drachen.
Sein Pferd wurde müde, und er selbst konnte sich kaum
noch im Sattel halten. Auf einer Lichtung hielt er an;
kaum aber war er vom Pferd gesprungen, da hörte er ein
fürchterliches Fauchen und Brüllen. Im Nu saß er wieder auf und sprengte dem Walde zu, woher der Lärm
kam. Und nun sah er den Drachen – im Kampf mit einem wilden Löwen. Weil aber Wolfdietrich das Bild eines Löwen in seinem Schilde führte, eilte er dem Tier
zu Hilfe. Er deckte sich mit dem Schild und warf mit
voller Wucht seinen Speer nach dem Drachen. Wütend
stürzte der sich auf den neuen Gegner, schlug mit seinem starken Schweif zu – und Wolfdietrichs Schild
brach in Stücke. Er packte sein Schwert und hieb auf
den Drachen ein. Dessen Haut aber war hörnen und
hart wie Glas, so daß kein Schwert sie ritzen konnte.
Immer wieder schlug Wolfdietrich zu, doch der Drache
blieb unversehrt. Schließlich fühlte der Held seine
Kräfte schwinden. Da kam ihm der Löwe zu Hilfe. Er
sprang den Drachen an, biß und kratzte, und Wolfdietrich konnte einen Augenblick Atem schöpfen. Dann
aber nahm er alle Kraft zusammen, griff sein Schwert

mit beiden Händen, hieb zu, doch die Klinge brach. Wehrlos stand er von dem Ungeheuer.

Der Drache zögerte nicht: er packte den Löwen mit seinen Zähnen, Wolfdietrich mit dem Schweif und schleppte beide in seine Höhle. Dort warf er die Beute seinen Jungen vor, und gierig stürzten sie sich auf den Löwen und verschlangen ihn mit Haut und Haar. Dann wollten sie Wolfdietrich ebenso zerreißen, aber seine Rüstung hielt ihren Zähnen stand. Die Drachen waren noch längst nicht satt, deshalb wälzte sich der alte Drache aus der Höhle und fing Wolfdietrichs treues Pferd. Als die jungen Drachen auch das aufgefressen hatten, waren sie satt und fingen an, miteinander zu spielen. Sie stießen und warfen Wolfdietrich in der Höhle umher wie einen Ball, bis sie müde wurden und einschliefen. Halb betäubt blieb Wolfdietrich liegen.

Nach einer Weile aber kehrten seine Kräfte wieder zurück. Vorsichtig schaute er sich um. Da sah er neben sich im Dunkel der Höhle etwas funkeln. Es war der Edelstein in einem Schwertknauf. Wolfdietrich griff danach – und hielt König Ortnits Schwert Rose in den Händen. Nun kletterte er, so leise er konnte, über die Gebeine toter Menschen und Tiere hinweg, um sich aus der Höhle zu schleichen. Da stieß er auf einen Toten, der in seiner Rüstung, mit dem Helm auf dem Kopf, dalag. Er hatte den toten Ortnit gefunden. Wolfdietrich sprang auf, schlug mit dem Schwert an die Felswand, daß die Funken sprühten und die Höhle davon erleuchtet wurde. Er sah die Drachenjungen im Schlaf liegen und erschlug eins nach dem anderen. Dann trat er hinaus vor die Höhle. Dort lag noch immer der alte Drache, fest schlafend. Und ehe er Zeit hatte zu erwachen, stieß ihm Wolfdietrich das Schwert in die Weichen, und er war tot. Wolfdietrich atmete auf, aber bevor er sich ausruhte, schnitt er noch allen Drachen die Zungen aus, um ein Zeichen zu haben, daß er und kein anderer die Drachen getötet hatte. Dann kehrte er noch einmal in die Höhle zurück, holte den toten Ortnit heraus und begrub ihn. Den goldenen Ring aber, den er neben der Leiche gefunden hatte, steckte er sich an den Finger. Nun erst verließ er diesen schrecklichen Ort, legte sich an einem stillen Platz im Walde unter einen Baum und schlief erschöpft ein.

Daß Wolfdietrich in den Wald geritten war, um die Drachen zu töten, hatte auch der Graf Wildung erfahren. Mit fünfhundert seiner Mannen folgte er Wolfdietrich nach. Am Waldrand ließ er seine Leute zurück und ritt allein weiter. Als er die Drachen tot fand, schlug er ihnen mit dem Schwert die Köpfe ab und rief dann seine Mannen herbei. Die hoben die Drachenköpfe auf, und unter lautem Jubel kehrten sie nach Garda zurück. Der Graf trat vor die Königin und verkündete ihr, daß er die Drachen getötet habe. Zum Zeichen, daß er die Wahrheit spräche, ließ er die Drachenköpfe in den Saal tragen. Gleich begann man in der Burg, für das Hochzeitsfest zu rüsten, denn die Königin hatte versprochen, den zum Manne zu nehmen, der König Ortnits Tod rächte und die Drachen erschlüge.

Als Wolfdietrich ausgeschlafen hatte, machte er sich auf den Weg nach Garda. Er mußte zu Fuß gehen, hatten doch die Drachen sein Pferd aufgefressen. Nach vier Tagen kam er in der Stadt an. Alles war festlich geschmückt, und man erzählte ihm, daß die Königin heute Hochzeit feiere mit Graf Wildung, dem Drachentöter. In einfachen Kleidern, so daß niemand ihn erkennen konnte, ging Wolfdietrich zur Königsburg und kam in den Hochzeitssaal. Nahe der Tür setzte er sich an den Tisch der Fahrenden. Man gab ihm einen Becher Wein,

den trank er aus, zog König Ortnits Ring vom Finger
und ließ ihn in den Becher fallen. Als der Mundschenk
der Königin den Becher zurückbrachte, rollte der Ring
heraus, und sie erkannte ihn gleich, denn es war ihr eigener Ring, den sie König Ortnit beim Abschied gegeben hatte. Sie ließ Wolfdietrich rufen und fragte ihn:
»Wer gab dir diesen Ring, Fremdling?«

»Ich fand ihn dort, wo König Ortnit ihn verlor und wo
ihn nur der finden konnte, der die Drachen tötete«,
antwortete Wolfdietrich.

»Wenn du es warst, der die Drachen erschlug, dann laß
mich die Beweise sehen«, sagte die Königin.

»Noch nicht«, gab Wolfdietrich zurück, »erst soll Graf
Wildung seine Beweise zeigen.«

»Das kann gleich geschehen«, erwiderte selbstsicher
der Graf und gab Befehl, die Drachenköpfe zu bringen.

»Nun kommt alle her«, sagte Wolfdietrich laut. »Habt
ihr schon jemals Köpfe ohne Zungen gesehen?«

Als alle verneinten, zog er die Drachenzungen hervor
und zeigte sie der Königin und den Gästen. Jeder
konnte sich überzeugen, daß die Zungen den Drachen
ausgeschnitten waren. Nun gab es keinen Zweifel
mehr: Graf Wildung war ein Betrüger. Man schlug ihm
zur Strafe den Kopf ab, Wolfdietrich aber feierte Hochzeit mit der Königin und wurde Herrscher über das
Lampartenland.

DIE BEFREIUNG DER GETREUEN

WOLFDIETRICH SASS NUN AUF DEM THRON, AUF DEM
einst König Ortnit gesessen hatte. Doch er fand keine

Ruhe; alle Vergnügungen waren ihm zuwider, denn immer mußte er an seine elf Getreuen denken. Und als die Königin ihn fragte, was ihn bedrücke, erzählte er ihr von Berchtung und seinen Söhnen, die in der Burg Lilienporte belagert wurden und auf seine Hilfe warteten. Die Königin versuchte zuerst alles, um Wolfdietrich von der Fahrt zurückzuhalten, als sie aber dann erfuhr, wie treu Berchtung und seine Söhne ihm beigestanden hatten, war sie bereit, ihn ziehen zu lassen. Schon am anderen Morgen fuhr Wolfdietrich mit dreitausend Recken übers Meer, um seine Getreuen zu befreien.

Inzwischen aber war es Wolfdietrichs Brüdern gelungen, die Burg Lilienporte zu erstürmen und Berchtung mit seinen Söhnen gefangenzunehmen. Grausam verfuhren sie mit ihnen. In schäbigen Kleidern und Schuhen mußten sie, gefesselt an Händen und Füßen, auf der Burgmauer stehen und Wache halten.

Nach zwölf Tagen Seefahrt landete Wolfdietrich mit seinem Heer an der Küste und zog im Schutze der Wälder bis in die Nähe der Burg, ohne daß einer der Feinde seine Ankunft bemerkte. Das Heer lagerte sich im Wald, denn Wolfdietrich wollte zunächst allein auskundschaften, ob seine Getreuen noch am Leben waren. Dem Heer befahl er, ihm erst dann zu Hilfe zu kommen, wenn er in sein Horn blase. Im Dunkeln schlich sich Wolfdietrich bis dicht an den Burggraben heran. Alles war still, und so konnte er hören, wie Berchtungs Söhne, die noch immer als Wächter auf der Mauer standen, sich gegenseitig ihr Leid klagten.

»Wann endlich endet unsere Not! Es ist schon gar zu lange her, daß Wolfdietrich uns verließ, um Hilfe zu holen, und bis heute ist er nicht zurückgekehrt.«

Da rief Wolfdietrich den Wächtern zu: »Was gebt ihr

mir, wenn ich euch erzähle, wo ich Wolfdietrich gesehen habe?«

»Wir haben nichts, was wir dir geben könnten«, antworteten Berchtungs Söhne, »denn wir bekommen selbst kaum genug zu essen und zu trinken.«

»So werft mir wenigstens ein Stück Brot herab«, bat Wolfdietrich, und das taten sie auch.

»Keinem anderen Menschen würden wir von unserem kümmerlichen Essen etwas abgeben. Aber da du uns von Wolfdietrich erzählen willst, bekommst du ein Stück.« Diese Worte bewegten Wolfdietrich tief, und er gab sich zu erkennen. Ungläubig hörten es die Gefangenen, dann aber spannten sie mit letzter Kraft ihre Muskeln und zerbrachen die Eisen an ihren Händen und Füßen. Sie kletterten von der Burgmauer herab und umarmten Wolfdietrich.

»Wo aber ist Berchtung?« fragte Wolfdietrich, der nur zehn Männer zählte.

»Unser Vater ist gestorben«, berichteten die Brüder. »Bis zuletzt hat er an Euch gedacht und die Hoffnung nicht aufgegeben, daß Ihr wiederkommen und uns befreien werdet.«

Jetzt stieß Wolfdietrich in sein Horn, und alsbald sprengten seine dreitausend Recken heran. Sie zogen gegen Konstantinopel, besiegten Wolfdietrichs Brüder und nahmen sie gefangen. Wolfdietrich aber vergaß nicht, daß es seine Brüder waren, und schenkte ihnen das Leben. Nachdem er das Königreich seines Vaters den Söhnen Berchtungs zum Lehen gegeben hatte, besuchte er das Grab des alten Berchtung. Ehrfürchtig stand er davor, und dankbar gedachte er der Treue des Alten. Dann aber kehrte er zurück nach Garda und lebte noch lange Jahre mit seiner Königin in Glück und Frieden.

Hilde und Kudrun

KÖNIG HETELS BOTEN

IM LANDE DER HEGELINGE, AN DER KÜSTE DER NORD-
see, herrschte der mächtige und reiche König Hetel.
Viele edle Fürsten waren seine Lehensmänner, darunter Horand von Dänemark und der junge Morung, der
über Nifland gebot. Sein treuer Ratgeber aber war der
alte Wate von Stürmen, der den König erzogen hatte.
Eines Tages saß König Hetel mit seinen Getreuen zusammen, als sie ihm den Rat gaben zu heiraten, damit
das Land auch eine Königin habe. Der König entgegnete:
»Ich kenne keine, die würdig wäre, im Lande der Hegelinge die Krone zu tragen.«
»Ich wüßte schon eine«, sprach Morung, und als der
König ihn danach fragte, fuhr er fort: »Sie heißt Hilde
und ist die Tochter König Hagens von Irland. Es gibt
kein schöneres Mädchen auf Erden. Um die solltet Ihr
werben.«
»Man berichtet aber, daß ihr Vater jeden tötet, der um
sie wirbt, und ich will keinen meiner Getreuen in den
Tod schicken«, erwiderte Hetel.
»Laßt nur Horand von Dänemark rufen«, riet Morung,
»der ist schon an Hagens Hof gewesen. Er kann Euch
mehr von Hagen und der schönen Hilde erzählen und
wird Euch sicher helfen, das Mädchen zu gewinnen.«
Der Rat gefiel dem König. Er sandte Boten nach Dänemark, und sieben Tage später ritt Horand in den Hof
der Königsburg. Unter den Recken, die mit ihm kamen,
war auch der kühne Frute. Herzlich begrüßte König
Hetel die Helden und führte sie in den Palast. Er fragte,
wie es in ihrem Lande stünde, und nachdem sie eine
Weile geredet hatten, wandte er sich an Horand:
»Sag mir, was du von Hilde, der Königstochter aus Irland, weißt.«

»Ich habe nie ein schöneres Mädchen gesehen als Hilde, die Tochter König Hagens«, erwiderte Horand, und Hetel fragte weiter:

»Ob ihr Vater sie mir wohl zur Frau gibt, wenn ich um sie werbe?«

»Ihr werdet keinen Boten finden«, sprach Horand, »denn jeden, der bisher um die schöne Hilde warb, ließ Hagen erschlagen oder hängen.«

Da warf Frute ein: »Wenn allerdings Wate von Stürmen Euer Bote sein wollte, dann könnte es wohl gelingen, auch gegen den Willen Hagens die schöne Hilde als Königin in Euer Land zu führen.«

Diesem Rate folgte der König. Er schickte eilends Boten nach Stürmen und ließ auch Irold von Friesland herbeiholen.

Wenige Tage später ritt der alte Wate mit zwölf seiner Recken in den Hof des Palastes. Freudig rief ihm König Hetel entgegen:

»Sei willkommen, Wate! Lange ist es her, seit wir uns zum letztenmal gesehen haben.«

Dann führte der König den alten Recken beiseite, und als sie allein beieinandersaßen, begann er: »Ich habe nach dir gesandt, weil ich einen Boten in das Land König Hagens senden will. Nur dir allein kann ich dieses Amt anvertrauen.«

»Ihr könnt Euch auf mich verlassen«, sprach Wate. »Welche Botschaft Ihr mir auch immer auftragt, ich will sie überbringen.«

»So höre«, fuhr Hetel fort, »alle meine Getreuen raten mir, um Hagens schöne Tochter Hilde zu werben, damit sie Königin werde in meinem Land. Darauf ist nun all mein Sinnen und Trachten gerichtet.«

Kaum hatte der König ausgeredet, als Wate zornig rief: »Kein anderer als Frute von Dänemark kann Euch gera-

ten haben, mich deswegen nach Irland zu senden! Wißt Ihr nicht, wie gut Hagen seine Tochter bewacht?«
Aber nachdem er einen Augenblick überlegt hatte, sprach er etwas ruhiger weiter: »Trotzdem – ich will die Fahrt wagen, wenn Frute und Horand mich begleiten.«

Hetel ließ die beiden rufen, und als Wate sie kommen sah, rief er ihnen spöttisch entgegen: »Ich danke euch, daß ihr so sehr um meine Ehre besorgt seid und mir Gelegenheit zu tapferen Taten geben wollt. Ich will nun Gleiches mit Gleichem vergelten. Kommt ihr nur beide mit nach Irland, so können wir gemeinsam dem König unsere Treue beweisen.«

»Gern begleite ich Euch«, sprach Horand. »Ich bin immer dabei, wenn es gilt, Gefahren zu bestehen.«

Frute war ebenfalls sofort bereit und wußte auch gleich einen guten Rat. Er wandte sich an den König: »Nur mit List können wir die schöne Hilde gewinnen. Am besten fahren wir als Kaufleute verkleidet nach Irland. Horand wird Gold und Edelsteine, Waffen und kostbare Gewänder, Spangen und Schnallen feilbieten. Dann wird man uns vertrauen, und die Frauen des Landes werden zu uns kommen, um einzukaufen. Haben wir sie erst einmal in den Hafen gelockt, wird es leicht sein, die Königstochter zu entführen. Laßt deshalb ein festes und schnelles Schiff ausrüsten, König Hetel, und gebt uns siebenhundert Recken mit auf die Fahrt.«

Der alte Wate entgegnete unmutig: »Ich verstehe nichts von Kaufmannsgeschäften. Was ich besaß, teilte ich immer mit meinen Recken, und so will ich es weiterhin halten. Wenn mein Neffe Horand die Handelsgeschäfte übernimmt, habe ich nichts dagegen, daß wir uns als Kaufleute verkleiden. Die siebenhundert Recken werden wir unten im Schiff verstecken. Wir müssen mit

Vorräten gut ausgerüstet sein und brauchen außer dem großen Hauptschiff noch drei Lastschiffe, in denen wir die Speisen, Waffen und Pferde unterbringen. König Hagen werden wir erzählen, wir seien aus dem Hegelingenland entflohen, weil König Hetel uns mit seiner Ungnade verfolge, und damit er uns freundlich empfängt, wollen wir ihm reiche Geschenke mitnehmen.«

»Und wann wollt ihr die Reise antreten?« fragte der König.

»Sobald der Sommer ins Land kommt«, antworteten sie. »Bis dahin können die Schiffe gezimmert und die Segel genäht sein, und auch wir werden uns gut gerüstet haben.«

Damit war der König einverstanden.

»So reitet jetzt heim in euer Land«, sprach er. »Um die Ausrüstung der Schiffe sorgt euch nicht. Ich will auch allen, die mit euch ziehen, Pferde und Gewänder geben, daß sie sich in König Hagens Land sehen lassen können.«

Nun ließ König Hetel fünf Schiffe bauen und für die Fahrt ausrüsten. Noch nie hatte man so herrliche Schiffe gesehen. Überall blinkten Gold und Silber, die Segel waren aus Seide gewebt, die Anker aus Silber geschmiedet, und arabische Taue nahm man zu den Ankerseilen.

Zur vereinbarten Zeit trafen sich die Helden wieder in der Burg des Königs. Wate kam mit vierhundert Mannen, Morung von Friesland mit zweihundert, und auch Frute, Horand und Irold ritten mit vielen tapferen Rekken herbei. Freundlich begrüßte Hetel sie alle, dann führte er sie ans Meer, um ihnen die Schiffe zu zeigen. Und da ein günstiger Nordwind die Segel schwellte, säumte man nicht mit dem Aufbruch. Die Schiffe wurden beladen, und die Helden nahmen Abschied:

»Macht Euch um uns keine Sorgen, König Hetel«, sagte Horand, ehe sie das Schiff bestiegen, »sondern freut Euch auf unsere Rückkehr, denn dann wird die schöne Hilde auf unserem Schiff sein.«

Nach sechsunddreißig Tagen erreichen die Helden die irische Küste. Sie zogen die Segel ein und warfen die Anker.

Sogleich sandte Wate Horand und Irold als Boten zu König Hagen und ließ ihm sagen, daß sie Kaufleute seien und um seinen Schutz bäten. Dazu schickte er ihm kostbare Geschenke: goldene Spangen und Ringe, edle Steine, herrliche Stoffe, prächtige Pferde und Waffen.

Mit Wohlgefallen betrachtete Hagen die wertvollen Gaben. Er erlaubte Horand und Irold, neben ihm zu sitzen, und fragte sie, woher sie kämen und wer sie seien, denn noch nie waren in seinem Reich Kaufleute gelandet, die solche Geschenke mitbrachten.

Horand antwortete: »Wir sind vor dem Zorn eines mächtigen Königs geflohen. Land und Burgen haben wir seinetwegen verlassen müssen.«

»Wer ist dieser König?« fragte Hagen, und er setzte hinzu: »Mir scheint, er hätte klüger daran getan, so reiche Leute in seinem Lande zu behalten.«

»Es ist König Hetel vom Hegelingenlande«, sprach Horand, »seine Macht ist gewaltig, und sollte er erfahren, wo wir sind, so müßten wir um unser Leben fürchten.«

»Sorgt euch nicht«, entgegnete Hagen. »Bleibt in meinem Lande, König Hetel wird es nicht wagen, euch bis hierher zu verfolgen.«

Und er befahl, den Kaufleuten Wohnungen in der Stadt zu geben und für ihre Bequemlichkeit zu sorgen. Nun brachten die Helden ihre Schätze in die Stadt, und

Frute eröffnete einen Laden und verkaufte die herrlichsten Kleinode zu niedrigsten Preisen. Bald sprach man überall in der Stadt von der Freigebigkeit der Fremden, und schließlich hörte sogar die junge Hilde durch ihre Kämmerer von den reichen Kaufleuten. Neugierig geworden, bat sie eines Tages ihren Vater:

»Lieber Vater, bitte doch die Fremden, einmal an den Hof zu kommen. Ich habe schon so viel von ihnen gehört und möchte sie gern sehen.«

Der König versprach es ihr und ließ die Kaufleute an seinen Hof laden. Die legten ihre prächtigsten Kleider an, und als sie die Königsburg betraten, wurden sie mit allen Ehren empfangen. König Hagen ging ihnen sogar entgegen, und die Königin erhob sich zur Begrüßung von ihrem Sitz. Sie ließen den Gästen vom besten Wein einschenken, und die Helden dankten ihnen, wie es die Sitte gebot. Schließlich durfte auch Hilde die vornehmen Kaufleute begrüßen. Im Gespräch verging die Zeit wie im Fluge, und am Ende wandte sich die Königin an Wate:

»Ihr solltet bei uns bleiben. König Hagen würde Euch sicher gern Burgen mit Land und Leuten zum Lehen geben.«

Wate aber entgegnete: »Einst besaß ich selbst Burgen und Länder und verteilte Geschenke, an wen ich nur wollte. Soll ich nun Lehensmann werden? Ich hoffe, in einem Jahr wieder daheim zu sein bei meiner Familie und zu leben wie früher.«

Als die Helden sich verabschiedeten, bat Hilde, sie möchten recht oft wiederkommen. Das taten sie denn auch, und immer, wenn sie kamen, gab es Vergnügen und Kurzweil am Königshof. Hagen hatte besonders am alten Wate Gefallen gefunden, und oft sah man die beiden beieinandersitzen. Horand dagegen bemühte sich um die Gunst der Frauen und unterhielt sie mit lustigen Geschichten.

Eines Tages fanden bei Hofe Kampfspiele statt, und König Hagen fragte seine Gäste, ob in ihrer Heimat auch so tapfer gekämpft würde wie in Irland. Da lachte Wate heimlich und sagte:

»So etwas habe ich dort nie gesehen. Ein ganzes Jahr würde ich hierbleiben, wenn ich einen fände, der mich die Kunst des Schwertkampfes lehrte. Und reich würde ich meinen Lehrmeister belohnen.«

Das hörte König Hagen gern. »Mein bester Fechtmeister soll Euch unterrichten«, rief er sogleich, »damit Ihr wenigstens die drei wichtigsten Schläge lernt, die Euch sicher einmal von Nutzen sein werden.«

Der Fechtmeister kam und begann, Wate die drei Schläge zu zeigen. Der Alte aber kannte diese Schwerthiebe längst und wehrte sie geschickt ab, ja, er brachte schließlich seinen Lehrmeister in so arge Bedrängnis, daß der die Flucht ergreifen mußte. Jetzt verlangte der König sein Schwert und sprach:

»Ich selbst will mit Wate kämpfen. Vielleicht kann ich ihn noch einen vierten Schlag lehren, für den er mir später einmal dankbar ist.«

Wate war einverstanden, doch wieder verstellte er sich und bat: »Versprecht aber, mich nicht zu verwunden. Ich müßte mich ja vor den Frauen schämen, wenn Ihr mir eine Wunde beibrächtet.«

Der König versprach es, und der Kampf begann. Bald setzte Wate dem König so kräftig zu, daß der ins Schwitzen geriet und Mühe hatte, Wates Schläge abzuwehren. Zuletzt gab Wate dem König sogar sein Versprechen zurück, und nun schlugen beide Helden ohne Rücksicht aufeinander ein, daß der Saal davon widerhallte. Schließlich beendeten sie den Kampf, und Hagen sprach:

»Ihr wolltet von mir lernen? Besser wäre es, ich würde Euer Schüler.«

»So haben wir Wate schon oft kämpfen sehen«, warf Irold ein, »denn täglich üben sich in unserer Heimat Recken und Mannen im Waffenspiel.«

»Hätte ich das gewußt«, erwiderte Hagen, »würde ich mich wohl gehütet haben, das Schwert gegen Wate zu erheben. Noch nie sah ich einen Schüler, der so schnell lernte.«

Alle lachten über dieses Scherzwort des Königs, und fröhlich endete der Tag.

HORANDS GESANG

EINES ABENDS SANG HORAND IM HOFE DER KÖNIGSBURG ein Lied mit so herrlicher Stimme, daß alle ihm staunend zuhörten. Der Königin gefiel Horands Gesang so gut, daß sie ihn zu sich kommen ließ, um ihm Dank zu sagen. »Singt uns doch jeden Abend Eure Lieder«, bat die Königin. »Ich will Euch reich dafür belohnen.«

Dazu war Horand gern bereit. Am nächsten Morgen schon sang er wieder seine schönsten Lieder, und diesmal lauschte vom Fenster aus auch die Königstochter Hilde dem Gesang. Gleich lief sie zu ihrem Vater und bat ihn schmeichelnd:

»Lieber Vater, sage Horand, daß er öfter an unserem Hofe singen soll.«

Hagen erwiderte jedoch: »Gern wollte ich ihm tausend Pfund Gold zahlen, wenn er uns jeden Abend seine Lieder singen würde. Aber unsere Gäste sind sehr stolz, so daß ich nicht wagen kann, ihn darum zu bitten, denn er ist ja kein gewöhnlicher Spielmann.«

Da König Hagen Hildes Wunsch nicht erfüllt hatte, kam sie auf den Gedanken, Horand heimlich in ihre Kemenate zu bitten, damit er dort für sie singe. Ihr getreuer Kämmerer überbrachte Horand ihre Bitte und führte ihn noch am gleichen Abend zu Hildes Kemenate. Nur Morung begleitete ihn.

Während der Kämmerer vor der Tür Wache hielt, traten die beiden Helden ein. Hilde begrüßte sie freundlich und bat sie, sich niederzusetzen. Dann sprach sie zu Horand:

»Nun laßt mich noch einmal Eure schönen Lieder hören, denn sie gefallen mir über alle Maßen.«

»Gern würde ich vor Euch singen«, entgegnete er, »nur fürchte ich den Zorn Eures Vaters, wenn er davon erfährt.«

Hilde aber ließ nicht ab, ihn zu bitten, und schließlich sang Horand doch. Als er geendet hatte, sprach Hilde zu ihm:

»Habt Dank für Euer Lied. Ich verspreche Euch, sollte ich einst Königin werden und Land und Burgen besitzen, so werdet Ihr mir stets willkommen sein.«

Zum Dank gab sie ihm einen goldenen Ring. Horand wollte ihn nicht nehmen und bat statt dessen um einen Gürtel, um ihn seinem Herrn zu bringen.

»Wer ist Euer Herr?« fragte Hilde. »Wie heißt er? Hat er ein eigenes Land und trägt er eine Krone?«

»Ich diene König Hetel, dem Herrn im Hegelingenlande. Er ist reich und mächtig und liebt Gesang und Saitenspiel über alles. An seinem Hofe leben sangeskundige Helden, die noch viel besser singen als ich, am besten von allen aber singt mein Herr selbst.«

»Am liebsten würde ich Euch gleich zur Burg Eures Herrn folgen«, rief Hilde, »um einmal all den großen Sängern lauschen zu können.«

Horand erwiderte: »Das kann wohl geschehen«, und er setzte hinzu: »Wenn Ihr uns nicht verratet, sollt Ihr unser Geheimnis erfahren. Wir sind vom König zu Euch gesandt, um Euch eine Botschaft zu bringen.«

»Sprecht nur«, sagte Hilde erwartungsvoll, »laßt mich hören, was Euer Herr mir sagen will.«

Und Horand begann flüsternd zu sprechen: »Mein Herr läßt Euch sagen, daß er Euch von Herzen liebt und Euch bittet, seine Frau zu werden.«

»Habt Dank für diese Botschaft«, entgegnete Hilde. »Wenn König Hetel mir so gewogen ist und er mir ebenbürtig ist an Rang und Macht, so will ich gern seine Frau werden. Doch wie könnte ich wagen, meinen Vater zu bitten, daß er mich ins Land der Hegelinge fahren läßt.«

»Herrin«, sprach jetzt Morung, »wir haben siebenhundert Recken mitgebracht, die bereit sind, ihr Leben für Euch einzusetzen.«

Und er eröffnete ihr den Plan, wie man sie zu entführen gedachte.

»Wir werden zu König Hagen gehen und von ihm Abschied nehmen. Ihr aber sollt ihn bitten, daß er mit Euch und Eurer Mutter zum Strand kommt, um vor unserer Abreise unsere Schiffe zu besichtigen. Seid Ihr erst auf dem Schiff, dann haben wir gewonnenes Spiel.«

Hilde war mit allem einverstanden, nur wünschte sie, daß die Helden selbst König Hagen zum Besuch der Schiffe einlüden, und sie bat, ihr gleich Nachricht zu geben, wenn der König auch ihr erlaubt hätte dabeizusein.

Nachdem sie alles besprochen hatten, kehrten Horand und Morung auf verschwiegenen Wegen zu ihrer Herberge zurück. Dort berichteten sie dem alten Wate, wie es ihnen ergangen war und daß Hilde bereit sei, ihnen zu König Hetel zu folgen. Als der Alte das vernahm, freute er sich und rief:

»Ist die Jungfrau erst vor dem Tor, dann werden wir schon dafür sorgen, daß Hagens Mannen sie an der Fahrt nicht hindern.«

In aller Heimlichkeit bereiten die Hegelinge nun die Heimreise vor, und vier Tage später ritten sie zur Burg, um von König Hagen Abschied zu nehmen.

»Warum wollt ihr mein Land verlassen?« fragte Hagen überrascht. »Habe ich nicht alles getan, um euch den Aufenthalt hier angenehm zu machen?«

»König Hetel hat nach uns gesandt«, entgegnete Wate, »und bietet uns Versöhnung an. Auch sehnen sich unsere Familien, die wir zurückgelassen haben, nach uns. Deshalb wollen wir so schnell wie möglich nach Hause fahren.«

»Es tut mir sehr leid, daß ihr nicht länger bei uns bleiben wollt«, sprach Hagen, »doch nehmt wenigstens noch Pferde und Kleider, Gold und Edelsteine von mir als Abschiedsgeschenk an, damit ich euch eure reichen Gaben vergelten kann.«

Wate aber wollte davon nichts hören.

»König Hetel würde uns nie verzeihen, wenn wir Euer Gold annähmen«, sprach er, »aber wir haben eine Bitte. Gebt uns zum Abschied das Geleit auf unser Schiff. Und wenn Ihr gestattet, daß auch die Königin und Eure Tochter mitkommen, so wäre uns das die größte Ehre. Diese Gabe und keine andere erbitten wir von Euch.«

Das versprach der König. »Da ihr euren Entschluß nicht ändern wollt, will ich euren Wunsch gern erfüllen und morgen früh hundert Pferde satteln lassen, um gemeinsam mit der Königin, mit meiner Tochter und mit meinen Recken und Mannen zu euren Schiffen kommen.«

Die Hegelinge freuten sich sehr über die Zusage des
Königs. Sie ritten zum Strand zurück und ließen nach
Frutes Rat Fässer mit edlen Weinen, dazu vielerlei Speisen ans Land tragen, damit die Schiffe leichter würden
für die Flucht.

HILDES ENTFÜHRUNG

MIT GLÄNZENDEM GEFOLGE RITTEN AM ANDEREN MOR-
gen König Hagen, die Königin und die schöne Hilde
zum Hafen, um die Fremden zu verabschieden. Als sie
am Ufer ankamen, fanden sie auf langen Tischen die herrlichsten Kleinode ausgebreitet. Freigebig verschenkten
die Hegelinge goldenen Schmuck an die Mädchen,
die sich gar nicht satt sehen konnten an all der Pracht.
Inzwischen ging Hagen zu einem der Lastschiffe,
um sich dessen Einrichtung anzusehen.
Das Gedränge, das überall herrschte, nutzte Wate, und
es gelang ihm leicht, Hilde von ihrer Mutter zu trennen.
Während die Königin noch am Ufer stand, bestieg er
mit Hilde rasch das Hauptschiff, ließ die Segel setzen
und die Anker lichten. Die Recken, die sich bisher im
Schiff verborgen hatten, sprangen aus ihren Verstek-
ken, stießen Hagens Mannen, die mit auf dem Schiff
waren, ins Wasser, und das Schiff legte vom Ufer ab.
Voll Zorn und Wut sah Hagen, was da geschah. Er rief
nach seinen Waffen und befahl seinen Mannen, die Ent-
führer aufzuhalten. Aber es war zu spät. Sie konnten
ihnen nur einige Speere nachwerfen, und da sie niemanden trafen, mußten sie sich von Morung noch
obendrein verhöhnen lassen.
»Kommt nur nicht zu nahe, sonst werdet ihr ein kühles

Bad nehmen müssen«, rief er, und die Schiffe der Hegelinge segelten in rascher Fahrt aufs Meer hinaus.

Am liebsten hätte Hagen gleich die Verfolgung aufgenommen. Aber seine Schiffe waren leck und mußten erst ausgebessert werden. Dann aber setzte Hagen mit dreitausend Recken und Mannen den Entführern nach.

Inzwischen waren Wate und seine Gefährten an der Küste von Waleis gelandet und hatten einen Boten zu König Hetel gesandt, um ihm zu melden, daß sie Hagens Tochter in sein Land brächten. Der König freute sich darüber und brach sogleich auf, um der schönen Hilde entgegenzureiten.

Als König Hetel seine tapferen Recken wiedersah, begrüßte er sie herzlich, hatte er doch schon gefürchtet, sie lägen gebunden in Hagens Kerkern. Die Königstochter aber fand er noch schöner, als sie ihm geschildert worden war; er schloß sie in die Arme und küßte sie.

Als der Abend dämmerte, sah Horand Schiffe nahen, die ein Kreuz auf dem Segel trugen. Er kannte das Zeichen wohl, es war König Hagens Wappen. Auch Wate, Morung und Irold hatten die Schiffe bemerkt, und Morung rief Irold zu:

»Sage König Hetel, daß Hagen naht. Wir müssen uns rüsten zum Kampf.«

Schnell sorgte Wate für die Sicherheit der Frauen, ließ sie in aller Eile auf ein Schiff bringen und gab ihnen hundert Recken zum Schutz mit. Unterdessen landeten Hagens Schiffe am Strand. Der König sprang als erster ans Ufer, seine Mannen folgten dichtauf. Ein Hagel von Speeren empfing sie, aber sie wichen nicht zurück. Da stellte sich Hetel dem allen voranstürmenden Hagen entgegen. Und Hagen fand in ihm einen ebenbürtigen Gegner. Er konnte Hetel zwar verwunden, aber nicht besiegen, und unentschieden trennten sich die beiden feindlichen Könige. Jetzt drang Wate auf Hagen ein. Mit wuchtigen Schlägen hieb er auf ihn los und brachte ihn in arge Bedrängnis. Hagens Speer zerbrach, von einem gewaltigen Schlag, den Wate gegen seinen Helm führte, schwanden ihm fast die Sinne, und ihm wurde schwarz vor Augen.

Angstvoll hatte Hilde dem Kampf zugesehen. Nun wandte sie sich unter Tränen an Hetel, dessen Wunden inzwischen verbunden wurden, und bat ihn, den Kampf zu beenden, denn sie fürchtete für das Leben ihres Vaters. So stürzte sich Hetel noch einmal in das Kampfgewühl, schlug sich bis zu Hagen und Wate durch und rief so laut er konnte:

»Haltet ein!«

Doch keiner von beiden hörte auf seine Worte, und Hagen fragte drohend: »Wer ist dieser da, der mir Befehle zu geben wagt?«

»Ich bin Hetel, der König der Hegelinge; ich war es, der seine Gefährten aussandte, um Eure Tochter als Königin in dieses Land zu holen.«

Als Hagen das hörte, ließ er das Schwert sinken und sagte zu Hetel: »Nachdem ich jetzt weiß, daß keine Räuber, sondern tapfere Helden meine Tochter hierher gebracht haben, damit sie in diesem Lande Königin werde, bin ich bereit, Frieden zu schließen und dir meine Tochter zur Frau zu geben.«

So endete der Kampf. Die Recken nahmen die Helme ab und ließen ihre Wunden verbinden, und der alte Wate, der in der Heilkunst erfahren war, half vielen in ihren Schmerzen.

Gemeinsam zogen alle zu Hetels Königsburg, wo mit großem Gepränge zwölf Tage lang die Hochzeit gefeiert wurde. Dann nahm Hagen Abschied von König Hetel und von Hilde, um mit seinen Recken und Mannen die Heimfahrt anzutreten. Er küßte noch einmal seine Tochter und wandte sich an die Jungfrau Hildburg, die mit Hilde im Hegelingenlande blieb, und sagte zu ihr:

»Sorge gut für Hilde und stehe ihr immer zur Seite. Ich baue fest auf deine Treue.«

Und Hildburg versprach es dem König.

Als Hagen wieder in seiner Burg saß, erzählte er der Königin, wie gut es ihre Tochter getroffen habe, und er sagte: »Hätte ich noch mehr Töchter, so würde ich sie gern alle mit Recken aus dem Lande der Hegelinge vermählen.«

KUDRUNS FREIER

NACHDEM DAS HOCHZEITSFEST VORÜBER WAR, RITTEN auch König Hetels Recken wieder heimwärts. Oft aber waren sie zu Gast in der Königsburg; dreimal im Jahr kam Wate aus Sturmland, noch häufiger sah man Horand, und wenn er in die Burg ritt, freuten sich alle, denn er hatte stets für jeden ein kostbares Geschenk: schöne Kleider, Gold und Edelsteine. Doch nicht nur als Gäste kamen die Recken; sie eilten auch herbei, wenn Feinde das Land überfielen, und immer gelang es Hetel mit ihrer Hilfe, den Sieg zu erringen.

Hetels und Hildes größte Freude waren ihre zwei Kinder, Ortwin, der von Wate zu einem kühnen Helden erzogen wurde, und Kudrun, die in Dänemark bei Verwandten des Königs aufwuchs und noch schöner war als ihre Mutter.

Viele edle Fürsten warben um die schöne Kudrun, doch

Hetel wies jeden Freier ab und schuf sich dadurch viele Feinde. Einer davon war König Siegfried von Moorland, ein tapferer Held, der über ein großes und reiches Land gebot. Aber Hetel versagte ihm ebenso wie allen anderen Kudruns Hand. Siegfried reiste daher in Unfrieden ab und drohte, Rache zu nehmen für den angetanen Schimpf.

Zu dieser Zeit drang die Kunde von Kudruns Schönheit bis ins Land der Normannen, und Hartmut, der junge König des Reiches, beschloß, um Kudrun zu werben. Zwar riet ihm sein Vater Ludwig davon ab und warnte ihn, sich um die Tochter eines so mächtigen Königs zu bemühen; da aber seine Mutter Gerlind den Plan guthieß, hörte er lieber auf sie und wählte unter seinen Mannen sechzig aus, die seine Werbung König Hetel überbringen sollten.

Die Boten mußten an die hundert Tage reiten, ehe sie Leute trafen, die ihnen wenigstens den Weg zu den Hegelingen zeigen konnten, so weit voneinander entfernt lagen die beiden Königreiche. Endlich erreichten sie Dänemark und kamen zu Horand. Als sie ihm sagten, daß sie zu König Hetel wollten, gab er ihnen wegekundige Leute als Begleiter mit, die sie zu den Hegelingen brachten.

In Hetels Burg wurden sie freundlich empfangen, und da man an ihren Kleidern erkannte, daß sie reich waren, beherbergte man sie gut und verschaffte ihnen alle möglichen Bequemlichkeiten nach der langen Reise. Am zwölften Morgen ließ König Hetel sie zu sich kommen und fragte nach ihrem Auftrag. Der vornehmste der Normannen, ein Graf, trat hervor und überbrachte Hartmuts Botschaft. Schroff wies Hetel Hartmuts Werbung zurück, und Königin Hilde gab den Boten zur Antwort:

»Wie kann meine Tochter Hartmuts Frau werden, wo doch sein Vater Ludwig ein Lehensmann meines Vaters ist. Sagt Eurem König, er möge sich anderswo eine Frau suchen, meiner Tochter ist er nicht ebenbürtig!«

Betrübt ritten die Boten den weiten Weg ins Normannenland zurück, und Hartmut, der ungeduldig auf sie gewartet hatte, bestürmte sie sogleich mit Fragen:

»Habt ihr Kudrun gesehen? Ist sie wirklich so schön, wie man erzählt? Wie hat König Hetel meine Werbung aufgenommen?«

Der Graf, der die Boten angeführt hatte, antwortete: »Wir haben noch nie ein schöneres Mädchen gesehen, doch Euch will sie König Hetel nicht zur Frau geben«, und dann berichtete er, wie es ihnen ergangen war.

Hartmut jedoch ließ sich von Hetels Antwort nicht beirren, und er rief entschlossen: »Wenn König Hetel mir heute auch Kudrun verweigert, so gebe ich doch die Hoffnung nicht auf, daß sie eines Tages Königin in unserem Lande wird.«

Und er beschloß, mit einem Heer ins Hegelingenland einzufallen, um Hetel mit Waffengewalt zu zwingen, ihm Kudrun zur Frau zu geben. Seine Mutter Gerlind lobte ihn dafür und bestärkte ihn in seinem Vorhaben.

Inzwischen hatte sich bei den Hegelingen Neues zugetragen. Herwig, der junge König von Seeland, kam und wollte um Kudruns Liebe werben. Aber es erging ihm wie Siegfried von Moorland und Hartmut, dem Normannenkönig: König Hetel versagte auch diesmal seine Einwilligung. Das verdroß Herwig sehr, denn er hatte wohl gemerkt, daß Kudrun ihn gern sah. Ohne Verzug rüstete er daher sein Heer, um König Hetels Land mit Krieg zu überziehen, und es dauerte gar nicht lange, da rückte Herwig mit dreitausend Recken vor Hetels Burg.

Eines Morgens, alle Bewohner der Burg schliefen noch, rief der Wächter vom Turm:

»Auf, auf! Zu den Waffen! Feindliche Helme sehe ich blitzen!«

Alle sprangen aus den Betten und rüsteten sich, so schnell sie konnten. Auch Hetel und Königin Hilde traten ans Fenster, und mit Schrecken sah der König, daß die Feinde schon gegen die Burg anstürmten. Die Belagerten wehrten sich aus Leibeskräften, und auf beiden Seiten sank manch tapferer Held tot ins Gras. Endlich begegneten sich Hetel und Herwig mitten im Getümmel. Ein harter Kampf begann zwischen den beiden, und funkensprühend schlugen die Schwerter aufeinander. Vom Fenster schaute Kudrun dem Kampfe zu. Sie zitterte um das Leben der Könige; bald fürchtete sie, daß Herwig ihren Vater töten könnte, und bald freute sie sich, daß er so tapfer um sie kämpfte. Schließlich rief sie vom Fenster herab:

»Macht Frieden! Allzuviel Blut ist schon geflossen, Vater.«

»Ich gebe nicht eher Frieden«, rief Herwig zurück, »bis mir Euer Vater freies Geleit gewährt und mir erlaubt, ohne Waffen vor Euch zu erscheinen und mit Euch zu sprechen.«

König Hetel willigte ein. Den Recken wurde Waffenruhe geboten, und von hundert seiner edelsten Helden begleitet, ging Herwig zu Kudrun.

»Man hat mir gesagt«, begann er zu sprechen, »daß Ihr mich verschmäht, weil Euch meine Abstammung nicht edel und vornehm genug ist.«

»Wie sollte ich Euch verschmähen!« antwortete Kudrun. »Ihr seid ein tapferer und stolzer Held. Glaubt mir, niemand ist Euch holder gesinnt als ich, und wenn es meine Eltern erlaubten, würde ich gern Eure Frau werden.«

Herwig freute sich sehr, als er das hörte, hatte Kudrun doch ohne Scheu vor allen Leuten gesagt, was sie für ihn empfand. Jetzt gab endlich auch König Hetel seine Einwilligung zu der Vermählung, und noch am gleichen Tage feierte man die Verlobung von Kudrun und Herwig. Am liebsten hätte er seine Braut gleich mit in seine Heimat genommen, aber Hetel und Königin Hilde wollten das nicht gestatten. Nach einem Jahr erst sollte Herwig kommen und seine Braut holen. Damit waren alle zufrieden.

KUDRUNS ENTFÜHRUNG

AUCH ZU KÖNIG SIEGFRIED VON MOORLAND, DER EINST selbst um Kudrun geworben hatte, kam die Nachricht, daß Kudrun mit Herwig von Seeland verlobt war. Er grollte darüber so sehr, daß er beschloß, gegen Herwig Krieg zu führen und sein Land zu verwüsten. Zwanzig neue Schiffe ließ er bauen und ein riesiges Heer ausrüsten, und nachdem er Herwig Boten gesandt hatte, die ihm den Frieden aufkündigten, kam er mit seinen Mannen übers Meer und fiel mordend und brennend in Seeland ein. Herwig hatte alle seine Recken aufgeboten, und sie wehrten sich tapfer gegen die Eindringlinge. Aber die Zahl der Feinde war zu groß, und Herwig mußte mit dem Rest seiner Getreuen in seine Burg flüchten. Zugleich schickte er Boten ins Hegelingenland, die Hetel und Kudrun die schlimme Kunde überbrachten. Kudrun erschrak, als sie die Nachricht vernahm. Weinend lief sie zu ihrem Vater und bat ihn, Herwig zu Hilde zu kommen.

König Hetel ließ sich nicht lange bitten, und schon nach

kurzer Zeit hatte er ein großes Heer versammelt und führte es nach Seeland. In aller Eile ritten die Boten voraus und brachten Herwig die gute Nachricht von der nahen Hilfe. Das stärkte seinen Mut, und mit doppelter Kraft verteidigte er seine Burg gegen die Feinde. Endlich kam auch König Hetel und warf sich mit seinen Scharen in den Kampf. Aber es mußten noch viele Rekken sterben, ehe sie Herwigs Burg befreit hatten.

Zwölf Tage kämpfte Siegfried erbittert gegen die feindlichen Heere, die ihn von allen Seiten bedrängten. Erst am dreizehnten Tage gelang es ihm, den Ring der Feinde zu durchbrechen, und in heißen Kämpfen schlug er sich mit dem Rest seiner Mannen zu einer Festung durch, die ringsum von einem reißenden Strom umgeben war. Wie erschraken sie aber, als Hetel und Herwig mit ihren Heeren die Burg zu belagern begannen, denn jetzt konnten sie ihren sicheren Zufluchtsort nicht mehr verlassen und mußten sich darauf beschränken, ihn zu verteidigen, und schon damit hatten sie Mühe genug.

Als König Hetel sah, daß sie von Siegfried und seinen Recken nichts mehr zu befürchten hatten, sandte er Boten in sein Land und ließ seiner Frau und seiner Tochter sagen, daß sie Siegfried von Moorland im offenen Kampf bezwungen hätten, daß sie aber nicht eher zurückkehren würden, bis sie Siegfried und alle seine Helden gefangen hätten.

Inzwischen hatte König Hartmut aus dem Normannenland Späher zu den Hegelingen gesandt. Von ihnen erfuhr er, daß König Hetel mit den tapfersten seiner Recken Herwig zu Hilfe geeilt war und noch immer gegen Siegfried von Moorland kämpfte. Und als er fragte, wie lange der Kampf wohl noch dauern werde, antwortete einer der Späher:

»Vor Jahresfrist werden die Hegelinge nicht zurückkehren, denn König Hetel hat geschworen, daß er erst dann nach Hause ziehen will, wenn er Siegfried völlig geschlagen hat.«

Das hörte Hartmut gern, und er sprach: »Jetzt, wo König Hetel mit seinen Recken im Lande Herwigs kämpft, wollen wir in sein Reich ziehen und die schöne Kudrun, die er mir nicht freiwillig geben wollte, mit Gewalt entführen.«

Diesem Plan stimmten seine Helden zu, selbst der alte König Ludwig war einverstanden, und die boshafte Königin Gerlind gab alles Gold und Silber, das sie besaß, um Recken zu werben für die Fahrt.

Tagelang wurden die großen Schiffe gerüstet, die das Normannenheer zu den Hegelingen tragen sollten. Bei günstigem Wind fuhren sie los, und schon bald sahen sie die Türme von Hetels Burg Matelane. Da befahl König Ludwig, die Anker zu werfen. Eilig stiegen die normannischen Recken an Land und rüsteten sich zum Kampf, denn jeden Augenblick mußten sie damit rechnen, von Hetels Mannen, die zum Schutz der Frauen zurückgeblieben waren, entdeckt und angegriffen zu werden.

Noch einmal wollte Hartmut versuchen, Kudrun ohne Kampf zu gewinnen. Er sandte Boten zur Burg Matelane, in der Hilde und ihre Tochter lebten, und ließ melden:

»König Hartmut ist gekommen, weil er noch einmal um Kudrun werben will. Sollte sie ihm auch diesmal verweigert werden, wird er sie mit Gewalt enführen.«

Obwohl Hilde und Kudrun erschraken, als man die Boten Hartmuts meldete, ließen sie sie eintreten und empfingen sie so, wie es die Sitte gebot. Sie reichten ihnen den Willkommenstrunk und baten sie, sich niederzusetzen. Dann erst fragte Königin Hilde nach ihrem Auftrag. Kaum hatten die Boten Hartmuts Werbung überbracht, als Kudrun ihnen entgegnete:

»Euer König wirbt vergeblich um mich. Sagt ihm, daß ich mit König Herwig von Seeland verlobt bin und nie einen anderen Mann als ihn lieben werde.«

»Da Ihr König Hartmuts Frau also nicht werden wollt«, erwiderte einer der Boten, »so läßt er Euch sagen, daß er in drei Tagen mit Waffengewalt in die Burg einfallen und Euch herausholen wird.«

Kudrun glaubte das nicht und lachte über die Drohung.

Die Boten kehrten zu Hartmut zurück, und als sie ihm berichteten, daß seine Werbung abermals abgewiesen wurde, schwor er Rache zu nehmen für diesen Schimpf. Gleich ließ er seine Mannen sich waffnen, und am dritten Morgen ritten die Könige und Hartmut an der Spitze ihrer Recken gegen die Burg Matelane.

Kudrun sah das Heer heranziehen, und sie freute sich darüber, glaubte sie doch, ihr Vater käme nach siegreicher Schlacht zurück. Wie erschrak sie aber, als sie die fremden Wappen erkannte! Königin Hilde hatte die Feinde ebenfalls kommen sehen und riet, die Tore zu schließen und sich auf die Verteidigung der Burg einzurichten. Hetels Mannen aber entschieden anders. Sie stürmten den Normannen entgegen und stellten sich zur offenen Feldschlacht. Bald bereuten sie jedoch, daß sie den Rat der Königin nicht befolgt hatten, denn sie mußten schließlich, obwohl sie erbittert kämpften, der Übermacht weichen, und ehe sie die Tore schließen konnten, drangen die Normannen in die Burg ein, und es dauerte nicht lange, bis sie sie erobert hatten. Während die Sieger raubend und plündernd durch die Burg zogen, betrat Hartmut den Königssaal, wohin sich Kudrun geflüchtet hatte, und sagte zu ihr:

»Ihr habt es verschmäht, mir freiwillig als Königin in mein Land zu folgen. Nun sind die Hegelinge in meiner Gewalt, und wir könnten euch alle erschlagen. Doch ich will niemanden töten, nur Euch werde ich als Beute mit ins Normannenland nehmen.«

Kudrun konnte vor Angst kaum sprechen, und sie stammelte nur: »Oh, wenn mein Vater wüßte, daß man mich als Gefangene fortführt, er würde mich schnell befreien.«

Unterdessen schleppten die Normannen alles, was sie geraubt hatten, auf die Schiffe. Hartmut verbot es ihnen jedoch:

»Laßt das Rauben! Ich gebe euch zu Hause so viel Gold, wie ihr wollt. Auch wollen wir die Schiffe nicht unnötig beladen, denn je leichter sie sind, um so schneller werden sie uns nach Hause tragen.«

Ehe sie aufbrachen, zerstörten sie die Burg und warfen Feuer in die Stadt. Dann führten sie Kudrun und mit ihr zweiundsechzig Jungfrauen, darunter auch die treue Hildburg, auf die Schiffe, setzten die Segel und fuhren von dannen. Weinend sah Königin Hilde ihrer Tochter nach, und viele, die zurückblieben, klagten wie sie. Sobald die Schiffe abgelegt hatten, sandte die Königin Boten zu König Hetel, um ihm die Schreckensnachricht zu überbringen.

Sieben Tage ritten die Boten, ehe sie Hetel erreichten, der mit seinem Heer noch immer die Burg belagerte, in der Siegfried von Moorland mit seinen Mannen saß. Horand war der erste, der sie sah, und er rief dem König zu:

»Da kommen Boten. Hoffentlich bringen sie keine schlechte Nachricht aus unserem Lande.«

Hetel begrüßte sie freundlich und fragte sie nach ihrem Auftrag.

Einer der Boten antwortete ihm: »Königin Hilde hat uns hergesandt und läßt Euch sagen, die Normannenkönige Ludwig und Hartmut haben Eure Burg Matelane zerstört und ausgeraubt. Eure Recken erschlagen und Eure Tochter Kudrun gefangen fortgeführt.«

Als König Hetel die Unglücksbotschaft vernommen hatte, wandte er sich an seine Recken und sagte: »Sorgt dafür, daß die Feinde nichts von unserem Unglück erfahren.« Und dann ließ er in aller Heimlichkeit seine Getreuen herbeirufen, um sich mit ihnen zu beraten. Als alle versammelt waren und König Hetel ihnen berichtet hatte, was geschehen war, sprach der alte Wate:

»Laßt den Mut nicht sinken. Wir werden uns an Ludwig und Hartmut rächen und Kudrun zurückholen. Deshalb sollten wir mit Siegfried von Moorland schnell Frieden schließen und dann die normannischen Räuber verfolgen. Ich schlage vor, daß wir morgen früh noch einen Sturm auf die Festung unternehmen. Dann wird Siegfried merken, daß unsere Kraft ungebrochen ist, und er wird bereit sein, den Frieden anzunehmen.«

Wates Ratschlag stimmten alle zu, besonders Herwig von Seeland war damit einverstanden. Am nächsten Morgen begann der Sturm auf die Festung, und ein harter Kampf entbrannte. Mitten im heißesten Gefecht rief Irold den Moorländern zu:

»Wollt ihr Frieden? König Hetel läßt euch ungeschoren nach Hause ziehen, wenn ihr euch ergebt!«

»Ich ergebe mich nicht«, rief Siegfried zurück. »Das verbietet mir meine Ehre.«

Da machte Frute einen anderen Vorschlag: »Wenn ihr versprecht, uns gegen unsere Feinde beizustehen, dann könnt ihr danach frei und ungehindert in euer Land zurückkehren.«

Als Siegfried das hörte, war er bereit, Frieden zu schließen. Hetel und Siegfried versöhnten sich und schlossen ein Bündnis, in dem sie sich zu gegenseitiger Treue und Hilfeleistung verpflichteten. Nun erst erzählte man Siegfried, was sich im Hegelingenlande ereignet hatte, und er versprach, gegen Hartmut mit in den Kampf zu ziehen.

»Wüßte ich nur, wo wir die Normannen treffen könnten«, sprach Siegfried, »es sollte ihnen schlecht bekommen.«

Der alte Wate entgegnete: »Dafür laßt mich sorgen. Ich kenne den Weg übers Meer, der zu den Normannen führt.«

»Und woher sollen wir die Schiffe nehmen?« fragte Hetel.

Aber Wate wußte auch dieses Mal Rat: »Hier am Strande liegen etwa siebzig gut ausgerüstete Schiffe. Sie gehören Pilgern, die nach dem Heiligen Lande fahren wollen. Wir werden ihnen die Schiffe wegnehmen. Die Pilger können warten, bis wir zurückkommen.«

Wates Plan wurde von allen gutgeheißen, und die Pilger mußten, ob sie wollten oder nicht, ihre Schiffe hergeben. Und nicht nur das: Als König Hetel sah, daß unter den Pilgern mehr als fünfhundert starke Männer waren, zwang er sie mitzufahren. Bald war alles zur Abfahrt gerüstet, und König Hetel konnte mit seinem Heer die Verfolgung der Normannen aufnehmen. Bei günstigem Wind verließen sie die Küste und segelten ihren Feinden nach.

DIE SCHLACHT AUF DEM WÜLPENSANDE

UNTERDESSEN WAREN KÖNIG LUDWIG UND KÖNIG HART-
mut mit ihren Mannen bis zu einer Insel gekommen, die
man den Wülpensand nannte. Sie glaubten sich sicher
vor jeder Verfolgung und beschlossen, hier auszuruhen
von der beschwerlichen Fahrt und sieben Tage zu rasten. Während die Männer es sich bequem machten,
Zelte aufschlugen und Feuer anzündeten, saßen Kudrun und ihre Jungfrauen abseits, traurig und niedergeschlagen.

Plötzlich gewahrte einer der Normannen ein Schiff, das
schnell auf die Insel zusteuerte, und bald sah er, daß
immer mehr Schiffe dahinter auftauchten. Eilig meldete
er es König Hartmut. Da aber die Segel ein Kreuz trugen, meinten alle, es seien Pilger. Als die Schiffe jedoch
näher kamen, sah man auf einmal Helme blitzen.

»Zu den Waffen«, rief Hartmut, »es sind Feinde!«

In Windeseile lief sein Ruf durch die Reihen der Normannen, und so schnell wie möglich machten sie alle
kampfbereit.

Ein dichter Speerhagel empfing die Hegelinge, als sie
aus den Schiffen sprangen, aber sie kämpften sich durch
und drängten zum Strand. Als einer der ersten erreichte
Wate das Ufer und warf sich den Feinden entgegen.
Aber König Hetel, Herwig, Irold und Morung standen
ihm nicht nach und schlugen manchem Normannen
tödliche Wunden. Schließlich griffen auch die Recken
König Siegfrieds von Moorland in den Kampf ein, und
Siegfried selbst zeigte sich als einer der stärksten Helden.

Den ganzen Tag über wogte der Kampf hin und her,
und als der Abend nahte, konnte man noch immer nicht
sagen, welche Seite den Sieg erringen würde. Da gerie-

ten die beiden Könige Hetel und Ludwig im Getümmel aneinander. Die Gegner waren an Kraft und Tapferkeit ebenbürtig, schließlich aber konnte Ludwig einen so wuchtigen Schlag führen, daß Hetel ihm erlag und tot zu Boden sank.

Kaum hatten die Hegelinge das gesehen, stürzten sie sich noch wilder in den Kampf, um den Tod ihres Königs zu rächen. Inzwischen wurde es Abend, und kaum konnte man Freund und Feind noch unterscheiden. Ja, Horand tötete seinen eigenen Neffen, da er ihn in der Dunkelheit für einen Normannen gehalten hatte.

»Hört auf«, rief Herwig seinen Recken zu, »damit wir uns im Dunkeln nicht gegenseitig erschlagen.«

Also wurde die Schlacht abgebrochen, so sehr der alte Wate auch darauf brannte, weiterzukämpfen bis zur Entscheidung.

Eine finstere, sternenlose Nacht lag über der Insel, nur im Schein der Lagerfeuer sah man die Helme und Schilde glänzen. Die Könige Ludwig und Hartmut saßen beisammen und berieten, was nun zu tun sei.

»Unsere Feinde sind zu stark«, sprach der alte König. »Wir müssen daher, ehe wir morgen der Übermacht erliegen, diese Nacht noch fliehen. Sage unseren Mannen, sie sollen großen Lärm vollführen, damit die Hegelinge keinen Verdacht schöpfen.«

Da begannen die Normannen, mit Heerhörnern und Trommeln Lärm zu schlagen, daß man glauben konnte, sie feierten ein Fest. Insgeheim aber bereiteten sie alles zur Flucht vor. Als man Kudrun und die übrigen Frauen auf die Schiffe führte, begannen sie laut zu weinen. Doch die Normannen drohten, sie alle zu töten, wenn sie nicht still sein wollten, und so brachte man sie zum Schweigen. Die Toten ließ man am Strand zurück; es waren so viele, daß man für etliche Schiffe keine Mannschaft mehr hatte und sie zurücklassen mußte.

Im Schutze der Dunkelheit segelten die Normannen davon, und als der Morgen graute, waren sie schon weit vom Wülpensande entfernt.

Wate erwachte als erster und blies laut in sein Horn, um die Hegelinge zu neuem Kampfe zu sammeln. Aber vom Feind war weit und breit nichts zu sehen, nur einige Schiffe lagen leer am Ufer. Wate war außer sich vor Wut, und Ortwin rief:

»Schnell, schnell, damit wie sie noch einholen. Weit können sie nicht sein.«

Wate war sofort einverstanden, Frute aber schaute nach dem Wind und sagte dann: »Und wenn wir uns noch so sehr beeilten, wir holen sie nicht ein, ihr Vorsprung ist zu groß. Auch hätten wir nicht mehr Recken und Mannen genug, um unsere Feinde zu besiegen. Darum hört auf meinen Rat, laßt uns die Verwundeten verbinden, die Toten bestatten und dann heimkehren.«

Die Helden fügten sich den Worten Frutes, denn sie sahen ein, daß er recht hatte. Sie beerdigten die Toten, auch die Normannen, und es dauerte sechs Tage, bis sie alle begraben hatten. Dann erst bestiegen sie die Schiffe und segelten von dannen.

DIE HEIMKEHR DER HEGELINGE

NOCH NIEMALS WAREN RECKEN SO NIEDERGESCHLAGEN heimgekehrt wie die Hegelinge nach der Schlacht auf dem Wülpensande, und keiner wagte sich zu Königin Hilde. Noch nicht einmal Ortwin getraute sich, zur Königsburg zu reiten und ohne Hetel und Kudrun vor

seine Mutter zu treten. Der alte Wate mußte es übernehmen, Königin Hilde den unglücklichen Ausgang
des Kriegszuges zu berichten. Aber selbst er fürchtete
sich vor der Begegnung mit der Königin.

Als Wate mit seinen Recken schweigend zur Königsburg ritt, ahnte man gleich nichts Gutes, denn wenn er
sonst aus einem Kampf heimkehrte, hörte man schon
von weitem seine Mannen singen und lachen.

»Was mag das bedeuten?« rief Königin Hilde angstvoll
aus. »Wates Mannen reiten mit gesenkten Köpfen daher, und ich sehe König Hetel nicht in dem Zug.«

Als sie schließlich die Wahrheit erfuhr, brach sie in lautes Weinen aus. Wate versuchte sie zu trösten.

»Herrin«, sprach er, »mit Klagen werden wir die Toten
nicht erwecken und Eure Tochter nicht zurückbringen.
Wenn aber eines Tages die Knaben in unserem Lande
herangewachsen sind, dann wollen wir Rache nehmen
an Ludwig und Hartmut.«

»Alles will ich hergeben, was mir geblieben ist«, sprach
die Weinende, »wenn ich den Tag noch erlebe, an dem
der Tod des Königs gerächt wird und ich Kudrun wie-
dersehe.«

Am nächsten Morgen versammelten sich die Helden
wieder bei der Königin und berieten, was nun zu tun
sei. Sie beschlossen, gegen die Normannen Krieg zu
führen. Alle stimmten aber dem Rat des alten Wate zu,
daß man damit warten müsse, bis die Knaben so weit
herangewachsen seien, daß sie das Schwert führen
könnten.

Doch ehe nun alle in ihre Heimat zurückkehrten, bat
Wate die Königin: »Nützt die Zeit und laßt Schiffe bau-
en. Wir werden sie brauchen, wenn wir gegen die Normannen ziehen.«

»Das werde ich tun«, versprach Hilde, »und auch für

die Ausrüstung will ich sorgen, so daß euch nichts fehlen soll, wenn der Krieg beginnt.«

Einer nach dem anderen verabschiedete sich nun, zuletzt auch Siegfried von Moorland. Ehe er davonritt, sagte er noch:

»Sendet mir Boten, wenn ihr gegen die Normannen zieht, ich werde kommen und euch helfen.«

KUDRUN IN GEFANGENSCHAFT

NACHDEM DIE NORMANNEN GLÜCKLICH DEN WÜLPEN-sand hinter sich gelassen hatten, segelten sie in schneller Fahrt der Heimat zu. Sie freuten sich, daß ihnen die Entführung Kudruns gelungen war, viele aber schämten sich auch der nächtlichen Flucht. Der günstige Wind brachte sie bald zur normannischen Küste, und als König Ludwig die Burgen seines Landes auftauchen sah, trat er zu Kudrun und sprach:

»Seht Ihr die Burgen dort? Wir sind am Ziel unserer Fahrt. Nun seid freundlich zu uns, es soll Euch gut gehen, und Ihr werdet als Königin über ein reiches Land gebieten.«

»Wie könnte ich freundlich sein«, entgegnete Kudrun traurig. »Alle Tage werde ich an das Leid denken, das Ihr mir zugefügt habt.«

»Wenn Ihr erst Hartmuts Frau geworden seid«, sprach Ludwig weiter, »dann werdet Ihr Euer Leid schon vergessen.«

»Eher will ich sterben, als Euren Sohn zum Manne nehmen«, erwiderte Kudrun.

Kaum hatte sie das gesagt, als Ludwig, vom Zorn übermannt, sie bei den Haaren ergriff und ins Meer warf. Das sah Hartmut, und ohne sich zu besinnen, sprang er ihr nach und rettete sie vor dem Ertrinken. »Warum habt Ihr Kudrun ertränken wollen!« wendete er sich unwillig an seinen Vater. »Sie ist mir so lieb wie mein eigenes Leben. Hätte das ein anderer getan, so müßte er jetzt sein Leben lassen.«

Der alte König bereute, was er im Zorn getan hatte, und er bat Hartmut, bei Kudrun für ihn um Verzeihung zu bitten. Dann sandte er Boten voraus, die Königin Gerlind die glückliche Heimkehr melden sollten.

»Sagt der Königin«, befahl er, »sie soll mit ihrer Tochter Ortrun und mit ihrem ganzen Gefolge zum Ufer kommen, um die schöne Kudrun würdig zu empfangen.«

Freudig hörte Gerlind diese Nachricht. Sie schmückte sich aufs beste und befahl auch allen anderen, kostbare Kleider anzulegen. Sie ließ die Pferde satteln und ritt, von Ortrun und vielen Recken begleitet, den Ankommenden entgegen.

Inzwischen hatten die Schiffe am Ufer angelegt. Alle waren fröhlich – außer Kudrun und ihre Frauen. Hartmut führte Kudrun an der Hand, und sie ließ es geschehen, denn so war es Sitte. Auch Hartmuts Schwester Ortrun wurde von zwei Fürsten geführt, als sie Kudrun entgegenging. Sie reichte ihr freundschaftlich die Hand und Kudrun küßte sie mit Tränen in den Augen. Als aber Gerlind hinzutrat und Kudrun ebenfalls umarmen und küssen wollte, verweigerte sie den Gruß und sprach:

»Niemals werde ich Euch küssen! Euer Rat war es, der mich in so tiefes Elend stürzte.«

Währenddessen waren alle Schiffe entladen worden. Hartmut führte Kudrun zur Burg und befahl dem Gesinde, ihr jeden Wunsch zu erfüllen. Dennoch änderte sie ihren Sinn nicht und weigerte sich standhaft, Hartmuts Frau zu werden. Das verdroß Königin Gerlind sehr, und schließlich fragte sie:

»Wann endlich soll die Hochzeit sein? Oder hält sich Kudrun etwa für zu vornehm, um meinen Sohn zu heiraten!«

Kudrun hatte die Worte der Königin gehört und erwiderte: »Würdet Ihr einen zum Manne nehmen, der Euch den Vater und die nächsten Verwandten getötet hat?«

»Daran ist nun nichts mehr zu ändern, also füge dich darein«, sprach Gerlind hart. »Heirate meinen Sohn, und es wird dir gutgehen. Ich selbst will dir meine Krone geben.«

»Behaltet Eure Krone und allen Euren Reichtum«, antwortete Kudrun entschlossen. »Ich werde Euren Sohn niemals heiraten, und leid ist mir jeder Tag, den ich hierbleiben muß.«

Hartmut wurde traurig, als er das hörte, Gerlind dagegen konnte ihren Zorn kaum mehr unterdrücken. Sie wandte sich an ihren Sohn:

»Es ist üblich, daß die Alten und Weisen die unerfahrenen Kinder erziehen. Gib Kudrun in meine Hut, und ich verspreche dir, daß ich ihren Sinn bald ändern werde.«

Hartmut war damit einverstanden, nur bat er er seine Mutter, Kudrun mit Güte und Nachsicht für ihn zu gewinnen. Gerlind versprach es, sie hielt aber ihr Versprechen nicht, denn kaum hatte Hartmut die Burg verlassen, ging sie zu Kudrun und fuhr sie hart an:

»Wir haben dir Glück und Reichtum geboten, aber du hast davon nichts wissen wollen! Von heute an mußt du als Magd arbeiten, mein Zimmer säubern und das Feuer schüren.«

»Ich bin in Eurer Gewalt, Ihr könnt mich zwingen, Mägdedienste zu tun, aber ich hoffe, daß ich eines Tages befreit werde«, antwortete Kudrun.

Gerlind, durch diese Antwort noch mehr gereizt, schrie sie an: »Deinen Hochmut werde ich brechen! Du wirst so schwer arbeiten müssen, daß du bald vergessen wirst, daß du eine Königstochter bist.«

Dann trennte sie Kudrun von ihren Frauen und wies auch ihnen allen Mägdedienste zu. Sie mußten Garn spinnen und Flachs hecheln, Wasser tragen und Öfen heizen. Hartmuts Bitten, Kudrun freundlicher zu behandeln und ihr Zeit zu lassen, den schweren Kummer zu überwinden, den die Normannen ihr zugefügt hatten, fruchteten bei der Königin nichts. Sie verlangte immer härtere Arbeit von Kudrun, und doch war Kudrun durch nichts zu bewegen, Herwig zu vergessen und Hartmut zu heiraten.

So vergingen neun Jahre, in denen Kudrun wie eine niedere Magd für Königin Gerlind arbeiten mußte. Dann kehrte Hartmut von einem Kriegszug zurück, und noch einmal versuchte er, mit freundlichem Zureden Kudruns Liebe zu gewinnen, aber sie blieb bei ihrer Weigerung. Da rief er zornig:

»Von nun an soll es mir gleichgültig sein, wie es Euch ergeht. Ihr verschmäht es, mit mir die Krone zu tragen, so nehmt den Lohn für Eure Halsstarrigkeit.«

Einen allerletzten Versuch wollte er dennoch wagen, und er bat seine Schwester Ortrun, Kudrun umzustimmen. Aber auch ihr sagte Kudrun:

»Ich danke Euch, daß Ihr mich so gern als Königin in Eurem Lande haben wollt, doch ich kann Euren Bruder nicht heiraten.«

Als Hartmut erfuhr, daß auch die Bitten seiner Schwester vergeblich gewesen waren, dachte er bei sich:

»So wie Kudrun mich haßt, wird man mich auch bei den Hegelingen hassen.«

Deshalb ritt er zu seinen Mannen und schärfte ihnen ein, das Land sorgsam zu bewachen.

Nun war Kudrun wieder allein in der Gewalt der Königin Gerlind, und die behandelte sie schlechter als zuvor.

Eines Tages befahl sie:

»Von jetzt an wirst du jeden Tag zum Meer gehen und für mich und mein Gesinde die Kleider waschen. Und wehe dir, wenn du nicht fleißig bist.«

»Ich habe noch nie gewaschen«, entgegnete Kudrun. »Gebt mir eine Eurer Wäscherinnen mit, damit sie mir zeigt, wie man Kleider wäscht.«

Da tat Gerlind, und bald hatte Kudrun so gut waschen gelernt, da es niemand besser konnte als sie.

Kudruns Frauen weinten, als sie ihre Herrin sahen, wie sie am Meer stand und Wäsche wusch. Am meisten weinte die treue Hildburg, und als Gerlind ihr Klagen hörte, sprach sie hämisch:

»Wenn dir Kudrun so leid tut, so hilf ihr doch beim Waschen, damit sie schneller mit ihrer Arbeit fertig wird.«

Hildburg kehrte sich nicht an den Spott und entgegnete: »Das würde ich gern tun, wenn Ihr mir die Erlaubnis dafür gebt.«

»Die kannst du haben«, spottete Gerlind, »aber deine Bitte wird dir noch leid tun, wenn du im Winter, bei Schnee und Wind, am Wasser stehen und waschen mußt. Dann wirst du dich nach der warmen Stube sehnen.«

Hildburg konnte kaum erwarten, daß es Abend wurde und Kudrun von ihrer Arbeit heimkam. Gleich lief sie zu ihr und erzählte ihr, daß sie von nun an ihr Schicksal teilen und mit ihr am Strande waschen würde. Kudrun freute sich sehr und sagte:

»Wie danke ich dir, daß du so treu zu mir hältst. Jetzt können wir uns die Zeit mit Gesprächen verkürzen, und es wird uns leichter fallen, unser Los zu ertragen.« So gingen die beiden Tag für Tag zum Meer und wuschen die Wäsche von Hartmuts Recken.

DER ZUG DER HEGELINGE INS
NORMANNENLAND

WÄHREND KUDRUN BEI DEN NORMANNEN ALS MAGD dienen mußte, bereiteten die Hegelinge den Kriegszug vor, um sie zu befreien. Königin Hilde ließ große Schiffe bauen und mit allem ausrüsten, was man für die lange Fahrt brauchte, und dann sandte sie Boten an alle ihre Getreuen, um sie zum Kriegszug gegen die Normannen aufzurufen. Und es dauerte nicht lange, bis von überallher die Heere heranzogen. Herwig von Seeland kam mit seinen Mannen zuerst, dann Horand von Dänemark, Frute, Irold, Morung und Ortwin, Kudruns Bruder, der auf Ortland saß. Zum alten Wate brauchten die Boten nicht erst zu reiten, denn er war bereits unterwegs zu Hildes Burg, gefolgt von einem starken Heer. Wohl sechzigtausend Recken hatten sich schließlich bei der Burg Matelane versammelt. Als alle beisammen waren, nach denen Königin Hilde gesandt hatte, bestiegen die Recken die Schiffe und fuhren ab, begleitet von den guten Wünschen der zurückbleibenden Frauen. Draußen auf dem Meer begegneten ihnen die Schiffe Siegfrieds von Moorland, denn auch König Siegfried hatte nicht vergessen, daß er Königin Hilde einst versprochen hatte, ihr im Kampf gegen die Normannen zu helfen. Die Schar, die Siegfried heranführte, vereinigte sich mit dem Heer der Hegelinge, und gemeinsam segelten sie weiter.

Zuerst legten die Schiffe am Wülpensande an, wo vor dreizehn Jahren viele tapfere Helden ihr Leben lassen mußten. Die Söhne der Recken, die damals hier starben, besuchten die Gräber ihrer Väter, und mancher schwor, Rache zu nehmen an den Normannen. Als die Heere vom Wülpensande aufbrachen, erhob sich ein schwerer Sturm, der die Schiffe in die offene See warf und schließlich an den Magnetberg herantrieb. Ratlos standen die Helden, denn plötzlich kamen sie nicht mehr weiter, so fest hielt sie der Berg. Vier Tage lagen die Schiffe unbeweglich, dann endlich drehte sich der Wind, und sie konnten sich von dem Berge lösen. Nun flogen sie so schnell dahin, daß sie nach wenigen Stunden schon die Küste des Normannenreiches auftauchen sahen. Aber noch einmal kamen sie in große Not. Die mächtigen Brandungswellen packten die Schiffe und warfen sie hin und her, daß sie in allen Fugen krachten. Endlich aber war auch diese Gefahr überstanden. Sie fuhren an eine Insel nahe der Küste und warfen die Anker. Der Platz war günstig, denn die Insel ragte als hoher Fels aus dem Meer, und ein dichter Wald erstreckte sich am Fuß des Berges. Keiner der normannischen Wächter bemerkte daher die Ankunft des Heeres.

Während die Recken an Land gingen und sich freuten, daß sie wieder festen Boden unter den Füßen hatten, erkundete Irold die Gegend, und vom höchsten Baum aus spähte er ins Land.

»Ich sehe sieben Burgen«, rief er. »Morgen um die Mittagszeit werden wir dort sein.«

Als Wate das hörte, befahl er, die Pferde und Waffen aus den Schiffen zu holen und alles für den Kampf vorzubereiten. Die Nacht über wollten sie noch im Walde versteckt bleiben und ausruhen von der Seefahrt. Da schlug Ortwin vor, zwei Boten auszusenden, die erkunden sollten, ob Kudrun und ihre Frauen noch lebten. Und als man beriet, wer Bote sein sollte, antwortete Ortwin:

»Ich will Bote sein, denn Kudrun ist meine Schwester.« Gleich setzte Herwig hinzu: »Und ich will der andere Bote sein, denn Kudrun ist meine Braut.« Wate gefiel dieser Plan nicht, denn er fürchtete, daß die Normannen beide fangen und töten würden. Aber Ortwin und Herwig ließen sich nicht davon abbringen. Nur war es inzwischen Nacht geworden, so daß sie die Fahrt bis zum nächsten Morgen verschieben mußten.

An dem Tage, als die Hegelinge die normannische Küste erreichten, gingen Kudrun und Hildburg wie immer zum Strand, um Königin Gerlinds Wäsche zu waschen. Es war im März, und das Wasser war eisig kalt. Plötzlich kam ein schöner Vogel dahergeschwommen, und als Kudrun mitleidig ausrief: »Ach du armer Vogel, wie bedaure ich dich, daß du bei dieser Kälte auf der eisigen Flut schwimmen mußt«, da antwortete ihr der Vogel mit menschlicher Stimme: »Ich komme, um dir Botschaft aus der Heimat zu bringen. Frage mich nur, dann will ich dir antworten.«

Kudrun erschrak, als sie den Vogel sprechen hörte, doch bald faßte sie sich und fragte ihn zuerst nach ihrer Mutter, dann nach ihrem Bruder Ortwin und ihrem Verlobten Herwig:

»Sage mir, ob sie alle noch leben und gesund sind.« Und der Vogel berichtete, daß Königin Hilde ein Heer ausgerüstet habe, um sie zu befreien, und daß Ortwin und Herwig mit dem Heer auf dem Weg ins Normannenland seien.

»Morgen früh werden zwei Boten hier an den Strand

kommen, die können dir mehr sagen«, rief der Vogel, und damit flog er davon.

Als Kudrun und Hildburg diese Nachricht gehört hatten, wollte ihnen die Arbeit gar nicht mehr von der Hand gehen. Sie besprachen immer und immer wieder, was der Vogel ihnen erzählt hatte, und dachten an nichts anderes als an ihre Befreiung. Als sie am Abend in die Burg kamen, hatten sie viel weniger Wäsche gewaschen als sonst. Königin Gerlind schalt und drohte:

»Ihr seid faul und träge«, rief sie. »Wenn ihr nicht bald besser arbeitet, werde ich euch bestrafen müssen.«

»Wir tun, was wir können«, wagte Hildburg zu antworten. »Auch solltet Ihr Nachsicht mit uns haben, denn mit unseren froststarren Händen haben wir die Arbeit nicht schaffen können. Wenn es wieder wärmer wird, wollen wir um so besser waschen.«

»Was kümmert mich das Wetter«, erwiderte die Königin hart. »Morgen früh müßt ihr wieder zum Strand. Es stehen Festtage bevor, und wenn bis dahin nicht alle Wäsche schneeweiß gewaschen ist, soll es euch übel ergehen.«

Schweigend gingen die Mädchen in ihre Kammer, zogen die nassen Kleider aus und aßen das kärgliche Mahl: Schwarzbrot und Wasser; etwas anderes bekamen sie nicht. Dann gingen sie schlafen. Aber der Schlaf wollte nicht kommen, denn sie mußten auf harten Bänken liegen, und ihre Gedanken waren bei den nahenden Befreiern.

Als der Tag graute, stand Hildburg auf und trat ans Fenster. Da sah sie, daß über Nacht Schnee gefallen war, und sie sagte: »Wenn wir auch heute wieder den ganzen Tag lang barfuß im Wasser stehen und waschen müssen, werden wir uns zu Tode erkälten.«

»Dann wollen wir die Königin bitten, daß sie uns erlaubt, heute Schuhe zu tragen«, erwiderte Kudrun.

Aber Gerlind fuhr sie barsch an, als sie zu ihr kamen: »Geht ihr nur ohne Schuhe! Was liegt mir daran, ob ihr sterbt. Doch wehe euch, wenn ihr heute nicht fleißig wascht!«

Also gingen die beiden barfuß wie immer zum Meer und wuschen. Immer wieder schauten sie sehnsüchtig hinaus aufs Wasser, ob die Boten, die ihnen der Vogel gestern angekündigt hatte, nicht bald kämen. Endlich sahen sie von weitem eine Barke, in der zwei Männer saßen.

»Da kommt ein Boot«, rief Hildburg. »Hoffentlich sind es die Boten von Königin Hilde.«

»Laß uns weglaufen«, antwortete Kudrun. »Ich will nicht, daß unsere Leute mich in so ärmlicher Kleidung sehen.«

Inzwischen war das Boot schon nahe herangekommen. Als die zwei Recken die Wäscherinnen sahen und merkten, daß sie weglaufen wollten, sprangen sie an Land und riefen: »Bleibt hier, ihr Mädchen! Wir sind friedliche Fremdlinge und möchten von euch nur wissen, in welchem Lande wir sind.«

Zitternd vor Kälte standen die beiden Mädchen, und Kudrun antwortete: »Fragt nur schnell, denn wenn unsere Herrin uns mit euch sprechen sieht, wird sie uns hart dafür bestrafen.«

Herwig grüßte die beiden mit einem freundlichen »Guten Morgen«, ein Gruß, den die Mädchen schon lange nicht mehr gehört hatten, denn in der normannischen Königsburg hatte niemand ein gutes Wort für sie übrig. Dann fragte Ortwin:

»Sagt uns, wem die Burgen und das Land gehören und wie der Herr heißt, der seine Wäscherinnen barfuß in den Schnee hinausschickt. « Und er bot den beiden zwei goldene Sprangen zum Dank für ihre Auskunft.

»Behaltet euer Gold«, sprach Kudrun, »wir brauchen es nicht. Eure Fragen wollen wir auch ohne Lohn beantworten. In diesem Lande herrschen zwei Fürsten, der eine ist Hartmut, der andere Ludwig, König vom Normannenland.«

»Und wo finden wir die Fürsten?« fragte Ortwin weiter.

»Heute morgen waren sie mit viertausend Mannen noch in der Burg«, antwortete Kudrun.

Erstaunt rief Herwig: »Warum liegen so viele Mannen in der Burg? Rechnen sie mit einem Überfall?«

»Das weiß ich nicht«, sagte Kudrun, »doch erzählt man, daß im fernen Hegelingenlande Feinde unserer Könige leben, und von dort befürchten sie einen Angriff.«

Herwig sah, daß beide Mädchen vor Kälte zitterten. Gern hätten die Recken ihnen ihre Mäntel gegeben, sie aber lehnten es trotz der Kälte ab, sich in Männerkleidung sehen zu lassen. Herwig hatte beide inzwischen unverwandt betrachtet, und es schien ihm, als ob eine der beiden Wäscherinnen Kudrun gliche. Noch ehe er aber fragen konnte, sprach Ortwin schon:

»Wißt ihr etwas davon, ob vor vielen Jahren fremde Mädchen, die man aus ihrer Heimat entführte, hierhergebracht wurden und ob eine darunter war, die Kudrun hieß?«

»Daran erinnere ich mich gut«, sprach Kudrun, »und die, die man Kudrun nannte, habe ich oft weinen sehen.«

»Höre Ortwin«, wandte sich Herwig jetzt an seinen Gefährten, »wenn Eure Schwester Kudrun noch lebt, so möchte ich schwören, daß keine andere es ist als diese Wäscherin hier.«

»Gewiß ist dieses Mädchen schön«, erwiderte Ortwin, »aber meine Schwester Kudrun war schöner, ich erinnere mich aus meiner Jugend noch sehr gut an sie.«
Kudrun hatte dem Gespräch der beiden zugehört, und als sie den Namen Ortwin nennen hörte, klopfte ihr Herz laut vor Freude. Sie sprach zu Herwig:
»Ihr gleicht einem, den ich kannte. Er hieß Herwig von Seeland. Denn Ihr müßt wissen, auch ich bin eines von den geraubten Mädchen. Die schöne Kudrun aber, nach der Ihr fragt, ist vor Gram gestorben.«
Bei dieser Nachricht traten Herwig und Ortwin die Tränen in die Augen, und Kudrun fragte: »Warum geht euch das so nahe? War Kudrun mit euch verwandt, daß ihr um sie weint?«
»Sie war meine Braut«, sagte Herwig.
»Jetzt wollt Ihr mich betrügen«, entgegnete Kudrun, »denn man hat mir oft gesagt, Herwig sei längst gestorben, und das glaube ich wohl, denn wenn er noch lebte, hätte er uns längst aus der Gefangenschaft befreit.«
Da hielt ihr Herwig seine Hand hin und zeigte ihr einen goldenen Ring.
»Den hat mir Kudrun zur Verlobung geschenkt. Nun aber sagt die Wahrheit: Ihr selbst seid Kudrun!«
Kudrun erkannte den Ring sofort, hatte sie ihn doch selbst früher getragen, und lächelnd streckte sie ihre Hand aus, an der ebenfalls ein kostbarer Ring blitzte.
»Seht meinen Ring«, sprach sie, »vielleicht erkennt Ihr ihn? Ich habe ihn von Herwig bekommen.«
Glücklich schloß Herwig die wiedergefundene Braut in die Arme und küßte sie innig. Auch Hildburg gab sich jetzt zu erkennen, und Herwig rief froh: »Besser hätte uns die Fahrt nicht gelingen können! Laßt uns eilen, daß wir Kudrun und Hildburg schnell von hier wegbringen.«

»Nein«, sagte Ortwin, »ich will meine Schwester nicht heimlich entführen. Wir sind keine Räuber und fürchten nicht den Kampf mit den Normannen. Und was soll aus den anderen Mädchen werden, wenn wir nur mit diesen beiden entfliehen?«

»So laß uns erst Kudrun und Hildburg in Sicherheit bringen«, schlug Herwig vor, »dann wollen wir um die anderen Mädchen kämpfen.«

Aber Ortwin weigerte sich erneut. »Auch das wäre ehrlos gehandelt. Die Mädchen haben mit Kudrun die Gefangenschaft ertragen, und deshalb müssen sie alle gemeinsam befreit werden.«

Und Ortwin ließ sich auch dann nicht umstimmen, als Kudrun bat, sie nicht wieder in die Hände von Königin Gerlind fallen zu lassen.

Wie Ortwin es gesagt hatte, so geschah es. Die Helden versprachen, am nächsten Morgen mit ihrem Heer vor die Burg zu rücken und die Mädchen zu befreien. Dann gingen Ortwin und Herwig zu ihrem Boot und stießen vom Ufer.

Weinend blieben die Mädchen zurück und solange sie das Boot noch erspähen konnten, schauten sie ihm nach. Keiner dachte mehr an die Wäsche, die ungewaschen am Ufer lag. Nun aber, als das Boot in der Ferne verschwunden war, erinnerte Hildburg erschrocken daran:

»Wir müssen noch viel waschen, sonst wird die Königin uns mit Schlägen empfangen.«

Kudrun aber rief: »Ich bin eine Königstochter und keine Dienstmagd! Gerlinds Wäsche wasche ich nie mehr!«

Und sie nahm die Wäsche und warf sie ins Meer, daß die Hemden und Kleider davonschwammen. Als der Abend kam, gingen beide zur Burg zurück, Hildburg mit gewaschenen Hemden unterm Arm, Kudrun aber mit leeren Händen. Am Tor kam Gerlind ihnen schon entgegen und herrschte Kudrun an:

»Wo ist meine Wäsche! Ich habe sie dir zum Waschen gegeben, aber du gehst wie eine Müßiggängerin einher. Ich will dich lehren, deinen Dienst zu tun!«

Stolz erwiderte Kudrun: »Eure Wäsche liegt am Strand, sie war mir zu schwer. Ihr könnt sie Euch holen, falls sie noch daliegt.«

Außer sich vor Wut befahl die Königin, ihr Ruten zu bringen, um Kudrun auszupeitschen. Kudruns Frauen weinten und jammerten, als sie hörten, was der Königstochter bevorstand. Aber Kudrun hatte sich eine List ausgedacht, und als Gerlind die Rute zum Schlag erhob, sagte sie:

»Hütet Euch, mich zu schlagen! Ihr könntet es bereuen, denn bald werde ich Königin sein. Wenn Ihr mir die Strafe erlaßt, will ich den zum Manne nehmen, der so lange um mich geworben hat.«

Doppeldeutig war Kudruns Rede. Während sie dabei an Herwig dachte, der schon mit seinem Heer heranrückte, um sie zu befreien, hatte Gerlind ihre Worte ganz anders verstanden; sie ließ die Rute sinken, und allen Zorn vergessend, rief sie:

»Und hättest du tausend meiner Kleider am Strand verloren, ich wollte sie gern missen, wenn du Hartmuts Frau werden willst.«

»Was ich bisher erdulden mußte, soll jetzt ein Ende haben«, sagte Kudrun. »Ruft König Hartmut herbei, daß ich es ihm sage.«

Schnell liefen einige, die Kudruns Worte gehört hatten, zu Hartmut.

»Gebt mir reichen Botenlohn«, rief der erste, der ankam, »ich bringe gute Nachricht. Die schöne Kudrun hat ihren Sinn geändert und will Eure Frau werden.«

Hartmut glaubte ihm nicht. »Du erzählst mir Märchen. Aber wenn das wahr ist, was du sagst, so will ich dir drei Burgen zum Lohn geben, dazu Land und Gold in Hülle und Fülle.«

»Dann wollen wir den Botenlohn teilen«, sagte der zweite, der dazukam, »denn ich habe Kudruns Worte auch gehört.«

Da sprang Hartmut von seinem Sitz auf, um zu Kudrun zu eilen. Sie ging ihm entgegen, doch als er sie umarmen wollte, sagte sie:

»Ihr seht, daß ich in ärmlichen, nassen Kleidern vor Euch stehe. Was würden die Leute dazu sagen, wenn Ihr eine Wäscherin umarmt! Wartet damit, bis ich die Krone trage.«

»Gebietet über mich und alle meine Recken«, rief Hartmut. »Wir werden alles tun, was Ihr verlangt.«

Kudrun bat zunächst, man möge alle Frauen, die mit ihr entführt worden waren und die jetzt bei Gerlind Mägdedienste tun mußten, herbringen und ihnen ihre Kleider, die sie aus dem Hegelingenland mitgebracht hatten, zurückgeben. König Hartmuts Kämmerer liefen, um Kudruns Wünsche schnell zu erfüllen. Als Kudruns Frauen gebadet hatten und in ihre kostbaren Gewänder gekleidet waren, brachte man ihnen Wein und die besten Speisen. Auch Ortrun, Hartmuts Schwester, kam, und sie freute sich besonders, daß Kudruns Qualen nun vorbei waren.

Damit die Hegelinge am nächsten Morgen möglichst wenig Feinde in der Burg vorfänden, hatte Kudrun eine List ersonnen. Sie bat Hartmut, er möge Boten ins Land senden, um alle seine Recken zum Hochzeitsfest einzuladen. Und gern erfüllte Hartmut diese Bitte. Noch am gleichen Abend schickte er mehr als hundert seiner Mannen los.

Schließlich ging man auseinander, und Kudrun blieb mit ihren Frauen allein. Obwohl es nun allen gutging, ließen sie die Köpfe hängen, und eine sprach:

»Es macht mir das Herz schwer, wenn ich daran denke, daß wir nun für immer hierbleiben müssen. Wie gern möchte ich die Heimat wiedersehen.«

Kudrun lachte laut auf, als sie das Mädchen so sprechen hörte, wußte sie doch, daß sie schon in wenigen Tagen befreit sein würden.

Gerlind hatte Kudruns Lachen gehört, und es schien ihr nichts Gutes zu verheißen. Sogleich ging sie zu Hartmut und warnte ihn: »Ich weiß nicht, warum Kudrun eben so laut gelacht hat, aber ich fürchte, daß es uns teuer zu stehen kommt. Vielleicht hat sie von den Hegelingen geheime Botschaft erhalten. Daher hüte dich, daß sie uns keinen Schaden zufügt.«

»Denkt nicht so schlecht von Kudrun«, wehrte Hartmut ab. »Lange genug hat sie Kummer und Not ertragen. Ich gönne es ihr, daß sie endlich wieder mit ihren Mädchen lachen kann. Auch sind ihre Verwandten so fern von hier, daß wir von ihnen nichts zu fürchten brauchen.«

Gerlind ließ sich beruhigen. Kudrun aber hatte ihren Mädchen befohlen, die Riegel vor die Tür zu legen, und leise, daß kein Lauscher sie hören konnte, sprach sie zu ihnen:

»Freut euch mit mir! Heute habe ich meinen Bräutigam Herwig und meinen Bruder Ortwin geküßt, und morgen früh werden sie mit einem Heer vor der Burg stehen und uns befreien.«

So fröhlich wie an diesem Abend waren Kudruns Frauen noch nie im Normannenland schlafen gegangen.

DER KAMPF UM KUDRUNS BEFREIUNG

UNTERDESSEN KEHRTEN HERWIG UND ORTWIN ZU DEM Heer der Hegelinge zurück. Die Nachricht davon verbreitete sich in Windeseile im Lager, und von allen Seiten umringte man sie und bestürmte sie mit der Frage, ob denn Kudrun noch lebe. Ortwin begann zu sprechen, nachdem alle Recken sich versammelt hatten:

»Kudrun lebt! Wir haben sie getroffen, und auch die treue Jungfrau Hildburg.«

Viele wollten es nicht glauben, bis Herwig bestätigte, daß Ortwin die Wahrheit spreche.

»Doch muß ich euch auch sagen, wie schändlich die Normannen die Gefangenen behandeln«, sprach Ortwin weiter. »Wir trafen Kudrun und Hildburg, als sie am Strand die Wäsche der Königin Gerlind wuschen.«

Manchem Recken traten die Tränen in die Augen, als er das hörte, Wate aber entgegnete ihnen unwillig:

»Mit Weinen und Klagen werden wir Kudrun nicht helfen. Färben wir lieber den Normannen die Kleider blutigrot, die Kudrun für sie bleichen mußte.«

Da fragte Frute: »Wie aber wollen wir zur Burg kommen, ohne daß Hartmut und Ludwig etwas davon merken?«

»Die Nacht ist hell und klar«, sagte Wate, »wir wollen keine Zeit versäumen und sogleich mit dem ganzen Heer zur Küste fahren. Dann stehen wir morgen in aller Frühe vor der Burg, ehe die Normannen aus dem Schlaf erwachen.«

Diesem Rate folgten die Hegelinge. Eilig brachten sie Pferde und Waffen wieder in die Schiffe, dann segelten sie los, und noch ehe der Morgen graute, sahen sie die Normannenburg vor sich liegen.

»Nun ruht euch aus, bis ich das Zeichen zum Kampf gebe«, sagte Wate. »Ich werde dreimal ins Heerhorn blasen. Wenn ihr es zum ersten Male hört, dann rüstet euch zum Kampf, beim zweiten Male müssen die Pferde gesattelt stehen, beim dritten Blasen aber schart euch um das Banner unserer Königin.«

Beim ersten Morgengrauen erhob sich in Kudruns Schlafgemach ein Mädchen vom Lager und trat ans Fenster, um nach den ersehnten Befreiern auszuschauen. Im Dämmerlicht sah sie Helme und Schilde unten am Wasser blitzen, und schnell weckte sie Kudrun.

»Wacht auf! Die Burg ist von den Hegelingen umzingelt!« rief sie freudig, und Kudrun sprang aus dem Bett und lief ans Fenster, um selbst nach dem Heer Ausschau zu halten.

Die Normannen lagen noch immer im tiefen Schlaf, und erst durch den Ruf des Turmwächters wurden sie geweckt:

»Wacht auf! Zu den Waffen!« rief er laut. »Zu lange habt ihr geschlafen, und der Feind steht schon vor der Burg!«

Königin Gerlind hörte als erste den Ruf des Wächters und stieg eilig auf die Zinne der Burg. Wie erschrak sie, als sie im Morgenlicht viele Tausende von Mannen und Pferden vor der Burg erblickte. Sie weckte König Ludwig:

»Wach auf! Die Burg ist von Feinden umzingelt. Jetzt werden wir alle für Kudruns Lachen büßen müssen.«

»Jammere nicht«, entgegnete Ludwig. »Ich will selbst sehen, ob es wirklich so schlecht steht«, und er trat ans Fenster und musterte das Heerlager vor der Burg. Wohl ahnte er Schlimmes, da er aber im Frühnebel nicht erkennen konnte, wer die Fremden waren, sagte er: »Weckt schnell meinen Sohn Hartmut. Er kennt die

Heerzeichen all unserer Nachbarn. Ich will ihn fragen, wem diese da gehören.«

Hartmut kam, und kaum hatte er das Heer gesehen, sagte er zu seinem Vater: »Das sind Recken aus dem Hegelingenlande, aus Dänemark und aus Moorland. Ich kenne ihre Heerzeichen.« Und er setzte hinzu: »Wir dürfen keine Zeit verlieren, denn es wird einen harten Kampf geben.«

Hartmut rief alle seine Mannen herbei und befahl ihnen, sich für den Kampf zu rüsten. Auch er selbst und sein Vater waffneten sich. Als Königin Gerlind das sah, rief sie erschrocken:

»Wollt ihr etwa die Burg verlassen? Es wird euch allen das Leben kosten, wenn ihr euch zur Schlacht hinauswagt.«

»Spart Euch Euren guten Rat«, entgegnete Hartmut, »lehrt die Frauen, wie man Gold und Edelsteine auf Seide stickt, nicht aber mich und meine Mannen, wie wir kämpfen sollen. Ihr habt immer geglaubt, daß Kudrun ohne Freunde sei. Heute seht Ihr nun selbst, daß ihre Freunde gekommen sind, um Euch für die gute Pflege zu danken, die Kudrun bei Euch genossen hat.«

»Wenn ich Kudrun streng hielt, dann geschah es um deinetwillen«, entgegnete die Königin, »und du weißt genau, daß ihrem Starrsinn nicht anders beizukommen war. Noch einmal aber rate ich euch, keinen Ausfall aus der Burg zu unternehmen. Unsere Burg ist fest. Laßt die Tore schließen, und niemand wird uns etwas anhaben können. Auch haben wir Brot und Wein für ein ganzes Jahr, so daß die Feinde uns nicht aushungern werden.«

»Wie könnt Ihr mir diesen Rat geben«, sagte Hartmut unwillig. »Ehe ich mich hier einschließen lasse, will ich lieber draußen im offenen Kampf sterben.«

Er ließ die Tore öffnen, und die normannischen Recken stürmten hinaus, an ihrer Spitze die Könige Ludwig und Hartmut.

Auch die Hegelinge und ihre Bundesgenossen aus Seeland und Moorland standen zum Kampf bereit. Schon zum drittenmal blies Wate ins Heerhorn, und die feindlichen Heerscharen rückten gegeneinander vor. Der Kampf begann. Als erste stießen Ortwin und Hartmut aufeinander. Obwohl Ortwin wie ein Held kämpfte, war er dem kampferfahrenen Hartmut nicht gewachsen. Unter seinen Schwerthieben brach er blutüberströmt zusammen. Im letzten Augenblick noch befreiten ihn seine Recken aus der Gefahr und trugen ihn beiseite. Als Horand das sah, stürzte er sich auf Hartmut. Funken stoben aus den Panzern, so wild schlugen sie aufeinander los. Beide bluteten aus tiefen Wunden, und man mußte sie vom Kampfplatz führen. Doch kaum hatte man ihnen die Verbände angelegt, warfen sie sich wieder in das Getümmel.

Überall schlugen die Helden sich tapfer, und besonders der alte Wate zeichnete sich aus durch seinen Mut. Wer ihm zu nahe kam, der mußte sterben. Herwig war im Kampf auf König Ludwig gestoßen. Kühn ritt er gegen ihn an, um den Tod König Hetels zu rächen, aber von einem Schlag Ludwigs schwer getroffen, stürzte er zu Boden. Schon erhob der alte König das Schwert zum Todesstreich, als Herwigs Mannen sich dazwischenwarfen und ihrem Herrn das Leben retteten. Als Herwig sich wieder erhob, blickte er zur Burg und sah, daß Kudrun vom Fenster aus dem Kampfe zusah. Er schämte sich seiner Niederlage und suchte noch einmal den Kampf mit Ludwig. Diesmal blieb er Sieger, und Ludwig mußte sein Leben lassen. König Ludwigs Recken sank der Mut, als sie sahen, daß er tot vom Pferd stürzte, und sie wendeten sich zur Flucht, aber nur wenige erreichten lebend das Burgtor.

Die Wächter auf dem Turm hatten den Kampf beobachtet, und als sie den Tod des Königs meldeten, erhob sich lautes Weinen und Klagen. Hartmut wußte nicht, was geschehen war. Doch als er die Klagerufe aus der Burg hörte, rief er seinen Getreuen zu:

»Wir wollen zur Burg zurückkehren, damit wir neue Kräfte sammeln, ehe wir den Kampf fortsetzen.«

Todesmutig warf er sich mit dem kleinen Häuflein seiner Recken den Feinden entgegen. Aber es war zu spät. Schon standen Wate, Frute, Morung und Herwig vor den Toren der Burg und verwehrten den zurückdrängenden Normannen den Einlaß. Während des Kampfes hörte Hartmut, wie seine Mutter den Tod König Ludwigs beklagte und jedem reichen Lohn versprach, der Kudrun und ihre Mädchen dafür töten würde. Schon wollte sich einer ihrer Leute den Lohn verdienen und zückte das Schwert. Kudrun schrie laut auf. Da hielt Hartmut, der ihre Stimme erkannt hatte, im Kampf ein und rief:

»Wehe dir, du Feigling! Erschlägst du auch nur eine, werde ich dich mit deiner ganzen Familie aufhängen lassen.«

Der Mann wich zurück. Beinahe aber hätte Hartmut die Rettung Kudruns mit dem Leben bezahlt, weil er darüber die Feinde, die auf ihn eindrangen, fast vergessen hatte. Als Ortrun sah, daß ihr Bruder sich nur mit Mühe gegen Wates Schwerthiebe verteidigen konnte, fiel sie Kudrun zu Füßen und bat sie, den Streit zu schlichten. Kudrun hatte nicht vergessen, daß allein Ortrun ihr in den Jahren der Gefangenschaft freundlich begegnet war. Sie beugte sich aus dem Fenster und rief:

»Ich bin Kudrun, König Hetels Tochter! Ich bitte euch, trennt Hartmut und Wate voneinander!«

»Das will ich gern«, antwortete Herwig.

Er schlug sich mit dem Schwert durch bis zu den Kämpfenden und rief Wate zu: »Haltet ein, Wate! Kudrun bittet Euch darum!«

»Ich müßte ein Tor sein, wenn ich auf eine Frau hören und die Feinde schonen würde«, antwortete Wate zornig und stürzte sich wieder auf Hartmut. Da warf sich Herwig zwischen die Streitenden, um sie mit Gewalt zu trennen. Es sollte ihm übel bekommen, denn der nächste Schlag Wates traf ihn selber, so daß er betäubt zu Boden sank. Seine Mannen trugen ihn zur Seite, Wate aber gelang es, Hartmut und seine letzten Recken zu überwältigen und gefangenzunehmen. Er ließ sie binden und auf ein Schiff bringen.

Jetzt setzten Wates Mannen zum Angriff auf die Burg an. Die Belagerten wehrten sich verzweifelt. Schwere Feldsteine warfen sie von den Mauern auf die Feinde herab, aber es half ihnen nichts. Die Hegelinge brachen das Tor auf und stürmten die Burg. Wates Mannen schlugen nieder, was sich ihnen in den Weg stellte, selbst Frauen und Kinder schonten sie nicht, und während die einen noch mit dem Schwert in der Faust die Burg durchstreiften, begannen andere bereits, Kisten und Kasten aufzubrechen, um mitzunehmen, was ihnen an Gold und Silber, an Edelsteinen und kostbaren Seidenstoffen in die Hände fiel.

Die überlebenden Burgbewohner waren in großen Ängsten, und wieder kam Ortrun hilfesuchend zu Kudrun.

»Bringt Eure Mädchen in mein Gemach«, sagte Kudrun freundlich zu ihr. »Ich will versuchen, Euch zu schützen.«

Auch Königin Gerlind kam, und bleich vor Angst stürzte sie Kudrun zu Füßen und flehte: »Rette uns vor Wate und seinen Mannen! In deiner Hand allein liegt unser Leben!«

»Habt Ihr je meine Bitten erhört?« fragte Kudrun.

In diesem Augenblick kam Wate mit blutbefleckter Rüstung und erhobenem Schwert durch die Tür.

Kudrun ging ihm entgegen und grüßte ihn: »Seid willkommen, Wate.«

»Dank Euch, edle Jungfrau«, erwiderte der alte Recke. »Gewiß seid Ihr Kudrun, die Tochter meiner Herrin Hilde, Sagt, wer sind die, die bei Euch stehen?«

Kudrun nannte ihm Ortruns Namen und bat ihn, sie zu schonen.

»Die anderen sind die Mädchen aus dem Hegelingenlande, die mit mir geraubt wurden.«

Wate stürmte weiter. Er durchsuchte die ganze Burg, um Gerlind zu finden. Schließlich kehrte er zu Kudrun zurück und forderte: »Gebt mir Gerlind heraus und alle jene, die Euch wie eine niedere Magd behandelt haben.«

Aber Kudrun wollte die Königin, die sich in ihren Schutz begeben hatte, nicht verraten und antwortete: »Von denen ist niemand hier.«

»So werden alle, die hier stehen, sterben müssen, Freund und Feind!« schrie Wate wütend.

Trotzdem wollte Kudrun ihm auch jetzt die Königin nicht ausliefern. Da gab ihm eines der Mädchen mit den Augen ein Zeichen, und so entdeckte er Gerlind.

»Ihr werdet Eure Kleider nicht mehr von dieser Jungfrau waschen lassen!« sprach er und zog Gerlind mit sich vor die Tür. Hier packte er sie bei den Haaren und schlug ihr den Kopf ab. Dann kam die Reihe an Hergard. Sie war eines der Mädchen, die mit Kudrun geraubt worden waren, aber weil sie die Not der anderen nicht teilen wollte, war sie Kudrun untreu geworden und hatte den Mundschenk des Normannenkönigs geheiratet. Jetzt mußte sie mit dem Leben für ihren Verrat zahlen.

In der Burg wurde es stiller. Der Kampf war zu Ende, die Helden versammelten sich, um zu beraten, was nun geschehen sollte. Die Königsburg hatten sie erobert, und damit gehörte ihnen auch das ganze Land.

»Verbrennen wir die Burg«, riet Wate.

Frute entgegnete ihm: »Nein, laßt die Burg stehen und sorgt dafür, daß die Spuren des blutigen Kampfes schnell beseitigt werden. Dann mag Kudrun hier wohnen, während wir weiter ins Land ziehen, um Beute zu machen.«

Nach Frutes Rat handelten die Helden. Angeführt von Wate und Frute durchstreiften die Hegelinge brennend und sengend das Normannenland. Sie zerstörten Burgen, fingen über tausend Geiseln, und was ihnen wertvoll erschien, schleppten sie als Beute weg. Als sie schließlich zurückkehrten, sprach Ortwin:

»Was die Normannen uns zuleide taten, haben wir ihnen jetzt heimgezahlt und tausendfach vergolten.«

Nun bereiteten die Hegelinge die Heimreise vor. Horand und Morung blieben mit tausend Recken als Besatzung im Lande der Normannen, die anderen bestiegen fröhlich und singend die Schiffe und fuhren heimwärts. Hartmut und Ortrun sowie viele Recken und Frauen der Normannen nahmen sie als Gefangene mit, obwohl Wate sie lieber alle erschlagen hätte. Ortwin verhinderte das jedoch, denn er wollte Hartmut und die Seinen als Gefangene zu Königin Hilde bringen.

Mit günstigem Wind segelten die Schiffe dem Hegelingenland zu. Boten eilten voraus, um Königin Hilde die frohe Nachricht zu bringen. Gleich ließ sie alles zum Empfang der Helden vorbereiten. Die Zimmerleute mußten Tische und Bänke für die Gäste herrichten, und Essen und Trinken in Fülle wurde herbeigeschafft.

Es war im Mai, als die Schiffe vor der Burg Matelane landeten. Mehr als ein Jahr hatte die Heerfahrt gedauert. Mit Hörnern und Pauken begrüßte man die siegreichen Recken. Aus Matelane ritten ihnen Königin Hilde und ihr Gefolge bis ans Ufer entgegen. Viele Jahre hatte Hilde ihre Tochter Kudrun nicht gesehen, und so erkannte sie sie nicht inmitten ihrer Frauen. Erst als Irold sie ihr zuführte, fielen sich Mutter und Tochter in die Arme und küßten sich. Dann begrüßte die Königin den alten Wate und dankte ihm für seine treuen Dienste, und sie küßte auch ihn.

Jetzt trat Herwig hinzu. An seiner Hand führte er die schöne Ortrun.

»Ich bitte Euch, liebe Mutter«, sprach Kudrun, »begrüßt auch dieses Mädchen mit einem Kuß. Sie war es, die mir in der Fremde mein Los erträglich machte. Es ist Ortrun, die Tochter König Ludwigs.«

»Was verlangst du von mir!« rief die Königin. »Ich sollte sie lieber töten lassen, denn ihre Verwandten haben mir nichts als Leid zugefügt.«

»Nicht Ortrun hat das getan«, erwiderte Kudrun, und sie bat so lange, bis die Königin um ihrer Tochter willen die normannische Königstochter küßte.

Dann begrüßte Königin Hilde die treue Hildburg und sagte zu ihr: »Man hat mir schon erzählt, wie treu du alles Leid mit Kudrun getragen hast. Ich werde dir das nie vergessen.«

Nun wandte sich die Königin an die anderen Helden,

grüßte sie alle und dankte ihnen für ihre Hilfe. Dann begann das Festmahl, und noch lange saßen die Helden beisammen und freuten sich ihres Sieges.

Unterdessen lag König Hartmut im Kerker, bis Kudrun für ihn um Gnade bat. Mit Ortrun ging sie zu Königin Hilde und sprach: »Liebe Mutter, bedenkt, daß man Böses nicht mit Bösem vergelten soll. Darum beweist Eure Güte auch an Hartmut.«

»Bitte mich nicht darum«, antwortete die Königin, »denn ich kann deinen Wunsch nicht erfüllen. Hartmut soll im Kerker für seine Übeltaten büßen.«

Da fiel Ortrun der Königin flehend zu Füßen: »Mein Bruder wird Euch keinen Schaden mehr zufügen. Ich will mich dafür verbürgen.« Dabei weinte das Mädchen, so daß die Königin schließlich sprach:

»Laßt das Weinen! Ich will Hartmut und seinen Recken die Fesseln abnehmen lassen. Wenn sie schwören, nicht zu entfliehen, sollen sie sich frei am Hofe bewegen können.«

Man nahm den Gefangenen die Ketten ab, sie durften baden und erhielten neue Kleider. Und als Hartmut frei und prächtig gekleidet bei den anderen Recken stand, mußte jeder zugeben, daß man kaum einen schöneren Helden finden konnte.

Da nun der Krieg gegen die Normannen siegreich beendet war, wollte Herwig wieder nach Seeland zurück. Er ließ die Pferde satteln und die Saumtiere beladen. Als Königin Hilde erfuhr, daß Herwig zum Aufbruch rüstete, wollte sie ihn noch nicht ziehen lassen. Sie ließ ihn rufen und sprach:

»König Herwig, bleibt noch eine Weile. Gönnt mir die Freude und feiert in meiner Burg Matelane Eure Hochzeit mit Kudrun.«

Zwar sehnte sich Herwig nach seiner Heimat, und auch

seine Recken harrten ungeduldig der Heimreise, doch
da Königin Hilde nicht aufhörte, ihn zu bitten, ließ er
sich schließlich umstimmen. Die Königin freute sich
sehr, daß Herwig ihren Wunsch erfüllen wollte, und
gab gleich Befehl, mit den Vorbereitungen zum Hochzeitsfest zu beginnen.

In diesen Tagen ließ Kudrun ihren Bruder Ortwin zu
sich rufen und sagte zu ihm: »Lieber Bruder, ich bitte
dich, nimm Hartmuts Schwester Ortrun zur Frau.«

»Wie könnte ich das!« erwiderte Ortwin überrascht.
»Sie wird mich nicht zum Manne haben wollen, nachdem wir ihren Vater im Kampf getötet haben.«

»Sie wird ihren Kummer vergessen, wenn sie erst mit
dir verheiratet ist. Und ich bin sicher, daß du keine bessere Frau als Ortrun finden wirst«, sagte Kudrun.

»Wenn du Ortrun so genau kennst, dann will ich um sie
werben.«

Ortwin ging zu seiner Mutter, rief auch seine Verwandten und Getreuen herbei und teilte ihnen seinen Entschluß mit. Königin Hilde wollte von der Heirat nichts
wissen, die anderen aber freuten sich darüber, und
Frute sprach:

»Du tust recht daran, um Ortrun zu werben, denn damit wird die alte Feindschaft zwischen Normannen und
Hegelingen ein Ende haben. Deshalb rate ich auch, daß
man König Hartmut mit einer unserer Jungfrauen verheiratet, und ich denke, Hildburg würde am besten zu
ihm passen.«

Damit waren alle einverstanden, und als Kudrun von
diesem neuen Plane hörte, eilte sie zugleich zu Hildburg, um ihr heimlich die Neuigkeit zuzuflüstern.

»Es wird mir schwerfallen, einen zu heiraten, der mich
nie beachtet hat, und ich fürchte, wir werden beide dadurch unglücklich werden«, antwortete Hildburg.

»So will ich selbst mit Hartmut reden und ihn fragen, ob er dich zur Frau nehmen will, wenn wir ihn in sein Land zurückkehren lassen«, sagte Kudrun und sandte sogleich einen Diener zu Hartmut. Als er in ihr Gemach trat, grüßte sie ihn und bot ihm den Platz neben Hildburg an.

»Setzt Euch neben das Mädchen, das mir im Normannenlande waschen half«, sagte sie.

Hartmut tat, wie sie geheißen hatte, doch bat er: »Straft mich nicht damit, daß Ihr mich an jene Zeit erinnert. Ich wußte nicht, wie schlecht Euch meine Mutter behandelte.«

Kudrun sprach denn auch nicht weiter über die Zeit ihrer Gefangenschaft, sondern sagte: »Ich will Euch einen Rat geben, und wenn Ihr ihn befolgt, wird Eure Gefangenschaft bald zu Ende sein.«

»Ich weiß daß Ihr mir keinen schlechten Rat geben werdet«, entgegnete Hartmut, »darum sprecht nur.«

»Mein Bruder Ortwin wird Eure Schwester heiraten, Euch aber wollen wir Hildburg zur Frau geben. Damit nimmt alle Feindschaft zwischen Normannen und Hegelingen ein Ende, und Ihr gewinnt Land und Ehre zurück.«

»Wenn meine Schwester Ortrun Königin im Hegelingenlande wird, so will ich gern Hildburg als meine Frau heimführen.«

Königin Hilde freute sich sehr über die Verlobungen, weil sie einen dauerhaften Frieden zwischen den beiden Ländern verbürgten. Kudrun wollte nun auch noch das Bündnis mit König Siegfried von Moorland befestigen, und sie schlug daher vor, man möge Siegfried Herwigs Schwester zur Frau geben. Herwig gefiel dieser Rat, er sandte hundert Recken nach Seeland, um seine Schwester holen zu lassen, und mit großen Gepränge wurde sie in der Burg Matelane empfangen. Kudrun führte König Siegfried zu ihr und fragte die Jungfrau: »Wollt Ihr König Siegfried von Moorland zum Manne nehmen?« Und da ihr Siegfried gut gefiel, denn er war nicht nur ein mächtiger König, sondern auch ein stattlicher Recke, nahm sie seine Werbung an.

So wurden am Hofe von Königin Hilde vier Hochzeiten auf einmal gefeiert, und niemals zuvor hatte man auf der Burg Matelane ein prächtigeres Fest erlebt. Dann aber kam für alle die Stunde des Abschieds. Hartmut kehrte mit Hildburg in das Normannenland zurück, Siegfried und Herwigs Schwester zogen nach Moorland, und zuletzt sagten auch Kudrun und Herwig Lebewohl und fuhren nach Seeland. Nur Ortwin und Ortrun blieben mit Königin Hilde auf Burg Matelane zurück. Immer wieder drehte sich Kudrun um und winkte zur Burg hinauf. Wohl weinte sie, daß sie Abschied nehmen mußte von der Heimat, aber sie war glücklich zugleich, daß der Streit zwischen Hegelingen und Normannen endlich geschlichtet war und wieder Friede herrschte im Lande.

Anhang

Am 2. Februar 1810 führte man im Weimarer Stadthaus zu Ehren des Geburtstages der regierenden Herzogin Luise und der Verlobung von Prinzessin Karoline einen kleinen Maskenzug auf. Er trug den Titel ›Die romantische Poesie‹ und war von Goethe verfaßt. Aber nicht von dem, was wir heute unter Romantik verstehen, handelte der Maskenzug, sondern von der Dichtung der Stauferzeit, vom Minnegesang, vor allem aber vom Heldenepos, von Brünhild und Siegfried, von König Rother und dem Riesen Asprian, von Ortnit und dem Zwergenkönig Alberich. Und in dem Maskenzug fielen die Worte: Selbstvertrauen, Weisheit, Recht und Ehre, Liebe und Treue, Ehrfurcht, Menschenwohl und Freundschaft, das Große und die Tat.

Goethe hatte gute Gründe, daß er gerade in diesem Maskenzug Leitworte der deutschen Klassik so auffällig häufte. Die Weimarer Gesellschaft, und nicht nur sie, sondern alle gebildeten Schichten Deutschlands waren damals von der romantischen Neigung zum Altdeutschen so stark infiziert, daß Goethe dazu nicht schweigen konnte.

Der Maskenzug bot sich ihm als günstige Gelegenheit, dem poetisch verklärten Mittelalterbild der Romantik seine eigene Auffassung vom Mittelalter entgegenzusetzen. Während im romantischen Mittelalterbild der Mythos herrschte und man auch die Heldensage aus mythischen Quellen herzuleiten suchte, richtete sich Goethes Blick – und seine Leitworte lassen daran keinen Zweifel – allein auf das Menschliche. Die mittelalterliche Dichtung rückt damit bei Goethe in die Nähe der antiken Dichtung: beide repräsentieren für ihn verschiedene Erscheinungsformen des Menschlichen, die vom universellen Rahmen des klassischen Menschheitsbegriffs umspannt sind. Noch 1829 sagte Goethe in einem Gespräch mit Eckermann: »Die Nibelungen [sind] klassisch wie der Homer, denn beide sind gesund und tüchtig.«

Aber Goethes Auffassung, die in den Gestalten der Heldensagen das Menschlich-Vorbildliche, das Klassische also, hervorkehrte, fand bei den Zeitgenossen und auch bei den folgenden Generationen keinen Anklang; sie ließen sich lieber von romantischen Ideen leiten – und sogar verleiten. Der Mißbrauch, der in den letzten hundert Jahren mit der deutschen Heldensage getrieben wurde, ist dafür ein beredtes Beispiel. Wann immer man »deutsche Treue«, »deutsche Tapferkeit« und »deutsche Gesinnung« als nationalistische Parolen im Munde führte, die »deutsche Seele« und das »deutsche Wesen« beschwor, »Führertum« und »Gefolgschaftsgeist« pries und Kriegsbegeisterung schürte – die Nibelungen waren stets dabei.

Die Heldensagenforschung der letzten hundert Jahre hat diesen Mißbrauch nicht bloß geduldet und gebilligt, sie hat ihn leider nach Kräften gefördert; denn die Heldensage war ihr meist weniger ein Objekt für wissenschaftliche Untersuchungen, sondern mehr ein Gegenstand gläubiger Verehrung, und statt zu versuchen, Wesen und Funktion der Heldensage historisch zu klären, feierte man sie als »Urgrund des Völkischen« und lauschte dem »Rauschen des Blutes«. So wundert es nicht, daß aus der Fülle von Büchern und Aufsätzen über die Heldensage höchstens ein Dutzend Abhandlungen übrigblieben, die wissenschaftlichen Erkenntniswert besitzen.

Halten wir uns daher an das wenige, was sich mit Sicherheit oder doch mit einiger Wahrscheinlichkeit über

Entstehung, Funktion und Geschichte der deutschen Heldensage feststellen läßt.

Zunächst bedarf der Name »deutsche Heldensage« einer kurzen Erläuterung, denn die Heldensage führt uns ja in eine Zeit zurück, in der es Deutsch noch nicht einmal als Sprache, geschweige denn als Volks- oder Länderbezeichnung gab. Wie der vorliegende Band zeigt, handelt es sich dabei um jene germanischen Heldensagen, die als mittelhochdeutsche Heldenepen überliefert sind. Zugleich ergibt sich eine Einteilung in sieben Sagenkreise; zwei große: die Dietrich- und die Nibelungensage, und fünf kleinere: die Wieland-, die Walther-, die Ortnit-, die Wolfdietrich- und die Hilde-Kudrun-Sage. Allerdings sind damit längst nicht alle Heldensagen erfaßt, die bei den germanischen Stämmen Mitteleuropas lebendig waren. Die meisten sind jedoch mit ihren Stämmen untergegangen, und wir wissen von ihnen nur durch die kargen Hinweise, die uns die Geschichtsschreiber gegeben haben.

Alle diese Heldensagen, die im folgenden vereinfacht als »deutsche Heldensagen« bezeichnet werden sollen, haben in der Völkerwanderungszeit ihren Ursprung. Jahrhundertelang gingen die Sagen von Mund zu Mund, entweder künstlerisch geformt als Heldenlied oder auch ungeformt als Prosaerzählung. Am »Hildebrandslied« läßt sich deutlich ablesen, wie jenes alte Heldenlied ausgesehen haben mag: liedhaft knapp, das ganze Geschehen zusammengedrängt in einen einzigen Auftritt, zugespitzt auf den Handlungsgipfel, ernst, aber weder traurig noch rührselig oder pathetisch.

Wie die Entwicklung von Heldenlied und Heldensage sich im einzelnen vollzog, liegt im dunkeln. Zu wenige literarische Zeugnisse und historische Quellen besitzen wir aus der Zeit zwischen dem »Hildebrandslied« und dem Nibelungenepos, um daraus den geschichtlichen Werdegang der deutschen Heldensage ablesen zu können. Sicher ist die wachsende Weltkenntnis und Lebenserfahrung der Menschen nicht spurlos an der Heldensage vorübergegangen, ja, wahrscheinlich hat diese im Laufe ihrer Geschichte immer mehr die Funktion übernommen, den Zuhörern neue Lebensbereiche, so etwa den Orient, nahezubringen.

Nur dürfen wir uns die Zuhörerschaft nicht passiv vorstellen. Eine Sage bleibt nur dann lebendig, wenn sie weitererzählt wird. Sie verlangt also die aktive Mitwirkung des Publikums, und dieses Weiter-und-Weitererzählen, noch dazu über Jahrhunderte hinweg, ist gleichbedeutend mit einer ständigen Neu- und Umformung des überlieferten Stoffes. Die Heldensage, die Sage überhaupt, ist weit mehr eine Kollektivleistung als das von einem Dichter, von einer einzelnen Person also, geschaffene literarische Werk. Mag sein, daß auch zur Stauferzeit, als man die Heldensagen aufschrieb und zu Buchepen erweiterte, diese Vorstellung vom kollektiven Charakter der Sage noch lebendig war. Die Anonymität, in der der Dichter des »Nibelungenliedes« und auch die Verfasser der anderen Heldenepen bleiben, ließe sich damit erklären.

Zu den Hauptgestalten der deutschen Heldensage zählen Dietrich von Bern, Ermanerich und Hildebrand, Siegfried, Gunther und Hagen, Walther, Wieland der Schmied und Wolfdietrich, Kriemhild, Brünhild und Kudrun. Auch wenn man noch einige Namen hinzuzählte – es bleibt erstaunlich, wie klein die Zahl der Hauptfiguren ist. Doch was noch wichtiger ist: die Personen erscheinen nicht als Individuen, sondern als festgefügte Typen, oder richtiger: als beispielhafte Figuren, die, selbst wenn sie in märchenhafte Abenteuer verwickelt sind, immer Menschen bleiben und sich nie zu überdimensionalen Monstren aufblasen oder zu blassen Allegorien verflüchtigen. Gerade auf dieser Beispielhaftigkeit der Figuren beruht die Lebenskraft der deutschen Heldensagen, so daß sie Goethe, unter ganz veränderten gesellschaftlichen und geistigen Verhältnissen, als Repräsentanten allgemeingültiger menschlicher Verhaltensweisen verstehen und ihnen sogar das Merkmal des Klassischen zubilligen konnte.

Gilt diese Beispielhaftigkeit auch heute, in der zweiten Hälfte des 20. Jahrhunderts? Kann ein Mensch unserer Tage, dessen Heldenideal sich an ganz anderen Vorbildern orientiert, einen Drachen- und Riesenbezwinger überhaupt noch als »Helden« anerkennen? Die Antwort, die der junge Friedrich Engels für das vorige Jahrhundert bereithielt (sie steht in einem kleinen Artikel, den er 1840 im ›Telegraph für Deutschland‹ veröffentlichte), gilt auch noch heute: »...Wir fühlen alle denselben Tatendurst, denselben Trotz gegen das Herkommen in uns, der Siegfried aus der Burg seines Vaters trieb; das ewige Überlegen, die philiströse Furcht vor der frischen Tat ist uns von ganzer Seele zuwider, wir wollen hinaus in die freie Welt, wir wollen die Schranken der Bedächtigkeit umrennen und ringen um die Krone des Lebens, die Tat.«

Dietrich von Bern

Das erste große Sammelwerk der deutschen Heldensagen, die »Thidrekssaga«, die um 1250 von einem Norweger aufgeschrieben wurde, stellt *einen* Helden in den Mittelpunkt: Dietrich von Bern. Um ihn ordnet sie den gesamten Stoff und fügt ihn zum Roman seines Lebens zusammen. Und der Sagaschreiber tat recht daran, denn Dietrich von Bern, und nicht Siegfried, war die beherrschende Gestalt der mittelalterlichen deutschen Heldensage. Auch der Dichter des »Nibelungenliedes« sah in Dietrich sein höchstes Ideal verkörpert und ließ ihn deshalb nach dem großen Morden am Etzelhof als den allen sittlich überlegenen Richter auftreten.

Unter den zahlreichen Epen, die um Dietrich von Bern kreisen, gibt es jedoch keins, das einen ähnlichen geistigen und künstlerischen Rang aufweist wie das »Nibelungenlied«. Ist es ein Zufall, daß kein wirklicher Dichter sich des Berners annahm? Wahrscheinlich nicht, und die frühe Verketzerung seines geschichtlichen Vorbildes durch die Kirche dürfte wohl eine entscheidende Ursache dafür gewesen sein.

In Dietrich von Bern spiegeln sich Leben und Wirken einer der bedeutendsten Persönlichkeiten der Völkerwanderungszeit, des Ostgotenkönigs Theoderich (um 455–526). Im Auftrage des oströmischen Kaisers Zeno fiel er 488 in Italien ein und besiegte Odoaker, der als Führer der germanischen Söldnertruppen im Jahre 476 die Macht in Italien an sich gerissen, den letzten römischen Kaiser Romulus gestürzt und sich an dessen Stelle gesetzt hatte. Im Jahre 493 einigte sich Theoderich mit Odoaker über eine gemeinsame Regierung. Doch Theoderich brach schon wenige Tage später sein Wort und ermordete Odoaker mit eigener Hand. In den dreiunddreißig Jahren seiner Herrschaft wurde Italien, das lange Zeit ein Opfer germanischer Angriffe gewesen war, wieder ein wirtschaftlich und kulturell blühendes Land. Innenpolitisch sicherte Theoderich durch eine sorgfältige Verwaltung und durch eine tolerante Haltung in religiösen Fragen – er bekannte sich zum Arianismus, während die Römer katholische Christen waren – seinem Lande Ruhe und Ordnung. Außenpolitisch verfolgte er mit staatsmännischer Klugheit, wenn auch ohne dauernden Erfolg, das Ziel, alle germanischen Völker, die auf dem Boden des Weströmischen Reiches lebten, unter seiner Oberherrschaft zu vereinen.

Bereits zu Theoderichs Lebzeiten suchten gotische Hofhistoriographen die Mordtat an Odoaker zu rechtfertigen, indem sie Odoaker zum Schuldigen stempelten, an dem Theoderich nur eine gerechte Rache übte, oder sie legten die Ereignisse so aus, daß Theoderich nur einem Mordanschlag Odoakers zuvorgekommen sei.

Den nächsten Schritt tat die Sage wahrscheinlich schon im 6. Jahrhundert. Bald nach Theoderichs Tod wurde den Goten der Besitz des eroberten Landes durch das oströmische Kaisertum wieder streitig gemacht, und nach einem fast zwanzigjährigen Krieg wurde das Ostgotenreich im Jahre 553 vernichtet. In dieser Zeit des Untergangs, als die Erinnerung an Theoderichs Eroberung von Italien bereits verblaßt war, dürfte sich bei den Goten die Vorstellung von der Rechtmäßigkeit ihrer Herrschaft über Italien herausgebildet haben. Was lag näher, als diesen Rechtsanspruch damit zu begründen, daß man den Kampf Theoderichs gegen Odoaker in eine Rückgewinnung des angestammten Reiches, aus dem Theoderich durch Odoaker vertrieben worden war, umdeutete.

Diese Sage von Dietrichs Vertreibung, seinem Exil bei Etzel, seiner siegreichen Rückkehr und der Besitzergreifung des angestammten Landes – eine Sage, die die geschichtlichen Tatsachen in ihr Gegenteil verkehrte – bildet den Hintergrund aller Dichtungen um Dietrich von Bern. Schon das »Hildebrandslied« vom Anfang des 9. Jahrhunderts setzt diese Dietrichsage voraus;

auch die über vierhundert Jahre später verfaßte altnordische »Thidrekssaga« und die beiden mittelhochdeutschen Epen »Das Buch von Bern« und »Die Rabenschlacht« aus der zweiten Hälfte des 13. Jahrhunderts greifen sie auf.

Die Forschung pflegt die Sagen um Dietrich von Bern inhaltlich in zwei Gruppen zu teilen: in die historischen und in die märchenhaften Dietrichsagen.

Die historischen haben wir eben schon genannt. Es sind vor allem die beiden mittelhochdeutschen Dietrichepen, die die Vertreibung, das Exil und die siegreiche Rückkehr des Königs zum Inhalt haben. Eine Anzahl sogenannter Sproßfabeln haben diese historischen Dietrichsagen noch ausgebildet, darunter vor allem »Alpharts Tod« (um 1250). Auch die Verbindung Dietrichs zur Nibelungensage gehört in die Reihe jener Sproßfabeln.

Während die historischen Dietrichsagen im Grunde alle ein und dieselbe Fabel haben und sich leicht zu einer Lebensgeschichte ordnen lassen, stehen die märchenhaften Dietrichsagen zusammenhanglos und ungeordnet nebeneinander. Keine andere Gestalt der deutschen Heldensage ist so häufig mit übernatürlichen Wesen in Verbindung gebracht worden wie gerade Dietrich von Bern. Wenn die Erzählungen von Dietrichs abenteuerlichen Kämpfen mit Riesen, Zwergen und Drachen auch sämtlich jünger sind als die historischen Dietrichsagen, so müssen doch gerade diese Sagen als ein Zeichen für Dietrichs Volkstümlichkeit gewertet werden.

Bei der Fülle, aber auch der Widersprüchlichkeit und der Lückenhaftigkeit der Überlieferung machte es besondere Schwierigkeiten, die Dietrichsagen als zusammenhängende Geschichte zu erzählen, die sowohl die historischen als auch die märchenhaften Dietrichsagen berücksichtigt. Am sinnvollsten erschien es, sich an den Handlungsverlauf der »Thidrekssaga« zu halten, denn sie allein reiht die einzelnen Erzählungen auf den Faden einer Lebensgeschichte. Allerdings mußte auch hier eine ganze Anzahl von Abenteuern ausgeschieden werden, die mit der eigentlichen Dietrichsage nichts zu tun haben, zum Beispiel die Kämpfe mit den Wilzen, die Dietrich im Dienste Etzels führt. Im Grunde also stellte die »Thidrekssaga« neben einigen Handlungselementen (zum Beispiel Hildebrands Kampf mit seinem Sohn) nur den Rahmen für die vorliegende Nacherzählung. Um ihn zu füllen, erwies es sich als günstig, auf die mittelhochdeutschen Epen zurückzugreifen, auf das »Buch von Bern« und die »Rabenschlacht«, auf das Epos vom Riesen Ecke (»Eckenlied«, um 1250) und auf das vom Zwergenkönig Laurin (»Laurin«, zweite Hälfte des 13. Jahrhunderts). Die anderen Epen aus dem Sagenkreis Dietrichs von Bern – »Biterolf und Dietleib«, die verschiedenen »Rosengärten«, »Goldemar«, »Sigenot«, »Virginal«, »Der Wunderer« – sind sagengeschichtlich unbedeutend, so daß man sie beiseite lassen konnte. Auch auf einige der Dietrichhelden wurde verzichtet, aber alle, die zur Entwicklung der Handlung beitragen, sind berücksichtigt: Hildebrand, Heime, Witege, Dietleib und Alphart.

Die Nibelungen

Für keine der deutschen Heldensagen fließen die literarischen Quellen so reichlich wie für die Nibelungensage. Dichtungen aus ihrem Stoffkreis sind in Deutschland ebenso wie im Norden geschrieben worden: in deutscher Sprache erzählen uns die Sage das ›Nibelun-

genlied‹ (um 1200) und das ›Lied vom Hürnen Seyfrid‹,
im Altnordischen zahlreiche Lieder der ›Edda‹, dann in
Prosa die ›Thidrekssaga‹, die ›Völsungensaga‹ und
auch Snorri Sturlusons Dichterlehrbuch, die soge-
nannte ›Jüngere Edda‹. Auffällig und bezeichnend ist es
allerdings, daß, im Gegensatz zur Dietrichsage, Hinweise in historischen Quellen so gut wie ganz fehlen.
Dafür sind die literarischen Anspielungen auf die Nibelungensage wieder recht zahlreich. Wir finden sie in
Wolframs ›Parzifal‹, beim Marner, bei Hugo von
Trimberg, und man hat auch auf angelsächsische, spa-
nische und keltische Dichtungen aufmerksam gemacht,
in denen sich die Nibelungensage spiegelt.
Keine deutsche Heldensage hat sich so lange lebendig
erhalten wie diese. Schon Hans Sachs versuchte, den
Siegfriedstoff zu dramatisieren. Die meisten epischen
und dramatischen Bearbeitungen aber, die die Nibelungensage vor allem im 19. Jahrhundert erfahren hat,
sind wertlos, einzig Hebbels Trilogie ›Die Nibelungen‹
(1862) und Richard Wagners ›Ring des Nibelungen‹
(1848–1874) ragen hervor. Im 19. Jahrhundert versuchte man nicht nur, das ›Nibelungenlied‹ in den Rang
eines deutschen Nationalepos zu erheben, man begann
damals auch, die Nibelungensage im nationalistischen
Sinne auszumünzen und sie imperialistischer Politik
dienstbar zu machen. Das berühmte, berüchtigte und
verhängnisvolle Wort von der ›Nibelungentreue‹ der
Deutschen muß nach der neuesten Ausgabe des ›Büch-
mann‹ (München 1967) dem Reichskanzler von Bülow
(1909) zugeschrieben werden. Die Aufgabe, das ›Nibelungenlied‹ und die Nibelungensage von diesen Entstel-
lungen, um nicht zu sagen Verfälschungen, zu befreien,
ist noch längst nicht gelöst.
Beim ›Nibelungenlied‹ kann man sowohl im Hand-

lungsaufbau als auch in der Figurenzeichnung deutlich zwei Teile unterscheiden: den ersten Teil, der mit Siegfrieds Tod gipfelt und endet, und den zweiten, der Kriemhilds Rache zum Inhalt hat. Dieser Bruch, den der Dichter des ›Nibelungenlieds‹ nicht überbrückt hat (und vielleicht auch nicht überbrücken wollte), läßt uns noch ahnen, daß die Nibelungensage aus verschiedenen, ursprünglich getrennten Stoffkreisen zusammengesetzt ist. Die wichtigsten sind die von Siegfrieds Tod und vom Untergang der Burgunden.

Wie diese beiden Sagenstoffe entstanden, sich nebeneinander entwickelten, dann zueinander in Beziehung gesetzt und schließlich vereinigt wurden, läßt sich nur noch vermuten und längst nicht mit solcher Sicherheit feststellen, wie Andreas Heusler das noch zu können meinte. Vermuten kann man nur, daß sich beide Sagen im 5. oder 6. Jahrhundert bei den Franken herausgebildet haben.

Fester wird der Boden jedoch, wenn wir nach dem geschichtlichen Kern der Nibelungensage fragen. Für die Sage vom Untergang der Burgunden dürften zwei historische Ereignisse die Grundlage abgegeben haben: einmal die Vernichtung des mittelrheinischen Burgundenreiches in der Gegend von Worms im Jahre 437 – im Kampf gegen ein hunnisches Heer, das allerdings nicht von Attila angeführt wurde, starben damals König Gundahar und seine ganze Sippe – und zum andern der Tod des Hunnenkönigs Attila, der im Jahre 453 ein germanisches Mädchen namens Hildico heiratete und in der Hochzeitsnacht starb. Dieses Ereignis war dazu angetan, die Phantasie zu beschäftigen, und so berichten byzantinische Geschichtsschreiber schon früh, daß das Mädchen Attila ermordet habe. Die Sage ging noch einen Schritt weiter und interpretierte den Mord als einen Akt der Blutrache. Das ›Alte Atlilied‹ der ›Edda‹ aus dem 9. Jahrhundert hat diesen Grundgedanken noch deutlich bewahrt.

Weit unsicherer sind die geschichtlichen Voraussetzungen der Siegfriedfigur. Man hat in ihr ein Weiterleben des germanischen Baldur-Mythos sehen wollen oder sie mit Arminius identifiziert und schließlich auch auf den Frankenkönig Sigibert hingewiesen, der im Jahre 575 auf Betreiben seiner Schwägerin ermordet wurde. Das ›Alte Sigurdlied‹ der ›Edda‹ dürfte der Urfassung des Siegfriedstoffes noch recht nahe stehen. Auch hat die Siegfriedsage, mit märchenhaften Zügen ausgestattet, noch bis ins 18. Jahrhundert hinein selbständig weitergelebt. Das ›Lied vom Hürnen Seyfrid‹ (etwa 1530) und das ›Volksbuch vom gehörnten Siegfried‹ (1. Druck 1726) sind Zeugnisse für die Volkstümlichkeit des Stoffes.

Für die vorliegende Nacherzählung sind alle Vermutungen über die Geschichte der Nibelungensage jedoch von sekundärer Bedeutung. Entscheidend war die Tatsache, daß es von der Sage keine literarischen Quellen in deutscher Sprache vor dem ›Nibelungenlied‹ gibt. Einzig das ›Nibelungenlied‹ konnte daher die Textgrundlage der Nacherzählung sein, ergänzt nur um einige, sagengeschichtlich aber wichtige Seiten aus dem ›Lied vom Hürnen Seyfrid‹.

Wieland der Schmied

Als die Menschen lernten, Erze zu schmelzen und zu Waffen, Geräten und Schmuck zu verarbeiten, mag das für sie so etwas wie eine ›technische Revolution‹ gewesen sein. Und wie für uns heute vieles rätselhaft, wenn nicht gar unheimlich bleibt, was wir als technischen

Fortschritt bestaunen, so müssen die Menschen in grauer Vorzeit den Schmied bewundert und gleichzeitig gefürchtet haben. Seine Kunst erschien ihnen geheimnisumwittert, und man konnte sie sich nicht anders erklären, als daß man dem Schmied übermenschliche, dämonische Kräfte beilegte. Nicht zufällig wird in den Heldensagen so oft die Schmiedekunst der Zwerge gerühmt, man denke nur an Alberich.

Die Erinnerung an jenen Übergang von der Stein- zur Bronze- und Eisenzeit halten zahlreiche Sagen vom kunstreich-dämonischen Schmied lebendig. Erinnert sei an den hinkenden Gott Hephaistos, den die Griechen als Gott des Feuers und der Schmiedekunst verehrten, erinnert sei an Daidalos, den Athene selbst in die Schmiedekunst einweihte und der sich später aus der Gefangenschaft bei König Minos befreite, indem er für sich und seinen Sohn Ikaros Flügel anfertigte, so daß beide von Kreta entfliehen konnten.

Daß unsere Sage vom Meisterschmied Wieland in ihren Hauptmotiven mit den antiken Schmiedesagen aufs engste verwandt ist, bedarf wohl keiner Frage. Wie die germanischen Völker die antike Überlieferung kennenlernten, läßt sich im einzelnen heute nicht mehr nachweisen. Wahrscheinlich kommt aber dabei dem Vergilkommentar des lateinischen Grammatikers Servius (4. Jahrhundert) eine wichtige Vermittlerrolle zu. Man darf vermuten, daß die älteste dichterische Gestaltung der Wielandsage bei den Burgunden oder den Franken entstand. Fest steht, daß die Sage seit dem 8. Jahrhundert den germanischen Völkern vertraut war. Um 700 kannte man die Sage schon in England, denn der ›Beowulf‹ spielt darauf ebenso an wie das angelsächsische Gedicht ›Deros Klage‹. Aber auch in der Sage von Walther und Hildegunde – im ›Waltharius‹ (Ende

9. Jahrhundert) und in den angelsächsischen ›Waldere‹-Bruchstücken – wird Wielands Schmiedekunst gepriesen.

Auch die Wielandsage wurzelt – trotz der starken Einflüsse antiker Sagenstoffe – letztlich in der geschichtlichen Wirklichkeit. Es wurde schon darauf hingewiesen, daß die Schmiedesagen den Übergang von der Stein- zur Bronze- und Eisenzeit widerspiegeln. Aber die Wielandsage scheint auch an neuere historische Ereignisse angeknüpft zu haben. Die einst weitverbreitete Lebensbeschreibung des heiligen Severinus vom Jahr 511 berichtet, daß zwei Goldschmiede, die von der Rugierkönigin Gisa gefangengehalten wurden, sich dadurch befreiten, daß sie dem Königssohn in ihrer Werkstatt das Schwert auf die Brust setzten und ihm erst dann das Leben schenkten, als man ihnen die Rückkehr in die Heimat zusicherte. Nicht ausgeschlossen ist, daß Wielands Mord an den Königssöhnen durch diese Geschichte angeregt wurde.

Drei verschiedene dichterische Gestaltungen der Wielandsage sind erhalten: das altnordische ›Wölundlied‹ der ›Edda‹, die Erzählung der Sage in der ›Thidrekssaga‹ und schließlich das spätmittelhochdeutsche Ritterepos ›Friedrich von Schwaben‹ aus dem 14. Jahrhundert, das die Geschichte von Wieland und den Schwanenmädchen ins Moderne wendet. Auffällig ist allerdings, daß es aus der Stauferzeit, die uns doch die meisten Heldensagen überliefert hat, kein Wielandepos gibt. Wohl war Wielands Name allgemein bekannt und sein Ruf als Waffenschmied unbestritten, aber als Held ließ er sich von Berufs wegen nicht in die ritterlichhöfische Welt einordnen.

Aus den überlieferten Dichtungen der Wielandsage schälen sich die Hauptmotive der Sage leicht heraus:

Wielands Begegnung mit König Nidung – die treuen Dienste des Schmiedes, die der König mit Untreue und grausamer Verstümmelung lohnt – die Rache Wielands.

Innerhalb der Grundfabel der Sage muß von Anfang an auch Wielands Bruder, der Meisterschütze Egil, seinen Platz gehabt haben, denn schon das englische Runenkästchen aus Walfischbein, das wahrscheinlich dem frühen 8. Jahrhundert entstammt, fügt in die Darstellung von Wielands Rache Egil beim Vogelfang ein. Das Kästchen zeigt aber auch, wie die Figur Egils sich sehr früh schon von der Wielandsage wieder löste, denn auf dem Deckel des Kästchens ist Egil in einer Szene dargestellt, die mit Wieland nichts mehr zu tun hat. Das Motiv des Apfelschusses, das sich für uns heute untrennbar mit Wilhelm Tell verbindet, das aber in Wahrheit viel älter ist und mit mehr als einem halben Dutzend Meisterschützen in Zusammenhang gebracht werden kann, dürfte den Anstoß gegeben haben, Egils Geschichte zu verselbständigen.

Ob auch die Märchengeschichte von den Schwanenmädchen, mit der das ›Wölundlied‹ beginnt – die ›Thidrekssaga‹ kennt diese Einleitung nicht –, ursprünglich zur Wielandsage gehörte, hat die Forschung nicht mit Sicherheit entscheiden können. Die Einleitung berichtet, wie drei Schwanenmädchen mit Wieland und seinen beiden Brüdern acht Jahre lang zusammenleben, dann aber wieder entfliehen. Während die Brüder ausziehen, um die Frauen zu suchen, die in ihr Walkürendasein zurückgekehrt sind, bleibt Wieland daheim und hofft auf die Rückkehr der Geliebten. Eine Bedeutung für den Handlungsverlauf der Sage hat diese Geschichte zweifellos nicht, obwohl sich neuere Dramatisierungen des Wielandstoffes – erwähnenswert sind da-

von allein Richard Wagners Dramenentwurf (1849) und
Gerhart Hauptmanns neuromantische Tragödie ›Ve-
land‹ (1925) – gerade um eine Verkoppelung der
Schwanenmädchengeschichte mit Wielands Rache bemüht haben.

Der Nacherzählung ist die ›Thidrekssaga‹ zugrunde gelegt, da sie trotz mancher märchenhafter, mitunter sogar schwankhafter Züge und trotz ihres aufgesetzt wir-
kenden harmonisierenden Schlusses die Grundmotive
der alten Sage bewahrt hat.

Walther und Hildegunde

Die Sage von Walther und Hildegunde, die vielen von
uns aus Viktor Scheffels Roman ›Ekkehard‹ (1855) vertraut ist, nimmt unter den deutschen Heldensagen eine
besondere Stellung ein, denn sie ist am vollständigsten
überliefert in einem lateinischen Hexameterepos, dem
›Waltharius manu fortis‹ (Walther Starkhand). Wer dieses Epos verfaßte, ist noch immer nicht mit völliger Sicherheit geklärt. Über ein Jahrhundert lang galt der St.
Galler Mönch Ekkehard I. als Dichter des ›Waltharius‹,
und man datierte sein Werk auf die Zeit zwischen 920
und 930. Neuere Forschungen jedoch suchten nachzuweisen, daß nicht Ekkehard, sondern der sich im Wid-
mungsprolog nennende Frater Geraldus das Epos
schrieb. Damit wurden Fragen der Datierung erneut
aufgeworfen, und man neigt heute dazu, den ›Waltharius‹ an das Ende des 9. Jahrhunderts zu setzen.

Doch sehen wir hier ab von den umstrittenen Fragen
der Autorschaft und der Datierung. Eines dürfte fest-
stehen: das Werk ist keine Erfindung des lateinisch dich-
tenden Epikers, wie einige Forscher jüngst behauptet
haben, sondern ihm liegt ein deutschsprachiges Wal-

therlied zugrunde. Allerdings ging es dem Verfasser
keineswegs um die Konservierung eines einheimischen
Lied- und Sagenstoffes. Der Stoff war ihm vielmehr
Anlaß, die verderblichen Folgen der Habsucht dichte-
risch zu gestalten. Daß er sich an geistlichen, vor allem
aber auch an antiken Werken wie Vergils ›Aeneis‹ und
Prudentius' ›Psychomachia‹ geschult hat, ist seinem
Epos in jeder Zeile anzumerken. Diese Schulung an antiken und christlichen Vorbildern drückt sich nicht nur
in der Form des ›Waltharius‹ aus, sie prägt insbesondere
auch seinen Gehalt. Man spürt deutlich, daß der Dichter dem einheimischen Stoff innerlich fern stand. Die
demütige Haltung, in der er Hildegunde darstellt, ist
dafür ebenso bezeichnend wie die Erwähnung der Stie-
felpaare, die die Flüchtlinge für die lange Reise brauchen. ›Altes Reckentum‹, das noch Viktor von Scheffel
im ›Waltharius‹ verkörpert sah, wird man bei näherem
Hinsehen vergeblich suchen. Und jene groben Späße,
mit denen sich die Helden gegenseitig nach dem Kampf
wegen ihrer furchtbaren Verstümmelungen verspotten,
haben mit der deutschen Heldensage überhaupt nichts
mehr zu tun. Hier offenbart sich schon der Geist der
Spielmannsdichtung.
Bestimmte geschichtliche Ereignisse und Gestalten, die
der Sage zugrundeliegen könnten, sind nicht gefunden
worden, und es hat sie wohl auch nicht gegeben. Dennoch ist die Sage aus historischen Lebensverhältnissen
erwachsen. Zeittypische Figuren und Situationen spiegeln sich in der Sage, zum Beispiel die Schicksale flie-
hender Geiseln wärend der Völkerwanderung; geschichtliche Quellen der Zeit berichten mehrfach davon. Auch eine zweite Entstehungsmöglichkeit der
Sage ist von der Forschung erwogen worden. Gewisse
frankenfeindliche Züge – noch im ›Waltharius‹ sieht

Gunther einem Wegelagerer ähnlicher als einem König
– könnten darauf hindeuten, daß die Sage zu Beginn des
8. Jahrhunderts bei den Alemannen entstand.

Während im ›Waltharius‹ Germanisches, Antikes und
Christliches zu einer einmaligen Synthese verschmol-
zen sind, dürften die beiden angelsächsischen ›Waldere‹-Bruchstücke aus dem 10. Jahrhundert in vielem dem
alten Sagenstoff näherstehen. Auffällig unterscheidet
sich die Zeichnung der Hildegundefigur vom ›Waltharius‹. Nicht als demütige Magd erscheint sie hier, sondern sie spricht in einer Mahnrede Walther Mut zu.
Auch fehlt die Nachtpause nach den einleitenden Ein-
zelkämpfen, Gunther tritt allein gegen Walther an,
während er im ›Waltharius‹ dazu zu feige ist und nur
wagt, mit Hagen gemeinsam den Gegner zu überfallen.
Im ›Waldere‹ gewinnt Gunther also am Schluß die königliche Würde zurück, die wir im lateinischen Epos an
ihm vermissen.

Zweifellos spricht aus diesen Einzelzügen die alte Sage
von Walther und Hildegunde deutlicher zu uns als aus
dem ›Waltharius‹. Die Nacherzählung konnte daran
nicht vorübergehen, sondern sucht ihnen im Anschluß
an Georg Baeseckes Versuch, den Inhalt des ursprünglichen Waltherliedes zu rekonstruieren (Vor- und Frühgeschichte des deutschen Schrifttums. Bd. 1, Halle
1940, S. 453 f.), bei den Schlußszenen Rechnung zu
tragen.

Die Sage von Walther und Hildegunde war das ganze
Mittelalter hindurch weit verbreitet. Für ihre Beliebt-
heit sprechen nicht nur die erstaunlich vielen Hand-
schriften, in denen der ›Waltharius‹ aufgezeichnet ist,
sondern auch die zahlreichen Anspielungen auf die
Sage, vor allem in den Dietrichepen, im ›Nibelungenlied‹ und bei Walther von der Vogelweide. In Bruch-

stücken ist auch ein mittelhochdeutsches Waltherepos erhalten. Die Chronik des Klosters Novalese aus dem 11. Jahrhundert kennt die Sage und verbindet den Walther der Sage mit einem christlichen Helden Waltharius, der im Alter Mönch wird, sich aber, als Räuber das Kloster überfallen, auf seine alte Stärke besinnt (Brüder Grimm, Deutsche Sagen Nr. 412). Die ›Thidrekssaga‹ erzählt gleichfalls die Sage, allerdings mit starken inhaltlichen Abweichungen. Und schließlich ist sie auch den slawischen Völkern bekannt gewesen. In der polnischen Chronik des Boguphalus aus dem 14. Jahrhundert ist Walther ein Pole, der die Tochter eines fränkischen Königs entführt.

Ortnit und Wolfdietrich

Die Sage von Ortnit und Wolfdietrich besteht in Wahrheit aus zwei verschiedenen Heldensagen, die ihrer Herkunft nach nichts miteinander zu tun haben und erst im Laufe des 13. Jahrhunderts zusammengefügt wurden; aus der Ortnitsage und aus der Wolfdietrichsage.

In der Erzählung vom Lampartenkönig Ortnit spiegelt sich die Gegenwart der Stauferzeit deutlicher wider als in allen anderen deutschen Heldensagen (fünfter Kreuzzug, 1217). Von einem germanischen Dioskurenmythos, von dem man die Ortnitsage hat herleiten wollen, ist im mittelhochdeutschen Ortnitepos keine Spur mehr vorhanden. Selbst die Figur des Zwergenkönigs Alberich, die doch noch am ehesten an volkstümliche Überlieferungen anzuknüpfen scheint, dürfte weit mehr vom keltischen Elfentyp literarisch beeinflußt sein als von der einheimischen Volkssage. Es ist daher nicht verwunderlich, daß die Ortnitgeschichte von einer

Reihe von Forschern nicht mehr zur deutschen Heldensage im eigentlichen Sinne gerechnet wird. Die Nacherzählung konnte jedoch nicht darauf verzichten, da die
Wolfdietrichhandlung ohne den Ortnitteil auseinander-
fallen und Wolfdietrichs Drachenkampf, der Höhe-
punkt des Ganzen, seinen Sinn verlieren würde.

Die Wolfdietrichsage ist im 13. Jahrhundert mehrfach
behandelt worden, und sie gehört bis tief ins 15. Jahrhundert hinein zu den beliebtesten deutschen Heldensagen, sonst wäre sie wohl nicht in das in mehreren
Auflagen verbreitete ›Heldenbuch‹ aufgenommen
worden.

Es fällt schwer, aus der Fülle von Märchen- und Aben-
teuerepisoden, die in den Wolfdietrichepen die Haupt-
handlung überwuchern und mehrfach fast vergessen
lassen, den eigentlichen Sagenkern herauszuschälen.
Hinzu kommt, daß mehrere Episoden den höfisch-ritterlichen Epen der Zeit entstammen, zum Beispiel das
Motiv der herausgeschnittenen Drachenzungen dem
›Tristan‹, anders wiederum dürfte der französischen
Epik des 12. Jahrhunderts entlehnt sein.

Der alte Sagenkern wird jedoch schon greifbarer, wenn
man das wildwuchernde Rankenwerk der Abenteuer-
geschichten beiseite läßt und nach den geschichtlichen
Grundlagen der Sage sucht, denn daß sich im Wolfdietrich eine bestimmte historische Gestalt spiegelt, dürfte
außer Frage stehen. Hier sollen jedoch nicht alle Theo-
rien aufgezählt werden, die die Forschung zu diesem
Problem aufgestellt hat, denn gewöhnlich sind ihre Ar-
gumente schwach. Am meisten überzeugt die Auffassung des Dänen N. Lukman (Classica et Mediaevalia
1940/41), die Wolfdietrich mit dem Ostgotenkönig
Theoderich in Verbindung bringt. Schon die Schau-
plätze der Sage – Konstantinopel und Lampartenland –

sprechen dafür: Theoderich hat in Konstantinopel seine Jugend verbracht und später Italien erobert.

Die Wolfdietrichsage gliedert sich damit in den großen Zusammenhang der Dietrichsagen ein. Das Ziel ist hier wie dort dasselbe: nämlich nachzuweisen, daß Theoderichs Herrschaft über Italien rechtmäßig ist. Während jedoch die Dietrichsage die Eroberung Italiens in eine Rückgewinnung des Erblandes umdeutet, löst die Wolfdietrichsage das Problem auf andere Weise: Wolfdietrich rächt Ortnit, den Herrscher des Lampartenlandes, indem er den Drachen erlegt, der Ortnit getötet hat, und gewinnt damit das Recht, das Lampartenland zu regieren.

Der Drachenkampf sollte jedoch nicht nur die Legitimität der Herrschaft Theoderichs über Italien beweisen, sondern er verfolgte auch den Zweck, die Gestalt Theoderichs ins Heldische, ja Mythische zu steigern. Der gleichen Absicht diente das Wolfsabenteuer – die Episode wurde der Sage wahrscheinlich hinzugefügt, als man die alte Bedeutung von Wolf (d. i. der Vertriebene) nicht mehr verstand – und schließlich erhalten auch die Dienstmannenepisoden von hier aus ihren Sinn und ihre Funktion. Diese bilden also keineswegs das zentrale Motiv der Sage, und alle Auffassungen, die in der Wolfdietrichsage in erster Linie eine Verkörperung germanischer Herren- und Mannentreue sehen möchten, überschätzen nicht nur die Rolle der Dienstmannenepisoden, sondern gehen am Sinn der Sage überhaupt vorbei.

Ob die Ursprünge der Wolfdietrichsage bis ins 6. Jahrhundert zurückreichen, läßt sich nicht mehr beweisen. Der angelsächsische ›Weitfahrer‹ des 8. Jahrhunderts kennt allerdings bereits drei Hauptfiguren unserer Sage und stellt ihre Namen bewußt nebeneinander:

Theodric (Dietrich), Becca (Berchtung), Seafola (Saben).

Vermutlich hat die Wolfdietrichsage immer im Schatten der eigentlichen Dietrichsage gestanden, muß jedoch in der mündlichen Volksüberlieferung lebendig geblieben sein. Daß sich im 13. Jahrhundert einige Epiker auf diese Überlieferung besannen, hängt wohl damit zusammen, daß sich gerade die Stauferzeit Dietrich von Bern zur literarischen Lieblingsfigur erkor.

Von den vier mittelhochdeutschen Fassungen des ›Wolfdietrich‹ ist die Fassung A, die in der Ambraser Handschrift vom Anfang des 16. Jahrhunderts überliefert ist, die älteste. Sie wurde daher auch der Nacherzählung zugrundegelegt. Da Fassung A jedoch vor dem entscheidenden Drachenkampf abbricht, mußte der Schluß nach Fassung B, enthalten in einer Wiener Handschrift vom Ende des 15. Jahrhunderts, ergänzt werden.

Hilde und Kudrun

Bereits in der angelsächsischen Merkdichtung vom Sänger ›Widsith‹, ›Weitfahrer‹, aus dem 8. Jahrhundert, die die Namen germanischer Könige, Völker und Helden in Merkreihen zusammenstellt, werden uns drei Hauptgestalten der Hilde-Kudrun-Sage genannt: Hagen, Hetel und Wate. Und ›Deors Klage‹ erwähnt eine weitere Figur unserer Sage, den Sänger Horand. Die Sage muß also bereits im 8. Jahrhundert in England bekannt gewesen sein. Entstanden ist sie dort allerdings nicht, sondern im Ostseeraum. Rügen, Hiddensee, die pommersche Küste dürften ihre Heimat sein. Ihre eigentlichen Ursprünge bleiben jedoch im dunkeln, und ob der Sage geschichtliche Ereignisse zugrunde gelegen haben, weiß niemand mehr zu sagen.

Von der nordischen Überlieferung her gesehen, möchte man die Sage allerdings mit mythischen Vorstellungen in Verbindung bringen, denn hier führt die Handlung stets zu ein und demselben Ende. So erzählt Snorri Sturluson in seinem Dichterlehrbuch, der sogenannten ›Jüngeren Edda‹: Während König Högni (Hagen) zu einer Königsversammlung gefahren ist, entführt König Hedin (Hetel) Högins Tochter Hild. Högni verfolgt den Räuber und holt ihn ein. Vergeblich bemüht sich Hild, ihren Vater mit Hedin zu versöhnen. Der Kampf beginnt und dauert den ganzen Tag über. In der Nacht geht Hild über den Kampfplatz und erweckt die Erschlagenen zu neuem Leben, und so geht es weiter, Tag für Tag und Nacht für Nacht, bis ans Ende der Welt.

Diese Handlung, die ganz ähnlich auch schon bei Saxo Grammaticus überliefert ist, stellt wohl den ältesten Kern der Sage dar. Allerdings hat sich die Hildesage selbst nicht weiterentwickelt, denn die aus ihr erwachsene Kudrunsage drängte sie in den Hintergrund. In unserem mittelhochdeutschen Kudrunepos, das zwischen 1230 und 1240 in Österreich entstand, hat die Kudrunsage bereits der Hildesage den Rang abgelaufen. Der Dichter, der die Handlung von der Ostsee an die Scheldemündung verlegt, hat die Sage nicht nur vermenschlicht, ins Höfische und Christliche umgedeutet, sondern auch stofflich erweitert. Er verdoppelt das Motiv des Brautraubs, indem er zunächst Hildes Brautraubgeschichte erzählt und dann dasselbe Motiv, abgewandelt und weiter ausgebaut, auf ihre Tochter Kudrun überträgt. Außerdem fügt er noch die Vorgeschichte der Vorgeschichte hinzu, in der er die Jugenderlebnisse von Kudruns Großvater, dem König Hagen, erzählt, so daß sich die Handlung jetzt über drei Generationen erstreckt. Daß den Dichter dabei das Schicksal Kudruns am meisten bewegte und zur Darstellung reizte, ist schon äußerlich daran erkennbar, daß der Kudrunteil doppelt so lang ist wie die anderen beiden Teile zusammengenommen.

Wenn wir auch in der Hildehandlung den eigentlichen Kern der Sage sehen müssen und in dem Kudrunteil eine Neuschöpfung der Stauferzeit, so sind beide Handlungen doch stoffgeschichtlich nicht voneinander zu trennen, denn vieles, was ursprünglich zur Hildesage gehörte – zum Beispiel die Schlacht auf dem Wülpensande – ist später auf die Kudrunhandlung übergegangen. Deshalb hat die Nacherzählung, die dem Kudrunepos folgt, auch beide Handlungen als Einheit betrachtet. Die Jugendgeschichte Hagens jedoch weist so deutliche epigonale Züge auf, daß auf sie ohne Schaden für das Verständnis der Handlung verzichtet werden konnte.

Zur Nacherzählung

Deutsche Heldensagen nachzuerzählen ist in den letzten zweihundert Jahren immer wieder versucht worden, aber vergeblich wird man nach einer Nacherzählung Ausschau halten, die sich in ihrem künstlerischen Rang und in ihrer Wirkungskraft etwa Gustav Schwabs ›Schönsten Sagen des klassischen Altertums‹ (1838–1840) an die Seite stellen ließe. Daß es keine›klassische‹ Nacherzählung deutscher Heldensagen gibt, kann sicher nicht nur damit erklärt werden, daß sich unter den Übersetzern keiner mit einem so großen Erzählertalent befindet, wie Gustav Schwab es besaß. Die Gründe liegen doch wohl tiefer. Sie sind vor allem in den nationalistischen Bestrebungen zu suchen, die in der Vergangenheit in der deutschen Germanistik im allgemeinen und in der Heldensagenforschung im besonderen vorherrschten und in deren Dienst sich die Übersetzer deutscher Heldensagen nur allzu bereitwillig stellten. Sie minderten damit den literarischen und geistigen Wert ihrer Übersetzungen selbst herab. Aber so interessant es wäre, einmal die Geschichte der Heldensagenübersetzungen unter diesem Gesichtspunkt zu betrachten, hier kann es sich nur darum handeln, die Prinzipien der Textauswahl und der Textgestaltung unserer eigenen Ausgabe kurz zu charakterisieren.

Jede Übersetzung ist, und wie könnte es anders sein, in vielem unzulänglich, weil bei der Übertragung von einer Sprache oder Sprachform in die andere notwendigerweise eine Reihe von inhaltlichen und formalen Eigenheiten und Feinheiten, die das Original auszeichnen, verlorengehen. Man sollte annehmen, daß eine Übersetzung aus dem Mittelhochdeutschen diese Schwierigkeiten am ehesten meistert, aber dem ist nicht so. Vor wenigen Jahren erst hat Helmut de Boor, einer der besten Kenner des Mittelhochdeutschen, in der Einleitung zu seiner zweisprachigen Ausgabe des ›Nibelungenliedes‹ in der Sammlung Dieterich (Leipzig 1959) ebenso kurz wie treffend dargestellt, welche Probleme gerade das Übersetzen aus dem Mittelhochdeutschen aufgibt.

Gewiß, die Verse der mittelhochdeutschen Heldenepen sind, vom ›Nibelungenlied‹ abgesehen, ziemlich kunstlos und bequem in Prosa aufzulösen. Die Schwierigkeiten beginnen aber schon beim Sprachlichen. In seinen Wortformen ist das Mittelhochdeutsche unserer heutigen Sprache so eng verwandt, daß es sich in den meisten Fällen ziemlich leicht lesen läßt. Wer aber meint, einen mittelhochdeutschen Text vom Wortklang her verstehen zu können, läuft stets Gefahr, den Sinn mißzuverstehen, denn, um nur die allerbekanntesten Beispiele zu nennen, das mittelhochdeutsche Wort ›vriunt‹ ist inhaltlich nicht dasselbe wie unser ›Freund‹, sondern bewahrt noch den ursprünglichen Sinn von ›Verwandter‹, und die mittelhochdeutsche ›hôchzît‹ deckt sich begrifflich nicht mit unserer ›Hochzeit‹, vielmehr hat sie die allgemeine Bedeutung von ›Fest‹.

Die älteren (und auch manche der neueren) Heldensagenübersetzer suchten – meist im Anschluß an Karl Simrock – die Wortformen des Mittelhochdeutschen ins Neuhochdeutsche umzusetzen, und sie befleißigten sich dabei einer bewußt altfränkischen Redeweise, um beim Leser die Illusion zu erwecken, daß die Erzählung ihn in graue Vorzeit führt. Sie gerieten dabei aber oft genug auch an den Rand des Unverständlichen, wenn nicht gar des Lächerlichen. Daß eine moderne Nacherzählung deutscher Heldensagen mehr auf den Sinn als auf die Wortformen der mittelhochdeutschen Originale achten müsse, stand für uns fest, nachdem wir Übersetzungen wie die von Karl Simrock, von Albert Richter und Guido Görres sowie von Severin Rüttgers gelesen hatten. Wir haben uns daher bemüht, im Gegensatz zu jenen Nacherzählungen einen sprachlichen Ton zu treffen, der sich, um Helmut de Boor zu zitieren, ›stets auf dem schmalen Grat zwischen den falschen Tönen einer unerlaubten Modernisierung und einer archaisierenden Überforderung der heutigen Sprache‹ bewegt.

Sosehr sich unsere Nacherzählung auch in den Übersetzungsprinzipien Helmut de Boor verpflichtet weiß, so verfolgt sie doch ganz andere Ziele als de Boors Übertragung des ›Nibelungenliedes‹. Für Helmut de Boor steht das ›Nibelungenlied‹ selbst im Mittelpunkt, und allein ihm, dem Epos der Stauferzeit, gilt seine Übersetzung. Wir dagegen haben versucht, die Nibelungensage nachzuerzählen. Das heißt: das Epos der Stauferzeit ist für uns, bildlich gesprochen, die Schale, in die eine Heldensage, in diesem Falle die Nibelungensage, als Kern eingebettet ist. Diesen Sagenkern galt es herauszuschälen. Seine epische Grundstruktur mit ihrem Handlungsgefüge und ihren Figuren, die Fabel mit ihren Hauptmotiven und -konflikten, der Gedankengehalt der Sage – das alles bildet die Grundlage unserer Nacherzählung. Daraus erklärt sich zum Beispiel, daß wir uns, um wieder bei der Nibelungensage zu bleiben, nicht in jedem Falle an den Handlungsablauf des ›Nibelungenliedes‹ halten konnten. Die Jugendabenteuer Siegfrids, die für die Nibelungensage sehr wesentlich sind, brauchten den Dichter des ›Nibelungenliedes‹ nur am Rande zu interessieren. Er trägt sie stark verkürzt nach und läßt sie von Hagen berichten. Wir dagegen mußten sie als selbständiges Kapitel in unsere Nacherzählungen aufnehmen und dabei auch aus dem ›Lied vom Hürnen Seyfrid‹ Handlungselemente wieder einfügen (zum Beispiel das Schmiedeabenteuer, das die Voraussetzung für den Drachenkampf bildet), auf die der Nibelungenlieddichter verzichtet hatte.

Die Verfasser, die während der Stauferzeit altüberlieferte Heldensagen zu umfänglichen Buchepen aufschwellten, besaßen, vom Dichter des ›Nibelungenliedes‹ abgesehen, kaum poetisches Talent. Aber sie hatten alle ein und dasselbe Ziel: sie wollten höfische Ritterepen schreiben, das heißt, die alten Sagenstoffe den Gedanken und Gefühlen, den Lebensformen und dem Weltbild der höfisch-ritterlichen Gesellschaft ihrer Gegenwart anpassen. Daher entfalteten sie in ihren

Epen den ganzen ritterlichen und kirchlichen Pomp, den die Stauferzeit so liebte. Sie konnten sich nicht breit genug ergehen in Schilderungen von Festen mit Scharen prächtig gekleideter Frauen und Ritter, mit Turnieren und Gelagen. Diese Festschilderungen mit ihrer einförmigen Szenerie, ihrem ständig gleichen Vokabular müssen jeden modernen Leser ermüden, den Verfassern jedoch waren gerade die Feste als Gipfel des höfischen Lebens besonders wichtig.

Nicht anders steht es um die Kampfschilderungen. Sie sind ganz auf die Kampfweise des Rittertums zugeschnitten, und auch dabei lassen die Verfasser ihrer Phantasie freien Lauf, wenn es darum geht, die unerhörte Stärke ihrer Helden zu demonstrieren. Da müssen feindliche Krieger in unübersehbarer Zahl anrükken, und die Helden mit ihren wenigen Getreuen besiegen sie alle, Mann für Mann; da fließen Ströme von Blut, die Erschlagenen häufen sich zu Bergen, und die Verfasser schwelgen geradezu in Metzeleien. Es genügt ihnen auch nicht, daß ihre Helden einen Drachen töten, es müssen wenigstens drei sein, und Riesen möglichst gleich Dutzende. Solche Kampfschilderungen empfinden wir heute in ihrer monotonen Reihung als langweilig, mitunter sogar als abstoßend.

Da es unserer Ausgabe um die Nacherzählung der Heldensagenfabel ging, mußten diese nachweislich späten Zutaten, vor allem die Fest- und Kampfszenen, gestrichen oder doch zum mindesten stark verkürzt werden. Nur das wurde übernommen, was vermutlich bereits in die Grundfabel der Sage eingeschmolzen war. So verzichteten wir beispielsweise auf die gesamte ›Virginal‹, die Dietrich von Bern in endlosen, natürlich immer siegreich bestandenen Riesen-, Zwergen- und Drachenabenteuern zeigt, im Grunde aber ein höfisches Werk ist, das mit der Dietrichsage nichts zu tun hat.

Zur Streichung haben wir uns auch bei zahlreichen blinden Motiven entschlossen. So berichtet die ›Rabenschlacht‹, daß sich Dietrich von Bern im Exil mit Herrat, einer Nichte der Hunnenkönigin Helche, vermählt. Aber dem Verfasser diente diese Vermählung nur als Vorwand für eine breite Festschilderung, die Heirat selbst ist ein blindes Motiv, ohne Bedeutung für die Handlung, und Herrat als Figur bleibt mehr als blaß, so daß die Episode ohne Schaden für das Ganze aus unserer Nacherzählung ausgeschieden werden konnte. Dasselbe gilt für die lange Vor-Vorgeschichte der ›Kudrun‹, die erzählt, wie der Königssohn Hagen von einem Greif geraubt wird und schließlich sich und obendrein noch drei königliche Jungfrauen aus der Gewalt der Riesenvögel wieder befreit.

Die deutschen Heldensagen wurden während der Stauferzeit jedoch nicht nur verrittert, sondern auch verchristlicht, ja, man unterlegte ihnen bisweilen ausgeprägt kirchenpropagandistische Tendenzen, vor allem der Ortnitsage, und die Brautfahrt König Ortnits ins Morgenland nimmt fast den Charakter eines Kreuzzugs an. Aber auch die Sage von Dietrich von Bern hat sich solche Umbiegungen gefallen lassen müssen. Daß die Kirche König Theoderich als Anhänger des arianischen Glaubens wenig gewogen war, kommt in mehreren Quellen deutlich zum Ausdruck, wenn dort erzählt wird, daß der König am Ende seines Lebens auf einem schwarzen Pferd zur Hölle gefahren sei. Auch diese Zusätze und Veränderungen fanden, soweit sie als solche erkennbar waren, in unsere Nacherzählung keine Aufnahme.

Die Notwendigkeit, jüngeres Rankenwerk, das sich um

den Sagenkern gelegt hat, vorsichtig abzuschneiden, hat mit der Suche nach Ur- und Frühformen, wie sie die ältere germanistische Forschung betrieb, nichts zu tun. Für Andreas Heusler und seine Schüler waren die Epen, die uns die Heldensagen überliefert haben, im Grunde wertlos, ein Trümmerhaufen, in dem nur einige Brocken Urgestein, das heißt die ursprüngliche Heldensage, den Blick des Forschers fesseln konnten, denn sie waren das Material, aus denen sie dann eine kühne, doch, wie wir heute wissen, auch recht unsichere und anfechtbare Geschichte der Sagenentwicklung konstruierten.

Wir dagegen haben uns, wie es dem Wesen einer Nacherzählung entspricht, an den Wortlaut der am besten überlieferten Texte gehalten, haben uns zwar, wenn es stichhaltige Gründe dafür gab, zu Streichungen entschlossen, eigene Hinzufügungen aber grundsätzlich vermieden.

Eine Hinzufügung, die nach unserer Auffassung in einer Nacherzählung fehl am Platze ist, wäre auch die Deutung der Gestalten und des Geschehens. Neuere germanistische Untersuchungen bemühen sich zwar intensiv darum, wir allerdings verzichteten darauf so weit wie möglich und ließen zum Beispiel auch alle psychologischen Unwahrscheinlichkeiten in der Zeichnung der Figuren unverändert stehen, weil jeder Versuch, etwa der Kriemhildgestalt eine psychologische Entwicklung zu unterlegen, die Eigenart dieser Figur verfehlen würde. Die Gestalten der Heldensage sind keine Individuen, keine Charaktere im modernen Sinne des Wortes – deshalb aber nicht weniger wahr. Sie sind beispielhafte Figuren, ihr Wesen steht fest, sie altern nicht einmal, und damit hatte die Nacherzählung sich abzufinden.

Nicht anders mußten wir mit dem Sagengeschehen verfahren. Auch hier waren Widersprüche und Unwahrscheinlichkeiten als gegeben hinzunehmen. Die Wirklichkeitsauffassung, die Raum- und Zeitvorstellung, die Erzählweise der Heldensage sind nicht die eines realistischen Romans unserer Zeit. Die Wirklichkeit der Sagen ist vielmehr eine überhöhte, beispielhafte Wirklichkeit und oft genug auch eine Märchenwelt. Die Nacherzählung konnte und durfte daran nichts ändern.

Gretel und Wolfgang Hecht

Amelungen: Das Herrschergeschlecht der Ostgoten, aus dem auch Theoderich stammte, waren die Amaler. Da der Völkername ›Goten‹ in der mittelhochdeutschen Literatur nicht mehr bekannt war, wurde der Name des Herrschergeschlechts als Völkername gebraucht.

Bern: Verona. Theoderich residierte in Verona oder in Ravenna (Raben).

Etzelburg: Man vermutet, daß die Residenz des Hunnenkönigs Attila (Etzel) in Budapest lag.

Freund: Im Germanischen hat ›Freund‹ die Bedeutung von ›Verwandter‹, die auch im Mittelhochdeutschen und Frühneuhochdeutschen noch lebendig ist. Zur ›Freundschaft‹ gehören die blutsverwandten Familienmitglieder.

Garten: Garda.

Geisel: Bürgschaftsgefangener. Geiseln als Unterpfand zu stellen war in der Völkerwanderungszeit üblich, und gewöhnlich bestimmte man Fürstenkinder dazu. Die Geiseln wurden an den fremden Höfen, auch bei Attila, mit der Achtung behandelt, die ihrem Stande zukam, und Beschränkungen wurden ihnen kaum auferlegt.

Jaspis: Halbedelstein, meist rötlichbraun, selten grün.

Karfunkelstein: Die im Mittelalter als Karfunkel bezeichneten Edelsteine dürften Granaten gewesen sein.

Knappe: Als Knappen bezeichnete man junge Leute im Dienste eines Ritters, die noch nicht zum Ritter geschlagen waren oder nicht ritterbürtig waren. Sie hatten die Pferde und Waffen zu pflegen und Dienerpflichten zu verrichten. Das Wort ›Knappe‹ berührte sich ursprünglich bedeutungsmäßig eng mit ›Knabe‹ und auch mit ›Knecht‹.

Lampartenland: Langobardenreich. In den Dietrichsagen erscheint das Lampartenland als Stammland Dietrichs. Die geschichtlichen Tatsachen sind dabei in der Sage verschoben worden, denn das Langobardenreich in Italien beginnt erst im Jahre 568, während das Ostgotenreich in Italien schon 553 unterging.

Lehen: Das Lehenswesen war eine der wesentlichsten Grundlagen der

Gesellschafts-, Staats- und Wirtschaftsstruktur des Feudalismus. Es entwickelte sich seit dem 8. Jahrhundert in Europa und stellte die typische Form der Beziehungen zwischen den Angehörigen des Feudaladels auf der Basis des feudalen Grundbesitzes dar: Verarmte Adlige, die als Vasallen in den Dienst eines mächtigen Feudalherrn traten, ihm als Krieger oder als ›Beamte‹ dienten, erhielten als Gegenleistung für ihren Dienst ein Lehen, d. h. Land zu beschränkter Nutzung. Zugleich verband sich mit der Vasallität die eidlich begründete Treueverpflichtung, die ein Vertrag auf Gegenseitigkeit war und auch den Lehensherrn band.

Mark: ein bestimmtes Gewicht für Edelmetalle, etwa ein halbes Pfund schwer, später die Gewichtseinheit, die dem deutschen Münzwesen zugrunde lag.

Montabur: Mons Tabor, Berg in der Nähe von Nazareth.

Raben: Ravenna. Theoderich residierte hier (und in Verona) und liegt auch hier begraben.

Recke: Ursprünglich bedeutet ›Recke‹ nur ›Verbannter‹, ›Vertriebener‹. Das Wort, das im Mittelhochdeutschen schon soviel heißt wie ›kampferprobter Held‹, war in der Stauferzeit jedoch ein nicht mehr allgemein gebrauchter, außerhöfiger, veralteter Begriff, der erst im 18. Jahrhundert mit dem Interesse für altdeutsche Dichtung wiederbelebt wurde.

Schildgenosse: ursprünglich ›Waffenbruder‹, dann im weiteren Sinne ›Freund‹.

Schwurbruder: ein Mann, der sich durch gemeinsamen Eid mit einem oder mehreren anderen bindet.

Suders: die libanesische Hafenstadt Sur (das frühere Tyrus).

Tarnkappe: ein unsichtbar machender Mantel; keine Kopfbedeckung.

Wasgenwald: Vogesen.

Wülpensand: Insel an der Scheldemündung.

Literaturhinweise

Textausgaben

Dietrich von Bern

Pidriks saga af Bern. Hrsg. von H. Bertelsen. 2 Bde. Kopenhagen 1905–1911

Die Geschichte Thidreks von Bern. Übertragen von F. Erichsen. Jena 1924 (= Thule. Reihe 2, Bd. 22)

Alpharts Tod – Dietrichs Flucht – Rabenschlacht. Hrsg. von E. Martin. Berlin 1866 (= Deutsches Heldenbuch, Tl. 2)

Biterolf und Dietleib. Laurin und Walberan. Hrsg. von O. Jänicke. Berlin 1866 (= Deutsches Heldenbuch, Tl. 1)

Dietrichs Abenteuer. Hrsg. von J. Zupitza. Berlin 1870 (= Deutsches Heldenbuch, Tl. 5)

Die Nibelungen

Das Nibelungenlied. Nach der Ausgabe von K. Bartsch hrsg. von H. de Boor. 18. Aufl. Wiesbaden 1965 (= Deutsche Klassiker des Mittelalters, Bd. 3)

Das Nibelungenlied. Zweisprachige Ausgabe. Hrsg. und übertragen von H. de Boor. Leipzig 1959 (= Sammlung Dietrich, Bd. 250)

Das Lied vom Hürnen Seyfrid. Hrsg. von W. Golther. 2. Aufl. Halle 1911 (= Neudrucke deutscher Literaturwerke des 16. und 17. Jahrhunderts, Nr. 81–82)

Wieland der Schmied

Enthalten in: Thidrekssaga

Walther und Hildegunde

Waltharius – Ruodlieb – Märchenepen. Hrsg. von K. Langosch. Berlin 1956

Waltharius. Hrsg. von K. Strecker. Deutsche Übersetzung von P. Vossen. Berlin 1947

Waldere. Ed. by F. Norman. London 1934 (= Methuen's Old English library, poetic texts 3)

Ortnit und Wolfdietrich

Ortnit und die Wolfdietriche. Hrsg. von A. Amelung und O. Jänicke. 2 Bde. Berlin 1871–1873 (= Deutsches Heldenbuch, Tl. 3–4)

Der echte Teil des Wolfdietrich der Ambraser Handschrift. Hrsg. von H. Schneider. Halle 1931 (= Altdeutsche Textbibliothek, Nr. 28)

Hilde und Kudrun

Kudrun. Hrsg. von B. Symons. 2. Aufl. Halle 1914; 3. Aufl. besorgt von B. Boesch. Tübingen 1954 (= Altdeutsche Textbibliothek, Nr. 5)

Literaturgeschichtliche Darstellungen

Allgemeines

Baesecke, Georg: Vor- und Frühgeschichte des deutschen Schrifttums, Bd. 1, Halle 1940

de Boor, Helmut: Die deutsche Literatur von Karl dem Großen bis zum Beginn der höfischen Dichtung. 770–1170. 6. Aufl. München 1964 (= Helmut de Boor und Richard Newald: Geschichte der deutschen Literatur von den Anfängen bis zur Gegenwart, Bd. 1)

de Boor, Helmut: Die höfische Literatur. Vorbereitung, Blüte, Ausklang. 1170–1250. 6. Aufl. München 1964 (= Helmut de Boor und Richard Newald: Geschichte der deutschen Literatur von den Anfängen bis zur Gegenwart, Bd. 2)

de Boor, Helmut: Die deutsche Literatur im späten Mittelalter. Zerfall und Neubeginn. 1250–1350. Tl. 1. 2. Aufl. München 1964

(= Helmut de Boor und Richard Newald: Geschichte der deutschen
Literatur von den Anfängen bis zur Gegenwart, Band 3,1)
Erb, Erwald: Geschichte der deutschen Literatur von den Anfängen
bis 1160. 2 Halbbde. Berlin 1963–1964 (= Geschichte der deutschen
Literatur von den Anfängen bis zur Gegenwart, Bd. 1)

Zur deutschen Heldensage

Betz, Werner: Die deutsche Heldensage. In: Deutsche Philologie im
Aufriß. 2. Aufl. Bd. 3, Berlin 1962, Sp. 1871–1970
Schneider, Hermann: Germanische Heldensage. Bd. 1. 2. Aufl.
Berlin 1962 (= Grundriß der germanischen Philologie, Bd. 10,1)
Schneider, Hermann: Deutsche Heldensage, 2. Aufl. bearbeitet von
R. Wisniewski. Berlin 1964 (= Sammlung Göschen, Bd. 32)
Schneider, Hermann und Wolfgang Mohr: Heldendichtung. In:
Reallexikon der deutschen Literaturgeschichte. 2. Aufl. Bd. 1, Berlin
1958, S. 631–646

Inhalt

Dietrich von Bern

Die Nibelungen

Wieland der Schmied

Walther und Hildegunde

Ortnit und Wolfdietrich

Hilde und Kudrun

Anhang

Insel Verlag Anton Kippenberg GmbH & Co. KG
Torstraße 44, 10119 Berlin
info@insel-verlag.de
www.insel-verlag.de